Maximilian Majic
Covenants und Insolvenz

Schriften zum deutschen,
europäischen und internationalen
Insolvenzrecht

S-INSO Band 22

Schriften zum deutschen, europäischen und internationalen Insolvenzrecht

Herausgegeben von

Professor Dr. Stefan Smid, Kiel
Rechtsanwalt Dr. Mark Zeuner, Hamburg
Rechtsanwalt Michael Schmidt, Berlin

S-INSO Band 22

De Gruyter

Maximilian Majic

Covenants und Insolvenz

Risiken covenant-gesicherter Kreditgeber im Falle der Insolvenz des Kreditnehmers

De Gruyter

Dr. iur. *Maximilian Majic*, München

ISBN 978-3-11-031505-9
e-ISBN 978-3-11-031515-8

Bibliografische Information der Deutschen Nationalbibliothek

Die Deutsche Nationalbibliothek verzeichnet diese Publikation in der Deutschen Nationalbibliografie; detaillierte bibliografische Daten sind im Internet über http://dnb.d-nb.de abrufbar.

Konvertierung: Werksatz Schmidt & Schulz GmbH, Gräfenhainichen
Druck: Hubert & Co. GmbH & Co. KG, Göttingen

♾ Gedruckt auf säurefreiem Papier

Printed in Germany

www.degruyter.com

Vorwort

Die vorliegende Arbeit wurde im Wintersemester 2012/2013 von der Rechtswissenschaftlichen Fakultät der Christian-Albrechts-Universität zu Kiel als Dissertation angenommen. Rechtsprechung und Literatur konnten bis Juni 2012 berücksichtigt werden.

Besonderen Dank gilt meinem Doktorvater und Lehrer Herrn Prof. Dr. Stefan Smid, der mich während der gesamten Arbeit fachlich unterstützt hat und mir jederzeit mit Rat zur Seite stand. Ferner danke ich Frau Prof. Dr. Dorothee Einsele für die zügige Erstellung des Zweitgutachtens sowie für Ihre nützlichen Hinweise. Den Reihenherausgebern danke ich für die Aufnahme in die Schriftenreihe. Ebenfalls zu Dank verpflichtet bin ich den Mitarbeiterinnen der Bibliothek für Steuerrecht und Öffentliche Finanzen des Max-Planck-Institutes in München, welche mir die Schreibphasen in der Bibliothek wesentlich erleichtert haben.

Ganz besonders bedanken möchte mich bei meinen Eltern, die mir die akademische Ausbildung und die Dissertation ermöglicht haben. Insbesondere danke ich meinem Vater, der mich in unseren vielen Gesprächen mit seinem wertvollen fachlichen Rat unterstützt hat.

Abschließend danke ich ganz besonders Julia, ohne deren Hilfe die Arbeit nicht entstanden wäre. Durch ihre verständnis- und liebevolle Art hat sie entscheidend zum Gelingen dieser Arbeit beigetragen. Ihr und meinen Eltern ist diese Arbeit gewidmet.

München, im Februar 2013 Maximilian Majic

Inhaltsverzeichnis

Abkürzungsverzeichnis

aA	andere Ansicht/Auffassung
Abs.	Absatz
a. F.	alte Fassung
AG	Aktiengesellschaft, Die Aktiengesellschaft (Zeitschrift), Amtsgericht
AGB	Allgemeine Geschäftsbedingungen
AktG	Aktiengesetz
Alt.	Alternative
AnfG	Anfechtungsgesetz
Anh.	Anhang
Anm.	Anmerkung(en)
AO	Abgabenordnung
Art.	Artikel
Aufl.	Auflage
Az	Aktenzeichen
BAG	Bundesarbeitsgericht
BayOLG	Bayerisches Oberstes Landesgericht
BB	Der Betriebs-Berater
Begr.	Begründung
BFH	Bundesfinanzhof
BGB	Bürgerliches Gesetzbuch
BGH	Bundesgerichtshof
BGHSt	Entscheidungen des Bundesgerichtshof in Strafsachen
BGHZ	Entscheidungen des Bundesgerichtshof in Zivilsachen
BKR	Zeitschrift für Bank und Kapitalmarktrecht
BStBl	Bundessteuerblatt
BT-Drucks.	Bundestags-Drucksache
BVerfG	Bundesverfassungsgericht
BVerfGE	Entscheidungen des Bundesverfassungsgerichts
BWA	Betriebswirtschaftliche Auswertung
bzgl.	bezüglich
bzw.	beziehungsweise
DB	Der Betrieb
ders.	Derselbe
d.h.	das heißt
dies.	dieselbe(n)

DStR	Deutsches Steuerrecht
DZWIR	Deutsche Zeitschrift für Wirtschafts- und Insolvenzrecht
e.d.	Edition
EFG	Entscheidungen der Finanzgerichte
EGOWiG	Einführungsgesetzes zum Gesetz über Ordnungswidrigkeiten
ErfK	Erfurter Kommentar zum Arbeitsrecht
etc.	et cetera
f., ff.	(fort)folgend(e)
FB	Finanz Betrieb
FG	Finanzgericht
FK-InsO	Frankfurter Kommentar zur Insolvenzordnung
FS	Festschrift
FT	Financial Times
GbR	Gesellschaft bürgerlichen Rechts
GG	Grundgesetz
ggf.	gegebenenfalls
GmbH	Gesellschaft mit beschränkter Haftung
GmbHG	Gesetz betreffend die Gesellschaften mit beschränkter Haftung
GmbHR	GmbH-Rundschau
grds.	grundsätzlich
Großkomm	Aktiengesetz – Großkommentar, hrsg. von *Hopt, Klaus J.* und *Wiedemann, Herbert*
HambKomm	Hamburger Kommentar zum Insolvenzrecht, Hrsg.: Schmidt, Andreas
HGB	Handelsgesetzbuch
HHS	Hübschmann/Hepp/Spitaler: Abgabenordnung-Finanzgerichtsordnung Kommentar
Hk-GmbHG	GmbHG Handkommentar, Hrsg.: Saenger, Ingo, Inhester, Michael
HK-InsO	Heidelberger Kommentar zur Insolvenzordnung
h.L.	herrschende Lehre
h.M.	herrschende Meinung
Hrsg.	Herausgeber
hrsg.	herausgegeben
HS.	Halbsatz
i.d.R.	in der Regel
InsO	Insolvenzordnung
i.S.d.	im Sinne des
i.S.v.	im Sinne von
i.V.m.	in Verbindung mit

JR	Juristische Rundschau
juris	Juristisches Informationssystem für die Bundesrepublik Deutschland
JZ	Juristen Zeitung
KapAEG	Gesetze zur Verbesserung der Wettbewerbsfähigkeit deutscher Konzerne an internationalen Kapitalmärkten und zur Erleichterung der Aufnahme von Gesellschafterdarlehen (Kapitalaufnahmeerleichterungsgesetz)
KG	Kommanditgesellschaft
KO	Konkursordnung
KWG	Gesetz über das Kreditwesen, Kreditwesengesetz
LAG	Landesarbeitsgericht
LK	Leipziger Kommentar Strafgesetzbuch
LBO	Leveraged-Buy-Out
LG	Landgericht
LSZ	*Leonhardt, Peter/Smid, Stefan/Zeuner, Mark (Hrsg.)*: Insolvenzordnung (InsO) Kommentar
MoMiG	Gesetzes zur Modernisierung des GmbH- Rechts und zur Bekämpfung von Missbräuchen
MüKo	Münchener Kommentar
m.w.N.	mit weiteren Nachweisen
n.F.	neue Fassung
NJOZ	Neue Juristische Online- Zeitschrift
NJW	Neue Juristische Wochenschrift
NJW-RR	Rechtsprechungsreport der Neuen Juristischen Wochenschrift
NK	Nomos Kommentar Strafgesetzbuch
NR	*Nerlich, Jörg/Römermann, Volker (Hrsg.)*: Insolvenzordnung (InsO) Kommentar
Nr.	Nummer
NStZ	Neue Zeitschrift für Strafrecht
NZA	Neue Zeitschrift für Arbeitsrecht
NZG	Neue Zeitschrift für Gesellschaftsrecht
NZI	Neue Zeitschrift für das Recht der Insolvenz und Sanierung
OHG	offene Handelsgesellschaft
OLG	Oberlandesgericht
OWiG	Gesetz über Ordnungswidrigkeiten
RegE	Regierungsentwurf
RG	Reichsgericht
Rn	Randnummer

Rspr.	Rechtsprechung
Rz	Randziffer
sog.	sogenannt(e)
StGB	Strafgesetzbuch
u. a.	unter anderem
u. U.	unter Umständen
vgl.	vergleiche
Vor	Vorbemerkung
wistra	Zeitschrift für Wirtschaft, Steuer, Strafrecht
WM	Wertpapier-Mitteilungen
WPg	Die Wirtschaftsprüfung
z.B.	zum Beispiel
ZBB	Zeitschrift für Bankrecht und Bankwirtschaft
ZGR	Zeitschrift für Unternehmens- und Gesellschaftsrecht
ZHR	Zeitschrift für das gesamte Handels- und Wirtschaftsrecht
ZInsO	Zeitschrift für das gesamte Insolvenzrecht
ZIP	Zeitschrift für Wirtschaftsrecht
ZPO	Zivilprozessordnung

Einführung

A. Problemstellung und Ziel der Arbeit

Nachdem seit geraumer Zeit „klassische" Kreditsicherheiten (Sach- und Personensicherheiten)[1] häufig nicht mehr ausreichend sind und die Finanzierung von bestimmten Vorhaben oftmals unter Ausnutzung des „Leverage-Effekts"[2] erfolgt, werden in der deutschen Finanzierungspraxis zunehmend sog. Covenants verwendet. Hierbei handelt es sich um Nebenabreden in Kreditverträgen, durch welche der Kreditnehmer zu einem Tun oder Unterlassen verpflichtet wird oder die Einhaltung bestimmter Tatsachen zusichert. Typische Vereinbarungen in Covenants sind die Einräumung von Informationsrechten zugunsten des Kreditgebers, die Verpflichtung des Kreditnehmers zur Einhaltung bestimmter Finanzkennzahlen oder Vereinbarungen zwischen den Kreditvertragsparteien, wonach der Darlehensnehmer bestimmte Handlungen nur mit Zustimmung des Kreditgebers vornehmen darf. Je nach Ausgestaltung der in Covenants vereinbarten Regelungen, können Kreditgeber hierdurch die Geschäftsleitung des Kreditnehmers in unterschiedlichem Maße beeinflussen und verfügen dadurch über eine dementsprechende Machtposition. Covenants sind damit ein zusätzliches Instrument zur Absicherung gegen das Kreditausfallrisiko und ergänzen die „herkömmlichen" Personen- und Sachsicherheiten. Im Falle des Verstoßes gegen die vereinbarten Covenants stehen dem Kreditgeber – je nach vorheriger Vereinbarung – verschiedene Reaktions- und Sanktionsmöglichkeiten zur Verfügung, die bis hin zur Kreditkündigung reichen.

Die Gründe für die Verwendung von Covenants sind vielfältig. Zu nennen ist in diesem Zusammenhang insbesondere der Umstand, dass klassische Kreditsicherheiten häufig nicht (mehr) in ausreichendem Maße vorhanden sind bzw. an Attraktivität verloren haben[3]. Man denke beispielsweise an die Kosten und die Dauer der Verwertung einer Sachsicherheit oder deren Wertverlust aufgrund des technischen Fortschritts. Darüber hinaus haben immaterielle Güter wie etwa das technologische Wissen oder die Qualifikation der Mitarbeiter stetig an Bedeutung gewonnen. Diese

---

1 Ausführlich zu den verschiedenen Arten von Kreditsicherheiten: Ganter, in Schimansky/Bunte/Lwowski (Hrsg.), Bankrechts-Handbuch, § 90, Rn 20 ff.

2 Siehe ausführlich zum „Leverage-Effekt": Wöhe/Döring, Einführung in die Allgemeine Betriebswirtschaftslehre, S. 665 f.; Perridon/Steiner/Rathgeber, Finanzwirtschaft der Unternehmung, S. 489 ff.; Meyer, Die Besicherung der Akquisitionsfinanzierung, S. 35 f.; Diem, Akquisitionsfinanzierung, § 1, Rn 14 f., welcher anhand von vereinfachten Rechenbeispielen die Auswirkungen des hohen Anteils an Fremdkapital auf die Eigenkapitalrendite durch den Leverage-Effekt darstellt.

3 Vgl. Thießen, ZBB 1996, 19, 20 f.

haben häufig aber nur als Einheit einen materiellen Wert und können damit oftmals nur in ihrer Gesamtheit verwertet werden. Als weiteren Grund für die zunehmende Verwendung von Covenants ist aufzuführen, dass bestimmte Finanzinvestoren, wie etwa Private-Equity Gesellschaften, bei ihren Akquisitionen mit einem sehr hohen Anteil an Fremdkapital arbeiten müssen, um ihr Renditeziel zu erreichen. Da bei derart ausgestalteten Finanzierungsmodellen häufig nur das zu finanzierende Objekt als Sicherheit zur Verfügung steht, welches wiederum aufgrund des hohen Anteils an Fremdkapital zur Absicherung des Darlehens nicht ausreichend ist, sollen Zins- und Tilgungsleistungen vor allem aus den künftigen Erträgen bzw. dem künftigen Cash-Flow des Projekts erfolgen, so dass nicht mehr nur das Vermögen des Kreditnehmers, sondern dessen zukünftige Solvenz von entscheidender Bedeutung bei der Absicherung des Kredites ist.

Covenants als eine Möglichkeit der Risikominimierung für Kreditgeber bieten dabei im Vergleich zu den herkömmlichen Kreditsicherheiten den Vorteil, dass Unternehmenskrisen durch die Vereinbarung von Informationsrechten und sog. Financial Covenants[4] frühzeitig erkannt werden können, um in einem möglichst frühen Stadium, in welchem das kreditnehmende Unternehmen noch handlungsfähig ist, Sanierungsmaßnahmen gegen eine wirtschaftliche Schieflage einleiten zu können. Der Vereinbarung von Covenants kommt jedoch nicht nur eine Frühwarnfunktion zu. Kreditgebern wird vielmehr hierdurch auch die Möglichkeit eröffnet, die unternehmerische Handlungsfreiheit des Kreditnehmers einzuschränken, indem sie sich Einflussnahmerechte gegenüber den Geschäftsführern der kreditnehmenden Gesellschaft einräumen lassen. Darlehensgeber versuchen daher ihr Rückzahlungsinteresse mittels Covenants zusätzlich abzusichern, indem sie sich nicht nur die Möglichkeit der Vermögensverwertung im Krisenfalle verschaffen, sondern versuchen, das unternehmerische Geschehen beim Kreditnehmer bereits vor Kriseneintritt mit dem Ziel zu steuern, eine solche Krise entweder von vorneherein zu verhindern oder dieser zumindest frühzeitig durch operative Maßnahmen zu begegnen. Gerade hierin sehen Kreditgeber einen wesentlichen Vorteil von Covenants gegenüber herkömmlichen Kreditsicherheiten. Denn je nach Ausgestaltung der Covenants, können Kreditgeber hierdurch mit unterschiedlicher Intensität auf die Geschäftsführung der kreditnehmenden Gesellschaft einwirken und dadurch deren Geschäftsentwicklung steuern. Covenants entfalten daher in erster Linie präventive Wirkung, indem der Kreditgeber durch die Einwirkung auf die Unternehmenspolitik und die strategischen Entscheidungen des Kreditnehmers versucht, Unternehmenskrisen erst gar nicht entstehen zu lassen bzw. sofern eine solche sich anbahnen sollte, möglichst frühzeitig und effektiv Sanierungsmaßnahmen einleiten zu können und nicht wie bei den üblichen Sachsicherheiten zu warten, „bis das Kind in den Brunnen gefallen ist". Dadurch soll der Wert des kreditnehmenden Unternehmens insgesamt erhalten, der für die Zinszahlungen sowie die Tilgung notwendige Cash-Flow gewährleistet und damit das Kreditausfallrisiko insgesamt minimiert werden.

---

4 Siehe dazu: Teil 1, D. III.

Vor allem Ökonomen sehen in der Vereinbarung von Covenants nicht nur ein wichtiges Instrument zur Krisenfrüherkennung im kreditnehmenden Unternehmen, sondern heben gerade den Umstand als besonderen Vorteil hervor, dass sich Kreditgeber hierdurch eine eigenkapitalgeberähnliche Position verschaffen können[5]. Denn durch die Einschränkung der unternehmerischen Handlungsfreiheit infolge der Vereinbarung von Einwirkungsrechten seien Covenants ein geeignetes Instrument zur Krisenbewältigung im kreditnehmenden Unternehmen und werden deswegen gar teilweise als „marktwirtschaftliche Alternative“ zum staatlichen Insolvenzverfahren vorgeschlagen, welches diesem überlegen sei[6]. Ferner müsse es durch den Umstand, dass Unternehmer immer größere unternehmerische Risiken eingehen, je höher der Anteil an Fremdkapital im Unternehmen ist, zu einer Angleichung von Haftung und Herrschaft kommen[7]. Denn je weniger Eigenkapital vorhanden (bzw. wenn dieses bereits aufgezehrt ist), desto mehr arbeiten Unternehmen mit Fremdkapital, welches lediglich im Erfolgsfall zurückgezahlt werden muss. Hierdurch werden jedoch die Gläubiger der Gesellschaft zu immer größeren Risikoträgern. Daher müsse derjenige, der Entscheidungen treffe, auch die Folgen tragen, oder umgekehrt: Wer die Folgen trägt, soll auch entscheiden dürfen[8]. Kreditgebern sei es daher im Hinblick auf ihr Rückzahlungsinteresse zu Recht daran gelegen, gläubigerschädigende Handlungen zu unterbinden, was gerade durch die Vereinbarung von Covenants möglich sei[9].

Dagegen wird von Seiten der juristischen Literatur auf die Risiken einer allzu exzessiven Ausübung der Einflussnahme auf den Kreditnehmer mittels der Verwendung von Covenants hingewiesen[10]. Zwar haben Kreditgeber ein berechtigtes Interesse daran, ihr Kreditausfallrisiko einzuschränken. Fraglich erscheint jedoch bereits die Auffassung mancher Autoren, wonach derjenige, der die Folgen trage, auch entscheiden solle[11]. Denn im Falle der Insolvenz eines Unternehmens werden sämtliche Gläubiger die Folgen der Zahlungsunfähigkeit oder Überschuldung tragen, indem sie zumindest teilweise mit ihrer Forderung ausfallen werden. Konfliktpotential besteht daher schon in der Frage, welcher der vielen Gläubiger denn dann entscheiden darf, nachdem alle Gläubiger des späteren Insolvenzschuldners die Folgen der Insolvenz tragen werden. Da bekanntlich „zu viele Köche den Brei verderben“ – d.h. jeder einzelne Gläubiger des Schuldners vermutlich eigene Vorstellungen hat, wie eine etwaige Krise beim späteren Gemeinschuldner behoben werden kann – besteht

5 Thießen, in: Sadowski/Czap/Wächter (Hrsg.), Regulierung und Unternehmenspolitik, S. 143, 146. In diese Richtung auch: Köndgen, in Prütting (Hrsg.): Insolvenzrecht 1996, S. 127, 134 ff., 153 f.

6 Thießen, ZBB 1996, 19, 19 ff., 31.

7 Schmidt, R., Ökonomische Analyse des Insolvenzrechts, S. 61 ff.

8 Schmidt, R., Ökonomische Analyse des Insolvenzrechts, S. 62 f.

9 Kästle, Rechtsfragen, S. 32 m.w.N.

10 Insbesondere weist *Fleischer* darauf hin, dass derartige Vertragsabreden „juristische Schutzinstinkte wecken“, vgl. Fleischer, ZIP 1998, 313, 314. Kritisch auch im Hinblick auf den Nutzen von Covenants bei der Krisenfrüherkennung und den damit verbundenen Haftungsrisiken für Kreditgeber: Wittig, WM 1996, 1381, 1386, 1389 ff.

11 So aber insbesondere *Schmidt* in Schmidt, R., Ökonomische Analyse des Insolvenzrechts, S. 62 f.

daher das Folgeproblem dieser Argumentation bereits darin festzulegen, welcher dieser (vielen) Gläubiger denn dann letzten Endes entscheiden darf und welche (Sanierungs-)Maßnahmen jeweils dann die richtigen sind.

Darüber hinaus ist im Zusammenhang mit Covenants ersichtlich, dass es durch die Vereinbarung von weitreichenden Informations- und Einflussnahmerechten nicht nur zu Interessenskonflikten zwischen dem Kreditgeber und der kreditnehmenden Gesellschaft sowie zwischen dem Kreditgeber und den übrigen Gläubigern der kreditnehmenden Gesellschaft kommen kann. Vielmehr werden darüber hinaus die klassischen Abgrenzungskriterien zwischen Eigen- und Fremdkapital einer Gesellschaft verwischt, wodurch sich insbesondere die Frage stellt, welche Auswirkungen dies auf die Stellung des Kapitalgebers und dessen Forderung gegenüber der kreditnehmenden Gesellschaft im Falle deren Insolvenz hat[12]. Dies ist insofern von entscheidender Bedeutung, als dass das Eigenkapital gerade als Haftmasse den übrigen Gläubigern zur Verfügung steht und damit mit Eintritt der Insolvenz regelmäßig verloren ist (vgl. § 199 InsO) bzw. Forderungen der Gesellschafter aus Gesellschafterdarlehen gemäß § 39 I Nr. 5 InsO nachrangig zu befriedigen und damit im Ergebnis wertlos sind, wohingegen der „herkömmliche" Fremdkapitalgeber als Insolvenzgläubiger nach § 38 InsO seine Forderung aus dem Darlehensvertrag zur Tabelle anmelden kann und damit zumindest auf eine teilweise Rückgewähr hoffen darf.

Während die Abgrenzung von Eigen- und Fremdkapital bisher vor allem anhand der formalen Stellung des Kapitalgebers erfolgt ist, machen es nunmehr gerade die hybriden Finanzierungsinstrumente[13] notwendig, sich mit der Frage auseinanderzusetzen, welche Auswirkungen eben jene Mischformen auf die Einstufung des Finanzierungsbeitrags haben, was für Kapitalgeber insbesondere für den bereits erwähnten Fall der Insolvenz des Kreditnehmers von entscheidender Bedeutung ist. Denn charakteristisch für die Eigenfinanzierung eines Unternehmens war bisher, dass dieser Finanzierungsbeitrag von den Eigentümern der Gesellschaft ihrem Unternehmen auf Dauer überlassen worden ist und für den Fall der Insolvenz den Gesellschaftsgläubigern als Haftmasse zur Verfügung stand. Als Ausgleich hierfür partizipieren die Eigentümer an den Gewinnen ihrer Gesellschaft, der Wertsteigerung ihrer Gesellschaftsanteile, und können mittels ihrer Einwirkungsrechte – zumindest vermittelt durch den von ihnen eingesetzten Geschäftsführer – das unternehmerische Geschehen vor Eintritt der Insolvenz steuern und damit zumindest indirekt weiterhin über ihren Finanzierungsbeitrag verfügen. Gleiches gilt auch für

---

12 Unter „Eigenkapital" wird in diesem Zusammenhang **nicht** das bilanzielle Eigenkapital, sondern das gezeichnete Kapital nach §§ 266 III, 272 HGB (Grund- und Stammkapital) verstanden, welches den Gläubigern im Falle der Insolvenz als Haftmasse zur Verfügung steht. Zur Abgrenzung von Eigen- und Fremdkapital ausführlich: Michalski/Fleischer, GmbHG, Systematische Darstellung 5, Rn 92 ff., 104 ff.; Perridon/Steiner/Rathgeber, Finanzwirtschaft der Unternehmung, S. 357 ff.

13 Ausführlich zu den verschiedenen Formen von hybriden Finanzierungsinstrumenten: Häger/Elkemann-Reusch Rn 21 ff.; Michalski/Fleischer, GmbHG, Systematische Darstellung 5, Rn 98 f.

Gesellschafter, welche ihrer Gesellschaft Fremdmittel in Form eines Darlehens überlassen. Auch sie können nach Ausgabe des Darlehensbetrages wegen ihrer Stellung zumindest indirekt weiterhin auf die Verwendung ihres Finanzierungsbeitrages Einfluss nehmen. Bei Fremdkapitalgebern erfolgt die Kapitalüberlassung hingegen nur auf Zeit und diese erhalten anstatt einer Teilhabe an den Unternehmensgewinnen lediglich ein Entgelt für die Kapitalüberlassung in Form von (etwaig variablen) Zinsen. Darüber hinaus ist dem Fremdkapitalgeber mit Ausgabe der Darlehensvaluta weitestgehend die Verfügungsmacht über seinen Finanzierungsbeitrag entzogen. Im Gegenzug steht ihm gemäß § 490 BGB bei einer wesentlichen Verschlechterung der Vermögensverhältnisse des Darlehensnehmers ein außerordentliches Kündigungsrecht zu und er darf für den Fall der Insolvenz des Kreditnehmers als Insolvenzgläubiger gemäß § 38 InsO auf eine zumindest quotale Befriedigung hoffen, wohingegen der Finanzierungsbeitrag des Eigenkapitalgebers verloren ist.

Aufgrund der stetigen Weiterentwicklung der Finanzierungspraxis taugen eben jene Abgrenzungskriterien nunmehr nur noch bedingt, Eigen- von Fremdkapital zu unterscheiden, da sowohl beim Fremdkapitalgeber Elemente des „klassischen" Eigenkapitalgebers als auch umgekehrt beim Eigenkapitalgeber Elemente des „klassischen" Fremdkapitalgebers vorliegen können. Man denke beispielsweise an Mezzanine-Finanzierungen, bei welchen sich der Fremdkapitalgeber durch eine „Kicker-Komponente" eine erfolgsabhängige Vergütung einräumen lassen kann[14]. Eben jene erfolgsabhängige „Vergütung" erhalten jedoch typischerweise nur die Eigenkapitalgeber eines Unternehmens, indem sie an den Unternehmensgewinnen partizipieren. Ferner lassen sich Mezzanine-Finanzierungen derart ausgestalten, dass auf der einen Seite bilanzielles Eigenkapital geschaffen wird, welches aus steuerrechtlicher Sicht jedoch als Fremdkapital einzustufen ist, wodurch die Finanzierungskosten voll abzugsfähig sind[15]. Hieran wird somit deutlich, dass auch bei Finanzierungen durch gesellschaftsfremde Dritte Merkmale der Eigenfinanzierung vorliegen können.

Die gerade bei einem Gesellschafterdarlehen typischen Merkmale liegen jedoch auch häufig bei covenant-unterlegten Krediten vor. So verfügen covenant-gesicherte

---

14 Charakteristisches Merkmal von Mezzanine-Finanzierungsinstrumenten ist der Rangrücktritt gegenüber bestimmten Gläubigern (i.d.R. den Senior-Darlehensgebern) der Gesellschaft. Dieser darf jedoch nicht mit der Rangrücktrittserklärung gegenüber der kreditnehmenden Gesellschaft nach § 39 II InsO verwechselt werden, durch welche deren Überschuldung gemäß § 19 II InsO beseitigt werden soll. Der Nachrang wird vielmehr nur in einem „Intercreditor-Agreement" gegenüber bestimmten Gläubigern wie etwa den Senior-Darlehensgebern erklärt (wobei wiederum strittig ist, ob der Darlehensnehmer ebenfalls Partei der Rangrücktrittsvereinbarung sein sollte). Der Mezzanine-Darlehensgeber ist daher i.d.R. gleich gesichert wie der Senior Darlehensgeber, lediglich die Befriedigung aus diesen Sicherheiten erfolgt sowohl außerhalb als auch im Insolvenzverfahren nachrangig. Ausführlich dazu: Diem, Akquisitionsfinanzierung, § 40, Rn 1 ff., 14 ff., 50 ff.; Häger/Elkemann-Reusch Rn 499 ff.; vgl. Schrell/Kirchner, BKR 2003, 13, 14, 16; Schrell/Kirchner, BKR 2004, 212, 214, 216 f.; Golland/Gehlhaar u. a., BB-Special 04/2005, 1, 19 f.; Maesch/Voß, FB 2007, 1, 3. Zur „Kicker Komponente" siehe: Häger/Elkemann-Reusch Rn 63 ff.

15 Häger/Elkemann-Reusch Rn 530 ff.; Schrell/Kirchner, BKR 2003, 13, 14.

Darlehensgeber beispielsweise aufgrund der Vereinbarung von Informationsrechten über einen Informationsvorsprung gegenüber den übrigen Gesellschaftsgläubigern, durch welchen es – unter ähnlichen Erwägungen wie bei den Gesellschaftern einer GmbHG – bei einer sich anbahnenden Krise im kreditnehmenden Unternehmen zu einem „rechtzeitigen" Kapitalabzug und damit zur Gefährdung des in § 1 InsO enthaltenen Gläubigergleichbehandlungsgrundsatzes kommen kann. Darüber hinaus können sich Kreditgeber mittels Covenants Einwirkungs- und Kontrollrechte gegenüber den Geschäftsleitern des kreditnehmenden Unternehmens einräumen lassen, welche denen der Gesellschafter entsprechen. Hierdurch wird ihnen ebenfalls die Möglichkeit verschafft, auch nach Ausgabe das Darlehensbetrages – zumindest indirekt – über ihren Finanzierungsbeitrag weiterhin zu verfügen, indem sie mittels ihrer Einwirkungsrechte gegenüber den Geschäftsführern der kreditnehmenden Gesellschaft, deren unternehmerisches Geschehen im Vorfeld der Insolvenz steuern können. Hieraus wird ersichtlich, dass sich Kreditgeber durch die Vereinbarung von Covenants der Stellung eines formalen Gesellschafters des kreditnehmenden Unternehmens annähern können, indem sie ebenfalls Kapitalhingabe und unternehmerische Leitungsmacht in einer Person vereinigen.

Das Ziel der vorliegenden Arbeit besteht daher darin, für den Fall der Insolvenz der kreditnehmenden Gesellschaft zu untersuchen, welche Auswirkungen eben jene Vereinbarung von umfangreichen Covenants in Kreditverträgen auf die Stellung des Kreditgebers und dessen Kreditforderung gegenüber der kreditnehmenden Gesellschaft hat. Dabei gilt es auch herauszuarbeiten, ob dem Kreditgeber im Zusammenhang mit der Insolvenz des Darlehensnehmers bestimmte Pflichten erwachsen oder Haftungsrisiken dadurch drohen, dass er im Vorfeld der Insolvenz mittels Covenants Einfluss auf die Geschäftsführung des kreditnehmenden Unternehmens genommen hat.

Denn bereits im Hinblick auf die Regelung des § 39 I Nr. 5 InsO stellt sich zwangsläufig die Frage, ob sich Darlehensgeber einerseits mittels der Vereinbarung von Informations- und Einflussnahmerechten in Covenants gesellschaftertypische Rechte einräumen lassen können und dadurch im Vergleich zu den übrigen Gläubigern der kreditnehmenden Gesellschaft eine hervorgehobene Stellung einnehmen, sich dann aber andererseits mit Eintritt der Insolvenz des Kreditnehmers auf die Stufe eines „herkömmlichen" Insolvenzgläubigers zurückziehen können, um zumindest auf eine teilweise Befriedigung hoffen zu dürfen.

Ferner können Kreditgeber je nach Ausgestaltung, Dauer und Intensität der in Covenants vereinbarten Rechte eine derartige Machtposition im kreditnehmenden Unternehmen erlangen, aufgrund derer sie in der Lage sind, anstelle der formalen Geschäftsleiter das unternehmerische Geschehen im kreditnehmenden Unternehmen vor Insolvenzeintritt (un-)mittelbar zu steuern. Haben Darlehensgeber daher durch die Vereinbarung von weitreichenden Einwirkungsrechten und deren tatsächlicher Ausübung die faktische Geschäftsführung in der kreditnehmenden Gesellschaft übernommen, so muss der Frage nachgegangen werden, ob, und wenn ja unter welchen Voraussetzungen, Kreditgeber hierdurch die Pflicht zur Stellung des

Insolvenzantrags für den Darlehensnehmer nach § 15a InsO haben bzw. welche Folgen drohen, wenn sie dieser Pflicht nicht nachkommen. Im Zusammenhang mit der faktischen Organschaft von covenant-gesicherten Kreditgebern stellt sich ferner die Frage, inwieweit diesen zusätzlich eine strafrechtliche Verantwortlichkeit droht.

Darüber hinaus sind im Rahmen der Insolvenzanfechtung gemäß §§ 129 ff. InsO die in Covenants regelmäßig zugunsten des Kreditgebers vereinbarten Informationsrechte von besonderer Bedeutung. Denn die Anfechtbarkeit von gläubigerbenachteiligenden Rechtshandlungen wie etwa Zins- und Tilgungszahlungen sowie etwaige Nachbesicherungshandlungen setzt in aller Regel die „Kenntnis" des Anfechtungsgegners über bestimmte Umstände wie beispielsweise die Zahlungsunfähigkeit des Gemeinschuldners voraus. Im Rahmen der Insolvenz des Kreditnehmers muss daher auch untersucht werden, ob Kreditgeber durch die mittels Covenants zur Verfügung gestellten Informationen über das wirtschaftliche Geschehen im kreditnehmenden Unternehmen eben jene nach §§ 129 ff. InsO erforderliche „Kenntnis" haben.

Nicht berücksichtigt in der vorliegenden Arbeit werden hingegen die vertragsrechtlichen Wirksamkeitsgrenzen der Verwendung von Covenants, wie etwa die Nichtigkeit einzelner Klauseln bzw. des ganzen Kreditvertrages wegen sittenwidriger Knebelung des Kreditnehmers gemäß § 138 BGB oder die Schadensersatzpflicht von Darlehensgebern wegen vorsätzlicher Benachteiligung der übrigen Gesellschaftsgläubiger nach § 826 BGB. Außen vor bleibt weiterhin die Frage, ob es sich bei Covenants um Allgemeine Geschäftsbedingungen handelt und ob die einzelnen Vereinbarungen einer AGB- Kontrolle nach §§ 305 ff. BGB standhalten. Unberücksichtigt bleiben darüber hinaus Fragen zur Mittäterschaft bzw. Beteiligung nach § 830 BGB oder zur Schadensersatzpflicht gemäß § 117 AktG. Denn die soeben genannten Themen erfordern eine ausführliche Betrachtung außerhalb des Insolvenzrechts, welche in der vorliegenden Arbeit nicht geleistet werden kann.

B. Gang der Untersuchung

Ausgangspunkt der Untersuchung ist in *Teil 1* (Grundlagen) ein genereller Überblick über die Verwendung von Covenants in der deutschen Finanzierungspraxis. Im Anschluss daran wird in *Teil 2* (Covenants und Gesellschafterdarlehen) der Frage nachgegangen, ob Kreditgeber aufgrund der Vereinbarung von Informations- und Einflussnahmerechten in Covenants den Gesellschaftern des Kreditnehmers gleichzustellen sind, mit der Folge, dass auch diesen die Rückstufung ihrer Darlehensforderung mit Eintritt der Insolvenz nach § 39 I Nr. 5 InsO droht. Nachdem bis zum Inkrafttreten des Gesetzes zur Modernisierung des GmbH- Rechts und zur Bekämpfung von Missbräuchen (MoMiG) am 01. November 2008 die Umqualifizierung von Darlehensforderungen gesellschaftsfremder Dritter noch explizit in § 32a III 1 GmbHG a.F. geregelt war, wird zunächst die rechtliche Behandlung covenant-unterlegter Darlehen nach alter Rechtslage näher beleuchtet. Denn wie noch zu zeigen sein wird, sind zum einen einige der bereits zu Zeiten des Eigenkapitalersatzrechts strittigen Punkte auch künftig bei der Einbeziehung Dritter in den Anwendungsbereich des § 39 I Nr. 5 InsO relevant und zum anderen findet gemäß Art. 103d EGInsO das frühere Recht der kapitalersetzenden Gesellschafterdarlehen auch weiterhin auf Altfälle Anwendung. Daran anschließend wird untersucht, ob und unter welchen Voraussetzungen covenant-gesicherten Kreditgebern auch nach neuer Rechtslage die Rückstufung ihrer Darlehensforderung gemäß § 39 I Nr. 5 InsO droht. Nachdem Kreditgeber je nach Ausgestaltung, Dauer und Intensität der Vereinbarungen in Covenants eine erhebliche Machtposition im kreditnehmenden Unternehmen erlangen können, wird in *Teil 3* (Covenants und faktische Organschaft) dieser Arbeit der Frage nachgegangen, ob Darlehensgeber hierdurch Gefahr laufen, als faktische Organe der kreditnehmenden Gesellschaft eingestuft zu werden. Dabei wird insbesondere zu analysieren sein, ob und unter welchen Voraussetzungen Kreditgeber eine Pflicht zur Stellung des Insolvenzantrags nach § 15a I InsO für den Darlehensnehmer haben. Im Rahmen der faktischen Geschäftsführung wird darüber hinaus geprüft, inwieweit Kreditgebern eine strafrechtliche Verantwortlichkeit im Zusammenhang mit der Insolvenz des Darlehensnehmers droht. Hierbei gilt es zum einen zu untersuchen, ob sich Darlehensgeber aufgrund der Vereinbarung von Covenants und der Ausübung der sich hieraus ergebenden Rechte wegen Insolvenzverschleppung gemäß § 15a IV InsO strafbar machen können. Zum anderen wird darauf einzugehen sein, ob covenant-gesicherte Darlehensgeber vom Adressatenkreis des § 14 StGB erfasst sind, was zur Folge hätte, dass diese als Täter der Insolvenzstraftaten gemäß §§ 283 ff. StGB in Betracht kommen. Anschließend wird näher beleuchtet, ob Darlehensgeber für Steuerschulden des Kreditnehmers nach §§ 69 i.V.m. 34, 35 AO haften. Gegenstand der Untersuchung in *Teil 4* (Covenants und Insolvenzanfechtung) ist die Fragestellung, inwieweit die Vereinbarung von Covenants in Kreditverträgen die Anfechtbarkeit von vorinsolvenzlichen Rechtshandlungen nach §§ 129 ff InsO zur Folge haben können. Dabei wird insbesondere der Frage nachzugehen sein, ob Kreditgeber aufgrund der regelmäßig mittels Covenants zur Verfügung gestellten Informationen über das wirtschaftliche Geschehen beim Kreditnehmer „Kenntnis“ i.S.d. § 130 InsO von dessen Zahlungsunfähigkeit oder zumindest Kenntnis von Umständen haben, welche zwingend auf dessen Zahlungsunfähigkeit schließen lassen. Der Schwerpunkt der Untersuchung liegt daher in der Analyse des Begriffs der „positiven Kenntnis“ und dessen beweisrechtlichen Anforderungen, deren Vorliegen vom Insolvenzverwalter nachzuweisen ist. Nachdem sich für den Insolvenzverwalter bei der Anfechtbarkeit von gläubigerbenachteiligenden Rechtshandlungen eine erhebliche Beweiserleichterung in Bezug auf die „positive Kenntnis“ dann ergibt, wenn es sich bei dem Anfechtungsgegner um eine dem Insolvenzschuldner nahe stehende Person handelt, wird darüber hinaus zu analysieren sein, ob Kreditgeber wegen der Vereinbarung von Informations- und Einflussnahmerechten als dem Kreditnehmer gemäß § 138 InsO nahe stehend zu qualifizieren sind.

Teil 1: Grundlagen

A. Begriff

Der Begriff „Covenants“ (lateinisch: conventio = Übereinkommen, Vereinbarung, Vertrag) stammt aus dem anglo-amerikanischen Rechtskreis und bedeutet übersetzt Zusicherung, Vereinbarung oder Nebenabrede[16]. Hierunter versteht man ganz allgemein jede Vereinbarung oder Versprechung, durch die sich eine Vertragspartei zu einem Tun oder Unterlassen verpflichtet oder die Einhaltung bestimmter Tatsachen zusichert[17]. Covenants können damit grundsätzlich Verpflichtungen aller Art begründen und in allen Vertragstypen enthalten sein[18]. Im amerikanischen Recht werden Covenants als allgemeine vertragliche Nebenbestimmungen verstanden, welche einer Vertragspartei bestimmte Pflichten auferlegen und in der Regel untergeordneter Bestandteil eines übergeordneten Vertragswerkes sind[19].

Den Begriff Covenants (auch Undertakings oder Auflagen genannt[20]) wird hauptsächlich in der Finanzierungspraxis verwendet. Hierunter versteht man Nebenabreden in Kreditverträgen, durch welche sich Kreditgeber gegen das Kreditausfallrisiko absichern, indem sie sich während der Kreditlaufzeit Informations- und Einflussnahmerechte gegenüber dem Kreditnehmer einräumen lassen oder ihr Rückzahlungsinteresse versuchen dadurch zu schützen, dass sie den Darlehensnehmer zur Einhaltung von bestimmten Finanzkennzahlen verpflichten. Im Gegensatz zu klassischen Kreditsicherheiten[21] zielen Covenants jedoch nicht darauf ab, sich mit Eintritt einer Unternehmenskrise beim Kreditnehmer die Möglichkeit des Zugriffs auf dessen Vermögen zu verschaffen oder Dritte, wie beispielsweise Bürgen, die sich verpflichtet haben für die Verbindlichkeiten des Kreditnehmers einzustehen, in Anspruch nehmen zu können[22]. Der Ansatz zur Kreditabsicherung mittels

---

16 Zur historischen Entwicklung: Köndgen, in Prütting (Hrsg.): Insolvenzrecht 1996, S. 127, 128; Runge, Covenants in Kreditverträgen, S. 5, Rz 1.1.

17 Vgl. Black's Law Dictionary, 9th ed., 2009, S. 419; Köndgen, in Prütting (Hrsg.): Insolvenzrecht 1996, S. 127, 128.

18 Vgl. Kästle, Rechtsfragen, S. 27.

19 Heinrich, Covenants als Alternative, S. 121.

20 Diem, Akquisitionsfinanzierung, § 22, Rn 1. Teilweise werden Covenants auch als „Financial Covenants“ bezeichnet (so z.B. *Fleischer*, ZIP 1998, 313 und *Wittig*, WM 1996, 1381), was jedoch insofern missverständlich ist, als dass es sich hierbei nur um eine bestimmte Art von Covenants, nämlich Bilanzrelationsklauseln, handelt, vgl.: Kästle, Rechtsfragen, S. 28.

21 Vgl. hierzu ausführlich: Ganter, in Schimansky/Bunte/Lwowski (Hrsg.), Bankrechts-Handbuch, § 90, Rn 20 ff.

22 Ausführlich zur Abgrenzung von Covenants zu klassischen Kreditsicherheiten: Runge, Covenants in Kreditverträgen, S. 88, Rz 2.50 ff.: Köndgen, in Prütting (Hrsg.): Insolvenzrecht 1996, S. 127, 136 f.; Kästle, Rechtsfragen, S. 36 f.

Covenants ist vielmehr präventiver Natur, indem zum einen durch die Vereinbarung von Informationsrechten oder Financial Covenants[23] etwaige wirtschaftliche Schieflagen beim Kreditnehmer möglichst frühzeitig erkannt werden sollen[24]. Zum anderen wird mit Hilfe von Einwirkungsrechten gegenüber der Geschäftsführung des Kreditnehmers von Beginn an versucht, auf das unternehmerische Geschehen des Darlehensnehmers Einfluss zu nehmen bzw. diese soll hierdurch dazu angehalten werden, alles zu unterlassen, was die Rückführung des Kredites gefährden könnte. Mit Hilfe der Vereinbarung von Covenants soll daher die für die Rückzahlung des Kredites notwendige Solvenz des Kreditnehmers gewährleistet werden, indem Unternehmenskrisen beim Kreditnehmer rechtzeitig erkannt und durch die Möglichkeit der Vornahme sowie der Durchsetzung von entsprechenden (Sanierungs-)Maßnahmen über Covenants, die Zahlungsfähigkeit des Darlehensnehmers erhalten und dadurch die Rückführung des Kredites gesichert wird[25].

B. Die Funktion von Covenants

Um den maßgeblichen Zweck der Verwendung von Covenants zu bestimmen, müssen zunächst die besonderen Merkmale von Kreditverträgen dargestellt werden. Im Unterschied zu gewöhnlichen gegenseitigen Verträgen nach §§ 320 ff. BGB, bei welchen der Leistungsaustausch Zug um Zug erfolgt, besteht bei Kreditverträgen die Besonderheit, dass der Kreditgeber in Vorleistung geht und die Rückzahlung des Kreditbetrages erst zu einem späteren Zeitpunkt erfolgt. Während der Laufzeit des Darlehens kann der Kreditgeber weder über die von ihm zur Verfügung gestellten Mittel verfügen noch hat er Einfluss auf die wirtschaftliche Situation im kreditnehmenden Unternehmen und damit auf die Rückzahlungswahrscheinlichkeit seines Darlehens. Mit Eintritt einer (Unternehmens-)Krise beim Kreditnehmer, welche sowohl externe Ursachen wie beispielsweise Konjunkturschwankungen als auch interne Gründe wie etwa Managementfehler haben kann[26], steigert sich das Kreditausfallrisiko für den Darlehensgeber. Bei drohender oder bereits eingetretener Insolvenz des Kreditnehmers vergrößert sich eben jenes Ausfallrisiko nochmals in beträchtlichem Maße, da beispielsweise durch die Zahlungsunfähigkeit der Kredit überhaupt nicht mehr bedient werden kann. Mit tatsächlichem Eintritt der Insolvenz können Kreditgeber als Insolvenzgläubiger nach § 38 InsO zwar ihren Rückzahlungsanspruch zur Tabelle anmelden. Im Hinblick auf die dabei bestenfalls zu erzielende quotale Befriedigung verliert diese Kreditforderung jedoch erheblich an Wert.

Aufgrund dieser Umstände muss der Kreditgeber daher bereits bei Abschluss des Kreditvertrages eine Prognoseentscheidung hinsichtlich der wirtschaftlichen Ent-

---

23 Siehe dazu: Teil 1, D. III.
24 Vgl. Köndgen, in Prütting (Hrsg.): Insolvenzrecht 1996, S. 127, 128.
25 Vgl. Runge, Covenants in Kreditverträgen, S. 6, Rz 1.4.
26 Zu den verschiedenen Krisenursachen vgl. Wilden, in Buth/Hermanns (Hrsg.), Restrukturierung, Sanierung, Insolvenz, § 3, Rn 4.

wicklung des kreditnehmenden Unternehmens treffen[27], um dadurch sein Ausfallrisiko und damit die Rückzahlungswahrscheinlichkeit bestimmen zu können[28]. In diesem Zusammenhang stellt sich für Kreditgeber insbesondere das Problem der asymmetrischen Information[29]. Hierunter versteht man den – Kraft ihrer Stellung – zwangsläufig ungleichen Informationsstand der Kreditnehmer als Eigentümer des Unternehmens auf der einen Seite und jenen der Kreditgeber als Gläubiger auf der anderen Seite. Eine solche Informationsasymmetrie besteht häufig bereits bei Vertragsabschluss und trifft in der Regel auf jedweden Vertragstyp zu. So verfügt der Käufer einer Sache beispielsweise nicht über dieselben Informationen in Bezug auf die Qualität des Kaufgegenstandes wie der Verkäufer. Bei Kreditverträgen als Dauerschuldverhältnis setzt sich diese Problematik jedoch nach Vertragsabschluss fort. Denn der Kreditgeber verfügt nicht über dieselbe umfassende Kenntnis in Bezug auf die wirtschaftliche Entwicklung des kreditnehmenden Unternehmens wie der Darlehensnehmer als dessen Eigentümer, was jedoch gerade für die Beurteilung des Ausfallrisikos unabdinglich ist. Eine weitere Schwierigkeit von Darlehensgebern besteht darin, dass sie während der Kreditvertragslaufzeit auf das wirtschaftliche Geschehen beim Kreditnehmer nicht einwirken und damit auch nicht die Rückzahlungswahrscheinlichkeit beeinflussen können.

Der Vorteil der Verwendung von Covenants wird nun u. a. darin gesehen, dass sich hierdurch mittels der Vereinbarung von Informationsrechten, welche häufig weit über die nach § 18 KWG bestehenden Offenlegungspflichten hinausgehen, das wirtschaftliche Geschehen beim Kreditnehmer kontinuierlich überwachen lässt und auf dieser Grundlage Prognosen über das Ausfallrisiko besser erstellt oder Sachsicherheiten permanent (neu) bewertet werden können[30].

Damit einhergehend erfüllen Informationspflichten und Financial Covenants eine Frühwarnfunktion bei Unternehmenskrisen[31]. Denn die Praxis hat gezeigt, dass Unternehmenskrisen umso effizienter behoben werden können, je früher sie erkannt werden[32]. Da das Ausfallrisiko des Kreditgebers mit Eintritt einer Unternehmenskrise signifikant steigt, werden Kreditnehmer mittels Covenants zur Vorlage und Einhaltung bestimmter betriebswirtschaftlicher Kennzahlen verpflichtet, durch welche sich frühzeitig eine wirtschaftliche Schieflage des kreditnehmenden Unternehmens erkennen lässt. Covenants als Krisenindikator sollen damit Kreditgebern die Möglichkeit verschaffen, zu einem Zeitpunkt, in welchem der Kreditnehmer trotz einer sich anbahnenden Krise noch handlungsfähig ist, Reorganisa-

---

27 Wobei zuverlässige Prognosen über einen Zeitraum von fünf und mehr Jahren regelmäßig nicht möglich sind, vgl. Kästle, Rechtsfragen, S. 29.

28 Vgl. Servatius, Gläubigerschutz durch Covenants, S. 50 f.

29 Wilden, in Buth/Hermanns (Hrsg.), Restrukturierung, Sanierung, Insolvenz, § 3, Rn 6 ff.; Servatius, Gläubigerschutz durch Covenants, S. 51 ff. m.w.N.

30 Ausführlich zu den typischen Informationspflichten des Kreditnehmers: Runge, Covenants in Kreditverträgen, S. 29, Rz 1.62 ff.; Kästle, Rechtsfragen, S. 53 ff.

31 Vgl. zur Frühwarnfunktion von Covenants: Thießen, in: Sadowski/Czap/Wächter (Hrsg.), Regulierung und Unternehmenspolitik, S. 143, 156; kritisch zur Geeignetheit von Covenants zur Krisenfrüherkennung: Wittig, WM 1996, 1381, 1386.

32 Wilden, in Buth/Hermanns (Hrsg.), Restrukturierung, Sanierung, Insolvenz, § 3, Rn 4.

tionsmaßnahmen einleiten zu können, um dadurch die Sanierungschancen beim kreditnehmenden Unternehmen zu erhöhen[33].

Nachdem Kreditgeber während der Kreditlaufzeit keine Möglichkeit haben, auf das wirtschaftliche Geschehen im kreditnehmenden Unternehmen einzuwirken und damit die Rückzahlungswahrscheinlichkeit zu beeinflussen, wird aus Sicht von Darlehensgebern der entscheidende Vorteil bei der Verwendung von Covenants allerdings darin gesehen, dass sie sich hierdurch Einwirkungsmöglichkeiten gegenüber den Geschäftsführern der darlehensnehmenden Gesellschaft verschaffen können[34]. Diese Eingriffsbefugnisse werden i.d.R. erst durch die Nichteinhaltung von bestimmten Finanzkennzahlen oder der vorherigen Verletzung von anderen (Covenant-)Vereinbarungen ausgelöst. Das Ziel der Vereinbarung von Einflussnahmerechten besteht dabei zum einen darin, dass der Kreditnehmer – beispielsweise durch konkrete Verbote oder Zustimmungsvorbehalte – von Beginn des Kreditverhältnisses an verpflichtet wird, alles zu unterlassen, was seine Solvenz und damit die Rückzahlung gefährdet[35]. Zum anderen dienen eben jene Einwirkungsmöglichkeiten dazu, etwaige Unternehmenskrisen in der kreditnehmenden Gesellschaft zu bewältigen, indem etwa konkrete Weisungsrechte gegenüber den Geschäftsführern vereinbart werden oder beispielsweise auf die Mandatierung externer Berater hingewirkt wird. Dabei wird mit Hilfe der Frühwarnfunktion von Covenants das die Eingriffsbefugnisse auslösende Ereignis auf einen frühen Zeitpunkt gelegt, in welchem noch dementsprechende Handlungsspielräume bestehen, um Sanierungsmaßnahmen zur Krisenbewältigung vornehmen zu können. Damit lässt sich durch die entsprechende Ausgestaltung der Covenants die unternehmerische Handlungsfreiheit des Kreditnehmers einschränken und das unternehmerische Geschehen im darlehensnehmenden Unternehmen im Interesse des Kreditgebers, d.h. dessen Rückzahlungsinteresse, ausrichten.

Im Gegensatz zu klassischen Kreditsicherheiten, welche erst dann zum Tragen kommen, wenn der Kreditnehmer seiner Pflicht zur Zinszahlung und Tilgung nicht mehr nachkommen kann, entfalten Covenants daher präventive Wirkung[36]. Hintergrund der Kreditsicherung über Covenants ist der Umstand, dass der Erhalt des kreditnehmenden Unternehmens als Ganzes einen höheren materiellen Wert hat als die Verwertung einzelner Vermögensgegenstände[37]. Darüber hinaus ist sowohl die Bestellung als auch die Verwertung von Sachsicherheiten mit erheblichen Kosten verbunden und die Praxis hat gezeigt, dass es Kreditgebern ungeachtet der Bestellung von klassischen Kreditsicherheiten häufig nicht gelingt, durch deren Verwertung ihre Forderung vollständig zu realisieren[38]. Ferner eignen sich Covenants zur Absicherung von Kreditverträgen gerade in Fällen, in denen Personen- und Sach-

---

33 Kästle, Rechtsfragen, S. 32.

34 Vgl. nur: Thießen, ZBB 1996, 19, 22; Wittig, WM 1996, 1381, 1389 f; Kästle, Rechtsfragen, S. 35 f.

35 Kästle, Rechtsfragen, S. 33 f.

36 Runge, Covenants in Kreditverträgen, S. 88, Rz 2.50.

37 Ausführlich zu Covenants als Alternative zu herkömmlichen Kreditsicherheiten: Thießen, ZBB 1996, 19, 19 ff.; Kästle, Rechtsfragen, S. 37 ff.

38 Runge, Covenants in Kreditverträgen, S. 9, Rz 1.10.

sicherheiten überhaupt nicht vorhanden sind oder es Letzteren zumindest an der Werthaltigkeit fehlt.

Die Vereinbarung von Covenants ergänzen damit die klassischen Kreditsicherheiten[39] und sind insbesondere wegen ihren flexiblen Ausgestaltungsmöglichkeiten von besonderem Interesse für Kreditgeber, wobei die Abreden umso restriktiver sind, je weniger werthaltige klassische Sicherheiten zur Verfügung stehen[40].

C. Verbreitung

Covenants werden seit jeher in internationalen Anleihebedingungen und angloamerikanischen Kreditverträgen verwendet[41]. Aufgrund der Dominanz der angloamerikanischen Rechtspraxis bei der Gestaltung von internationalen (Konsortial-) Kreditverträgen, haben Covenants jedoch auch seit längerem in der deutschen Finanzierungspraxis Einzug erhalten[42]. Nachdem sich Investoren bis zum Beginn der Finanzmarktkrise Mitte 2007 durch die Niedrigzinspolitik der Zentralbanken sowie der damit einhergehenden hohen Liquidität an den Finanzmärkten günstig Kapital beschaffen konnten und man daher dazu übergegangen war, weniger restriktive Covenants bei der Absicherung von Krediten zu gebrauchen (sog. Covenant-Lite oder Cov-lite[43]), verwenden deutsche Kreditinstitute nach einer im Juli 2009 veröffentlichten Studie von Roland Berger wegen des nunmehr wieder gesteigerten Risikobewusstseins wieder zunehmend Covenants in Kreditverträgen[44]. Danach

---

39 Wobei Covenants nach Auffassung von *Köndgen* die herkömmlichen Kreditsicherheiten niemals ersetzen können, vgl. Köndgen, in Prütting (Hrsg.): Insolvenzrecht 1996, S. 127, 137. Ausführlich zu Covenants als Alternative zu herkömmlichen Kreditsicherheiten: Thießen, ZBB 1996, 19, 19 ff.; Kästle, Rechtsfragen, S. 37 ff.

40 Kästle, Rechtsfragen, S. 37 ff. m.w.N.

41 Smith/Warner, Journal of Financial Economics 1979, 117, 117 ff.; Rich, Financial Covenants Revisited – The Banks' Perspective, in Butterworth Journal of International Banking and Financial Law 1992, 518, 518 ff.; Wood, Law and Practice of International Finance, S. 144 ff.; Servatius, Gläubigerschutz durch Covenants, S. 33; Kästle, Rechtsfragen, S. 41.

42 Eidenmüller, Unternehmenssanierung, S. 137; Servatius, Gläubigerschutz durch Covenants, S. 33; Kümpel/Wittig/Rossbach, Bank und Kapitalmarktrecht, Rn 11.111; Drukarczyk/Schöntag, in Gottwald (Hrsg.), Insolvenzrechts-Handbuch, § 3, Rn 24; Wilden, in Buth/Hermanns (Hrsg.), Restrukturierung, Sanierung, Insolvenz, § 3, Rn 90 ff.

43 FT vom 20.03.2007 (European private equity raises 'covenant-lite' loans) abrufbar unter: http://www.ft.com/intl/cms/s/0/5c651d16-d689-11db-99b7-000b5df10621.html#axzz1ozNCvwgg vgl. zu Covenant-Lite insgesamt: Runge, Covenants in Kreditverträgen, S. 51, Rz 1.123 ff.; Hoffmann, ZBB 2007, 413, 416; Diem, Akquisitionsfinanzierung, § 22, Rn 31 ff.

44 Dr. Sascha Haghani, Steffen Voll, Dr. Matthias Holzamer, Bedeutung und Management von Financial Covenants, S. 9 ff., abrufbar unter: http://www.rolandberger.com/media/pdf/Roland_Berger_Financial_Covenants_20090725.pdf. Zu beachten ist in dieser Studie, dass die Autoren von „Financial Covenants" sprechen, darunter jedoch Covenants im Allgemeinen verstehen, also auch affirmative und negative Covenants und nicht nur Financial Covenants als besondere Form der Covenants. Vgl. zur teilweise missverständlichen Verwendung des Begriffs „Financial Covenants": Kästle, Rechtsfragen, S. 28.
Aufgrund der wirtschaftlichen Erholung werden jedoch bereits wieder vermehrt Covenant-Lite Kredite vergeben, vgl. FT vom 13.03.2011 (Risky loans stage comeback), abrufbar unter: http://www.ft.com/intl/cms/s/0/9f7c528c-4da3-11e0-85e4-00144feab49a.html#axzz1pgEedl94.

messen die befragten Kreditinstitute insbesondere im Bereich der Leveraged-Buy-Out (LBO) Transaktionen, also Unternehmensakquisitionen, bei welchen der Kaufpreis über einen (sehr) hohen Anteil an Fremdkapital finanziert wird[45], und bei der Finanzierung mittelständischer Unternehmen Covenants eine hohe Bedeutung zu.

Gerade im Bereich von Leverage-Finanzierungen, in welchem mit einem hohen Anteil an Fremdkapital gearbeitet werden muss, um eine entsprechend (hohe) Rendite zu erzielen, spielt die Absicherung des Finanzierungsbeitrags über Covenants eine entscheidende Rolle[46]. Denn hierbei wird teilweise gänzlich auf dingliche Sicherheiten verzichtet[47] oder aber als Sicherheit steht lediglich das zu finanzierende Objekt selbst zur Verfügung[48]. Da derartige Projekte besonders risikoreich sind, muss der für die Zinszahlungen und die Tilgung notwendige Cash-Flow mittels der Vereinbarung von restriktiven Covenants gewährleistet werden. Somit werden gerade im Rahmen der „Akquisitionsfinanzierung“ besonders umfangreiche Covenants vereinbart[49]. Darüber hinaus werden im Bereich des sog. Distressed M&A, also dem Kauf von notleidenden Kreditforderungen durch Hedge oder Private Equity Fonds, welche im Rahmen ihres Sanierungskonzepts oder im Anschluss an eine Sanierung die erworbenen Kreditforderungen entweder in Eigenkapital wandeln (Debt-Equity-Swap[50]) oder weiterveräußern wollen, aufgrund des hohen Ausfallrisikos restriktive Covenants verwendet[51].

Im Nachfolgenden sollen daher die wesentlichen Finanzierungsinstrumente, in welchen Covenants verwendet werden, dargestellt werden.

I. Covenants in (Unternehmens-)Anleihen

Anleihen (bonds/debentures) sind für Unternehmen eine Möglichkeit der Beschaffung von Fremdkapital. Unter einer Anleihe versteht man die Aufnahme von Kapital gegen die Ausgabe von Inhaberschuldverschreibungen im Sinne von § 793 I 1 BGB[52]. Derartige Schuldverschreibungen sind Wertpapiere, die dem Inhaber des Papiers einen Anspruch auf Rückzahlung und Verzinsung des zur Verfügung ge-

45 Zum Begriff „Leveraged-Buy-Out“ ausführlich: Meyer, Die Besicherung der Akquisitionsfinanzierung, S. 34 ff. m.w.N.; Holzapfel/Pöllath, Unternehmenskauf in Recht und Praxis, Rn 518 ff.

46 Vgl. zur neuen Entwicklung von Unternehmensfinanzierungen: Servatius, Gläubigerschutz durch Covenants, S. 20 ff.

47 Kästle, Rechtsfragen, S. 41 f.

48 Meyer, Die Besicherung der Akquisitionsfinanzierung, S. 66 ff.

49 Unter Akquisitionsfinanzierung wird dasselbe wie der LBO verstanden, vgl.: Diem, Akquisitionsfinanzierung, § 1, Rn 1 ff.; Meyer, Die Besicherung der Akquisitionsfinanzierung, S. 34 ff.

50 Ausführlich zum sog. Debt-Equity-Swap: Wittig, in Schmidt/Uhlenbruck, Die GmbHG in Krise, Sanierung und Insolvenz, Rn 2.270 ff.

51 Ausführlich zum sog. Distressed M&A: Wittig, in Schmidt/Uhlenbruck, Die GmbHG in Krise, Sanierung und Insolvenz, Rn 2.279 ff.; Reuter/Buschmann, ZIP 2008, 1003, 1003 ff.

52 Kümpel/Wittig/Müller, Bank und Kapitalmarktrecht, Rn 15.261; Langendorf, Haftungsfragen bei Anleiheemissionen, S. 21.

stellten Kapitals gegenüber dem Aussteller verbriefen[53]. Die Höhe des von dem Aussteller an den Gläubiger zu zahlenden Zinssatzes sowie der Wert der am Markt handelbaren Unternehmensanleihen hängen dabei maßgeblich vom Ausfallrisiko der Zinszahlungs- und Tilgungsansprüche ab.

Da Unternehmensanleihen regelmäßig dinglich unbesichert begeben werden[54], ist für die Attraktivität einer solchen Anleihe die Bonität des Anleiheschuldners von entscheidender Bedeutung. Aufgrund ihrer langen Laufzeit[55] besteht für Anleihegläubiger das Risiko, dass ihre Zins- und Rückzahlungsansprüche während dieses Zeitraums durch Handlungen des Unternehmens gefährdet werden können. So können beispielsweise Umstrukturierungsmaßnahmen, Aktienrückkäufe sowie Dividendenzahlungen an die Aktionäre zu nachteiligen Effekten führen[56].

Um dieses Zins- und Rückzahlungsrisiko zu beurteilen, verlassen sich Anleihegläubiger nicht mehr ausschließlich auf Analysten und Rating-Agenturen, sondern lassen sich durch sog. Event-Risk-Covenants zusätzliche Rechte gegenüber Anleiheemittenten einräumen[57]. Hierdurch sollen Anleiheschuldner diszipliniert werden, indem sie während der Laufzeit der Anleihe bestimmte, als gläubigergefährdend eingestufte Maßnahmen zu unterlassen haben[58]. Sollte der Anleiheschuldner dennoch gegen Event-Risk-Covenants verstoßen, besteht beispielsweise die Möglichkeit der sofortigen Fälligstellung der Anleihe zum Nennbetrag[59].

Besonders häufig werden Event-Risk-Covenants bei sog. High-Yield-Bonds vereinbart. Hierbei handelt es sich um Schuldverschreibungen, die einem hohen Ausfallrisiko unterliegen, gleichzeitig jedoch eine hohe Rendite in Aussicht stellen[60]. Um dieses Ausfallrisiko zu minimieren oder zumindest kalkulierbar zu machen, versuchen Anleger bereits im Emissionszeitpunkt durch Bond Covenants sich gegen etwaiges, die Tilgung und Zinszahlung gefährdendes, Handeln des Emittenten abzusichern[61].

---

53 Kümpel/Wittig/Müller, Bank und Kapitalmarktrecht, Rn 15.261 ff.
54 Vgl. nur: Kümpel/Wittig/Müller, Bank und Kapitalmarktrecht, Rn 15.391 ff.; Kästle, Rechtsfragen, S. 42.
55 Vgl. Zeller, in Hockmann/Thießen (Hrsg.), Investment Banking, S. 192. Danach lassen sich Anleihen hinsichtlich ihrer Laufzeiten unterscheiden in: kurzfristige Anleihen (bis zu 4 Jahren); mittelfristige Anleihen (zwischen 4 und 8 Jahren); langfristige Anleihen (mehr als 8 Jahre).
56 Vgl. ausführlich dazu: Ebke ZHR 155 (1991), 132, 151 ff.
57 Servatius, Gläubigereinfluss durch Covenants, S. 34.
58 Servatius, Gläubigereinfluss durch Covenants, S. 34; Bruder/Hirt, Die Bank 1990, 296, 296 ff.
59 Zu den weiteren Sanktionierungsmöglichkeiten siehe Bruder/Hirt, Die Bank 1990, 296, 299 f.
60 Vgl. Kästle, Rechtsfragen, S. 42 f.; Kusserow/Dittrich, WM 2000, 745, 746.
61 Kusserow/Dittrich, WM 2000, 745, 746.

II. Covenants in (internationalen) Konsortialkreditverträgen

Darüber hinaus werden Covenants häufig auch bei (internationalen) Konsortialkrediten (syndicated loans) verwendet[62]. Unter einem Konsortialkredit versteht man allgemein die Kreditvergabe durch mehrere Banken[63]. Konsortialkredite dienen der Finanzierung von Unternehmen, Staaten (sovereign debt) oder einzelnen Großprojekten[64]. Die Gründe für die Vergabe von Krediten durch mehrere Banken sind unterschiedlicher Natur. Diese können sich zum einen daraus ergeben, dass einer einzelnen Bank die finanziellen Mittel für ein derartiges Projekt fehlen. Zum anderen können die gesetzlichen Vorschriften der §§ 13 ff. KWG einer isolierten Kreditgewährung entgegenstehen[65]. Darüber hinaus bietet eine derartige Kreditvergabe den Banken die Möglichkeit der Risikostreuung, indem sich diese mit kleineren Beträgen an mehreren Konsortien beteiligen, welche wiederum Darlehen an unterschiedliche Kreditnehmer gewähren[66].

Als Kooperationsform im Innenverhältnis liegt in der Regel eine BGB-Gesellschaft zwischen den beteiligten Banken vor[67]. Im Außenverhältnis zum Kreditnehmer ist konsortialtypisch, dass durch Abreden eine sonst über §§ 714, 427 BGB eintretende Gesamtschuldnerschaft (§ 421 BGB) ausgeschlossen wird[68]. Hierdurch wird eine Teilschuld nach § 420 BGB erreicht, bei welcher die einzelnen Konsorten lediglich für die eigene Kreditquote einstehen müssen[69].

Aufgrund der Dominanz der angelsächsischen Rechtspraxis bei der Gestaltung von (internationalen) Konsortialkreditverträgen haben Covenants daher eine lange Tradition als Instrument zur Minimierung des Kreditausfallrisikos.

III. Covenants bei Projektfinanzierungen

Die Projektfinanzierung[70] ist der klassische Bereich, in welchem die Kreditvertragsparteien Covenants vereinbaren. Hierdurch werden Großprojekte wie etwa der Abbau von Rohstoffen, der Anlagebau oder der Aufbau von Telekommunikationsnetzen finanziert[71]. Investoren versuchen dabei durch einen hohen Anteil an

62 Vgl. nur: Eidenmüller, Unternehmenssanierung, S. 136 ff.; Servatius, Gläubigerschutz durch Covenants, S. 34 f.; Kästle, Rechtsfragen, S. 47 f.

63 Umfassend dazu: De Meo, Bankenkonsortien S. 9 ff. Rn 10 ff.; Eidenmüller, Unternehmenssanierung, S. 133 ff.

64 Servatius, Gläubigerschutz durch Covenants, S. 34 f.; Eidenmüller, Unternehmenssanierung, S. 135; De Meo, Bankenkonsortien S. 9 Rn 9.

65 Vgl. Kästle, Rechtsfragen, S. 47.

66 Vgl. Eidenmüller, Unternehmenssanierung, S. 135.

67 Zu den weiteren Kooperationsmöglichkeiten siehe: De Meo, Bankenkonsortien, S. 33 ff. Rn 2 ff.

68 Vgl. Eidenmüller, Unternehmenssanierung, S. 133 f.

69 Eidenmüller, Unternehmenssanierung, S. 134 m.w.N.

70 Umfassend dazu: Reuter, DB 1999, 31, 31 ff.

71 Servatius, Gläubigerschutz durch Covenants, S. 35; Kümpel/Wittig/Rossbach, Bank und Kapitalmarktrecht, Rn 11.273; Kästle, Rechtsfragen, S. 44.

Fremdkapital einen bestmöglichen Leverage-Effekt für ihr eingesetztes Kapital zu erzielen[72].

Die Besonderheit einer derartigen Kreditgewährung besteht darin, dass die Rückzahlung des Kredites aus dem künftigen Cash-Flow des Projekts erfolgen soll[73]. Maßgeblich ist daher die finanzielle Tragfähigkeit des Projekts und nicht etwa die finanzielle Situation oder Bonität des Schuldners[74]. Hierdurch soll der besonderen Struktur solcher Projekte, wie etwa dem Bau von Kraftwerken oder Pipelines, Rechnung getragen werden, bei welchen schon aufgrund ihrer Verortung eine Verwertung häufig ausscheidet und Kreditgebern als Sicherheit daher lediglich die künftigen Erträge des Projekts zur Verfügung stehen.

Im Gegensatz zu herkömmlichen Kreditverträgen, bei welchen der Kredit direkt an das Unternehmen ausgegeben wird, erfolgt die Kreditvergabe an eine eigens für das Projekt gegründete Zweckgesellschaft (sog. special purpose vehicle oder SPV)[75]. Der Grund hierfür besteht darin, das Projektrisiko von vorneherein auf die Zweckgesellschaft zu begrenzen[76].

Durch die großen Finanzierungsvolumina sowie den hohen Anteil an Fremdkapital sind Projektfinanzierungen besonders risikoreich. Kreditgeber versuchen daher durch Covenants in Projektfinanzierungsvereinbarungen ihre Risiken zu minimieren bzw. zu kontrollieren, indem sie sich umfangreiche Steuerungs- und Kontrollrechte einräumen lassen[77].

IV. Covenants bei Akquisitionsfinanzierungen

Des Weiteren werden Covenants regelmäßig in der „Akquisitionsfinanzierung" verwendet. Unter einer „Akquisitionsfinanzierung" versteht man den Erwerb eines Unternehmens oder einer Unternehmensgruppe durch Fremdfinanzierung[78]. Hierbei bestehen gewisse Parallelen zur Projektfinanzierung, da auch in diesen Fällen die Akquisition durch einen hohen Anteil an Fremdkapital erfolgt[79] und als Sicherheit für den in Anspruch genommenen Kredit das zu erwerbende Unternehmen ein-

---

72 Wobei Projekte mit 70 % oder mehr Fremdkapital nicht unüblich sind. Siehe dazu: Sester, Projektfinanzierungsvereinbarungen, S. 2 m.w.N.

73 Kümpel/Wittig/Rossbach, Bank und Kapitalmarktrecht, Rn 11.271.

74 Vgl. Stockmayer, Projektfinanzierung, S. 95; Servatius, Gläubigerschutz durch Covenants, S. 35.

75 Kästle, Rechtsfragen, S. 44.

76 Kümpel/Wittig/Rossbach, Bank und Kapitalmarktrecht, Rn 11.276.

77 Umfassend dazu mit Formulierungsbeispielen: Sester, Projektfinanzierungsvereinbarungen, S. 64 ff.

78 Umfassend dazu: Diem, Akquisitionsfinanzierung, § 1, Rn 1 ff.; Meyer, Die Besicherung der Akquisitionsfinanzierung, S. 50 ff.; Holzapfel/Pöllath, Unternehmenskauf in Recht und Praxis, Rn 518, 528 ff.

79 Holzapfel/Pöllath, Unternehmenskauf in Recht und Praxis, Rn 518; Eidenmüller, ZHR 171 (2007), 644, 646.

gesetzt wird, die sog. Zielgesellschaft[80]. Abweichend von der klassischen Finanzierung eines Unternehmenskaufs durch eigene Mittel, versuchen Investoren dabei unter Verwendung eines hohen Anteils an Fremdkapital den Leverage-Effekt auszunutzen, um die Eigenkapitalrendite (return on equity oder ROE) zu verbessern[81].

Ganz allgemein nennt man einen Unternehmenskauf, bei welchem neben Eigenkapital ein erheblicher Anteil an Fremdkapital verwendet wird, einen Leveraged-Buy-Out oder LBO[82]. Ist der Käufer der Zielgesellschaft gleichzeitig deren Management, spricht man von einem Management-Buy-Out oder MBO[83]. Dagegen liegt ein sog. Management-Buy-In vor, wenn es sich bei den Erwerbern um externe Führungskräfte handelt. Darüber hinaus erwirbt beim OwnerBuy-Out ein Gesellschafter die Anteile der übrigen Gesellschafter.

Ähnlich zur Projektfinanzierung erfolgt der Unternehmenskauf bei Akquisitionsfinanzierungen nicht durch den Erwerber selbst, sondern durch eine eigens hierfür neu gegründete Gesellschaft als Akquisitionsvehikel, der sog. NewCo[84]. Käufer und Kreditnehmer für die Unternehmensakquisition ist die NewCo. Da es sich bei der NewCo in der Praxis regelmäßig um eine Vorrats- oder Mantelgesellschaft handelt, welche über kein nennenswertes Vermögen verfügt, dient das Vermögen der Zielgesellschaft bzw. die Anteile an dieser sowie deren Cash-Flow als Sicherheit für den in Anspruch genommenen Kredit[85].

Diese Ausgestaltung führt jedoch zu mehreren rechtlichen Schwierigkeiten. Zum einen besteht ein zeitliches Problem[86]. Die NewCo ist im Zeitpunkt der Kreditausgabe mangels Verfügungsmacht nicht in der Lage, ihre Anteile an der Zielgesellschaft als Kreditsicherheit abzutreten, da diese erst mit Ausgabe des Kredites erworben werden. Sollte es sich darüber hinaus bei der Zielgesellschaft um eine GmbH oder AG handeln, müssen zum anderen die Regelungen der §§ 30, 31 GmbHG und §§ 57, 71a AktG beachtet werden[87]. Danach kann die Bestellung von Sicherheiten durch das Vermögen der Zielgesellschaft zugunsten der NewCo als deren Gesellschafterin u. U. gegen Kapitalerhaltungsvorschriften verstoßen[88].

---

80 Meyer, Die Besicherung der Akquisitionsfinanzierung, S. 66 ff.; Holzapfel/Pöllath, Unternehmenskauf in Recht und Praxis, Rn 518, 528 ff.

81 Siehe dazu: Diem, Akquisitionsfinanzierung, § 1, Rn 14 f., welcher anhand von vereinfachten Rechenbeispielen die Auswirkungen des hohen Anteils an Fremdkapital auf die Eigenkapitalrendite durch den Leverage-Effekt darstellt; Holzapfel/Pöllath, Unternehmenskauf in Recht und Praxis, Rn 518 f.

82 Diem, Akquisitionsfinanzierung, § 1, Rn 6.

83 Unfassend zu den verschiedenen Formen der Akquisitionsfinanzierung: Meyer, Die Besicherung der Akquisitionsfinanzierung, S. 37 f. m.w.N.; Tcherveniachki, S. 48 ff. m.w.N.

84 Diem, Akquisitionsfinanzierung, § 1, Rn 2; Meyer, Die Besicherung der Akquisitionsfinanzierung, S. 57 f.

85 Umfassend dazu: Diem, Akquisitionsfinanzierung, § 41, Rn 1 ff.; Meyer, Die Besicherung der Akquisitionsfinanzierung, S. 66 ff.; Holzapfel/Pöllath, Unternehmenskauf in Recht und Praxis, Rn 518 ff., 528 ff.; Tcherveniachki, S. 237 ff.

86 Servatius, Gläubigerschutz durch Covenants, S. 36.

87 Holzapfel/Pöllath, Unternehmenskauf in Recht und Praxis, Rn 534 ff., Rn 541 ff.

88 Vgl. ausführlich dazu: Eidenmüller, ZHR 171 (2007), 644, 660 m.w.N.; Becker, DStR 1998, 1429, 1430 ff.

Während dieser Übergangs- und Schwebezeit haben Kreditgeber daher ein besonderes Sicherungsinteresse. Um dem Risiko der unvollständigen dinglichen Besicherung entgegenzuwirken, legen diese dem Erwerber bzw. der Zielgesellschaft durch umfangreiche Covenants bestimmte Pflichten auf. Dies führt zu einer Überwachung und ggf. auch Steuerung der wirtschaftlichen Situation der Zielgesellschaft, um möglichst frühzeitig auf eine etwaig negative Geschäftsentwicklung reagieren zu können[89]. Darüber hinaus verschaffen Covenants Einflussnahmemöglichkeiten, damit die unternehmerischen Entscheidungen der Zielgesellschaft in Einklang mit der der Finanzierung zu Grunde liegenden Risikoanalyse gebracht werden können[90].

V. Covenants in allgemeinen Kreditverträgen

Covenants haben ihren Ursprung in anglo-amerikanischen Kreditverträgen und haben in der deutschen Kreditpraxis bisher (noch) nicht dieselbe Tradition. Der maßgebliche Grund hierfür besteht in den unterschiedlichen Rechtssystemen zwischen den USA und Deutschland[91]. Während deutsche Kreditverträge generalklauselartig ausgestaltet sind und in den §§ 488 ff. BGB sowie in den AGB der Banken eher standardisierte Regelungen getroffen werden, versucht man im Common Law diese möglichst detailliert und abschließend zu verfassen[92].

Dies hängt unter anderem damit zusammen, dass das Common Law Rechtssystem lediglich begrenzte Möglichkeiten der (ergänzenden) Vertragsauslegung zulässt[93] und anstelle von abstrakten gesetzlichen Regelungen Präzedenzfälle als Entscheidungsgrundlage für die Beurteilung gleicher oder vergleichbarer Rechtsprobleme dienen[94]. Um eine hierdurch potentiell entstehende Rechtsunsicherheit von vorneherein zu vermeiden, werden Rechte und Pflichten aus Kreditverträgen bereits im Vorfeld umfassend festgelegt[95]. Ferner gelten als Folge der beschränkten Möglichkeit ergänzender Vertragsauslegung Rechte und Pflichten aus Kreditverträgen, die nicht ausdrücklich im Vertrag niedergeschrieben sind, als nicht vereinbart[96].

Darüber hinaus verfolgen die jeweiligen Rechtssysteme unterschiedliche Gläubigerschutzkonzepte[97]. Der Gläubigerschutz wird im deutschen Recht zumindest bei Krediten an eine Kapitalgesellschaft wie die GmbH und die AG durch die Kapital-

---

89 Hoffmann, ZBB 2007, 413, 414 ff.; Habersack, ZGR 2000, 384, 393 ff.
90 Servatius, Gläubigerschutz durch Covenants, S. 36.
91 Ausführlich dazu: Kästle, Rechtsfragen, S. 48 ff.; Servatius, Gläubigerschutz durch Covenants, S. 37 ff.
92 Servatius, Gläubigerschutz durch Covenants, S. 37 f.
93 O'Sullivan/Hilliard, The Law of Contract, S. 180, Rn 8.55 ff.; Kästle, Rechtsfragen, S. 50.
94 Arnheim, Principles of the Common Law, S. 1; Kästle, Rechtsfragen, S. 49.
95 Kästle, Rechtsfragen, S. 49 m.w.N.; Welter, in Schimansky/Bunte/Lwowski (Hrsg.), Bankrechts-Handbuch, § 118, Rn 58 ff.
96 O'Sullivan/Hilliard, The Law of Contract, S. 180, Rn 8.55.
97 Servatius, Gläubigerschutz durch Covenants, S. 38 f.

aufbringungs- und Kapitalerhaltungsvorschriften gewährleistet. Im Gegensatz dazu fehlen im anglo-amerikanischen Rechtskreis weitgehend derartige gesetzliche Vorschriften bzw. vorhandene Vorschriften werden als nicht ausreichend betrachtet[98]. Daher sind Gläubiger auf eine individuelle Vorsorge angewiesen, welche gerade in Form der Vereinbarung von Covenants erfolgt[99].

Ungeachtet dieser Unterschiede, bestätigte eine im Juli 2009 von Roland Berger veröffentlichte Studie die in der Praxis schon länger bestehende Erkenntnis, dass Covenants in deutschen Kreditverträgen zunehmend an Bedeutung gewinnen bzw. bereits gewonnen haben[100]. Danach messen 31 % der befragten Führungskräfte von Kreditinstituten Covenants eine sehr hohe und 56 % eine hohe Bedeutung zu[101]. Als Gründe hierfür werden u. a. die Frühwarnfunktion bei etwaigen Unternehmenskrisen im Risikomanagementsystem der Banken und die mit einer Covenant-Verletzung einhergehenden Einwirkungsmöglichkeiten auf die Geschäftsführung des Kreditnehmers, wie etwa die Veranlassung zur Vornahme von Sanierungsmaßnahmen, genannt. Des Weiteren kommt es infolge der seit dem 01.01.2007 geltenden Basel II Vorschriften und der damit einhergehenden verstärkten Bonitätsprüfung beim Kreditnehmer zu einer zunehmenden Verwendung von Covenants in Kreditverträgen durch Banken[102]. Ferner ist auch davon auszugehen, dass Banken aufgrund der Regelungen von Basel III, welche im Jahre 2013 in Kraft treten sollen, verstärkt auf Covenants zurückgreifen werden[103]. Denn hierdurch werden Banken verpflichtet, sieben Prozent ihrer risikogewichteten Aktiva als Kernkapital vorzuhalten[104]. Dies führt dazu, dass sich Kreditgeber künftig bei Kunden mit schlechter Bonität mit einem deutlich höheren „Risikopuffer“ in Form von Eigenkapital absichern müssen. Eben jene höhere Unterlegung mit Eigenkapital ist jedoch mit erheblichen Kosten zu Lasten des Gewinns verbunden. Daher werden Banken aller Voraussicht nach versuchen, ihr Kreditausfallrisiko weiter zu minimieren, indem

---

98 Merkt, ZGR 2004, 305, 313.

99 Alberth, WPg 1997, 744, 744 ff.; Bauer, Gläubigerschutz durch eine formelle Nennkapitalziffer, S. 304 ff.

100 Dr. Sascha Haghani, Steffen Voll, Dr. Matthias Holzamer, Bedeutung und Management von Financial Covenants, S. 9 ff., abrufbar unter: http://www.rolandberger.com/media/pdf/Roland_Berger_Financial_Covenants_20090725.pdf. Vgl. auch: Drukarczyk/Schöntag, in Gottwald (Hrsg.), Insolvenzrechts-Handbuch, § 3, Rn 24; Wilden, in Buth/Hermanns (Hrsg.), Restrukturierung, Sanierung, Insolvenz, § 3, Rn 90 ff.; Merkel/Tetzlaff, in Schimansky/Bunte/Lwowski (Hrsg.), Bankrechts-Handbuch, § 98, Rn 80.

101 Vgl. Dr. Sascha Haghani, Steffen Voll, Dr. Matthias Holzamer, Bedeutung und Management von Financial Covenants, S. 10, abrufbar unter: http://www.rolandberger.com/media/pdf/Roland_Berger_Financial_Covenants_20090725.pdf.

102 Ausführlich zur ganzen Problematik: Servatius, Gläubigerschutz durch Covenants, S. 21 f., 39; Berger, ZBB 2008, 92, 98.

103 Ausführlich zum neuen Regelwerk „Basel III“: Deutsche Bundesbank (Hrsg.), Basel III-Leitfaden zu den neuen Eigenkapital- und Liquiditätsregeln für Banken: Abrufbar unter: http://www.bundesbank.de/Redaktion/DE/Downloads/Veroeffentlichungen/Buch_Broschuere_Flyer/bankenaufsicht_basel3_leitfaden.html.

104 Siehe dazu ausführlich: Veröffentlichung des Bundesministerium der Finanzen, abrufbar unter: http://www.bundesfinanzministerium.de/nn_39814/DE/BMF_Startseite/Service/Glossar/B/022_Basel_III.html#doc113090bodyText2.

sie sich durch die Vereinbarung von Covenants noch weitere Informations- und Einflussnahmerechte gegenüber ihrem Darlehensnehmer einräumen lassen.

Folglich deutet vieles darauf hin, dass die Bedeutung von Covenants auch künftig zunimmt, da die (internationale) Finanzierungspraxis nach wie vor vom anglo-amerikanischen Rechtssystem dominiert wird, in welchem traditionell umfangreiche Covenants verwendet werden[105]. Darüber hinaus bietet die Frühwarnfunktion von Covenants die Möglichkeit, den gerade in Deutschland häufig wegen der verspäteten Insolvenzanmeldung eingeschränkten Sanierungschancen entgegen zu wirken[106]. Ferner können etwaige Unternehmenskrisen durch die sich hieraus ergebenden Einflussnahmemöglichkeiten u. U. außerhalb des staatlichen Insolvenzverfahrens beseitigt bzw. die Expertise der Kreditgeber bei der Krisenbewältigung genutzt werden[107].

D. Arten von Covenants

Covenants als vertragliche Nebenbestimmungen in Kreditverträgen unterliegen der Parteivereinbarung. Es bestehen damit theoretisch keine Grenzen bei der Ausgestaltung derartiger Klauseln[108]. Ungeachtet der Vielzahl an möglichen Gestaltungsvarianten[109], haben sich in der Praxis jedoch typische Regelungsgegenstände herausgebildet, die immer wieder anzutreffen sind und eine gewisse Typisierung zulassen. Danach lassen sich Covenants in drei Gruppen einteilen[110]: (1) die positiven (oder auch affirmativen) Covenants, (2) die negativen Covenants und (3) die Financial Covenants.

Im Nachfolgenden sollen die drei am häufigsten gebrauchten Gruppen von Covenants dargestellt werden.

---

105 So auch *Hoffmann* in ZBB 2007, 413, 414 ff., der davon ausgeht, dass die kreditnehmerfreundliche Verwendung von Covenants („Covenant-Lite-Strukturen") im Jahre 2007 lediglich Folge der günstigen Beschaffungsmöglichkeiten von Fremdkapital war. Vgl. auch Servatius, Gläubigerschutz durch Covenants, S. 39 m.w.N.

106 Nach einer Studie des Zentrums für Insolvenz und Sanierung an der Universität Mannheim e.V. (ZIS) in Zusammenarbeit mit der Euler Hermes Kreditversicherungs-AG aus dem Jahre 2009 stellen nach Angaben der 107 befragten Insolvenzverwalter noch immer 66 % der Unternehmen den Insolvenzantrag zu spät. Vgl. Bitter/Röder, ZInsO 2009, 1283, 1287. Studie erhältlich unter: www.zis.uni-mannheim.de.

107 Vgl. ausführlich: Servatius, Gläubigerschutz durch Covenants, S. 68 ff.; Thießen, ZBB 1996, 19, 22, 31, welcher Covenants sogar als „überlegene" Alternative zum staatlichen Insolvenzverfahren sieht.

108 Maesch/Voß, FB 2007, 1, 3 f.; Sundermeier/Wilhelm, DStR 1997, 1127, 1132.

109 Untersuchungen haben ergeben, dass in der Praxis eine Vielzahl an denkbaren Klauseln existieren, vgl. Thießen, ZBB 1996, 19, 22 m.w.N.

110 Ausführlich dazu: Runge, Covenants in Kreditverträgen, S. 10, Rz 1.12 ff.; Kästle, Rechtsfragen, S. 53 ff. mit umfangreiche Musterklauseln auf S. 239 ff.

I. Positive (affirmative) Covenants

Positive Covenants verpflichten Kreditnehmer zur Einhaltung bestimmter Ziele und/oder dazu, bestimmte Handlungen vorzunehmen[111]. Häufig anzutreffen sind dabei folgende Pflichten der Kreditnehmer[112]:

- Aufrechterhaltung des Geschäftsbetriebes
- Zurverfügungstellung von Informationen
- Einhaltung der das Unternehmen betreffenden gesetzlichen Vorschriften
- Erfüllung sämtlicher eingegangener Verpflichtungen
- Zahlung von Steuern bei Fälligkeit
- Abschluss und Unterhaltung der für das Unternehmen notwendigen Versicherungen
- Sicherstellung eines geeigneten Managements
- Erhalt aller für die Unternehmenstätigkeit notwendigen Lizenzen und Patente
- Unterhaltung einer der Geschäftstätigkeit angemessenen Buchhaltung

Innerhalb der positiven Covenants haben Informationsrechte zugunsten des Kreditgebers besondere Bedeutung[113]. Diese gehen häufig über die gesetzlich vorgeschriebenen Offenlegungspflichten wie beispielsweise die des § 18 KWG hinaus[114]. Der Grund für die Vereinbarung dieser zusätzlichen Pflichten liegt in der Frühwarnfunktion von Covenants, welche nur dann erreicht werden kann, wenn Kreditgeber über ausreichenden Einblick verfügen. Derartige Covenants dienen Kreditgebern als Krisenindikator, um möglichst frühzeitig Maßnahmen gegen eine Verschlechterung der Geschäftsentwicklung ergreifen zu können. Hierdurch werden Kreditnehmer beispielsweise verpflichtet mitzuteilen, sobald sich ihre finanzielle Situation erheblich verschlechtert (sog. Material Adverse Change-Klauseln oder MAC-Klauseln[115]), Zwangsvollstreckungsmaßnahmen gegen sie eingeleitet werden oder sich der Wert der für den Kredit bestellten Sicherheiten wesentlich verringert[116]. Außerdem können Kreditnehmer darin verpflichtet werden, eine bereits erfolgte Covenant-Verletzung oder sonstige, zur Kündigung des Kreditvertrages

---

111 Vgl. Runge, Covenants in Kreditverträgen, S. 26, Rz 1.53 ff.; Servatius, Gläubigerschutz durch Covenants, S. 40 ff.; Kästle, Rechtsfragen, S. 53 ff.

112 Vgl. Thießen, ZBB 1996, 19, 20; Drukarcyk/Schöntag, in Gottwald (Hrsg.), Insolvenzrechts-Handbuch, § 3, Rn 19 ff.; Runge, Covenants in Kreditverträgen, S. 26, Rz 1.53 ff.; Servatius, Gläubigerschutz durch Covenants, S. 40; Kästle, Rechtsfragen, S. 53.

113 Siehe dazu ausführlich: Kästle, Rechtsfragen, S. 53 ff.; Diem, Akquisitionsfinanzierung, § 22, Rn 5 ff.; Runge, Covenants in Kreditverträgen, S. 29, Rz 1.62 ff.

114 Zum konkreten Inhalt der gesetzlich vorgeschriebenen Publizitätspflichten nach § 18 KWG siehe: Bock, in Boos/Fischer/Schulte-Mattler, KWG, § 18 Rn 39 ff.

115 Ausführlich dazu: Grundmann, in Schimansky/Bunte/Lwowski (Hrsg.), Bankrechts-Handbuch, § 112, Rn 118; Welter, in Schimansky/Bunte/Lwowski (Hrsg.), Bankrechts-Handbuch, § 118, Rn 139 ff.; Thießen, ZBB 1996, 19, 20. Die Material Adverse Change Klauseln verschaffen Kreditgebern häufig neben ihren Rechten aus Nr. 19 III AGB-Banken (Nr. 26 AGB-Sparkassen) mit Eintritt einer wesentlichen Vermögens- oder Ertragsverschlechterung ein außerordentliches Kündigungsrecht.

116 Vgl. Diem, Akquisitionsfinanzierung, § 22, Rn 7.

berechtigende, Vertragsverletzungen (Event of Default) dem Kreditgeber anzuzeigen[117]. Des Weiteren müssen Kreditgeber im Rahmen dieser Informationspflichten häufig Quartals- und Monatsberichte wie etwa Business-Pläne, Zwischenbilanzen oder Cash-Flow-Rechnungen zur Verfügung stellen[118].

Darüber hinaus haben positive Covenants eine besondere Bedeutung bei Sanierungskrediten[119]. Unter Sanierungskrediten versteht man Darlehen, die einem Schuldner zur Abwendung eines drohenden oder bereits eingetretenen Insolvenzeröffnungsgrundes von Altgläubigern, Neugläubigern oder Gesellschaftern gewährt werden, um die Leistungsfähigkeit des Unternehmens wiederherzustellen[120]. Dabei werden Kreditnehmer durch Covenants verpflichtet, bestimmte Maßnahmen zu Sanierungszwecken vorzunehmen[121]. Hierunter fallen beispielsweise die Verpflichtung zur Vornahme von Restrukturierungsmaßnahmen wie etwa dem Verkauf nicht profitabler Tochterunternehmen oder der Schließung von bestimmten Betriebsteilen sowie die Bestellung zusätzlicher Sicherheiten. Darüber hinaus werden Unternehmen hierdurch häufig gezwungen, das Management auszutauschen oder zumindest externe (Unternehmens-)Berater zu beauftragen.

II. Negative Covenants

Eine weitere Gruppe bilden die sog. negativen Covenants. Negative Covenants bestimmen, welche Handlungen der Kreditnehmer während der Laufzeit des Kredites zu unterlassen hat oder lediglich mit Zustimmung des Kreditgebers vornehmen darf[122]. In der Kreditvergabepraxis werden häufig folgende negativen Covenants vereinbart[123]:

- Inanspruchnahme oder Aufnahme von weiteren Kreditverbindlichkeiten[124]
- Investitionen ab einer bestimmten Größenordnung
- Übernahme von Garantien, Bürgschaften oder ähnlichen Verpflichtungen[125]

---

117 Runge, Covenants in Kreditverträgen, S. 29, Rz 1.62.
118 Siehe ausführlich zu den in der Kreditvergabepraxis häufig geforderten Informationen: Diem, Akquisitionsfinanzierung, § 22, Rn 6; Kästle, Rechtsfragen, S. 54; Rich, Financial Covenants Revisited – The Banks' Perspective, in Butterworth Journal of International Banking and Financial Law 1992, 518, 519; Simmons, The Business Lawyer 1972, 179, 190.
119 Hierzu bereits Hopt, ZHR 143 (1979), 139, 169.
120 Drukarcyk/Schöntag, in Gottwald (Hrsg.), Insolvenzrechts-Handbuch, § 3, Rn 38; Häuser, in Schimansky/Bunte/Lwowski (Hrsg.), Bankrechts-Handbuch, § 85, Rn 8.
121 Leithaus, in Nerlich/Kreplin (Hrsg.), Münchener Anwaltshandbuch Sanierung und Insolvenz, § 9, Rn 73 f.; Servatius, Gläubigerschutz durch Covenants, S. 41.
122 Runge, Covenants in Kreditverträgen, S. 10, Rz 1.13.
123 Siehe dazu ausführlich: Kästle, Rechtsfragen, S. 57 ff.; Runge, Covenants in Kreditverträgen, S. 10, Rz 1.13 ff.; Diem, Akquisitionsfinanzierung, § 22, Rn 42 ff.
124 Ausführlich dazu: Runge, Covenants in Kreditverträgen, S. 23, Rz 1.46 m.w.N.; Diem, Akquisitionsfinanzierung, § 22, Rn 47.
125 Diem, Akquisitionsfinanzierung, § 22, Rn 48; Runge, Covenants in Kreditverträgen, S. 24, Rz 1.50.

- Dividendenzahlungen an Gesellschafter insgesamt oder ab einer bestimmten Höhe[126]
- Gesellschafterwechsel beim Kreditnehmer (owner maintenanceship)
- Die Verwendung des Darlehensbetrages zur Tilgung anderer Kredite
- Bestellung von dinglichen Sicherheiten an Gegenständen oder jegliche Belastung der Aktiva des Kreditnehmers zu Gunsten Dritter (sog. Negativverklärung oder Negative Pledge-Klausel)[127]
- Veräußerung gegenwärtiger oder künftiger Vermögensgegenstände mit Ausnahme des Verkaufs von Gegenständen im gewöhnlichen Geschäftsverkehr[128]
- Gründung oder Akquisition von weiteren Gesellschaften
- Abschluss, Änderung oder Kündigung von wichtigen Verträgen
- Veräußerung bestehender oder künftiger Beteiligungen
- Einstellung neuer Mitarbeiter mit einer Vergütung oberhalb eines Schwellenwertes

Zu den negativen Covenants zählen auch die in der Finanzierungspraxis häufig verwendeten *Pari Passu*-Klauseln[129]. Hierdurch werden Kreditnehmer verpflichtet sicherzustellen, dass die ungesicherte Forderung des Kreditgebers aus dem Kreditvertrag mindestens denselben Rang hat wie die gegenwärtigen und künftigen ungesicherten Forderungen der anderen ungesicherten Gläubiger des Kreditnehmers[130]. Die *Pari Passu*-Klausel soll damit die Ranggleichheit der ungesicherten Forderungen des Kreditnehmers herstellen, was insbesondere für den Fall der Insolvenz des Darlehensnehmers von erheblicher Relevanz ist. Nachdem es nach deutschem Recht jedoch nicht möglich ist, dass Gläubiger und Schuldner den Vorrang der Forderung zum Nachteil der übrigen Gläubiger des Schuldners für den Insolvenzfall vereinbaren[131], bedarf es einer derartigen Klausel in der deutschen Finanzierungspraxis eigentlich nicht[132]. Dennoch werden *Pari Passu*-Klauseln auch in der deutschen Kreditpraxis verwendet[133]. Dies ergibt sich daraus, dass während der Kreditlaufzeit die Insolvenzeröffnung in einem Staat erfolgen kann, dessen Rechtsordnung die Vereinbarung eines Vorrangs kennt[134].

---

126 Alberth, WPg 1997, 744, 745 f.; Runge, Covenants in Kreditverträgen, S. 25, Rz 1.52; Smith/Warner, Journal of Financial Economics 1979, 117, 131 ff.

127 Ausführlich dazu: Diem, Akquisitionsfinanzierung, § 22, Rn 52 ff.; Wand, WM 2005, 1932, 1946.

128 Kusserow/Dittrich, WM 2000, 745, 750; Diem, Akquisitionsfinanzierung, § 22, Rn 50 f.

129 Ausführlich dazu: Runge, Covenants in Kreditverträgen, S. 20, Rz 1.38 ff.; Diem, Akquisitionsfinanzierung, § 22, Rn 58 ff.; Kästle, Rechtsfragen, S. 60.

130 Diem, Akquisitionsfinanzierung, § 22, Rn 59.

131 Vgl. nur: Braun/Bäuerle, InsO, § 39, Rn 19.

132 Diem, Akquisitionsfinanzierung, § 22, Rn 60.

133 Runge, Covenants in Kreditverträgen, S. 21, Rz 1.40.

134 Gemäß Art. 3 I EuInsVO erfolgt die Insolvenzeröffnung in dem Staat, in dessen Gebiet der Schuldner den Mittelpunkt seiner hauptsächlichen Interessen (Center of Main Interest) hat. Daher kann es wie beispielsweise bei der Firma „Schefenacker" zur Verlegung des Konzernsitzes nach England kommen und damit zur Anwendung englischen Rechts, vgl. FT vom 16.10.2006 (Schefenacker navigates to UK), abrufbar unter: http://www.ft.com/intl/cms/s/0/eee08c7a-5d5d-11db-9d15-0000779e2340.html#axzz1pBxJSwaL.

III. Financial Covenants

Weitere typische Nebenbestimmungen in Kreditverträgen sind die sog. Financial Covenants[135]. Durch Financial Covenants verpflichten sich Kreditnehmer bestimmte betriebswirtschaftliche Kennzahlen einzuhalten[136]. Diese Kennzahlen betreffen vornehmlich die Eigenkapitalausstattung, den Verschuldensgrad sowie den Ertrag und die Liquidität des Kreditnehmers[137]. Als Bezugsgrößen werden hierbei sowohl absolute Zahlen als auch Verhältnisangaben vereinbart, die zu bestimmten Stichtagen seitens des Kreditnehmers einzuhalten sind[138]. Der Zweck der Vereinbarung von Financial Covenants besteht zum einen in der Minimierung des Kreditausfallrisikos. Während Covenants in Bezug auf die Eigenkapitalausstattung bzw. den Verschuldensgrad (Leverage Ratio) der Rückzahlung des Kredites dienen, sichern Klauseln über Ertrag und Liquidität die Zinszahlungen. Zum anderen werden Financial Covenants als Frühwarnsystem genutzt[139]. Dabei werden die einzelnen Finanzkennzahlen derart festgelegt, dass durch die Einhaltung der Financial Covenants weder die Zahlungsunfähigkeit noch die Überschuldung des Kreditnehmers droht bzw. deren Verletzung auf das Vorliegen einer Unternehmenskrise oder gar eines Insolvenzeröffnungsgrundes hindeutet und damit einhergehend mit einem zumindest teilweisen Kreditausfall gerechnet werden muss[140].

Financial Covenants sind seit langem wichtiger Bestandteil in anglo-amerikanischen Kreditverträgen[141]. Da sich Unternehmen bzw. Investoren bis zum Eintritt der Finanzmarktkrise im Jahr 2007 auf den Kapitalmärkten günstig Fremdkapital beschaffen konnten, verzichteten vor allem amerikanische Kreditinstitute bis dahin auf strenge Covenant-Regelungen[142]. Das durch die Krise erneut ausgelöste erhöhte Risikobewusstsein der finanzierenden Banken führte jedoch wieder zu einer zunehmenden Bedeutung von Financial Covenants[143].

---

135 Kästle, Rechtsfragen, S. 62 ff.; Diem, Akquisitionsfinanzierung, § 22, Rn 8 ff.; Wittig, in Schmidt/Uhlenbruck, Die GmbHG in Krise, Sanierung und Insolvenz, Rn 1.142 ff.; Wittig, WM 1996, 1381, 1381 ff.; Runge, Covenants in Kreditverträgen, S. 30, Rz 1.67 ff.; Thießen, ZBB 1996, 19, 21.

136 Runge, Covenants in Kreditverträgen, S. 30, Rz 1.67.

137 Runge, Covenants in Kreditverträgen, S. 35, Rz 1.75 ff. m.w.N.; Servatius, Gläubigerschutz durch Covenants, S. 43; Kästle, Rechtsfragen, S. 62.

138 Vgl Wilden, in Buth/Hermanns (Hrsg.), Restrukturierung, Sanierung, Insolvenz, § 3, Rn 14.

139 Kritisch zur Eignung von Financial Covenants als Krisenindikator: Wittig, WM 1996, 1381, 1386; Wittig, in Schmidt/Uhlenbruck, Die GmbHG in Krise, Sanierung und Insolvenz, Rn 1.157 ff.

140 Runge, Covenants in Kreditverträgen, S. 31, Rz 1.69; Wittig, WM 1996, 1381, 1385.

141 Wood, Law and Practice of International Finance, S. 159 ff.

142 Vgl. Hoffmann, ZBB 2007, 413, 414 ff.

143 Dr. Sascha Haghani, Steffen Voll, Dr. Matthias Holzamer, Bedeutung und Management von Financial Covenants, S. 9 ff., abrufbar unter: http://www.rolandberger.com/media/pdf/Roland_Berger_Financial_Covenants_20090725.pdf.

E. Rechtsfolgen der Verletzung von Covenants

Die Verletzung von Covenants (breach of covenants) kann verschiedene Reaktionsmöglichkeiten des Kreditgebers bzw. verschiedene Rechtsfolgen auslösen[144]. In Anlehnung an die anglo-amerikanische Kreditvergabepraxis hat sich hierbei ebenfalls ein immer wieder anzutreffendes System entwickelt, welches sowohl den Tatbestand der die Covenant-Verletzung auslösenden Handlung beschreibt, als auch deren Rechtsfolgen festlegt[145]. Diese sog. Event of Default-Klauseln bestehen daher regelmäßig aus zwei Teilen: Zunächst wird das die Verletzung der Covenants auslösende Ereignis definiert und anschließend bestimmt, welche Rechte dem Kreditgeber bei Eintritt dieses Ereignisses zustehen sollen[146].

Neben den Event of Default-Klauseln werden in anglo-amerikanischen Kreditverträgen insbesondere auch sog. Cross Default-Klauseln verwendet[147]. Cross-Default-Klauseln verschaffen Kreditgebern bereits dann ein Kündigungsrecht, wenn der Kreditnehmer die mit einem Dritten vereinbarten Covenants verletzt. Damit sind Cross-Default-Klauseln für Kreditnehmer besonders risikoreich, da es durch die Verletzung von den mit einem Dritten vereinbarten Covenants zu einem „Dominoeffekt" kommen kann[148].

Auch wenn die jeweiligen Rechtsfolgen in den Event of Default-Klauseln von den Kreditvertragsparteien individuell vereinbart werden können, haben sich in der Kreditpraxis für den Fall des „breach of covenants" typische Rechtsfolgen herausgebildet, welche im nachfolgenden dargestellt werden sollen.

I. Primär- und Sekundäransprüche

Im Falle der Verletzung von Covenants hat der Kreditgeber sowohl einen Erfüllungs-, als auch einen Schadensersatzanspruch gegenüber dem Kreditnehmer[149].

Hierbei können sich jedoch erhebliche rechtliche Schwierigkeiten ergeben, da Covenants in der Regel nur der kreditnehmenden Gesellschaft Pflichten auferlegen, nicht hingegen deren Gesellschaftern[150]. Die Einhaltung der in Covenants verein-

---

144 Ausführlich dazu: Runge, Covenants in Kreditverträgen, S. 54, Rz 1.129 ff. Nikoleyczik, Gläubigerschutz zwischen Gesetz und Vertrag, S. 116 ff.; Kästle, Rechtsfragen, S. 72 ff.; Thießen, ZBB 1996, 19, 22; Drukarczyk/Schöntag, in Gottwald (Hrsg.), Insolvenzrechts-Handbuch, § 3, Rn 26 ff.

145 Vgl. Kästle, Rechtsfragen, S. 74 ff.; Servatius, Gläubigerschutz durch Covenants, S. 45.

146 Kästle, Rechtsfragen, S. 74: Alberth, WPg 1997, 744, 748.

147 Vgl. Runge, Covenants in Kreditverträgen, S. 62, Rz 1.147; Nikoleyczik, Gläubigerschutz zwischen Gesetz und Vertrag, S. 116 f.; Kästle, Rechtsfragen, S. 78 ff.

148 Runge, Covenants in Kreditverträgen, S. 62, Rz 1.148.

149 Vgl. Nikoleyczik, Gläubigerschutz zwischen Gesetz und Vertrag, S. 118; Kästle, Rechtsfragen, S. 72 f.; Diem, Akquisitionsfinanzierung, § 22, Rn 73. Anders hingegen: Kusserow/Dittrich, WM 2000, 745, 751.

150 Kästle, Rechtsfragen, S. 72 ff.

barten Pflichten oder die Wiederherstellung der vertragsgemäßen Zustände kann aber häufig nur durch die Gesellschafter erfolgen, welche gerade nicht Vertragspartei sind. So steht beispielsweise nur den Gesellschaftern das Recht zu, über die Auszahlung von Dividenden zu entscheiden. Des Weiteren sind lediglich Gesellschafter berechtigt, zur Krisenbewältigung neue Geschäftsführer zu bestellen oder der Gesellschaft „frisches" Eigenkapital zuzuführen, sofern dieses unter den vereinbarten Betrag absinken sollte.

Hieran zeigt sich, dass Kreditnehmer durch die in Kreditverträgen enthaltenen Vereinbarungen u. U. zu einer unmöglichen Leistung verpflichtet werden und gar nicht in der Lage sind, vertragsgemäße Zustände herzustellen[151]. Derartige Verträge sind zwar dennoch wirksam, gewähren den Kreditgebern jedoch lediglich Schadensersatzansprüche nach §§ 311a, 275 I BGB. Allerdings nützen auch diese Schadensersatzansprüche häufig wenig, da durch die bloße Covenant-Verletzung nicht zwangsläufig ein Schaden beim Kreditgeber entsteht. Hieraus wird deutlich, dass Kreditgeber nur in ganz wenigen Fällen ihre Primär- und Sekundäransprüche gerichtlich durchsetzen werden.

II. Kreditkündigung

Bei einer Covenant-Verletzung haben Kreditgeber regelmäßig die Möglichkeit der Kündigung und sofortigen Fälligstellung des Darlehens[152]. Das Kündigungsrecht stellt damit das „schärfste Schwert" des Darlehensgebers dar, welches in der Praxis nur sehr selten unmittelbar ausgeübt wird, da hierdurch zusätzliche Risiken für den Kreditgeber entstehen können[153]. Denn dadurch kann beispielsweise eine bereits angespannte finanzielle Situation noch weiter verschärft bzw. die Insolvenz des Kreditnehmers gerade hierdurch ausgelöst werden. Nachdem die Kündigung die schwerwiegendste Sanktionsmöglichkeit darstellt, beschränkt sich dieses Recht häufig auf wesentliche Pflichtverletzungen bzw. eine solche ist erst nach Ablauf einer zur Abhilfe des vertragswidrigen Zustandes bestimmten Frist zulässig[154]. Im Gegenzug lassen sich Kreditgeber während dieser Abhilfefrist für das erhöhte Ausfallrisiko häufig Verzugszinsen einräumen und sind beispielsweise berechtigt, die Auszahlung noch nicht in Anspruch genommener Kreditbeträge zu verweigern.

Auch wenn die sofortige Kündigung und Fälligstellung des Kredites bei der Verletzung von Covenants in der Kreditpraxis nicht der Regelfall ist, so verfügt der Darlehensgeber hierdurch über ein entscheidendes Druckmittel, durch welches er seine

151 Diem, Akquisitionsfinanzierung, § 22, Rn 73; Wittig, WM 1996, 1381, 1385.
152 Diem, Akquisitionsfinanzierung, § 22, Rn 39; Merkel/Tetzlaff, in Schimansky/Bunte/Lwowski (Hrsg.), Bankrechts-Handbuch, § 98, Rn 175 ff.; Alberth, WPg 1997, 744, 748; Thießen, ZBB 1996, 19, 21; Wittig, WM 1996, 1381, 1387 ff.; Runge, Covenants in Kreditverträgen, S. 54, Rz 1.130; Kästle, Rechtsfragen, S. 75 ff.
153 Vgl. Kästle, Rechtsfragen, S. 76.
154 Runge, Covenants in Kreditverträgen, S. 54, Rz 1.130; Kästle, Rechtsfragen, S. 76.

Interessen durchsetzen kann. Kreditgeber nutzen daher in der Praxis das Drohpotential der Darlehenskündigungsmöglichkeit, um Nachverhandlungen über die Kreditbedingungen einzuleiten[155].

III. Nachverhandlungen

Anstatt den Darlehensvertrag bei einer Covenant-Verletzung zu kündigen und fällig zu stellen, leiten Kreditgeber i.d.R. zunächst Nachverhandlungen ein[156]. Hierdurch werden die Kreditbedingungen neu gestaltet, um diese an die verschlechterte wirtschaftliche Situation des Kreditnehmers anzupassen[157].

Ergebnis solcher Nachverhandlungen kann, je nach Grad der Covenant-Verletzung, beispielsweise der gänzliche Verzicht auf Sanktionierung (sog. waiver, teilweise auch gegen Bezahlung einer Gebühr, der sog. waiver fee)[158] oder die Anpassung der Zinssätze durch das nunmehr gesteigerte Kreditausfallrisiko sein[159]. Des Weiteren werden als Folge dieser Nachverhandlungen häufig externe Berater mandatiert, die Reduzierung der Verschuldung vereinbart oder gar ein Debt-Equity-Swap durchgeführt.

Je nachdem wie abhängig der Kreditnehmer vom Darlehen ist, desto stärker ist die Verhandlungsposition des Kreditgebers im Rahmen dieser Neuverhandlungen, durch welche er wiederum seine Interessen durchsetzen kann[160]. Denn durch die Möglichkeit der Kreditkündigung und des damit einhergehenden Drohpotentials kann dieser die Kreditbedingungen zu seinen Gunsten anpassen und/oder sich (massiven) Einfluss auf das wirtschaftliche Geschehen beim Kreditnehmer verschaffen[161]. Nachverhandlungen ermöglichen Darlehensgebern daher eine flexible Reaktion auf die beim Kreditnehmer eingetretene wirtschaftliche Schieflage und können einen entscheidenden Beitrag zur Sanierung eines sich in der Krise befindlichen Unternehmens leisten[162].

155 Vgl. Thießen, ZBB 1996, 19, 22; Köndgen, in Prütting (Hrsg.): Insolvenzrecht 1996, S. 127, 134.

156 Ausführlich dazu: Thießen, ZBB 1996, 19, 22; Thießen, in: Sadowski/Czap/Wächter (Hrsg.), Regulierung und Unternehmenspolitik, S. 143, 146; Kästle, Rechtsfragen, S. 76 ff.; Nikoleyczik, Gläubigerschutz zwischen Gesetz und Vertrag, S. 118 ff.; Runge, Covenants in Kreditverträgen, S. 58, Rz 1.138; Haghani/Holzamer, in Buth/Hermanns (Hrsg.), Restrukturierung, Sanierung, Insolvenz, § 21, Rn 17.

157 Zu den typischen Ergebnissen dieser Nachverhandlungen: Thießen, ZBB 1996, 19, 22.

158 Kästle, Rechtsfragen, S. 77; Thießen, ZBB 1996, 19, 22; Alberth, WPg 1997, 744, 748.

159 Runge, Covenants in Kreditverträgen, S. 54, Rz 1.138; Thießen, ZBB 1996, 19, 22.

160 Thießen, ZBB 1996, 19, 22.

161 Kästle, Rechtsfragen, S. 76.

162 Zur Zielsetzung von Covenants in der Restrukturierung siehe: Haghani/Holzamer, in Buth/Hermanns (Hrsg.), Restrukturierung, Sanierung, Insolvenz, § 21, Rn 18 ff.

IV. Nachbesicherung

Darüber hinaus führt die Verletzung von Covenants häufig zu einer Nachbesicherung des Darlehensvertrages[163]. Dies wird zum einen derart ausgestaltet, dass bereits bei Kreditvertragsabschluss für den Fall des „breach of covenants" ein hierdurch automatisch entstehender Nachbesicherungsanspruch vereinbart wird. Zum anderen führen die aufgrund der Covenant-Verletzung eingeleiteten Nachverhandlungen regelmäßig zur Nachbesicherung von Altkrediten und/oder der Besicherung von Neukrediten. Außerdem ergibt sich i.d.R. auch ein Nachbesicherungsanspruch direkt aus Nr. 13 II AGB-Banken, Nr. 22 I AGB-Sparkassen, wenn entweder nachhaltige Veränderungen in den wirtschaftlichen Verhältnissen des Kreditnehmers oder wertmäßige Verschlechterungen vorhandener Sicherheiten drohen oder bereits eingetreten sind.

Sofern allerdings zwischen Nachbesicherung des Darlehens und dem Eintritt der Insolvenz eine zeitliche Nähe besteht, droht Kreditgebern die Anfechtung dieser nachträglichen Sicherungshandlungen gemäß §§ 129 ff. InsO durch den Insolvenzverwalter. Daher wird in dieser Arbeit auch zu untersuchen sein, ob und inwiefern die Vereinbarung von Informations- und Einflussnahmerechten in Covenants zur Anfechtbarkeit einer zu Gunsten des Kreditgebers vorgenommenen vorinsolvenzlichen (Nachbesicherungs-)Handlung führt[164].

V. Einflussnahme auf das Management

Den entscheidenden Vorteil bei der Absicherung des Kreditausfallrisikos über Covenants sehen Kreditgeber jedoch darin, dass ihnen hierdurch die Möglichkeit eröffnet wird, in verschiedener Art und Weise Einfluss auf die Geschäftsführung des kreditnehmenden Unternehmens zu nehmen[165]. Denn je stärker der Kreditnehmer auf den gewährten Kredit oder die Auszahlung weiterer Tranchen angewiesen ist, desto weniger besteht die Wahrscheinlichkeit, dass er Unternehmensentscheidungen gegen den Willen des Kreditgläubigers treffen wird[166].

Die im Zusammenhang mit der Vereinbarung von Covenants bestehenden Einwirkungsmöglichkeiten auf den Kreditnehmer sind vielfältig[167]. Denn bereits die Zu-

163 Wittig, WM 1996, 1381, 1386 f.; Runge, Covenants in Kreditverträgen, S. 61, Rz 1.144 ff.; Zum Nachbesicherungsanspruch nach Nr. 13 AGB-Banken: Bunte, in Schimansky/Bunte/Lwowski (Hrsg.), Bankrechts-Handbuch, § 18, Rn 1 ff.

164 Vgl. hierzu Teil 4 dieser Arbeit.

165 Siehe dazu umfassend: Thießen, ZBB 1996, 19, 22; Haghani/Holzamer, in Buth/Hermanns (Hrsg.), Restrukturierung, Sanierung, Insolvenz, § 21, Rn 23 ff.; Wittig, WM 1996, 1381, 1389 f.; Merkel/Tetzlaff, in Schimansky/Bunte/Lwowski (Hrsg.), Bankrechts-Handbuch, § 98, Rn 177; Kästle, Rechtsfragen, S. 77 f.; Nikoleyczik, Gläubigerschutz zwischen Gesetz und Vertrag, S. 120 ff.; Hoffmann, WM 2012, 10 ff.

166 Thießen, ZBB 1996, 19, 22.

167 Ausführlich dazu: Wittig, WM 1996, 1381, 1389 f.; Thießen, ZBB 1996, 19, 22.

sicherung der Einhaltung von bestimmten Finanzkennzahlen in Financial Covenants und die damit einhergehenden Sanktionsvereinbarungen, wie etwa die Einräumung eines Nachbesicherungsanspruchs oder gar eines Kündigungsrechts, für den Fall der Nichteinhaltung, eröffnet Kreditgebern die Möglichkeit, Einfluss auf das wirtschaftliche Geschehen beim Darlehensnehmer zu nehmen. Haben die Kreditvertragsparteien beispielsweise bestimmte Vereinbarungen zum Verschuldensgrad getroffen, so kann der Darlehensnehmer seine wirtschaftliche Tätigkeit nicht (mehr) beliebig fremd finanzieren[168].

Ferner verschafft auch die Vereinbarung von negativen Covenants Kreditgebern eine zumindest indirekte Möglichkeit, auf das unternehmerische Geschehen beim Darlehensnehmer Einfluss zu nehmen. Denn bereits durch die Vereinbarung von Zustimmungsvorbehalten kann der Kreditgeber – wenn auch nur indirekt – auf die Unternehmenspolitik und die strategischen Entscheidungen des Kreditnehmers einwirken, indem der Darlehensnehmer hierdurch bestimmte (Rechts-)Handlungen nur mit vorheriger Einwilligung des Darlehensgebers vornehmen darf.

Im Falle der Covenant-Verletzung werden diese Einflussmöglichkeiten als Folge des gesteigerten Drohpotentials durch die Möglichkeit der Kreditkündigung erheblich verstärkt und zwar unabhängig davon, ob diese im Zeitpunkt des Vertragsabschlusses bereits vereinbart oder lediglich Ergebnis von Nachverhandlungen sind. Denn vor dem Hintergrund einer drohenden Kreditkündigung können Kreditgeber ihren Willen bei der Bestimmung der geschäftlichen Entscheidungen des Kreditnehmers in weitem Umfang durchsetzen, was bis hin zur Übernahme der faktischen Geschäftsführung führen kann[169]. Im Rahmen dieser Einwirkungsmöglichkeiten erzwingen Kreditgeber dabei häufig die Durchführung von bestimmten Sanierungsmaßnahmen, wie etwa dem Verkauf unprofitabler Unternehmensteile, oder verlangen die Mandatierung externer Berater und entziehen dem Kreditnehmer dadurch mehr und mehr die unternehmerische Handlungsfreiheit.

Wenngleich Ökonomen gerade hierin einen entscheidenden Vorteil der Verwendung von Covenants sehen, da hierdurch den Geschäftsführern des Kreditnehmers bereits im Vorfeld einer Insolvenz die alleinige Entscheidungsmacht über das Vermögen des Unternehmens entzogen werden kann, was eigentlich nur für den Falle des tatsächlichen Eintritts der Insolvenz über § 80 InsO vorgesehen ist[170], so wird die nachfolgende Untersuchung zeigen, dass Kreditgeber hierdurch erhebliche Risiken eingehen. Denn durch die Einflussnahme über Covenants wird häufig nicht nur der Kreditnehmer in seiner unternehmerischen Handlungsfreiheit beschnitten, sondern u. U. auch in Rechte eingegriffen, welche ausschließlich den Gesellschaftern des Darlehensnehmers zustehen.

---

168 Wittig, WM 1996, 1381, 1389.
169 Siehe zu den Gefahren für Kreditgeber im Zusammenhang mit der faktischen Geschäftsführung *Teil 3* dieser Arbeit. Vgl. dazu auch: Wittig, WM 1996, 1381, 1389 f.
170 Thießen, ZBB 1996, 19, 22.

Teil 2: Covenants und Gesellschafterdarlehen

Kreditgeber sind im Falle der Insolvenz der kreditnehmenden Gesellschaft i.d.R. „gewöhnliche" Insolvenzgläubiger gemäß § 38 InsO und nehmen bei der Verteilung der Insolvenzmasse gemäß §§ 187 II 1, 196 InsO mit ihrer Darlehensrückzahlungsforderung den gleichen Rang wie die übrigen Gläubiger des Kreditnehmers ein. Diese werden daher in Höhe der Insolvenzquote befriedigt und können zumindest auf eine teilweise Rückzahlung des Darlehensbetrages hoffen. Anders verhält es sich jedoch bei Kreditforderungen von Gesellschaftern des insolventen Unternehmens. Deren Ansprüche aus Gesellschafterdarlehen werden gemäß § 39 I Nr. 5 InsO im Rang nach den übrigen Forderungen der Insolvenzgläubiger befriedigt und sind damit im Ergebnis wertlos.

Wie eingangs in dieser Arbeit dargestellt, können sich Kreditgeber mittels Covenants erhebliche Einflussnahmemöglichkeiten auf die Geschäftsführung der kreditnehmenden Gesellschaft verschaffen und sind dadurch in der Lage, beispielsweise durch konkrete Ge- und Verbote, Zustimmungsvorbehalte und Weisungsbefugnisse, das unternehmerische Geschehen im Vorfeld der Insolvenz beim Darlehensnehmer zu steuern. Hierdurch erlangen Kreditgeber eine erhebliche Machtposition und nähern sich dadurch der Stellung eines Gesellschafters an, indem sie etwa die Unternehmensstrategie bestimmen können oder auf den Austausch des Managements drängen. Die Besonderheit besteht nun darin, dass bei Kreditgebern in derart gelagerten Fällen – ähnlich wie bei den formalen Gesellschaftern – Kapitalhingabe und unternehmerische Entscheidungsmacht in einer Person zusammenfallen.

Nachdem gemäß § 39 I Nr. 5 InsO nicht nur Forderungen aus Gesellschafterdarlehen rückgestuft werden, sondern auch Forderungen, die einem solchen Darlehen wirtschaftlich entsprechen, muss im Nachfolgenden untersucht werden, ob Kreditgebern für den Fall, dass sie mittels der Einflussnahme über Covenants eine „Quasi-Gesellschafter" Stellung einnehmen, die Gesellschaftergleichstellung droht, mit der Folge, dass auch ihre Kreditforderung mit Eintritt der Insolvenz des kreditnehmenden Unternehmens zu subordinieren ist.

Bis zum Inkrafttreten des Gesetzes zur Modernisierung des GmbH-Rechts und zur Bekämpfung von Missbräuchen (im folgenden „MoMiG") am 01. November 2008 war das Recht der Gesellschafterdarlehen in §§ 32a/b GmbHG a.F. geregelt (sog. Eigenkapitalersatzrecht). Danach wurden Gesellschafterdarlehen, welche der Gesellschaft zwar formal als Fremdkapital zugeflossen sind, mit Eintritt der Insolvenz der Gesellschaft gemäß § 32a I GmbHG a.F. als zwischen Eigen- und Fremdkapital stehendes nachrangiges Darlehen behandelt, wenn dieser Kredit entweder in einer

Unternehmenskrise ausgegeben oder stehengelassen wurde. Außerdem war in § 32a III 1 GmbHG a. F. explizit geregelt, dass auch Darlehensforderungen Dritter, welche formal keine Gesellschafterstellung innehatten, bei Vorliegen von bestimmten Voraussetzungen ebenfalls umqualifiziert werden konnten. Durch diese Auffangnorm bestand nach alter Rechtslage die Möglichkeit, dass auch Kreditrückzahlungsansprüche Dritter, welche einem Gesellschafterdarlehen wirtschaftlich entsprachen, in der Insolvenz des Unternehmens ebenfalls nachrangig zu befriedigen und damit im Ergebnis wertlos waren.

Im Rahmen des MoMiG ist das ursprüngliche Eigenkapitalersatzrecht dereguliert und vereinfacht worden. Dabei ist das Merkmal der „Krise" abgeschafft worden und Forderungen aus Gesellschafterdarlehen werden nunmehr gemäß § 39 I Nr. 5 InsO unabhängig vom Zeitpunkt ihrer Gewährung grundsätzlich nachrangig befriedigt.

Um die rechtliche Behandlung von covenant-unterlegten Darlehen nach Inkrafttreten des MoMiG bewerten zu können, muss zunächst deren Einstufung unter der Geltung des früheren Eigenkapitalersatzrechts herausgearbeitet werden. Denn zum einen wird sich zeigen, dass einige der ursprünglichen Streitpunkte auch künftig relevant sein werden. Zum anderen findet gemäß Art. 103d EGInsO das frühere Recht der kapitalersetzenden Gesellschafterdarlehen auch weiterhin auf Altfälle Anwendung.

Daher soll zunächst untersucht werden, ob Darlehensgebern nach früherem Eigenkapitalersatzrecht durch die Vereinbarung von Covenants in Kreditverträgen eine Gesellschaftergleichstellung drohte und ihre Darlehensforderung damit im Falle der Insolvenz nachrangig zu befriedigen war. Hierbei wird zwischen der Kombination von Covenants mit einer atypisch stillen Beteiligung, der Kombination von Covenants mit einem atypischen Pfandrecht an den Geschäftsanteilen des kreditnehmenden Unternehmens sowie der bloßen Vereinbarung von Covenants unterschieden.

In einem nächsten Schritt gilt es dann herauszuarbeiten, ob Kreditgeber durch die Neufassung des § 39 I Nr. 5 InsO weiterhin Gefahr laufen, dass ihre Darlehensforderung mit Insolvenzeintritt zurückgestuft wird, wenn sie sich aufgrund der Vereinbarung in Covenants Informations- und Einflussnahmerechte gegenüber der kreditnehmenden Gesellschaft einräumen lassen. Hierbei wird sich zeigen, dass einige der bereits zu Zeiten des Eigenkapitalersatzrechts strittigen Punkte nicht an Aktualität verloren haben.

A. Covenants und das frühere Eigenkapitalersatzrecht gemäß § 32a GmbHG a. F.

Im Zusammenhang mit der Rechtslage vor Inkrafttreten des MoMiG sollen zunächst die Grundzüge des Eigenkapitalersatzrechts dargestellt und anschließend Rspr. sowie die verschiedenen Ansichten des Schrifttums zur rechtlichen Bewertung von covenant-unterlegten Darlehen aufgearbeitet werden.

I. Grundsätze des Eigenkapitalersatzrechts

Vor Inkrafttreten des MoMiG am 1. November 2008 wurden sog. eigenkapitalersetzende Gesellschafterdarlehen gemäß § 32a I GmbHG a. F. in der Insolvenz der Gesellschaft nachrangig befriedigt. Bei eigenkapitalersetzenden Darlehen führten Gesellschafter der Gesellschaft formal Fremdkapital zu, welches jedoch bei Vorliegen bestimmter Voraussetzungen wie Eigenkapital behandelt wurde[171]. Dies hatte zur Folge, dass bei Eröffnung des Insolvenzverfahrens die Darlehensrückzahlungsforderung nachrangig befriedigt wurde und damit im Ergebnis wertlos war.

Rechtsgrundlage für das Eigenkapitalersatzrecht waren die durch die GmbH-Novelle im Jahre 1980 neu eingeführten §§ 32a/b GmbHG a. F. Da diese lediglich im Falle der Insolvenz der Gesellschaft zur Anwendung kamen und nach Ansicht des BGH wesentliche Lücken aufwiesen, wurden parallel hierzu weiterhin die sog. Rechtsprechungsregeln angewendet[172]. Diese, aus den §§ 30, 31 GmbHG a. F. analog abgeleiteten, Grundsätze verboten zum Schutze des satzungsgemäßen Stammkapitals die Rückgewähr von Gesellschafterdarlehen bereits vor und unabhängig von einem Insolvenzeintritt der Gesellschaft.

Ein Gesellschafterdarlehen wurde nach § 32a I GmbHG a. F. als eigenkapitalersetzend qualifiziert, wenn ein Gesellschafter seiner Gesellschaft in der „Krise" (d.h. bei Insolvenzreife oder Kreditunwürdigkeit)[173] ein Darlehen gewährt oder stehen gelassen hatte, anstatt ihr – wie es ordentliche Kaufleute getan hätten – haftendes Eigenkapital zur Verfügung zu stellen.

Nach dem Prinzip der Finanzierungsfreiheit stand es Gesellschaftern zwar grundsätzlich frei, *ob* sie der Gesellschaft neben der Bereitstellung des satzungsgemäß festgelegten Stammkapital weiteres Kapital zuführen wollen und *wie* eine solche Zuführung ausgestaltet werden sollte, d.h. in Form von Eigenkapital oder Fremdkapital; Letzteres meist in Form eines Gesellschafterdarlehens[174]. Gesellschafter standen damit auch im Zeitpunkt der Krise ihrer Gesellschaft vor der Wahl, ob sie den Weiterbetrieb durch Kapitalzufuhr aufrechterhalten wollen, oder die Gesellschaft in die Liquidation führen[175]. Entschlossen sich die Gesellschafter jedoch in der Krise der Gesellschaft weitere Finanzmittel zur Verfügung zu stellen, dann musste dieser Mittelzufluss aufgrund der sog. Finanzierungsfolgenverantwortung

---

171 Vgl. ausführlich dazu: Löwisch, Eigenkapitalersatzrecht, Rn 1 ff.; Huber, in Gottwald (Hrsg.), Insolvenzrechts-Handbuch, § 50, Rn 7 ff.; Goette/Kleindiek, Gesellschafterfinanzierung, Rn 7 ff.; Kraemer, Eigenkapitalersatz und Insolvenz, S. 57 ff.

172 BGH vom 26.03.1984, BGHZ 90, 370, 379 ff.; Löwisch, Eigenkapitalersatzrecht, Rn 8; Goette/Kleindiek, Gesellschafterfinanzierung, Rn 30 ff.

173 Ausführlich dazu: Goette/Kleindiek, Gesellschafterfinanzierung, Rn 89 ff. m.w.N.; Löwisch, Eigenkapitalersatzrecht, Rn 65 ff. Bornheimer, in Nerlich/Kreplin (Hrsg.), Münchener Anwaltshandbuch Sanierung und Insolvenz, § 26, Rn 44; Ulmer/Habersack GmbHG, § 32a/b, Rn 61; K. Schmidt, in Scholz GmbHG, § 32a/32b, Rn 38 ff.

174 BGH vom 24.03.1980, BGHZ 76, 326, 329 f.; BGH vom 07.11.1994, BGHZ 127, 336, 344 f.; Löwisch, Eigenkapitalersatzrecht, Rn 31.

175 Goette/Kleindiek, Gesellschafterfinanzierung, Rn 9.

durch Eigenkapital erfolgen[176]. Die Finanzierungsfolgenverantwortung sanktionierte damit die von einem Gesellschafter zu einem bestimmten Zeitpunkt, nämlich die in der Krise der Gesellschaft getroffene Finanzierungsentscheidung. Überließen Gesellschafter ihrer Gesellschaft daher trotz der bestehenden Krise Fremdkapital, dann wurde dieses wie Eigenkapital behandelt.

Der Sinn und Zweck des Eigenkapitalersatzrechts bestand in der soeben genannten Finanzierungsfolgenverantwortung, wonach Gesellschaftern wegen ihres Informationsvorsprungs gegenüber den übrigen (Dritt-)Gläubigern die Möglichkeit genommen werden sollte, ihr Kapital noch rechtzeitig abzuziehen, während Letztere auf die Insolvenzquote verwiesen worden sind. Darüber hinaus sollten Gesellschafter ihr Finanzierungsrisiko nicht auf die übrigen Gläubiger der Gesellschaft abwälzen können, indem sie sich durch die Darlehensgewährung die Vorteile des Weiterbetriebs sicherten, gleichzeitig aber den damit zwingend verbundenen Nachteil der Nachrangigkeit des haftenden Eigenkapitals vermeiden wollten[177].

Nachdem es an einer gesetzlichen Verankerung fehlte, übertrug der BGH die Grundsätze des Eigenkapitalersatzrechts auch auf die Aktiengesellschaft[178]. Der darlehensgewährende Aktionär musste dabei unternehmerisch an ihr beteiligt sein, wovon regelmäßig bei einem Aktienbesitz von mehr als 25 % des Grundkapitals auszugehen war[179]. Darüber hinaus wurden die Regeln des eigenkapitalersetzenden Darlehens über die Brückennormen der §§ 129a, 172a HGB a.F. auch auf die OHG und KG angewendet, sofern an diesen keine natürliche Person als unbeschränkt haftender Gesellschafter beteiligt war.

Obwohl Nichtgesellschafter grundsätzlich nicht vom Eigenkapitalersatzrecht erfasst wurden, konnten Dritte, welche rechtlich außerhalb der Gesellschaft standen, unter den Voraussetzungen des § 32a III 1 GmbHG a.F. ebenfalls Normadressaten der Eigenkapitalersatzregeln sein[180]. Danach wurden auch Ansprüche Dritter, deren Rechtshandlung einer eigenkapitalersetzenden Darlehensgewährung wirtschaftlich entsprach, mit Insolvenzeintritt ebenfalls nachrangig befriedigt[181]. Durch die Einbeziehung Dritter sollten ein umfassender Gläubigerschutz gewährleistet und etwaige Umgehungsversuche des § 32a GmbHG a.F. vermieden werden[182]. Voraussetzung einer derartigen Einbeziehung war, dass der Dritte wirtschaftlich eine den Gesellschaftern vergleichbare Rechtsposition innehatte[183].

---

176 BGH vom 26.03.1984, BGHZ 90, 381, 389; BGH vom 07.11.1994, BGHZ 127, 336, 344 f. Ausführlich zur Finanzierungsfolgenverantwortung siehe: Teil 2, A., IV., 4., a).
177 Breidenstein, ZInsO 2010, 273, 275.
178 BGH vom 26.03.1984, BGHZ 90, 381 Leitsatz b) sowie S. 390 f.
179 Goette/Kleindiek, Gesellschafterfinanzierung, Rn 233.
180 Ausführlich dazu: Löwisch, Eigenkapitalersatzrecht, Rn 148 ff. m.w.N.; Goette/Kleindiek, Gesellschafterfinanzierung, Rn 250 ff. m.w.N.
181 Zu den einzelnen Fallgruppen in denen der BGH die Einbeziehung Dritter bejaht hat: Goette/Kleindiek, Gesellschafterfinanzierung, Rn 250 ff.
182 Vgl. nur BGH vom 26.06.2000, ZIP 2000, 1489, 1490.
183 OLG Hamburg vom 02.02.1996, NJW-RR 1997, 416, 416.

Somit bestand bereits nach alter Rechtslage ein Raum, wonach Dritte, welche formal keine Gesellschafterstellung inne hatten, über § 32a III 1 GmbHG a.F. in den Anwendungsbereich der eigenkapitalersetzenden Gesellschafterdarlehen einbezogen wurden, mit der Folge, dass auch deren Ansprüche in der Insolvenz lediglich nachrangig befriedigt wurden.

Inwieweit die aufgrund der Vereinbarung in Covenants eingeräumten Informations- und Einflussnahmerechte bereits nach alter Rechtslage dazu führten, dass Rechtshandlungen Dritter als eigenkapitalersetzend i.S.v. § 32a III 1 GmbHG a.F. zu qualifizieren waren, wurde nicht abschließend geklärt. Im Nachfolgenden soll daher die Rechtsprechung und der Meinungsstand in der Literatur zum alten Rechtstand aufgearbeitet werden. Hierbei ist zwischen der Kombination von Covenants mit einer atypisch stillen Beteiligung, der Kombination von Covenants mit einem atypischen Pfandrecht an den Geschäftsanteilen der kreditnehmenden Gesellschaft sowie der bloßen Vereinbarung von Covenants zu unterscheiden.

II. Covenants in Kombination mit einer atypisch stillen Beteiligung

Der BGH hat in seinem Urteil vom 07.11.1988 entschieden, dass atypisch stille Beteiligte wie GmbH-Gesellschafter den Regeln des Eigenkapitalersatzrechts unterfallen, wenn sie – ähnlich wie diese – die Geschicke der GmbH bestimmen sowie am Vermögen und Ertrag der Gesellschaft beteiligt sind[184].

Da ein typisch stiller Gesellschafter weder rechtlich noch wirtschaftlich an der Gesellschaft beteiligt sei, sondern dieser als außenstehender Dritter lediglich Fremdkapital in Form einer Einlage nach § 230 HGB überlasse, unterfalle er nicht dem Eigenkapitalersatzrecht[185]. Dies zeige sich auch in § 236 HGB, wonach der typisch stille Gesellschafter im Falle der Insolvenz des Geschäftsinhabers seine Einlage als Insolvenzgläubiger geltend machen könne, sofern diese nicht durch den auf ihn fallenden Verlustanteil aufgezehrt sei.

Im Gegensatz dazu könne ein atypisch stiller Beteiligter den Gesellschaftern gleichstehen, wenn er aufgrund der vertraglichen Ausgestaltung des stillen Gesellschaftsverhältnisses, der Stille neben der Teilhabe am Vermögen und am Ertrag, Einfluss auf die Geschäftsführung ausübe, so dass er eine dem GmbH-Gesellschafter vergleichbare oder ähnliche Rechtsposition einnehme[186]. In diesen Fällen sei der stille Gesellschafter nämlich in den mitgliedschaftlichen Verband einbezo-

184 BGH vom 07.11.1988, BGHZ 106, 7, Leitsatz sowie S. 10.
185 Vgl. BGH vom 21.03.1983, ZIP 1983, 561, 561; BGH vom 07.11.1988, BGHZ 106, 7, 9. Löwisch, Eigenkapitalersatzrecht, Rn 187; Kollhosser, WM 1985, 929, 933.
186 BGH vom 13.02.2006, NJW-RR 2006, 760, 762; BGH vom 07.11.1988, BGHZ 106, 7, 9; OLG Hamm vom 13.09.2000, NJW-RR 2001, 247, 248; ausführlich zu den einzelnen Voraussetzungen: Löwisch, Eigenkapitalersatzrecht, Rn 188 m.w.N.

gen, woraus er folglich eine Mitverantwortung für die im Eigenkapitalersatzrecht zum Ausdruck kommenden Folgen der gewählten Unternehmensfinanzierung habe[187].

III. Covenants in Kombination mit einem atypischen Pfandrecht

1. Die Rechtsprechung des BGH zum atypischen Pfandrecht

In einer weiteren Entscheidung hat der BGH seine zuvor bei der atypisch stillen Gesellschaft entwickelten Grundsätze auf die Rechtsstellung eines atypischen Pfandgläubigers übertragen[188]. Danach könne auch der Pfandgläubiger eines Gesellschaftsanteils, welcher formal kein Gesellschafter ist, Normadressat des § 32a III 1 GmbHG a. F. sein, sofern sich dieser „durch weitergehende Nebenabreden eine Position einräumen lässt, die nach ihrer konkreten Ausgestaltung im wirtschaftlichen Ergebnis der Stellung eines Gesellschafters gleich oder doch jedenfalls nahekommt“[189].

Im konkreten Fall hatte sich die kreditgewährende Bank als Pfandgläubiger neben der Verpfändung der Geschäftsanteile des Kreditnehmers alle sich daraus ergebenden vermögenswerten Rechte verpfänden lassen[190]. Durch diese zusätzlichen Nebenvereinbarungen verpfändeten die Gesellschafter ihre Gewinnbezugsrechte, ihre bestehenden und zukünftigen Ansprüche auf Auszahlung und Entnahme eines Gewinns, ihre Abfindungsansprüche für den Fall des Austritts, ihre Ansprüche auf Auszahlung eines etwaigen Liquidationserlöses sowie die Zahlung eines Kaufpreises im Falle der Veräußerung der Geschäftsanteile zugunsten des Gläubigers. Darüber hinaus ließ sich der Pfandgläubiger schuldrechtlich massive Mitwirkungsrechte in allen innergesellschaftlichen Angelegenheiten einräumen. Danach mussten sowohl die Gesellschaft als auch die Gesellschafter u. a. bei allen wichtigen Entscheidungen die vorherige Zustimmung des Pfandgläubigers einholen und eine Unternehmensberatung zur Krisenbewältigung einsetzen. Ferner wurde der Geschäftsführer durch die Einsetzung eines Beirats faktisch entmachtet und letztendlich durch einen von der Unternehmensberatung ausgesuchten Geschäftsleiter ersetzt.

Der BGH stellte auch in dieser Entscheidung fest, dass ein typischer Pfandgläubiger allein durch die Verpfändung der Geschäftsanteile noch keine Mitgliedschafts- und Gewinnbezugsrechte an der Gesellschaft erlange und eine Einbeziehung in den Gesellschafterkreis über § 32a III 1 GmbHG a. F. damit nicht in Betracht komme[191]. Hieran ändere sich auch nichts, wenn sich der Pfandgläubiger durch Nebenabreden

---

187 Kästle, Rechtsfragen, S. 157 f.
188 BGH vom 13.07.1992, BGHZ 119, 191.
189 BGH vom 13.07.1992, BGHZ 119, 191, 195.
190 BGH vom 13.07.1992, BGHZ 119, 191, 192 f.
191 BGH vom 13.07.1992, BGHZ 119, 191, 194 f.; so auch die überwiegende Literatur, vgl. nur: Roth/Altmeppen, GmbHG, § 15, Rn 56; Kinner, Die Verpfändung von GmbH-Anteilen, S. 23 ff.

zusätzliche Schadensersatzansprüche für den Fall der Beeinträchtigung des Pfandrechts einräumen lasse. Dies ergebe sich zum einen aus § 1277 BGB, wonach der Pfandgläubiger durch die Verpfändung lediglich das Recht erhalte, sich aus der Verwertung des Gesellschaftsanteils zu befriedigen, die Mitgliedschaftsrechte und Pflichten an der Gesellschaft jedoch beim Verpfänder verblieben[192]. Zum anderen gewähre das Pfandrecht für sich alleine grundsätzlich noch keine Einflussnahmerechte auf die Geschäftsführung, so dass eine Finanzierungsverantwortung des typischen Pfandgläubigers über § 32a III 1 GmbHG a.F. ausscheide[193].

Etwas anderes ergebe sich hingegen dann, wenn sich der Pfandgläubiger „durch weitergehende Nebenabreden eine Position einräumen lässt, die nach ihrer konkreten Ausgestaltung im wirtschaftlichen Ergebnis der Stellung eines Gesellschafters gleich oder doch jedenfalls nahekommt“[194]. Ob danach ein Pfandgläubiger über § 32a III 1 GmbHG a.F. einem Gesellschafter gleichzustellen ist, beurteilte der BGH anhand einer Gesamtbetrachtung[195] und stützte seine Entscheidung dabei auf drei Kriterien: (1) Der Beteiligung des Pfandgläubigers am Vermögen der Gesellschaft durch Verpfändung oder Abtretung weiterer Vermögensrechte, (2) dem Umfang der dem Pfandgläubiger vertraglich eingeräumten Einflussnahmerechte sowie (3) der tatsächlichen Einflussnahme auf die kreditnehmende Gesellschaft.

Die Entscheidung des BGH basierte dabei auf dem Gesamtbild der atypischen Ausgestaltung des zugrundeliegenden Pfandrechtsverhältnisses. Danach habe der Pfandgläubiger beispielsweise durch das Zustimmungserfordernis bei der Änderung des Gesellschaftsvertrages oder der Fassung eines Gewinnabführungsbeschlusses die Geschicke der Gesellschaft derart bestimmen können, dass die Gesellschafter letztendlich nicht mehr eigenverantwortlich entscheiden konnten. Durch diese zusätzlichen Nebenvereinbarungen habe sich der Pfandgläubiger damit Rechte einräumen lassen, welche denen der Gesellschafter vergleichbar seien, wobei es jedoch nicht darauf ankomme, ob die kreditgewährende Bank neben ihrem Sicherungsinteresse zusätzlich auch ein unternehmerisches Interesse verfolge[196]. Des Weiteren liege durch die Verpfändung von Gewinnbezugsrechten sowie durch die Abtretung von Liquidationserlösansprüchen eine zumindest mittelbare Beteiligung am Vermögen der Gesellschaft vor[197]. Damit habe die kreditgewährende Bank im Ergebnis eine Stellung eingenommen, die über die eines Pfandgläubigers hinausgehe, so dass diese gemäß § 32a III 1 GmbHG a.F. einem Gesellschafter gleichzustellen sei.

---

192 Ausführlich dazu: Kinner, Die Verpfändung von GmbH-Anteilen, S. 23 ff. und S. 34 ff. m.w.N.
193 BGH vom 13.07.1992, BGHZ 119, 191, 194 f.; Löwisch, Eigenkapitalersatzrecht, Rn 194 m.w.N.
194 BGH vom 13.07.1992, BGHZ 119, 191, 195.
195 BGH vom 13.07.1992, BGHZ 119, 191, 200 f.
196 BGH vom 13.07.1992, BGHZ 119, 191, 196.
197 BGH vom 13.07.1992, BGHZ 119, 191, 196.

2. Reaktionen der Literatur

a) *Die der Rechtsprechung folgenden Literaturansichten*

Weite Teile der Literatur haben dem BGH in dieser Entscheidung zugestimmt[198]. Nach *Kleindiek* komme eine Einbeziehung Dritter in den Kreis der Gesellschafter zwar lediglich in Ausnahmekonstellationen in Betracht – wobei eine solche jedoch gerade durch die atypische Ausgestaltung des Pfandrechts am Gesellschaftsanteil vorgelegen habe[199]. Dabei sei für eine Gleichstellung des Pfandgläubigers mit den Gesellschaftern entscheidend, dass dieser neben seinen sich aus dem Pfandrecht ergebenden Rechten zusätzlich über Einflussnahmemöglichkeiten auf die unternehmerischen Entscheidungen verfüge, die ihn gleich einem Gesellschafter-Gläubiger aus dem Kreise der (Dritt-) Gläubiger deutlich hervorhebe und ihn in die Lage versetze, zu Lasten Letzterer Eigeninteressen zu verfolgen und durchzusetzen[200]. Gerade durch diese „Doppelrolle“ gleiche er einem kreditgebenden Gesellschafter, so dass er in der Insolvenz der Gesellschaft im Rang hinter die übrigen Gläubiger zurücktreten müsse[201].

Ferner spricht sich *K. Schmidt* für eine Gleichstellung des atypischen Pfandgläubigers mit den Gesellschaftern aus, sofern sich dieser durch Nebenabreden eine Position einräumen lasse, die einem unternehmerisch beteiligten Gesellschafter entspreche oder zumindest nahe komme[202]. Maßgeblich seien danach ebenfalls die sich aus Nebenabreden ergebenden Mitspracherechte, durch welche der Pfandgläubiger wie ein Gesellschafter über Grundlagen der Gesellschaft mitbestimmen könne. Darüber hinaus vertreten auch *Rümker/Büchler* die Ansicht, dass atypische Pfandgläubiger Normadressaten des § 32a III 1 GmbHG a.F. sein können[203]. Voraussetzung hierfür sei, dass neben einem Interesse am Schicksal der Gesellschaft – welches bei Pfandgläubigern allerdings stets vorliege – dieser über Einflussnahmerechte auf die Geschäftsführung des kreditnehmenden Unternehmens verfüge. Allerdings würden Vollmachten bzw. Stimmbindungsverträge dann nicht zur Haftung nach § 32a III 1 GmbHG a.F. führen, sofern sich die Einflussnahme lediglich darauf beschränke, den Wert des verpfändeten Anteils zu sichern[204].

---

198 Vgl. Kleindiek, in Lutter/Hommelhoff, GmbHG, Anhang zu § 64, Rn 126; K. Schmidt, in Scholz GmbHG, § 32a/b, Rn 152; Pentz, in Rowedder/Schmidt-Leithoff (Hrsg.), GmbHG, § 32a, Rn 74; Hueck/Fastrich, in Baumbach/Hueck, GmbHG 18. Aufl., § 32a, Rn 21 (welche sich nach Inkrafttreten des MoMiG jedoch gegen die Gleichstellung des atypischen Pfandgläubigers mit den Gesellschaftern aussprechen: vgl. Hueck/Fastrich, in Baumbach/Hueck, GmbHG, Anhang zu § 30, Rn 46); Damnitz/Degenhardt, WM 2005, 583, 587 f.; Weitnauer, BKR 2005, 43, 46, 50; Fleischer, ZIP 1998, 313, 315; Rümker/Büchler, in FS-Clausen, S. 337, 347, 349; Dreher, ZGR 1994, 144, 150 f., Priester, in FS-Helmrich, S. 721, 728; in diese Richtung auch: Schackmann/Behling, FB 2004, 789, 798; Schwintowski/Dannischewski, ZIP 2005, 840, 844 ff.

199 Kleindiek, in Lutter/Hommelhoff, GmbHG, Anhang zu § 64, Rn 126.

200 Kleindiek, in Lutter/Hommelhoff, GmbHG, Anhang zu § 64, Rn 126.

201 Kleindiek, in Lutter/Hommelhoff, GmbHG, Anhang zu § 64, Rn 126.

202 K. Schmidt, in Scholz GmbHG, § 32a/b, Rn 152.

203 Rümker/Büchler, FS-Claussen, S. 337, 347, 349.

204 Rümker/Büchler, FS-Claussen, S. 337, 349.

Auch *Dreher* hält die Entscheidung des BGH zumindest im Gesamtergebnis für zutreffend[205]. Dies ergebe sich daraus, dass sich der Pfandrechtsgläubiger neben den gesellschafterähnlichen Eingriffsbefugnissen und einer gesellschaftergleichen Vermögensbeteiligung zusätzlich eine gewinnabhängige Schuldenrückführung ausbedungen habe, welche sonst lediglich bei Eigenkapitalgebern zu finden sei. *Weitnauer* folgt der Rspr. des BGH zum atypischen Pfandgläubiger ebenfalls[206]. Denn dieser nehme dann eine gesellschaftergleiche Stellung ein, wenn er sich durch Nebenabreden zusätzlich die dem Gesellschafter trotz der Pfändung verbleibenden Vermögens- und Mitwirkungsrechte übertragen lasse. Der BGH stelle dabei zu Recht auf beide Kriterien ab, da lediglich deren kumulatives Vorliegen die Gesellschafterstellung ausmache[207].

b) *Ablehnende Literaturansichten*

Die Pfandgläubiger-Entscheidung des BGH wurde jedoch auch von Teilen der Literatur abgelehnt[208]. Im Wesentlichen wurde in diesem Zusammenhang darauf hingewiesen, dass trotz der atypischen Ausgestaltung des Pfandrechts nicht die an sich für die Gleichstellung des Pfandgläubigers erforderliche Beteiligung am Vermögen und Ertrag der Gesellschaft vorgelegen habe. Darüber hinaus könne eben jene fehlende Vermögensbeteiligung auch nicht durch die Vereinbarung von weitreichenden Einflussnahmerechten kompensiert werden.

Nach *Habersack* kommt eine Einbeziehung eines atypischen Pfandgläubigers in den Kreis der Gesellschafter über § 32a III 1 GmbHG a.F. bereits deswegen nicht in Betracht, weil diesem das hierfür erforderliche Eigeninteresse am Schicksal der Gesellschaft fehlt[209]. Eine Haftung nach § 32a III 1 GmbHG a.F. komme nämlich lediglich dann in infrage, wenn der Kreditgeber ähnlich einem Gesellschafter in den mitgliedschaftlichen Verband einbezogen sei und somit ein unternehmerisches Interesse am Schicksal der Gesellschaft habe[210]. Hieran fehle es jedoch, da die über Covenants vermittelten Eingriffsbefugnisse lediglich Ausdruck des „natürlichen“ Interessensgegensatzes der Parteien sei, welcher bei Austauschverträgen im Allgemeinen und bei Kreditverträgen im Besonderen bestehe[211]. Somit verfolge auch der atypische Pfandgläubiger primär seine Gläubigerinteressen und nicht das für § 32a III 1 GmbHG a.F. erforderliche mitgliedschaftliche Eigeninteresse am Schicksal der Gesellschaft.

---

205 Dreher, ZGR 1994, 144, 145, 150 f.
206 Weitnauer, BKR 2005, 43, 46, 50.
207 Weitnauer, BKR 2005, 43, 46, 50.
208 Runge, Covenants in Kreditverträgen, S. 163, Rz 4.41 ff.; Altmeppen, ZIP 1993, 1677, 1680, 1684; Habersack, ZGR 2000, 384, 399 f.; Hagemeister/Bültmann, WM 1997, 549, 553; Maier-Reimer, FS-Rowedder, S. 245, 260 ff., 265 ff.; Kästle, Rechtsfragen, S. 178 ff. m.w.N.; Westermann, FS-Odersky, S. 897, 918 ff.; Ulmer/Habersack GmbHG, § 32a/b, Rn 151.
209 Ulmer/Habersack GmbHG, § 32a/b, Rn 151; Habersack, ZGR 2000, 384, 399 f.
210 Habersack, ZGR 2000, 384, 396.
211 Habersack, ZGR 2000, 384, 397, 400.

In eine ähnliche Richtung argumentieren *Hagemeister/Bültmann*, welche eine Einbeziehung des atypischen Pfandgläubigers in den Kreis der Gesellschafter ebenfalls mit der Begründung ablehnen, es fehle diesem am erforderlichen Unternehmerinteresse[212]. Dieses ziele darauf ab, aus dem Einsatz von Kapital in einer regelmäßig nicht festgelegten Zeitperiode durch die Eigentümerstellung Gewinn zu erwirtschaften, wohingegen ein Kreditgeber im Rahmen eines Austauschvertrages für die Überlassung von Kapital Zinseinnahmen generieren und die ausgegebene Kreditsumme zurückerhalten wolle. Zwar sei das Sicherungsinteresse des Kreditgebers eng mit der wirtschaftlichen Entwicklung des Unternehmens verbunden, dieser habe jedoch weder ein unmittelbares Gewinnstreben aus dem Unternehmen, noch verfolge er mit den Gesellschaftern einen gemeinsamen Zweck[213].

Maier-Reimer lehnt die Begründung des BGH zur Haftung des durch ein atypisches Pfandrecht gesicherten Kreditgebers ebenfalls ab[214]. Der atypische Pfandgläubiger sei lediglich dann Normadressat des § 32a III 1 GmbHG a.F., wenn er durch die zusätzliche Vereinbarung von Einflussnahmerechten eine Beteiligung am Vermögen und Ertrag des Kreditnehmers in der Art erlange, dass dessen Kredit an die Gesellschaft als causa societatis angesehen werden müsse[215]. Da jedoch die atypische Ausgestaltung des Pfandrechts lediglich Sicherungscharakter habe, werde der Pfandgläubiger weder rechtlich noch wirtschaftlich Gesellschafter beim Kreditnehmer[216].

Auch *Altmeppen* lehnt die Rechtsprechung des BGH zum atypischen Pfandgläubiger ab[217]. Ein Nicht-Gesellschafter könne nämlich lediglich dann ein kapitalersetzendes Darlehen gewähren, wenn er zumindest „mittelbar", d.h. in Form von Risikokapital, welches im Falle der Insolvenz nicht zurückgefordert werden könne, beteiligt sei[218]. Dies sei jedoch bei atypischer Ausgestaltung des Pfandrechts gerade nicht der Fall, da der Pfandgläubiger durch die Vereinbarung zusätzlicher Einflussnahmerechte lediglich als Partner des Austauschvertrages „Darlehen" gehandelt habe und damit überhaupt kein Beteiligungsverhältnis zum Schuldner bestehe[219].

Nach Auffassung von *Runge* nehme ein atypischer Pfandgläubiger, welcher sich zusätzlich Einflussnahmerechte einräumen lasse, keine Position ein, die wirtschaftlich mit der eines Gesellschafters nach § 32a III 1 GmbHG a.F. zu vergleichen sei, da es insoweit an einer für die Anwendbarkeit des Eigenkapitalersatzrechts erforderlichen zumindest mittelbaren Beteiligung am Vermögen und Ertrag der kreditnehmenden Gesellschaft fehle[220]. Zur Begründung wird hierbei ausgeführt, die zusätzliche Abtretung bzw. Verpfändung des Liquidationserlöses, der Abfindungs-

---

212 Hagemeister/Bültmann, WM 1997, 549, 553.
213 Hagemeister/Bültmann, WM 1997, 549, 553.
214 Maier-Reimer, FS-Rowedder, S. 245, 266 f., 275.
215 Maier-Reimer, FS-Rowedder, S. 245, 270, 275.
216 Maier-Reimer, FS-Rowedder, S. 245, 267.
217 Altmeppen, ZIP 1993, 1677, 1680, 1682, 1684.
218 Altmeppen, ZIP 1993, 1677, 1682, 1684.
219 Altmeppen, ZIP 1993, 1677, 1680, 1682.
220 Runge, Covenants in Kreditverträgen, S. 163, Rz 4.41 ff.; so auch: Kästle, Rechtsfragen, S. 178 ff.

ansprüche sowie etwaiger Kaufpreisansprüche, begründe keine gesellschaftergleiche Stellung, da sich diese Nebenabreden lediglich auf Surrogate des verpfändeten Gesellschaftsanteils erstrecken würden, die ohnehin entsprechend § 1287 BGB bereits vom „typischen“ Pfandrecht an einem Gesellschaftsanteil erfasst seien[221]. Darüber hinaus komme eine Gleichstellung selbst dann nicht in Betracht, wenn sich der Pfandgläubiger zusätzlich Gewinnansprüche des Kreditnehmers verpfänden oder abtreten lasse[222]. Dies ergebe sich aus dem Umstand, dass ein Kreditgeber an den Gewinnen der Gesellschaft und an einer Wertsteigerung des verpfändeten Geschäftsanteils lediglich unter dem Gesichtspunkt einer ausreichenden Haftmasse interessiert sei und nicht das Ziel verfolge, aus einer Eigentümerstellung heraus dauerhafte Erträge zu generieren. Des Weiteren setze sich bei wirtschaftlicher Betrachtung in der Abtretung bzw. Verpfändung der Gewinnansprüche lediglich eine bereits erfolgte „verlängerte Globalzession“ fort, woraus deutlich hervorgehe, dass der Pfandgläubiger lediglich Sicherungs- und keine unternehmerischen Interessen verfolge[223]. Dass die Abtretung oder Verpfändung von Gewinnansprüchen nicht zu einer gesellschaftergleichen Beteiligung des atypischen Pfandgläubigers führen könne, zeige sich auch in der Regelung des § 231 II HS. 2 HGB[224]. Denn danach sei der typisch stille Gesellschafter stets am Ertrag der Gesellschaft beteiligt. Dennoch sei der Stille nach allgemeiner Auffassung nicht vom Adressatenkreis des § 32a III 1 GmbHG a. F. erfasst, da er auch in derartigen Fallkonstellationen keine zumindest mittelbare Beteiligung am Gesellschaftsvermögen habe. Somit könne der atypische Pfandgläubiger erst Recht nicht Gesellschaftern gleichgestellt werden, da dieser durch die zusätzliche Abtretung der Gewinnansprüche lediglich Sicherungszwecke verfolge und seine Gläubigerstellung stärken wolle[225].

3. Stellungnahme

Kreditgeber, welche zur Sicherung ihres Darlehens neben der Verpfändung der Geschäftsfanteile durch atypische Ausgestaltung des Pfandrechtsverhältnisses zusätzlich die trotz der Pfändung weiterhin den Gesellschaftern zustehenden Vermögensrechte abtreten und sich darüber hinaus Einflussnahmerechte auf die Geschäftsführung einräumen lassen, werden vom Adressatenkreis des § 32a III 1 GmbHG a. F. erfasst, da sie hierdurch eine Stellung einnehmen, die im wirtschaftlichen Ergebnis der eines Gesellschafters entspricht. Lassen sich Kreditgeber daher neben der Abtretung bzw. Verpfändung von vermögenswerten Rechten an der kre-

---

221 Runge, Covenants in Kreditverträgen, S. 164, Rz 4.42; so auch: Maier-Reimer, FS-Rowedder, S. 245, 261.
222 Runge, Covenants in Kreditverträgen, S. 164, Rz 4.43; so auch: Altmeppen, ZIP 1993, 1677, 1680.
223 Runge, Covenants in Kreditverträgen, S. 165, Rz 4.44.
224 Runge, Covenants in Kreditverträgen, S. 166, Rz 4.45; so auch: Altmeppen, ZIP 1993, 1677, 1680.
225 Runge, Covenants in Kreditverträgen, S. 166, Rz 4.45; so auch: Altmeppen, ZIP 1993, 1677, 1680.

ditnehmenden Gesellschaft zusätzlich massive Mitwirkungsrechte auf deren Geschäftsführung einräumen, dann droht diesen eine Umqualifizierung ihres Darlehens, wenn sie von den mittels Covenants eingeräumten Einwirkungsbefugnissen auch tatsächlich Gebrauch gemacht und hierdurch das unternehmerische Geschehen im Vorfeld der Insolvenz bestimmt haben.

Um dem Sicherungsbedürfnis der Banken einerseits und der Belastung der unternehmerischen Freiheit bzw. dem Gläubigerschutz andererseits Rechnung zu tragen, muss jedoch anhand des Gesamterscheinungsbildes unter Berücksichtigung der jeweiligen Umstände des Einzelfalls jeweils geprüft werden, ob Kreditgeber durch deren zusätzliche Einflussnahme über Covenants Gesellschaftern gleichzustellen sind. Zu Recht hat daher der BGH die Einbeziehung des atypischen Pfandgläubigers in den Normadressatenkreis des § 32a III 1 GmbHG a.F. angenommen, nachdem dieser durch weitreichende Einwirkungsrechte in die innergesellschaftlichen Angelegenheiten eine Stellung eingenommen hat, die der eines Gesellschafters entspricht.

Nicht zuzustimmen ist dem von Teilen der Literatur immer wieder vorgebrachten Argument, wonach eine Einbeziehung des Kreditgebers in den Normadressatenkreis des § 32a III 1 GmbHG a.F. bereits deswegen ausscheide, weil es dem Darlehensgeber an der hierfür erforderlichen Beteiligung am Vermögen und Ertrag der kreditnehmenden Gesellschaft gefehlt und dieser damit keine den Gesellschaftern gleiche Stellung eingenommen habe. Denn die Regelung des § 32a III 1 GmbHG a.F. liefe nahezu leer, wenn eine Gesellschaftergleichstellung lediglich bei einer Beteiligung am Vermögen in Betracht kommt. Dies ergibt sich daraus, dass eine Vermögensbeteiligung im Sinne eines bestehenden Rechts an der Gesellschaft nur bei einem formalen Gesellschafter vorliegt. Sollte daher eine vermögensmäßige Beteiligung an der kreditnehmenden Gesellschaft zwingende Voraussetzung für die Einbeziehung in den Adressatenkreis des § 32a III 1 GmbHG a.F. sein, so könnten Dritte niemals Gesellschaftern gleichgestellt werden. Dies wiederum widerspräche dem Willen des Gesetzgebers, wonach gerade über die Regelung des § 32a III 1 GmbHG a.F. auch Dritte, welche keine formale Gesellschafterstellung innehaben, Normadressaten des Eigenkapitalersatzrechts sein sollen.

Soweit einige Stimmen der Literatur eine Ausdehnung des Adressatenkreises von § 32a III 1 GmbHG a.F. auf atypische Pfandgläubiger deswegen ablehnen, weil es diesen am erforderlichen unternehmerischen Interesse an der kreditnehmenden Gesellschaft fehle, ist dem ebenfalls nicht zu folgen. Denn auf das Vorliegen eines unternehmerischen Interesses kommt es im Zusammenhang mit der Umqualifizierung eines Darlehens gemäß § 32a III 1 GmbHG a.F. gar nicht an[226]. Dies ergibt sich daraus, dass das Eigenkapitalersatzrecht in erster Linie dem Gläubigerschutz insgesamt dient und es damit auf subjektive Interessen nicht ankommen kann[227]. Nach-

---

226 So auch die ganz h.M.: vgl. nur: BGH vom 14.12.1992, BGHZ 121, 31, 41 f.; Löwisch, Eigenkapitalersatzrecht, Rn 26 m.w.N.

227 Ausführlich dazu: Teil 2, A., IV., 4., a)/c). siehe dazu auch: Michalski/Heidinger, GmbHG, § 32a/b, Rn 7 m.w.N.

dem der Gläubigerschutzgedanke beim Recht der eigenkapitalersetzenden Darlehen im Vordergrund steht, können daher die etwaigen Motive des Kreditgebers keine Rolle spielen, vielmehr sind rein objektive Gesichtspunkte heranzuziehen[228]. Zu Recht hat daher der BGH in seiner Pfandgläubiger-Entscheidung festgestellt, dass es bei der Einbeziehung in den Adressatenkreis des § 32a III 1 GmbHG a.F. nicht darauf ankomme, ob die kreditgewährende Bank neben ihrem Sicherungsinteresse zusätzlich auch ein unternehmerisches Interesse verfolge[229]. Denn wäre das Vorliegen eines unternehmerischen Interesses seitens des darlehensgewährenden Dritten zwingende Voraussetzung für die Gesellschaftergleichstellung, so liefe die Einbeziehung gesellschaftsfremder Kapitalgeber über § 32a III 1 GmbHG a.F. erneut nahezu leer, da sich letzten Endes jedwede Vereinbarung in Darlehensverträgen unter dem „Deckmantel" des Sicherungsinteresses des Kreditgebers subsumieren ließe. Zur Gewährleistung eines effektiven Gläubigerschutzes sind daher bei der Umqualifizierung von Fremdkapital lediglich objektive Kriterien heranzuziehen, da sich Kreditgeber ansonsten durch entsprechende Ausgestaltung des Kreditvertrages dem Eigenkapitalersatzrecht entziehen könnten[230].

Darüber hinaus ist der Frage nachzugehen, ob Kreditgeber, welche sich zur Sicherung ihres Kredites die Geschäftsanteile verpfänden lassen, nicht doch über ein Eigeninteresse am Schicksal der Gesellschaft verfügen. Denn wird das Insolvenzverfahren über das Vermögen der kreditnehmenden Gesellschaft eröffnet, so sind die verpfändeten Geschäftsanteile regelmäßig wertlos. Kreditgeber werden daher versuchen, ihr Pfandrecht an den Geschäftsanteilen rechtzeitig, d.h. vor Insolvenzeintritt der kreditnehmenden Gesellschaft zu verwerten. Da der hierbei zu erzielende Erlös, den ein potentieller Käufer hierfür aufbringen würde, regelmäßig vom Wert des verpfändeten Geschäftsanteils abhängig sein wird, welcher wiederum eng im Zusammenhang mit dem wirtschaftlichen Zustand des kreditnehmenden Unternehmens steht, werden Kreditgeber neben ihrem Sicherungsinteresse auch ein unternehmerisches Interesse am Schicksal der Gesellschaft haben. Denn es ist davon auszugehen, dass je erfolgreicher die Geschäftsentwicklung des kreditnehmenden Unternehmens ist, desto werthaltiger der zur Sicherheit des Darlehens verpfändete Geschäftsanteil sein wird. Entgegen der Auffassung von *Habersack*, welcher die über Covenants vermittelten Eingriffsbefugnisse lediglich als Ausdruck des „natürlichen" Interessensgegensatzes der Parteien, welcher bei Austauschverträgen im Allgemeinen und bei Kreditverträgen im Besonderen bestehe, ansieht[231], lassen sich Sicherungsinteresse und unternehmerisches Interesse damit nicht isoliert voneinander betrachten, sondern bilden einen zweckgebundenen Zusammenhang.

Auch der Einwand von *Altmeppen* und *Runge*, wonach der Pfandgläubiger an Gewinnen der kreditnehmenden Gesellschaft und an einer Wertsteigerung des versteigerten Geschäftsanteils nur unter dem Gesichtspunkt einer ausreichenden Haftmasse

228 So bereits: BGH vom 14.12.1992, BGHZ 121, 31, 41 f.
229 BGH vom 13.07.1992, BGHZ 119, 191, 196.
230 So auch der BGH: Vgl. BGH vom 14.12.1992, BGHZ 121, 31, 41 f.
231 Habersack, ZGR 2000, 384, 397, 400.

interessiert sei[232], schließt ein unternehmerisches Interesse des Kreditgläubigers ebenfalls nicht aus. Dies zeigt sich zum einen daran, dass u. U. mit der derzeitigen Bewertung der Geschäftsanteile die benötigte Haftmasse gar nicht erreicht wird, sondern erst durch eine positive Geschäftsentwicklung generiert werden muss. Zum anderen lässt sich in der Praxis der Zeitpunkt, in welchem der Wert des verpfändeten Geschäftsanteils die zur Sicherung notwendige Haftmasse erreicht, wohl schwierig bestimmen, da dieser ständigen Schwankungen unterworfen ist. Daher werden Pfandgläubiger im Zweifel immer ein Interesse an einer positiven Geschäftsentwicklung des kreditnehmenden Unternehmens und damit einhergehend ein gewisses unternehmerisches Interesse haben.

Die Vertreter der Gegenansicht werden nun zu Recht darauf hinweisen, dass man auf Grundlage der soeben gemachten Ausführungen dann wohl jedem, d.h. sowohl einem typischen, als auch einem atypischen Pfandgläubiger ein unternehmerisches Interesse am Schicksal der kreditnehmenden Gesellschaft unterstellen kann. Man könnte gar noch weitergehen und annehmen, dass nach der vorliegenden Argumentation jeder Gläubiger ein unternehmerisches Interesse am Schicksal seines Schuldners haben wird. Denn jeder Gläubiger ist im Hinblick auf die Werthaltigkeit seiner Forderung an einer erfolgreichen Geschäftsentwicklung seines Schuldners interessiert.

Eben aus jener Gefahr heraus, letztlich allen Gläubigern ein unternehmerisches Interesse am Schuldnerunternehmen zu unterstellen, hat der BGH in seiner Entscheidung zum atypischen Pfandgläubiger zusätzlich auf die Einwirkungsrechte des Kreditgebers und deren tatsächliche Ausübung abgestellt. Denn in genau diesem Punkt gleichen covenant-gesicherte Kreditgeber den darlehensgewährenden Gesellschaftern, unterscheiden sich aber hierdurch gleichzeitig von sämtlichen übrigen Fremdkapitalgebern bzw. Gläubigern einer Gesellschaft, welche nicht über die Möglichkeit verfügen, auf die operative Tätigkeit des Schuldnerunternehmens einzuwirken. Somit kommt es bei der Einbeziehung des Pfandgläubigers in den Adressatenkreis gemäß § 32a III 1 GmbHG a.F. entscheidend darauf an, ob sich dieser mittels Covenants zusätzliche Mitwirkungsrechte einräumen lässt, die regelmäßig nur den Gesellschaftern zur Verfügung stehen und durch deren Ausübung das unternehmerische Geschehen vor Insolvenzeintritt tatsächlich bestimmt hat.

4. Ergebnis

Im Einklang mit der Rspr. des BGH und der überwiegenden Auffassung der Literatur sind Kreditgeber, welche sich neben der Verpfändung der Geschäftsanteile durch atypische Ausgestaltung des Pfandrechtsverhältnisses zusätzlich sämtliche vermögenswerten Rechte abtreten bzw. verpfänden und sich darüber hinaus schuldrechtlich massive Einwirkungsrechte auf die Geschäftsführung einräumen lassen, vom Anwendungsbereich des § 32a III 1 GmbHG a.F. erfasst. Diesen droht damit im

---

232 Altmeppen, ZIP 1993, 1677, 1680; Runge, Covenants in Kreditverträgen, S. 165, Rz 4.43.

Falle der Insolvenz des kreditnehmenden Unternehmens die Umqualifizierung ihres Darlehens, wenn sie von den mittels Covenants vereinbarten Einflussnahmerechten auch tatsächlich Gebrauch gemacht und dadurch die unternehmerischen Geschicke vor Insolvenzeintritt in der Hand hatten. Denn Pfandgläubiger, welche sich zusätzlich mittels Covenants Einflussnahmerechte einräumen lassen, verfügen über eben jene Rechte, die regelmäßig nur den Gesellschaftern zur Verfügung stehen. Steuern Kreditgeber durch die Ausübung der in Covenants vereinbarten Rechte das unternehmerische Geschehen vor Eintritt der Insolvenz, dann nehmen sie hierdurch eine Stellung ein, die im wirtschaftlichen Ergebnis derjenigen eines Gesellschafters entspricht. Um einerseits dem Sicherungsinteresse des Kreditgebers und andererseits der Beeinträchtigung der unternehmerischen Freiheit sowie dem Gläubigerschutz Rechnung zu tragen, muss die Ausdehnung des Adressatenkreises des § 32a III 1 GmbHG a. F. jedoch im Einzelfall anhand des Gesamterscheinungsbildes geprüft werden.

IV. Die Umqualifizierung von Darlehen aufgrund der bloßen Vereinbarung von Covenants

Nachdem soeben herausgearbeitet wurde, dass Darlehensgeber durch die atypische Ausgestaltung ihres Pfandrechts Gefahr laufen, Gesellschaftern gleichgestellt zu werden, muss in einem nächsten Schritt untersucht werden, ob Kreditgebern bereits durch die bloße Vereinbarung von Informations- und Einflussnahmerechten in Covenants eine Einbeziehung in den Adressatenkreis des § 32a III 1 GmbHG a. F. droht, was höchstrichterlich nicht entschieden wurde. Die Literatur beantwortete diese Frage uneinheitlich, wobei wiederum die Beteiligung des Darlehensgebers am Vermögen der kreditnehmenden Gesellschaft und das Vorliegen eines damit einhergehenden unternehmerischen Interesses von zentraler Bedeutung ist. Im Nachfolgenden soll daher der bisherige Meinungsstand aufgearbeitet werden, um hierzu anschließend kritisch Stellung zu nehmen.

1. Ablehnende Literaturansichten

Weite Teile der Literatur halten die bloße Vereinbarung von Covenants in Kreditverträgen für nicht ausreichend, um den Anwendungsbereich des Eigenkapitalersatzrechts auf Kreditgeber auszudehnen[233]. Im Wesentlichen wird dabei erneut vorgebracht, dass eine Umqualifizierung die zumindest mittelbare Beteiligung am Vermögen und Ertrag des finanzierten Unternehmens voraussetze, wofür jedoch die über Covenants vermittelten Einwirkungsbefugnisse für sich genommen gerade

233 Habersack, ZGR 2000, 384, 396 ff.; Runge, Covenants in Kreditverträgen, S. 151, Rz 4.18 ff.; Kästle, Rechtsfragen, S. 179 ff., 187 f.; Maesch/Voß, FB 2007, 1, 11; Damnitz/Degenhardt, WM 2005, 583, 588; Früh, GmbHR 1999, 842, 843; Hagemeister/Bültmann, WM 1997, 549, 554 f.; Kusserow/Dittrich, WM 2000, 745, 756 ff.; Kollhosser, WM 1985, 929, 933; in diese Richtung auch: Maier-Reimer, FS-Rowedder, S. 245, 270; Altmeppen, ZIP 1993, 1677, 1682, 1684.

nicht ausreichend seien. Darüber hinaus begründe eine derartige Einflussnahme auch nicht das für die Gesellschaftergleichstellung notwendige unternehmerische Interesse des Kreditnehmers.

Habersack stimmt der Rechtsprechung des BGH zwar insoweit zu, als dass dieser Quasi-Gesellschafter wie beispielsweise Treugeber, Nießbraucher oder atypisch stille Beteiligte den Gesellschaftern gleichstellt.[234]. Dennoch sieht er den Anwendungsbereich des § 32a III 1 GmbHG a.F. bei Kreditgebern, welche sich lediglich durch Covenants Einfluss auf das kreditnehmende Unternehmen verschaffen, als nicht eröffnet an[235]. Denn im Gegensatz zu Quasi-Gesellschaftern, sei das Interesse des Darlehensgebers an der Gesellschaft nicht gesellschaftsrechtlich bedingt, so dass das für die Umqualifizierung erforderliche Näheverhältnis nicht gegeben sei. Die mittels Covenants bestehenden Einwirkungsmöglichkeiten seien vielmehr Ausdruck des „natürlichen" Interessensgegensatzes der Parteien, welcher bei Austauschverträgen im Allgemeinen und bei Kreditverträgen im Besonderen bestehe[236]. Darüber hinaus widerspreche das Kleinbeteiligtenprivileg des § 32a III 2 GmbHG a.F. einer Gesellschaftergleichstellung von covenant-gesicherten Kreditgebern[237]. Denn andernfalls würden außenstehende Kreditgeber wegen ihrer Einflussnahme ausnahmslos dem Kapitalersatzrecht unterfallen, während bestimmte (formale) Gesellschafter durch die Kleinbeteiligtenschwelle von einer Haftung insgesamt ausgenommen seien. Einer Umqualifizierung von covenant-unterlegten Darlehen stehe daher die Systematik des deutschen GmbH- und Insolvenzrechts entgegen, so dass zum Schutze vor allzu großer Einschränkung der wirtschaftlichen Bewegungsfreiheit lediglich die allgemeinen Rechtsbehelfe wie etwa §§ 138, 826, 307 BGB heranzuziehen seien[238].

Ähnlich argumentieren *Hagemeister/Bültmann*, nach welchen es bei der Einbeziehung von covenant-geschützten Kreditgebern in den Adressatenkreis des § 32a III 1 GmbHG a.F. nicht nur auf objektive Kriterien wie etwa dem Vorliegen von Herrschaftsrechten ankommen könne, vielmehr sei ein „mitgliedschaftliches Unternehmerinteresse" zu fordern und nachzuweisen[239]. Eben jenes „mitgliedschaftliches Unternehmerinteresse" liege jedoch bei Kreditgebern nicht vor, da diese lediglich für die Überlassung von Kapital Zinserträge generieren und durch die Vereinbarung von Covenants nur ihre berechtigten Sicherungsinteressen verfolgen würden[240].

Auch *Runge* ist der Ansicht, dass die Vereinbarung von Covenants für sich genommen nicht ausreichend sei, den Anwendungsbereich des Eigenkapitalersatzrechts auf Kreditgeber auszudehnen[241]. Denn die Einbeziehung von Darlehensgebern in

---

234 Habersack, ZGR 2000, 384, 396 f.
235 Habersack, ZGR 2000, 384, 397.
236 Habersack, ZGR 2000, 384, 397, 400.
237 Habersack, ZGR 2000, 384, 397.
238 Habersack, ZGR 2000, 384, 397 f.
239 Hagemeister/Bültmann, WM 1997, 549, 553 ff.
240 Hagemeister/Bültmann, WM 1997, 549, 553.
241 Runge, Covenants in Kreditverträgen, S. 151, Rz 4.18 ff.

den Anwendungsbereich des § 32a III 1 GmbHG a.F. setzte voraus, dass diese auf Grundlage eines mitgliedschaftsähnlichen Rechtsverhältnisses über ein mit den Interessen der kreditnehmenden Gesellschaft gleichlaufendes unternehmerisches Interesse verfügen[242]. Eben jenes mitgliedschaftsähnliche Rechtsverhältnis könne wiederum nur durch eine zumindest mittelbare Vermögensbeteiligung beim Kreditnehmer vermittelt werden[243]. Da die bloße Vereinbarung von Covenants jedoch weder eine unmittelbare noch mittelbare Teilhabe am Vermögen und Ertrag bei der kreditnehmenden Gesellschaft auslöse, erfolge eine etwaige Haftung des Kreditgebers lediglich nach den allgemeinen zivil- und insolvenrechtlichen Vorschriften der §§ 136, 826 BGB sowie §§ 129 ff. InsO[244].

In dieselbe Richtung argumentiert *Kästle*, welche für die Einbeziehung Dritter in den Adressatenkreis des § 32a III 1 GmbHG a.F. eine Beteiligung am Gesellschaftsvermögen für zwingend erforderlich hält und zwar in der Weise, dass der Kreditgeber die positiven und negativen Konsequenzen seiner Finanzierungsentscheidung zu tragen habe[245]. Die notwendige Vermögensbeteiligung müsse allerdings nicht in der gegenwärtigen Inhaberschaft eines Gesellschaftsanteils liegen, da beispielsweise eine Option auf den künftigen Erwerb eines Anteils eine Chance auf Teilhabe an Vermögensmehrungen eröffne[246]. Da es jedoch bei der Vereinbarung von Covenants regelmäßig an einer derartigen Beteiligung fehle, komme eine Umqualifizierung nicht in Betracht, wenn der Kreditgeber lediglich über Einflussnahmemöglichkeiten verfüge[247].

Maesch/Voß gehen einen Mittelweg und sind der Ansicht, eine Vermögensbeteiligung des Kreditgebers sei für die Umqualifizierung des Kredits zwar nicht zwingend erforderlich[248]. Dennoch bedürfe es einer unternehmerischen Beteiligung in Form einer vom Unternehmensergebnis abhängigen Gegenleistung[249]. Eine derartige mittelbare Vermögensbeteiligung liege etwa dann vor, wenn die Höhe des Zinssatzes an den Unternehmensgewinn gekoppelt oder Gewinnrechte im Rahmen eines Pfandrechts abgetreten worden seien[250].

Damnitz/Degenhardt lehnen die Haftung von Kreditgebern durch die bloße Vereinbarung von Covenants und einer darauf gründenden Einflussnahme aus praktischen Erwägungen ab[251]. Danach würde eine lediglich auf der Einflussnahme basierende Gesellschaftergleichstellung den Begriff des „Dritten" nach § 32a III 1 GmbHG a.F. völlig konturlos machen[252]. Dies führe letzten Endes zu einer Rechtsunsicherheit,

---

242 Runge, Covenants in Kreditverträgen, S. 152, Rz 4.20; S. 157, Rz 4.28.
243 Runge, Covenants in Kreditverträgen, S. 157, Rz 4.28.
244 Runge, Covenants in Kreditverträgen, S. 157, Rz 4.28.
245 Kästle, Rechtsfragen, S. 179, 187.
246 Kästle, Rechtsfragen, S. 188.
247 Kästle, Rechtsfragen, S. 188.
248 Maesch/Voß, FB 2007, 1, 11.
249 Maesch/Voß, FB 2007, 1, 11.
250 Maesch/Voß, FB 2007, 1, 11.
251 Damnitz/Degenhardt, WM 2005, 583, 588.
252 Damnitz/Degenhardt, WM 2005, 583, 588.

welche für Kreditgeber nicht mehr hinnehmbar wäre, da sich Risiken kaum mehr kontrollieren ließen[253].

Auch *Früh* lehnt aus ähnlichen Erwägungen die Einbeziehung covenant-gesicherter Kreditgeber in den Adressatenkreis des § 32a III 1 GmbHG a.F. ab[254]. Zum einen würden durch eine Gleichstellung die Besonderheiten von Cash-Flow orientierten Finanzierungen wie etwa die der Projektfinanzierung übersehen, welche sich selbst zu tragen habe, da häufig keine Vermögenswerte zur Absicherung zur Verfügung stünden und der Initiator von einem mehr oder minder bedeutsamen Eigenkapitalbetrag abgesehen habe[255]. Sollte es daher zu einer Gleichstellung kommen, sei eine Vielzahl der von Banken unternommenen strukturierten Finanzierungen faktisch unmöglich. Zum anderen widerspreche die ratio legis des Eigenkapitalersatzrechts einer Einbeziehung. Diese bestehe darin, dass lediglich dem Gesellschafter eine Finanzierungsverantwortung zufalle, weshalb eine zumindest gesellschafterähnliche Stellung zwingende Voraussetzung sei[256]. Darüber hinaus werde häufig übersehen, dass auch in Fällen, in denen sich der Kreditgeber zusätzlich die Geschäftsanteile verpfänden lasse, sein Pfandrecht ohnehin regelmäßig gegenüber den übrigen Gläubigern im Nachrang stehe, so dass mittels Covenants lediglich versucht werde, den unzureichenden gesetzlichen Schutz aufzufangen[257].

Ohne explizit auf covenant-unterlegte Darlehen einzugehen, lehnt *Eidenmüller* aus ökonomischen Gründen eine Ausdehnung der Eigenkapitalersatzrechtsvorschriften auf Kreditgeber insgesamt ab[258]. Denn je weiter das Recht der eigenkapitalersetzenden Darlehen ausgedehnt werde, desto weniger werde ein Darlehensgeber geneigt sein, der sich in der Krise befindenden Gesellschaft Kapital zum Zwecke der Sanierung zuzuführen. Der ökonomische Sinn des Eigenkapitalersatzrechts sei daher – weil sanierungsfeindlich – insgesamt zweifelhaft, so dass die jeweiligen Vorschriften möglichst einschränkend auszulegen seien[259]. Der bessere Weg bestehe vielmehr darin, Gesellschafter, Gesellschaften und deren Gläubiger vor unzulässiger Einflussnahme der Kreditgeber auf derartige Weise zu schützen, dass die Verhaltenspflichten von Banken bei Restrukturierungsvorhaben präzisiert und verschärft werden[260]. Ebenfalls geeignet sei in diesem Zusammenhang das Insolvenzanfechtungsrecht auszudehnen.

---

253 Damnitz/Degenhardt, WM 2005, 583, 588.
254 Früh, GmbHR 1999, 842, 843.
255 Früh, GmbHR 1999, 842, 843.
256 Früh, GmbHR 1999, 842, 843.
257 Früh, GmbHR 1999, 842, 843.
258 Eidenmüller, Unternehmenssanierung, S. 388 ff.
259 Eidenmüller, Unternehmenssanierung, S. 389 f.
260 Eidenmüller, Unternehmenssanierung, S. 396.

2. Befürwortende Literaturansichten

Dagegen sind Teile der Literatur der Ansicht, dass bei Vorliegen bestimmter Voraussetzungen bereits die bloße Vereinbarung von Informations- und Einflussnahmerechten in Covenants ausreichend sei, um Kreditgeber über § 32a III 1 GmbHG a. F. den Gesellschaftern gleichzustellen und diese damit in den Anwendungsbereich des Eigenkapitalersatzrechts einzubeziehen[261]. Entscheidendes Kriterium für die Gleichstellung sei hierbei die Intensität der Einflussnahme auf die Geschäftsführung des kreditnehmenden Unternehmens.

Insbesondere vertritt *Fleischer* die Auffassung, dass gesellschafterfremde Darlehensgeber in den Adressatenkreis des § 32a III 1 GmbHG a. F. auch dann einbezogen werden können, wenn sie nicht am Vermögen des kreditnehmenden Unternehmens beteiligt sind, sondern lediglich durch Covenants über Einflussnahmerechte auf die Geschäftsführung und die Unternehmenspolitik verfügen[262]. Danach könne eine Gleichstellung des „kontrollierenden Quasi-Gesellschafters" aufgrund der durch Covenants vermittelten Einwirkungsrechte erfolgen, sofern bei einer wertenden Gesamtbetrachtung die fehlende Vermögensteilhabe am kreditnehmenden Unternehmen durch ausgeprägte Mitspracherechte kompensiert werde[263]. Zwar seien die Anforderungen für eine Einbeziehung in den Adressatenkreis des § 32a III 1 GmbHG a. F. bei fehlender Beteiligung am Vermögen der Gesellschaft hoch anzusetzen, so dass Fälle, in denen der Kreditgeber sich lediglich Informationsrechte einräumen lasse oder lediglich Einfluss auf den gewöhnlichen Geschäftsbetrieb nehme, von vorneherein ausscheiden würden. Eine Umqualifizierung sei jedoch bei einer breitflächigen und besonders intensiven Einflussnahme des Darlehensgebers gerechtfertigt[264]. Danach führe beispielsweise die Einwirkung auf die Geschäftsführung dann zur Anwendung der Eigenkapitalersatzvorschriften, wenn der Kreditgeber über eine Gestaltungsmacht verfüge, um strukturändernde Maßnahmen herbeizuführen, die Unternehmenspolitik auf weite Sicht bestimmen könne oder in der Lage sei, Führungspositionen im kreditnehmenden Unternehmen zu besetzen[265]. Darüber hinaus könne auch die Vereinbarung von Zustimmungs- und Vetorechten in sensiblen Bereichen des Kreditnehmers eine nachrangige Befriedigung des Darlehengebers im Falle der Insolvenz auslösen.

Nach Auffassung von *K. Schmidt* genüge zwar weder eine wirtschaftliche Machtposition noch die Einflussnahme über Financial Covenants für eine Ausdehnung des

---

261 Fleischer, ZIP 1998, 313, 315 ff.; K. Schmidt, in Scholz GmbHG, § 32a/b, Rn 154; Lutter/Hommelhoff, in Lutter/Hommelhoff, GmbHG 16. Aufl., § 32a/b Rn 55; Tillmann, DB 2006, 199, 200; Schwintowski/Dannischewski, ZIP 2005, 840, 844, 846; Schackmann/Behling, FB 2004, 789, 798; Wiedemann, FS-Beusch, S. 893, 912 f.; Priester, in FS-Helmrich, S. 721, 735; Jeinsen, BB 1992, 1149, 1151; in diese Richtung auch: Traugott, ZIP 1997, 1690, 1693.

262 Fleischer, ZIP 1998, 313, 316 f., 319.

263 Fleischer, ZIP 1998, 313, 316 f.

264 Fleischer, ZIP 1998, 313, 319, 321.

265 Ausführlich zu den einzelnen Kriterien die zu einer Umqualifizierung führen sollen: Fleischer, ZIP 1998, 313, 320 f.

Adressatenkreises von § 32a III 1 GmbHG a.F. auf Darlehensgeber, solange sich diese hierdurch auf die Kreditsicherung beschränken[266]. Etwas anderes ergebe sich allerdings dann, wenn sich der Kreditgeber mittels Covenants typische Gesellschafterrechte wie etwa Einfluss auf Grundlagenentscheidungen des kreditnehmenden Unternehmens einräumen lasse[267].

Lutter/Hommelhoff sind der Ansicht, Kreditgeber seien als Quasi-Gesellschafter vom Anwendungsbereich des § 32a III 1 GmbHG a.F. erfasst, wenn sie nicht nur über bloße Informationsrechte verfügen, sondern in der Lage seien, das Geschehen der Gesellschaft zu steuern[268]. In dieselbe Richtung geht auch *Tillmann*, nach welchem ein Kreditgeber als gesellschafterähnlich einzustufen sei, wenn sich dieser massive Einwirkungsbefugnisse auf Grundlagenentscheidungen sowie zusätzliche Informations- oder Vermögensrechte einräumen lasse[269].

Ebenfalls halten *Schwintowski/Dannischewski* eine gesellschaftergleiche Stellung des Kreditgebers nach § 32a III 1 GmbHG a.F. durch die bloße Vereinbarung von Covenants für denkbar[270]. Die Voraussetzungen einer Umqualifizierung seien nach dieser Ansicht zumindest dann erfüllt, wenn sich ein Kreditgeber in der Krise des kreditnehmenden Unternehmens den mittels Covenants bestehenden Einfluss derart zu nutze mache, den an sich gebotenen Insolvenzantrag hinauszuschieben und damit gegenüber außenstehenden Dritten den Eindruck der Solvenz erwecke[271]. Darüber hinaus sei durch die Vereinbarung von Zustimmungserfordernissen in Bezug auf die Änderung der Geschäftstätigkeit oder der Durchführung von einzelnen Restrukturierungsmaßnahmen das „Königsrecht" der Geschäftsführung – nämlich die selbstständige Leitung der Geschäfte – bereits bedenklich in Frage gestellt. Denn hierdurch werde der Handlungsspielraum der Geschäftsführung nahezu auf null reduziert, so dass sich die Annahme einer gesellschaftergleichen Stellung nach § 32a III 1 GmbHG a.F. verdichte[272].

Auch nach Auffassung von *Schackmann/Behling* könne die Vereinbarung von Covenants in Kreditverträgen, welche dem Kreditgeber entscheidende Eingriffsbefugnisse auf die Geschäftsführung und die Gestaltung der Gesellschaft gewähren, für sich genommen zur Einbeziehung in den Kreis der Gesellschafter führen[273]. Um dem Zusammenspiel zwischen dem Sicherungsbedürfnis der Banken einerseits und der Belastung der unternehmerischen Freiheit andererseits Rechnung zu tragen, verbiete sich zwar eine pauschale Ausdehnung des Adressatenkreises, so dass eine einzelfallbezogene Wertung zwingend erforderlich sei[274]. Ein Kreditgeber unter-

---

266 K. Schmidt, in Scholz GmbHG, § 32a/b, Rn 154.
267 K. Schmidt, in Scholz GmbHG, § 32a/b, Rn 154.
268 Lutter/Hommelhoff, in Lutter/Hommelhoff, GmbHG 16. Aufl., § 32a/b Rn 55.
269 Tillmann, DB 2006, 199, 200.
270 Schwintowski/Dannischewski, ZIP 2005, 840, 844, 846.
271 Schwintowski/Dannischewski, ZIP 2005, 840, 844.
272 Schwintowski/Dannischewski, ZIP 2005, 840, 844.
273 Schackmann/Behling, FB 2004, 789, 798.
274 Schackmann/Behling, FB 2004, 789, 798.

falle aber jedenfalls dann den Regeln des eigenkapitalersetzenden Gesellschafterdarlehens, wenn mittels der Einflussnahme über Covenants der Kreditnehmer nicht mehr in der Lage sei, in grundsätzlichen Fragen, wie etwa der Änderung des Gesellschaftsvertrages oder der Einbringung des Unternehmens in eine andere Gesellschaft, eigenverantwortlich zu entscheiden[275]. Denn die nach § 32a III 1 GmbHG a.F. erforderliche mitgliedschaftliche Prägung lasse sich auch durch tiefgreifende Mitspracherechte annehmen, so dass eine vermögensmäßige Beteiligung am kreditnehmenden Unternehmen nicht zwingend erforderlich sei.

Wiedemann hält es wiederum unter Hinweis auf das US-Recht für erwägenswert, den „herrschenden Gläubiger“, welcher bis in alle Einzelheiten der Geschäftsführung hineinrede, bei der Rechtsfortbildung der §§ 32a/b GmbHG a.F. zu berücksichtigen[276]. Denn der Rechtsgrund für die Umqualifizierung von Darlehen Dritter basiere auf dem Prinzip der Haftung für Herrschaft[277]. Nach dessen Auffassung droht damit gerade covenant-gesicherten Kreditgebern die Einbeziehung in den Adressatenkreis des § 32a III 1 GmbHG a.F., da diese hierdurch regelmäßig eine erhebliche Machtposition erlangen. Auch *Priester* hält die Einbeziehung des Quasi-Gesellschafters wegen dessen Einflussnahme auf das kreditnehmende Unternehmen nach § 32a III 1 GmbHG a.F. grundsätzlich für denkbar[278]. Eine Gleichstellung ohne unmittelbare oder mittelbare Beteiligung am Gesellschaftsvermögen komme jedoch nur dann in Betracht, wenn der Kreditgeber aufgrund von Stimmbindungsverträgen Liquidationsbeschlüsse herbeiführen oder verhindern könne[279].

Ebenso hält *Jeinsen* die Ausdehnung des Adressatenkreises von § 32a III 1 GmbHG a.F. auf covenant-geschützte Kreditgeber für möglich, wenn diese aufgrund eines ähnlichen Rechtsverhältnisses ein zur Gesellschaft vergleichbares Eigeninteresse haben[280]. Nicht ausreichend sei dabei, wenn sich der Darlehensgeber auf die Vereinbarung von bloßen Informationsrechten beschränke, da dieser hierdurch keine unternehmerische Verantwortung übernehme[281]. Eine Bank müsse sich vielmehr über die normalen Informations- und Mitwirkungsrechte hinausgehende Rechte einräumen lassen. Die Voraussetzungen der Einbeziehung seien beispielsweise dann erfüllt, wenn der Kreditgeber Investitionen des Darlehensnehmers, die über einen bestimmten Investitionsplan hinausgehen, verhindern könne oder über Rechte verfüge, die denen eines Kommanditisten vergleichbar seien[282].

---

275 Schackmann/Behling, FB 2004, 789, 798.
276 Wiedemann, FS-Beusch, S. 893, 912 f.
277 Wiedemann, FS-Beusch, S. 893, 912.
278 Priester, in FS-Helmrich, S. 721, 728, 735.
279 Priester, in FS-Helmrich, S. 721, 728, 735.
280 Jeinsen, BB 1992, 1149, 1151.
281 Jeinsen, BB 1992, 1149, 1151.
282 Jeinsen, BB 1992, 1149, 1151.

3. Rechtsprechung

Wie eingangs bereits angedeutet, wurde höchstrichterlich nicht entschieden, ob die Vereinbarung von Informations- und Einflussnahmerechten in Covenants für sich genommen ausreichend sind, Kreditgeber als gesellschaftergleiche Dritte i.S.v. § 32a III 1 GmbHG a.F. einzuordnen. Lediglich das LG Dortmund hat im Jahre 1985 festgestellt, dass Kreditgeber auch ohne unmittelbare oder mittelbare Vermögensbeteiligung am kreditnehmenden Unternehmen gemäß § 32a III 1 GmbHG a.F. Gesellschaftern gleichgestellt werden können und damit dem Eigenkapitalersatzrecht unterfallen[283]. Voraussetzung sei hierfür ein beherrschender Einfluss, so dass die darlehensnehmende Gesellschaft im Verhältnis zum Kreditgeber als abhängiges Unternehmen nach § 17 AktG gelten müsse[284].

4. Stellungnahme

Kreditgeber können auch ohne unmittelbare oder mittelbare Beteiligung am Vermögen und Ertrag des kreditnehmenden Unternehmens über § 32a III 1 GmbHG a.F. den Gesellschaftern gleichgestellt werden, wenn sie durch die Vereinbarung von Covenants über massive Einflussnahmerechte verfügen und durch deren Ausübung das unternehmerische Geschehen vor Insolvenzeintritt auch tatsächlich gesteuert haben. Damit droht Kreditgebern bereits durch die bloße Vereinbarung von Informations- und Einflussnahmerechten in Covenants die Umqualifizierung ihres Darlehens, wenn sie sich hierdurch gesellschaftertypische Rechte einräumen lassen und durch deren Ausübung eine Stellung einnehmen, die derjenigen eines Gesellschafters wirtschaftlich entspricht. Die Subordination von Darlehen Dritter gemäß § 32a III 1 GmbHG a.F. kommt daher nicht nur aufgrund der Finanzierungsfolgenverantwortung des Kreditgebers in Betracht, sondern rechtfertigt sich vielmehr auch durch die zuvor ausgeübten Mitwirkungsrechte auf die Geschäftsführung der kreditnehmenden Gesellschaft, wodurch diese in der Lage waren, die unternehmerischen Geschicke im Vorfeld der Insolvenz zu bestimmen[285].

Dies ergibt sich daraus, dass nach dem Wortlaut des § 32a III 1 GmbHG a.F. auch Darlehensforderungen gesellschaftsfremder Dritter umqualifiziert werden, wenn sie einem Gesellschafterdarlehen wirtschaftlich entsprechen. Kennzeichnend für ein Gesellschafterdarlehen ist wiederum, dass beim Darlehensgeber Kapitalhingabe und unternehmerische Leitungsmacht in einer Person zusammenfallen. Denn Gesellschafter haben im Gegensatz zu den übrigen Fremdkapitalgebern kraft ihrer Stellung die Möglichkeit, auch nach Valutierung des Darlehens auf die Verwendung der Mittel – zumindest indirekt – Einfluss zu nehmen, indem sie das unternehmerische Geschehen im Vorfeld der Insolvenz steuern können. Eben jene gesellschaftertypische Position können sich Kreditgeber durch die in Covenants vereinbarten Ein-

---

283 LG Dortmund vom 11.06.1985, ZIP 1986, 855, 857.
284 LG Dortmund vom 11.06.1985, ZIP 1986, 855, 857.
285 In diese Richtung auch: Servatius, Gläubigerschutz durch Covenants, S. 457 ff.

wirkungsmöglichkeiten ebenfalls verschaffen. Denn auch sie können hierüber ihre Rolle als Fremdkapitalgeber mit derjenigen eines Unternehmers verbinden und im Vorfeld der Insolvenz auf die Geschäftsführung der kreditnehmenden Gesellschaft einwirken. Dadurch nähern sie sich der Stellung eines Gesellschafters an, so dass auch in diesen Fällen Kapitalhingabe und unternehmerische Leitungsmacht in einer Person zusammenfallen, was wirtschaftlich betrachtet einem Gesellschafterdarlehen entspricht.

a) *Die ratio legis der Umqualifizierung von Darlehen nach §§ 32a/b GmbHG a. F.*

Dass Kreditgeber bereits durch die bloße Vereinbarung von Covenants und der Ausübung der sich hieraus ergebenden Rechte in den mitgliedschaftlichen Verband einbezogen werden können, bestätigt zunächst das Regelungsmotiv des Eigenkapitalersatzrechts[286]. In der Rspr. wird die Umqualifizierung von Gesellschafterdarlehen mit der sog. Finanzierungsfolgenverantwortung der Gesellschafter gerechtfertigt[287].

Nach dem Grundsatz der Finanzierungsfreiheit steht es Gesellschaftern grundsätzlich frei, *ob* sie der Gesellschaft neben der Bereitstellung des satzungsgemäß festgelegten Stammkapital weiteres Kapital zuführen wollen und *wie* eine solche Zuführung ausgestaltet werden soll, d.h. in Form von Eigenkapital oder Fremdkapital[288]. Eine weitere „Finanzierungsverantwortung" besteht damit seitens der Gesellschafter nicht, so dass diese auch in der Krise der Gesellschaft die Wahl haben, entweder den Weiterbetrieb durch Kapitalzufuhr aufrechterhalten, die Gesellschaft nach dem Gesellschaftsrecht zu liquidieren oder stattdessen Insolvenzantrag zu stellen[289].

Eine Finanzierungsfolgenverantwortung entsteht allerdings dann, wenn Gesellschafter im Zeitpunkt der Krise, d.h. bei Insolvenzreife oder Kredit- bzw. Überlassungsunwürdigkeit der Gesellschaft, dieser zur Sicherung des Fortbestandes sowie zur Vermeidung der Insolvenz anstelle des notwendigen Eigenkapitals Fremdkapital zuführen oder bereits vor der Krise gewährte Fremdmittel bei deren Eintritt in der Gesellschaft belassen[290]. Gesellschafter haben damit auch im Zeitpunkt der

---

286 Ausführlich zur normativen Rechtfertigung des Eigenkapitalersatzrechts: Löwisch, Eigenkapitalersatzrecht, Rn 30 ff. m.w.N.; Goette/Kleindiek, Gesellschafterfinanzierung, Rn 8 ff.; Ulmer/Habersack GmbHG, § 32a/b, Rn 8 ff.; Michalski/Heidinger, GmbHG, § 32a/b, Rn 7 ff.

287 Ständige Rspr. des BGH, vgl. nur: BGH vom 07.11.1994, BGHZ 127, 336, 344 f.; BGH vom 19.09.1988, BGHZ 105, 168, 175 f.; BGH vom 26.03.1984, BGHZ 90, 381, 389; Michalski/Heidinger, GmbHG, § 32a/b, Rn 11 f.; Löwisch, Eigenkapitalersatzrecht, Rn 31 m.w.N.; Goette/Kleindiek, Gesellschafterfinanzierung, Rn 14; K. Schmidt, in Scholz GmbHG, § 32a/b, Rn 4; Pentz, in Rowedder/Schmidt-Leithoff (Hrsg.), GmbHG, § 32a, Rn 17; Kleindiek, in Lutter/Hommelhoff, GmbHG, Anh zu § 64, Rn 113.

288 BGH vom 24.03.1980, BGHZ 76, 326, 329 f.; BGH vom 07.11.1994, BGHZ 127, 336, 344 f.; Löwisch, Eigenkapitalersatzrecht, Rn 31 m.w.N.; Goette/Kleindiek, Gesellschafterfinanzierung, Rn 8 ff.; Diem, Akquisitionsfinanzierung, § 50, Rn 2.

289 Goette/Kleindiek, Gesellschafterfinanzierung, Rn 9; Löwisch, Eigenkapitalersatzrecht, Rn 31 m.w.N.; Pentz, in Rowedder/Schmidt-Leithoff (Hrsg.), GmbHG, § 32a, Rn 18.

290 Ständige Rspr. des BGH, vgl. nur: BGH vom 26.11.1979, BGHZ 75, 334, 336 f.; BGH vom 13.07.1981, BGHZ 81, 252, 257; BGH vom 21.03.1988, BGHZ 104, 33, 40; BGH vom 28.06.1999, 116, 120; Löwisch, Eigenkapitalersatzrecht, Rn 32 m.w.N.

Krise weiterhin die Wahl, ihre Gesellschaft entweder weiter zu finanzieren oder in die Liquidation zu führen. Entschließen sie sich jedoch in diesem Zeitpunkt die Gesellschaft mit frischem Kapital auszustatten, dann muss dies in Form von Eigenkapital erfolgen. Die Finanzierungsfolgenverantwortung sanktioniert damit die von einem Gesellschafter zu einem bestimmten Zeitpunkt, d.h. die in der Krise der Gesellschaft, getroffene Finanzierungsentscheidung.

Zur Rechtfertigung einer solchen Finanzierungsfolgenverantwortung werden wiederum verschiedene Erwägungen herangezogen. Genannt werden in diesem Zusammenhang der Anschein einer ausreichenden Kapitalausstattung der Gesellschaft[291] oder die Doppelrolle als Gesellschafter und Kreditgläubiger[292]. Darüber hinaus sei es ordnungspolitisch unerwünscht, nicht mehr lebensfähige Gesellschaften künstlich am Leben zu halten[293], da hierdurch die Gefahr einer Verschleppung der Krise und damit einhergehend die weitere Verringerung des Gesellschaftsvermögens zu Lasten außenstehender Gläubiger verschärft werde[294]. Ferner sollen Gesellschafter ihr Finanzierungsrisiko nicht auf die übrigen Gläubiger der Gesellschaft abwälzen können, indem sie sich durch die Darlehensgewährung die Vorteile des Weiterbetriebs sichern, gleichzeitig aber den damit zwingend verbundenen Nachteil der Nachrangigkeit des haftenden Eigenkapitals vermeiden wollen[295]. Außerdem kommt seit jeher dem Informationsvorsprung entscheidende Bedeutung bei der Umqualifizierung von Gesellschafterdarlehen zu[296]. Des Weiteren wird darauf hingewiesen, dass es insbesondere bei der Umqualifizierung von Darlehen Dritter nicht nur auf deren Finanzierungsfolgenverantwortung ankomme, vielmehr sanktioniere das Eigenkapitalersatzrecht die Innehabung der inkompatiblen Doppelrolle als Fremdkapitalgeber und Einflussnehmender[297].

In Anbetracht der soeben zusammengefassten Legitimationsgründe muss man sich daher die Frage stellen, inwieweit der BGH und die h.M. der Literatur den Rechtsgrund der Umqualifizierung von eigenkapitalersetzenden Darlehen ausschließlich in der Finanzierungsfolgenverantwortung sieht[298]. Denn auffällig ist dabei, dass der Regelungsgrund nicht nur im widersprüchlichen Finanzierungsverhalten gesehen wird, sondern vielmehr zugunsten der Ausdehnung des Gläubigerschutzes und der Prävention vor Missbrauch auch auf die im Vergleich zu den übrigen Gesellschaftsgläubigern hervorgehobene Stellung des Gesellschafters insgesamt abgestellt wird, durch welche dieser im Gegensatz zu den übrigen Fremdkapitalgebern

---

291 Vgl. nur: BGH vom 26.03.1984, BGHZ 90, 381, 388 f.; BGH vom 24.03.1980, BGHZ 76, 326, 329 f.

292 K. Schmidt, ZHR 147 (1983), 165, 182 f.

293 Pentz, in Rowedder/Schmidt-Leithoff (Hrsg.), GmbHG, § 32a, Rn 17.

294 Vgl. nur: Ulmer/Habersack GmbHG, § 32a/b, Rn 12 m.w.N.

295 BGH vom 26.11.1979, BGHZ 75, 334, 336 f.; BGH vom 26.03.1984, BGHZ 90, 381, 389; BGH vom 11.07.1994, BGHZ 127, 17, 23; Breidenstein, ZInsO 2010, 273, 275; Kästle, Rechtsfragen, S. 174.

296 Vgl. nur: BGH vom 26.03.1984, BGHZ 90, 381, 388; Bayer/Graff, DStR 2006, 1654, 1655; Haas/Hossfeld, in Gottwald (Hrsg.), Insolvenzrechts-Handbuch, § 92, Rn 394.

297 Servatius, Gläubigerschutz durch Covenants, S. 459.

298 Ebenfalls zweifelnd: Servatius, Gläubigerschutz durch Covenants, S. 457 ff.

auch nach Valutierung des Darlehens in der Lage ist, auf die Verwendung des Kapitals einzuwirken und zu Lasten von Drittgläubigern seine eigenen Interessen verfolgen und durchsetzen kann.

Nur bei einer derartigen Interpretation lässt sich die Umqualifizierung eines Gesellschafterdarlehens beispielsweise mit dem häufig vorgebrachten Informationsvorsprung der Gesellschafter rechtfertigen. So hängt die Rückstufung von Gesellschafterdarlehen aufgrund des Informationsvorsprungs der Gesellschafter mit der Gefahr der Gläubigerbenachteiligung zusammen. Denn wegen der asymmetrischen Informationsverteilung zwischen Gesellschaftern und den übrigen Fremdkapitalgebern neigen Erstere dazu, ihr Kapital noch „rechtzeitig" abzuziehen, was zu einer Verringerung der Insolvenzmasse zu Lasten der übrigen Gesellschaftsgläubiger führt.

Dass sich der Regelungsgrund des Eigenkapitalersatzrechts nicht ausschließlich auf die Finanzierungsfolgenverantwortung beschränkt, zeigt sich auch in der Entwicklung der Rspr. zur Einbeziehung Dritter in den Adressatenkreis des § 32a III 1 GmbHG a. F.[299] So hat der BGH in seinen Entscheidungen zum atypisch stillen Beteiligten[300] und zum atypischen Pfandgläubiger[301] die Umqualifizierung eines Darlehens auch mit den Kreditgebern zusätzlich eingeräumten und tatsächlich ausgeübten Mitwirkungsrechten begründet. Damit scheint es schlichtweg nicht gewollt zu sein, dass die Insolvenzmasse durch Forderungen derjenigen geschmälert wird, die im Vorfeld der Insolvenz mittels ihrer Einwirkungsmöglichkeiten auf die Geschäftsführung das unternehmerische Geschehen (mit-)bestimmt und damit auch das Insolvenzrisiko (mit-)gesteuert haben[302].

Hintergrund der Rückstufung derartig ausgestalteter Kreditverträge durch den BGH ist zum einen der Umstand, dass Kreditgeber mittels ihrer Einflussnahmemöglichkeiten über Covenants in der Lage sind, zu Lasten der übrigen Gesellschaftsgläubiger eigene Interessen durchzusetzen und es dadurch – ähnlich wie bei den Gesellschaftern – ebenfalls zu einer Gefährdung der übrigen Gläubigerinteressen kommen kann. Zum anderen können Darlehensgeber mittels der Vereinbarung von Mitwirkungsrechten das unternehmerische Geschehen im Vorfeld der Insolvenz (mit-)steuern und beeinflussen dadurch die Werthaltigkeit aller übrigen Forderungen der Gesellschaftsgläubiger. Da diese mit Insolvenzeintritt zumindest teilweise mit ihrer Forderung ausfallen, mithin eine Entwertung der Forderung eintritt, soll die Insolvenzmasse nicht durch Kreditrückforderungen derjenigen zusätzlich gemindert werden, die zuvor bereits die Werthaltigkeit aller Forderungen gegenüber der Gesellschaft beeinflusst haben.

---

299 In diese Richtung auch: Servatius, Gläubigerschutz durch Covenants, S. 456 ff.
300 BGH vom 07.11.1988, BGHZ 106, 7, Leitsatz sowie S. 10.
301 BGH vom 13.07.1992, BGHZ 119, 191, 195 ff.
302 So auch zur Rechtslage nach Inkrafttreten des MoMiG: Servatius, Gläubigerschutz durch Covenants, S. 481 ff., S. 493.

Nachdem also der BGH die Einbeziehung von Kreditgebern in das Eigenkapitalersatzrecht von deren Mitwirkungsrechte abhängig macht, soll somit verhindert werden, dass sich Fremdkapitalgeber einerseits mittels Covenants die Möglichkeit verschaffen, auch nach Ausgabe des Darlehens auf die Verwendung der Mittel einzuwirken, indem sie die unternehmerischen Geschicke bestimmen können und dadurch gegenüber den übrigen Gläubigern der Gesellschaft eine hervorgehobene Position erlangen. Dann aber andererseits bei erfolgloser Ausübung ihrer Einflussnahmerechte sich auf die Stellung eines „gewöhnlichen" Insolvenzgläubigers nach § 38 InsO zurückziehen wollen, um dadurch gleichermaßen wie die übrigen Gesellschaftsgläubiger an der Insolvenzmasse zu partizipieren. Vereinfacht gesagt: Kreditgeber, welche sich eine gesellschafterähnliche Stellung einräumen lassen und dadurch vor Insolvenzeintritt das unternehmerische Geschehen bestimmen, müssen sich dann auch bei tatsächlichem Eintritt der Insolvenz wie solche behandeln lassen. Dies hat zur Folge, dass covenant-geschützten Darlehensgebern ebenfalls die Subordination ihres Darlehens droht. Der BGH versucht daher mit dem Einkapitalersatzrecht das Prinzip des Gleichlaufs von Herrschaft und Haftung in Einklang zu bringen, indem er die haftungsrechtliche Verstrickung des Fremdkapitals an die zuvor ausgeübte unternehmerische Tätigkeit des Kreditgebers knüpft.

b) Zwischenergebnis

Damit kann festgehalten werden, dass sich die Umqualifizierung eines Darlehens nicht (mehr) nur aus der Finanzierungsfolgenverantwortung legitimiert. Regelungsgrund der nachrangigen Befriedigung von bestimmten Kreditforderungen ist vielmehr auch, dass die Insolvenzmasse nicht durch Forderungen derjenigen geschmälert werden soll, die vor Insolvenzeintritt das unternehmerische Geschehen bestimmt und dadurch die Werthaltigkeit der übrigen Forderungen der Gesellschaftsgläubiger entscheidend beeinflusst haben.

Hierdurch wird deutlich, dass die vorinsolvenzliche Einflussnahme auf die Geschäftsführung der kreditnehmenden Gesellschaft entscheidende Bedeutung bei der Einbeziehung Dritter in den Adressatenkreis des § 32a III 1 GmbHG a.F. hat.

c) Das Vorliegen eines unternehmerischen Interesses am Schicksal der Gesellschaft

Obwohl von Teilen der Literatur gefordert[303], ist das Vorliegen eines unternehmerischen Interesses an der kreditnehmenden Gesellschaft seitens des covenant-geschützten Kreditgebers keine Voraussetzung für die Umqualifizierung seines Fremdkapitals[304]. Denn vor dem Hintergrund des sich im Eigenkapitalersatzrecht durchziehenden Gläubigerschutzgedankens sowie dem Umstand, dass durch die Einwirkung mittels Covenants auf die Geschäftsführung auch die Belange Dritter

---

303 Altmeppen, ZIP 1993, 1677, 1679 f.; Habersack, ZGR 2000, 384, 396; Runge, Covenants in Kreditverträgen, S. 154, Rz 4.23 f.

304 So auch die ganz h.M.: vgl. nur: BGH vom 14.12.1992, BGHZ 121, 31, 41 f.; Löwisch, Eigenkapitalersatzrecht, Rn 26 m.w.N.

betroffen sind, indem beispielsweise durch die Steuerung der unternehmerischen Geschicke auch die Werthaltigkeit aller übrigen Gläubigerforderungen (mit-)beeinflusst wird, kann es auf die etwaigen Motive des Darlehensgebers bei der Einbeziehung in den Adressatenkreis des § 32a III 1 GmbHG a. F. nicht ankommen[305]. Würde man nämlich die Einstufung eines Finanzierungsbeitrags als eigenkapitalersetzend von einem unternehmerischen Interesse abhängig machen, dann könnten sich Kreditgeber dem Eigenkapitalersatzrecht durch entsprechende Ausgestaltung des Kreditvertrages entziehen[306]. Zur Gewährleistung eines effektiven Gläubigerschutzes sind daher bei der Umqualifizierung von Fremdkapital lediglich objektive Kriterien heranzuziehen.

d) *Die Notwendigkeit einer Beteiligung am Vermögen und Ertrag der Gesellschaft*

Darüber hinaus stellt sich die Frage, ob im Rahmen des § 32a III 1 GmbHG a. F. eine Beteiligung am Vermögen und Ertrag der Gesellschaft für die Gesellschaftergleichstellung von covenant-geschützten Kreditgebern zwingend erforderlich ist[307]. Zwar stellt die Vermögensbeteiligung ein typisches Merkmal der Gesellschafterstellung dar. Dennoch setzt die mitgliedschaftliche Stellung eine solche nicht zwingend voraus. Denn nach ganz überwiegender Auffassung können Gesellschafter durch Vereinbarung im Gesellschaftsvertrag von der Gewinnbeteiligung sowie der Teilhabe am Liquidationserlös ausgeschlossen werden[308]. Hieran wird deutlich, dass die Beteiligung am Vermögen und Ertrag nicht das obwaltende Kriterium für die Gesellschafterstellung sein kann, da ungeachtet der fehlenden Vermögensrechte der Betreffende in den vorgenannten Fällen weiterhin die Stellung eines Gesellschafters einnimmt. Daher scheint es durchaus möglich, Dritte auch ohne Vermögensteilhabe in den mitgliedschaftlichen Verband einzubeziehen, sofern deren Fehlen durch das Vorliegen weiterer gesellschaftertypischer Merkmale bzw. Rechte ausgeglichen wird[309].

Auch im Hinblick auf die den Gesellschaftern insgesamt zustehenden mitgliedschaftlichen Rechte bleiben diejenigen Teile des Schrifttums, welche die Teilhabe am Vermögen der Gesellschaft als zwingende Voraussetzung für die Gesellschaftergleichstellung sehen, die Begründung schuldig, wonach gerade eben jene Vermögensteilhabe das einzig entscheidende Kriterium einer Gesellschafterstellung sein soll. Denn Gesellschafter verfügen nicht nur über Vermögensrechte (Gewinnrechte aus § 29 GmbHG, Teilhabe am Liquidationserlös nach § 72 GmbHG), sondern haben auch Mitverwaltungs- oder Teilhaberechte (Stimmrechte gemäß § 47 GmbHG oder Auskunftsrechte gemäß § 51a GmbHG) an der Gesellschaft sowie gemäß § 37

---

305 BGH vom 14.12.1992, BGHZ 121, 31, 41 f.

306 BGH vom 14.12.1992, BGHZ 121, 31, 41 f.

307 Für eine Beteiligung am Vermögen als zwingende Voraussetzung insbesondere: Kästle, Rechtsfragen, S. 179, 187; Runge, Covenants in Kreditverträgen, S. 157, Rz 4.28.

308 Vgl. nur: Bayer, in Lutter/Hommelhoff, GmbHG, § 14, Rn 11; Michalski/Ebbing, GmbHG, § 14, Rn 64; Hueck/Fastrich, in Baumbach/Hueck, GmbHG, § 14, Rn 17; Ulmer/Raiser GmbHG, § 14, Rn 36; H. Winter/Seibt, in Scholz GmbHG, § 14, Rn 32.

309 So bereits: Fleischer, ZIP 1998, 313, 316 f.

GmbHG umfassende Weisungsbefugnisse gegenüber den Geschäftsführern. Die Gesellschafterstellung definiert sich damit nicht ausschließlich an der Beteiligung am Vermögen und Ertrag der Gesellschaft, vielmehr bestehen darüber hinaus weitere gesellschaftertypische Rechte. So fällt beispielsweise nach § 46 Nr. 5 und 6 GmbHG die Geschäftsführerbestellung sowie deren Überwachung typischerweise in den Kompetenzbereich der Gesellschafter. Ferner können Gesellschafter nach § 37 GmbHG den Geschäftsführern umfassende Weisungen erteilen. Eben jene Gesellschafterkompetenzen werden jedoch häufig von Kreditgebern mittels Covenants übernommen, indem sie etwa auf die Ernennung eines bestimmten Geschäftsführers hinwirken, die Mandatierung eines Restrukturierungsmanagers verlangen oder die Gesellschaft zur Vornahme bestimmter (Sanierungs-)Handlungen zwingen. Damit fehlt es zwar bei der bloßen Vereinbarung von Covenants regelmäßig an einer Beteiligung am Gesellschaftsvermögen, dennoch können covenant-geschützte Kreditgeber hierüber die weiteren gesellschaftertypischen Rechte ausüben.

Außerdem ist im Hinblick auf das gerade im Eigenkapitalersatzrecht zum Ausdruck kommende Prinzip des Gleichlaufs von Haftung und Herrschaft sowie dem darin ebenfalls enthaltenen Gläubigerschutzgedanken irrelevant, woraus der Betreffende seine Mitwirkungsrechte ableitet – sei es aufgrund seiner mitgliedschaftlichen Position wegen der Beteiligung am Vermögen und Ertrag in der kreditnehmenden Gesellschaft oder beispielsweise durch die über Covenants vereinbarten Einflussnahmerechte. Denn entscheidend ist für Insolvenzgläubiger nur, dass die Insolvenzmasse nicht durch Forderungen derjenigen geschmälert wird, die zuvor die Geschicke der Gesellschaft bestimmt und damit bereits die Werthaltigkeit ihrer Forderung maßgeblich beeinflusst haben.

Ferner liefe die Einbeziehung Dritter in den Adressatenkreis des § 32a III 1 GmbHG a.F. nahezu leer, sofern dieser zumindest mittelbar am Vermögen und Ertrag der kreditnehmenden Gesellschaft beteiligt sein müsste. Denn Kreditgeber könnten mittels Covenants sowohl die Geschäftsführer als auch die formalen Gesellschafter des kreditnehmenden Unternehmens zu reinen Befehlsempfängern degradieren, ohne dass ihnen hierdurch eine Subordination ihrer Kreditforderung droht, solange sie nur eine Vermögensteilhabe vermeiden. Dies wiederum widerspräche dem ausdrücklichen Willen des Gesetzgebers, wonach sich das Eigenkapitalersatzrecht zur Gewährleistung des Gläubigerschutzes und zur Verhinderung von Missbrauch unter bestimmten Voraussetzungen gerade auf gesellschaftsfremde Dritte erstrecken soll, welche keine formale Gesellschafterstellung inne haben, also nicht mit Haftkapital an der kreditnehmenden Gesellschaft beteiligt sind.

e) *Bestätigung durch ökonomische Betrachtung*

Darüber hinaus bestätigt auch eine ökonomische Betrachtung die Annahme, dass die Einflussnahme über Covenants eine entscheidende Rolle bei der Umqualifizierung von Darlehen Dritter nach § 32a III 1 GmbHG a.F. spielt[310]. Denn gerade durch

---

310 So bereits: Fleischer, ZIP 1998, 313, 317.

die Einflussnahme auf die Geschäftsführung des kreditnehmenden Unternehmens verbinden Kreditgeber ihre Rolle als Kapitalgeber mit derjenigen eines Unternehmers und nähern sich dadurch der Stellung eines formalen Eigenkapitalgebers bzw. Gesellschafters an.

Ganz allgemein ähneln sich Kapitalgeber unabhängig davon, ob sie der Gesellschaft Fremd- oder Eigenkapital[311] zur Verfügung stellen zunächst einmal insoweit, als dass beide für die Überlassung von Kapital eine „Vergütung" erhalten. Lediglich die Art der „Vergütung" erfolgt unterschiedlich, indem Fremdkapitalgeber Zinsen erhalten, während Eigenkapitalgeber an den Unternehmensgewinnen und der Wertsteigerung ihres Gesellschaftsanteils partizipieren. Allerdings können auch Fremdkapitalgeber, wie beispielsweise bei Mezzanine-Finanzierungsinstrumenten, eine gewinnabhängige Verzinsung vereinbaren und dadurch ohne weiteres auch an Unternehmensgewinnen partizipieren. Jedenfalls ist es aus Sicht der Gesellschaft zunächst unerheblich, ob ihr Kapitalbedarf mittels Eigen- oder Fremdkapital gedeckt wird. Denn die regelmäßig herangezogenen Abgrenzungskriterien der verschiedenen Finanzierungsarten wie etwa die Herkunft des Finanzierungsmittels, der Zuordnung des Kapitals oder dessen haftungsrechtliche Verstrickung, sind für die operative Tätigkeit der Gesellschaft zunächst irrelevant, da es lediglich darauf ankommt, ob deren Kapitalbedarf gedeckt ist.

Erst im Falle einer etwaigen Insolvenz kommt der Finanzierungsart entscheidende Bedeutung zu, indem der Fremdkapitalgeber als Insolvenzgläubiger gemäß § 38 InsO seine Forderung zur Tabelle anmelden kann und damit zumindest auf eine quotale Befriedigung hoffen darf, wohingegen der Finanzierungsbeitrag des Eigenkapitalgebers den Gesellschaftsgläubigern als Haftmasse zur Verfügung steht und daher in aller Regel verloren ist[312]. Während des „normalen" Lebens der Gesellschaft unterscheiden sich Fremd- und Eigenkapitalgeber daher aus ökonomischer Sicht im Wesentlichen darin, dass bei Letzteren Kapitalhingabe und unternehmerische Leitungsmacht in einer Person zusammenfallen[313]. Denn im Gegensatz zu den Fremdkapitalgebern, verfügen Eigenkapitalgeber nicht nur über einen besseren Einblick in die innergesellschaftlichen Betriebsabläufe, sondern haben beispielsweise durch ihre umfassende Weisungsbefugnis nach § 37 GmbHG oder ihre Mitverwaltungsrechte gemäß §§ 45 ff. GmbHG zusätzlich die Möglichkeit, auch nach Ausgabe ihres Finanzierungsbeitrags auf die Verwendung der zur Verfügung gestellten Mittel zumindest indirekt Einfluss zu nehmen, indem sie bestimmte Unternehmenshandlungen veranlassen und damit das unternehmerische Geschehen im Vorfeld der Insolvenz (mit-)steuern können.

---

311 Unter „Eigenkapital" wird in diesem Zusammenhang **nicht** das bilanzielle Eigenkapital, sondern das gezeichnete Kapital nach §§ 266 III, 272 HGB (Grund- und Stammkapital) verstanden, welches den Gläubigern im Falle der Insolvenz als Haftmasse zur Verfügung steht.

312 Vgl. nur: K. Schmidt, Gesellschaftsrecht, § 18 II 2. b.

313 Insbesondere geht das GmbHG von einer Allzuständigkeit der Gesellschafter, also der Eigenkapitalgeber, aus, vgl. Bayer, in Lutter/Hommelhoff, GmbHG, § 46, Rn 1; K. Schmidt, in Scholz GmbHG, § 46, Rn 2; Ulmer/Hüffer GmbHG, § 46, Rn 1.

Eben jene Stellung können Kreditgeber durch die Vereinbarung von Informations- und Einflussnahmerechten in Covenants ebenfalls einnehmen. Auch sie haben hierdurch die Möglichkeit, auf die unternehmerischen Entscheidungen einzuwirken, so dass es auch in diesen Fällen zum Zusammenfallen von Kapitalhingabe und unternehmerischer Leitungsmacht kommt. Damit liegt eine Funktionsvermischung beim Kreditgeber vor, indem er seine Rolle als Fremdkapitalgeber mit derjenigen eines Unternehmers verbindet, was ökonomisch betrachtet nichts anderes als ein eigenkapitalfinanziertes Unternehmen darstellt[314].

f) Der Wortlaut des § 32a III 1 GmbHG a. F.

Eine Gesellschaftergleichstellung von Kreditgebern ohne deren unmittelbare oder mittelbare Beteiligung am Vermögen der kreditnehmenden Gesellschaft, sondern ausschließlich auf Grundlage der Vereinbarung von Covenants, ist auch vom Wortlaut des § 32a III 1 GmbHG a. F. erfasst. Denn Dritte unterfallen gemäß § 32a III 1 GmbHG a. F. dann dem Eigenkapitalersatzrecht, wenn deren Rechtshandlung einem Gesellschafterdarlehen wirtschaftlich entspricht.

Nach dem Willen des Gesetzgebers kommt es damit nicht nur auf eine rein formal rechtliche Betrachtung an, vielmehr sind bei der Einbeziehung Dritter in den Adressatenkreis des § 32a III 1 GmbHG a. F. auch wirtschaftliche Wertungen heranzuziehen, die eine Gesellschafterstellung ausmachen. Somit besteht im Rahmen des § 32a III 1 GmbHG a. F. ein Raum, wonach nicht zwingend sämtliche sich aus dem Gesellschaftsrecht ergebenden Voraussetzungen der Stellung eines Gesellschafters – wie etwa die Beteiligung am Vermögen und Ertrag – vorliegen müssen, sofern die Kreditgewährung aufgrund einer wirtschaftlichen Betrachtung einem Gesellschafterdarlehen entspricht.

Zu fragen ist daher erneut, worin die Besonderheit eines Gesellschafterdarlehens besteht, um anschließend beurteilen zu können, ob der Kredit eines Dritten einem solchen entspricht. Wie bereits mehrfach erwähnt, ist kennzeichnend für Darlehen von Gesellschaftern, dass bei diesen die Ausgabe von Fremdkapital und unternehmerische Leitungsmacht in einer Person zusammenfallen. Diese sind in der Lage, auf Grundlage ihrer Weisungs- und Mitverwaltungsrechte das unternehmerische Geschehen vom Vorfeld der Insolvenz zu bestimmen und können dadurch auch nach Valutierung des Kredites ihren Finanzierungsbeitrag weiter (mit-)verwalten.

Wie im vorhergehenden Abschnitt herausgearbeitet, vermischen auch Kreditgeber durch die in Covenants vereinbarten Einflussnahmerechte auf die Geschäftsführung ihre Rolle als Fremdkapitalgeber mit derjenigen eines Unternehmers. Auch sie verfügen hierdurch – ähnlich zu den formalen Gesellschaftern – über die Möglichkeit, nach der Ausgabe des Darlehens weiterhin auf die Verwendung der Mittel einzuwirken, indem sie das unternehmerische Geschehen steuern können. Somit besteht auch bei covenant-unterlegten Darlehen die Besonderheit, dass beim Kre-

---

314 Vgl. Fleischer, ZIP 1998, 313, 317.

ditgeber Kapitalhingabe und unternehmerische Leitungsmacht zusammenfallen, was ökonomisch betrachtet einem Gesellschafterdarlehen entspricht.

Damit können Kreditgeber bereits durch die bloße Vereinbarung von Covenants und der Ausübung der sich hieraus ergebenden Rechte im Vorfeld der Insolvenz in den Adressatenkreis des § 32a III 1 GmbHG a. F. einbezogen werden, wenn die fehlende Vermögensteilhabe durch die Einräumung von gesellschaftertypischen Rechten kompensiert wird. Denn gerade in diesen Fällen entspricht das Darlehen zwar nicht formal, aber letzten Endes wirtschaftlich einem Gesellschafterdarlehen, was jedoch nach dem Wortlaut des § 32a III 1 GmbHG a. F. ausreichend ist.

g) Bestätigung durch das Kleinbeteiligtenprivileg nach § 32a III 2 GmbHG a. F.

Darüber hinaus deutet auch das Kleinbeteiligtenprivileg gemäß § 32a III 2 GmbHG a. F., welches in den Fällen des § 32a III 1 GmbHG a. F. ebenfalls zur Anwendung kommt[315], darauf hin, dass der Gesetzgeber die Einflussnahme als den wesentlichen Faktor für die Umqualifizierung von Fremdkapital betrachtet[316]. Denn nach § 32a III 2 GmbHG a. F. können sich nur diejenigen Gesellschafter auf die Privilegierung berufen, die weder geschäftsführend tätig noch mit mehr als 10 % am Stammkapital beteiligt sind. Entscheidend für die Anwendbarkeit des Eigenkapitalersatzrechts ist daher entweder die geschäftsführende Tätigkeit des Gesellschafters (und zwar unabhängig von der Höhe seiner Beteiligung) oder dessen Beteiligung von mehr als zehn Prozent am Stammkapital. Ausweislich des Regierungsentwurfs bestand das gesetzgeberische Ziel bei der Einführung des § 32a III 2 GmbHG a. F. darin, die nur geringfügig Beteiligten, welche keine unternehmerische Verantwortung haben und denen es an einer Insiderstellung sowie an Einflussnahmemöglichkeiten fehlt, vom Eigenkapitalersatzrecht auszunehmen[317]. Hintergrund dieser Vorschrift ist damit die vom Gesetzgeber getroffene Annahme, dass Gesellschafter bei einer Beteiligung von maximal 10 % am Haftkapital noch nicht über entscheidende Einwirkungsmöglichkeiten auf das kreditnehmende Unternehmen verfügen, welche eine mitunternehmerische Verantwortung rechtfertigt bzw. eine solche dann besteht, wenn der Gesellschafter unabhängig von der Höhe seiner Beteiligung geschäftsführend tätig ist oder aufgrund seiner Beteiligung vom mehr als 10 % am Stammkapital über ausreichende Einwirkungsmöglichkeiten verfügt, durch welche er eine mitunternehmerische Verantwortung hat. Somit ist dem § 32a III 2 GmbHG a. F. die gesetzliche (unwiderlegliche) Vermutung immanent, wonach einerseits der formale Gesellschafter bei einer Teilhabe von 10 % und weniger am Haftkapital noch nicht über derart umfangreiche Einwirkungsmöglichkeiten verfügt, aufgrund derer er eine mitunternehmerische Verantwortung hat, sowie andererseits, dass dieser bei einer

---

315 Michalski/Heidinger, GmbHG, § 32a/b, Rn 210; Roth/Altmeppen, GmbHG, § 32a, Rn 7.
316 Ähnlich zur neuen Rechtslage: Breidenstein, ZInsO 2010, 273, 276 f.
317 Begründung zum Entwurf eines Gesetzes zur Verbesserung der Wettbewerbsfähigkeit deutscher Konzerne an internationalen Kapitalmärkten und zur Erleichterung der Aufnahme von Gesellschafterdarlehen (Kapitalaufnahmeerleichterungsgesetz-KapAEG), RegE KapAEG, BT-Drucks. 13/7141, S. 11 f.

Teilhabe von mehr als 10% am Stammkapital, über ausreichende Einflussnahmemöglichkeiten verfügt und deshalb eine mitunternehmerische Verantwortung hat. Daraus wird deutlich, dass der Gesetzgeber bei der Abgrenzung, ob der Betreffende dem Eigenkapitalersatzrecht unterfällt oder nicht, ausschließlich auf die tatsächlichen Folgen der Beteiligung und nicht auf den formalen Umfang der Teilhabe am Stammkapital abstellt. Denn der Schwellenwert der Beteiligung von 10% am Stammkapital dient lediglich der Abgrenzung, ab wann gesetzlich vermutet wird, dass der Betreffende über ausreichende Einwirkungsmöglichkeiten verfügt, welche eine mitunternehmerische Verantwortung rechtfertigt.

Widersprochen werden muss daher dem Einwand von *Habersack*, nach dessen Auffassung die Gleichstellung von covenant-geschützten Kreditgebern den Wertungen des § 32a III 2 GmbHG a.F. widerspreche, da ansonsten Kreditgeber, welche durch Covenants über Einflussnahmerechte verfügen, ausnahmslos dem Kapitalersatzrecht unterfallen würden, während bestimmte (formale) Gesellschafter durch die Kleinbeteiligtenschwelle von einer Haftung insgesamt ausgenommen seien[318]. Denn wie eingangs dargestellt, übersieht diese Auffassung den wesentlichen Anknüpfungspunkt der Privilegierung. Der Schwellenwert von 10% am Haftkapital dient lediglich der Abgrenzung, ab wann gesetzlich vermutet wird, dass der Betreffende über derart umfangreiche Einflussnahmemöglichkeiten verfügt, aufgrund derer er dann eine mitunternehmerische Verantwortung für die kreditnehmende Gesellschaft hat. Damit kommt es nicht auf den Umfang der Teilhabe am Stammkapital per se an, sondern auf deren hieraus resultierenden Folgen.

In Übereinstimmung mit den soeben gemachten Ausführungen werden daher gerade nicht sämtliche covenant-unterlegte Darlehen vom Eigenkapitalersatzrecht erfasst, sondern lediglich diejenigen, bei denen der Kreditgeber durch die Vereinbarung von Covenants über entsprechend umfangreiche Einwirkungsmöglichkeiten verfügt, durch welche er das unternehmerische Geschehen vor Insolvenzeintritt auch tatsächlich steuern kann.

Hieraus wird deutlich, dass der Gesetzgeber den Einflussnahmemöglichkeiten auf die kreditnehmende Gesellschaft eine entscheidende Rolle bei Umqualifizierung von Fremdkapital beimisst. Denn vom Kleinbeteiligtenprivileg sind lediglich diejenigen erfasst, die bisher keine wesentlichen Mitwirkungsrechte auf das unternehmerische Geschehen hatten und damit auch keine mitunternehmerische Verantwortung tragen.

h) Bestätigung durch das Sanierungsprivileg gemäß § 32a III 3 GmbHG a.F.

Des Weiteren bestätigt auch das Sanierungsprivileg des § 32a III 3 GmbHG a.F. die Annahme, dass Kreditgeber bereits durch die Vereinbarung von Einflussnahmerechten und deren tatsächlicher Ausübung vom Adressatenkreis des § 32a III 1 GmbHG a.F. erfasst werden können, ohne dass es hierzu einer Beteiligung am Ver-

318 Habersack, ZGR 2000, 384, 397.

mögen der kreditnehmenden Gesellschaft bedarf[319]. Der Gesetzgeber reagierte mit der Einführung des § 32a III 3 GmbHG a.F. auf die Kritik der Sanierungsfeindlichkeit des geltenden Eigenkapitalersatzrechts, da Kreditgeber mit dem Anteilskauf im Zeitpunkt der Krise der Gefahr der Rückstufung ihrer bestehenden und neu gewährten Darlehen ausgesetzt waren[320]. Erwirbt danach ein Darlehensgeber in der Krise der Gesellschaft Geschäftsanteile zum Zweck der Sanierung, führt dies aufgrund des Sanierungsprivilegs nicht zur Anwendung der Regeln des Eigenkapitalersatzrechts für seine bestehenden und neugewährten Kredite.

Erfasst von der Privilegierung werden jedoch nur Kredite von Neugesellschaftern, welche bisher überhaupt nicht oder nur in einer nach § 32a III 2 GmbHG a.F. privilegierten Weise beteiligt sind[321]. Nicht unter § 32a III 3 GmbHG a.F. fallen daher Altgesellschafter, welche bisher schon mit mehr als zehn Prozent am Stammkapital beteiligt sind und ihren Anteil zum Zwecke der Sanierung erhöhen[322]. Ebenso wenig können sich geschäftsführende Gesellschafter auf das Sanierungsprivileg berufen, und zwar unabhängig von der Höhe ihrer bisherigen Beteiligung. Gleiches gilt für gesellschaftergleiche Dritte nach § 32a III 1 GmbHG a.F., deren Rechtshandlung bereits vorher als eigenkapitalersetzend eingestuft wurde[323].

Die Regelung des § 32a III 3 GmbHG a.F. zeigt damit erneut, dass der Gesetzgeber den Einflussnahmemöglichkeiten auf das kreditnehmende Unternehmen entscheidende Bedeutung bei der Umqualifizierung von Fremdkapital beimisst[324]. Denn hiervon erfasst sind lediglich diejenigen Kreditgeber, welche bis zur Anteilsübernahme noch nicht über (wesentliche) Einwirkungsmöglichkeiten auf das kreditnehmende Unternehmen verfügt, sondern erst im Zeitpunkt der Krise ausgeholfen haben, indem sie Geschäftsanteile zum Zwecke der Sanierung übernehmen. So wird den Neugesellschaftern, welche bisher überhaupt nicht beteiligt waren, ohnehin erst mit dem Anteilskauf die Möglichkeit eröffnet, die Geschicke der Gesellschaft zu bestimmen. Aber auch die bisherigen Kleinbeteiligten, die weder geschäftsführend tätig waren, noch über einen Anteil von mehr als 10 % am Stammkapital verfügten, hatten wegen ihrer geringen Beteiligung eine maßgebliche Herrschaftsmacht im kreditnehmenden Unternehmen. Sie sollen also von den Folgen des Eigenkapitalersatzrechts ausgenommen werden, weil sie bisher nicht das unternehmerische Geschehen bestimmen konnten und damit keine mitunternehmerische Verantwortung für die Gesellschaft hatten.

Ausgeschlossen von der Privilegierung sind hingegen Altgesellschafter, welche über einen Gesellschaftsanteil von mehr als zehn Prozent, also bereits vor dem Zeitpunkt

---

319 In diese Richtung auch zur Rechtslage nach Inkrafttreten des MoMiG: Breidenstein, ZInsO 2010, 273, 276.

320 Michalski/Heidinger, GmbHG, § 32a/b, Rn 221.

321 Vgl. nur: Ulmer/Habersack GmbHG, § 32a/b, Rn 200; K. Schmidt, in Scholz GmbHG, § 32a/b, Rn 214; Hueck/Fastrich, in Baumbach/Hueck, GmbHG, Anhang zu § 30, Rn 74.

322 Hueck/Fastrich, in Baumbach/Hueck, GmbHG, Anhang zu § 30, Rn 74 m.w.N.

323 K. Schmidt, in Scholz GmbHG, § 32a/b, Rn 214, 216; Michalski/Heidinger, GmbHG, § 32a/b, Rn 222 m.w.N.

324 In diese Richtung auch: Breidenstein, ZInsO 2010, 273, 276.

der Krise der Gesellschaft über wesentliche Einflussnahmemöglichkeiten verfügten. Ferner können sich geschäftsführende Gesellschafter unabhängig von der Höhe ihrer Beteiligung nicht auf die Privilegierung des § 32a III 3 GmbHG a.F. berufen, da sie die Geschicke der Gesellschaft bis zum Eintritt der Krise bestimmt haben. Die nicht unter das Sanierungsprivileg fallenden Gesellschafter haben also gemeinsam, dass sie bereits vor der Krise der Gesellschaft über Einwirkungsmöglichkeiten verfügt bzw. Leitungsmacht im kreditnehmenden Unternehmen ausgeübt und damit das unternehmerische Geschehen zumindest (mit-)bestimmen konnten.

Dies legt erneut den Schluss nahe, dass der Gesetzgeber, in Anlehnung an das Prinzip der Haftung für Herrschaft, diejenigen in Verantwortung nehmen möchte, welche das unternehmerische Geschehen im Vorfeld der Insolvenz gesteuert haben. Denn ausgenommen vom Sanierungsprivileg sind diejenigen, die aufgrund ihrer Einflussnahmemöglichkeiten vor Insolvenzeintritt eine mitunternehmerische Verantwortung für die kreditnehmende Gesellschaft haben.

Hieraus wird erneut deutlich, dass der Gesetzgeber den Einflussnahmemöglichkeiten auf die kreditnehmende Gesellschaft eine entscheidende Rolle bei der Umqualifizierung von Fremdkapital beimisst.

i) Übereinstimmung mit der Pfandgläubiger-Entscheidung des BGH

Der Annahme, dass Kreditgeber auch ohne unmittelbare oder mittelbare Beteiligung am Vermögen und Ertrag des kreditnehmenden Unternehmens bereits durch die bloße Vereinbarung von Covenants und deren tatsächliche Ausübung Gesellschaftern gleichgestellt werden können, steht auch die Entscheidung des BGH zum atypischen Pfandgläubiger nicht entgegen[325]. Zwar hat der BGH bei der Einbeziehung des atypischen Pfandgläubigers in den Adressatenkreis des § 32a III 1 GmbHG a.F. nicht nur auf dessen Mitwirkungsrechte abgestellt, sondern aufgrund einer Gesamtbetrachtung seine Entscheidung auf drei Kriterien gestützt. Entscheidend war danach die Beteiligung des Pfandgläubigers am Gesellschaftsvermögen durch die zusätzliche Abtretung von weiteren Vermögensrechten, der Umfang der dem Pfandgläubiger vertraglich eingeräumten Einflussnahmerechte sowie die tatsächliche Einflussnahme auf die kreditnehmende Gesellschaft.

Hieraus lässt sich jedoch nicht ableiten, dass der BGH eine Vermögensteilhabe für zwingend erforderlich hält[326]. Denn hierbei hat er lediglich festgestellt, dass unter anderem die Beteiligung am Vermögen und Ertrag zur Gleichstellung des atypischen Pfandgläubigers führte – nicht weniger aber auch nicht mehr. Nachdem jedoch die Einbeziehung des atypischen Pfandgläubigers aufgrund einer Gesamtbetrachtung erfolgte, lässt sich die Entscheidung auch dahingehend interpretieren, dass der BGH eine Vermögensbeteiligung des covenant-geschützten Kreditgebers weder als zwingendes, noch als per se entscheidendes Tatbestandsmerkmal erach-

---

325 BGH vom 13.07.1992, BGHZ 119, 191 ff.
326 So aber insbesondere: Kästle, Rechtsfragen, S. 160.

tet. Denn durch die Gesamtbetrachtung stellte dieser klar, dass bei der Einbeziehung Dritter in den Adressatenkreis des § 32a III 1 GmbHG a.F. nicht nur auf das Vorliegen einzelner Covenants abzustellen ist bzw. diese isoliert zu betrachten sind, sondern die vereinbarten Nebenabreden in ihrer Gesamtheit berücksichtigt werden müssen. Damit können einzelne, für sich genommen unschädliche Covenants durch das Zusammentreffen mit weiteren (unschädlichen) Nebenabreden aufgrund einer Gesamtwürdigung zur Umqualifizierung eines Darlehens führen. Hieraus lässt sich wiederum schließen, dass der BGH nicht unbedingt eine Vermögensbeteiligung für erforderlich hält, sofern die Gesamtheit der vereinbarten Covenants eine Einbeziehung covenant-geschützter Kreditgeber in den Normadressatenkreis des § 32a III 1 GmbHG a.F. rechtfertigt. Damit scheint es durchaus denkbar, dass auch nach Auffassung des BGH die fehlende Vermögensteilhabe durch die Vereinbarung und tatsächliche Ausübung von zusätzlichen Rechten kompensiert werden kann, da bei der Umqualifizierung von bestimmten Darlehensforderungen eben nicht nur auf das Vorliegen einzelner Kriterien abzustellen ist.

Gegen die Auffassung, der BGH halte für die Einbeziehung Dritter gemäß § 32a III 1 GmbHG a.F. eine Vermögensteilhabe an der Gesellschaft für zwingend erforderlich, spricht auch dessen Feststellung, wonach ein Pfandgläubiger dann vom Eigenkapitalersatzrecht erfasst werde, sofern sich dieser „durch weitergehende Nebenabreden eine Position einräumen lässt, die nach ihrer konkreten Ausgestaltung im wirtschaftlichen Ergebnis der Stellung eines Gesellschafters gleich oder doch jedenfalls nahekommt“[327]. Hierdurch wird deutlich, dass der BGH bei der Gleichstellung Dritter wirtschaftliche Gesichtspunkte im Vergleich zu einer rein formal rechtlichen Bewertung für vorrangig hält[328]. Somit scheint das aus dem Gesellschaftsrecht abgeleitete Erfordernis der Teilhabe am Vermögen und Ertrag keine zwingende Voraussetzung zu sein, sofern der Dritte unter ökonomischen Gesichtspunkten eine Gesellschafterstellung einnimmt.

j) *Zwischenergebnis*

Als Zwischenergebnis kann daher festgehalten werden, dass Kreditgebern bereits durch die bloße Vereinbarung von Informations- und Einflussnahmerechten die Umqualifizierung ihrer Darlehensforderung nach § 32a III 1 GmbHG a.F. droht, sofern sie hierdurch über massive Einwirkungsmöglichkeiten gegenüber dem Darlehensnehmer verfügen. Denn wie sich gezeigt hat, besteht die ratio legis der Rückstufung von bestimmten Darlehensforderungen nicht nur in der Finanzierungsfolgenverantwortung. Der Rechtsgrund der nachrangigen Befriedigung besteht vielmehr auch darin, dass der Betreffende die unternehmerischen Geschicke vor Insolvenzeintritt (mit-)bestimmen und dadurch das Insolvenzrisiko steuern konnte. Ferner hat auch das Kleinbeteiligten- und Sanierungsprivileg bestätigt, dass der Gesetzgeber der vorinsolvenzlichen Einflussnahme entscheidende Bedeutung bei der Umqualifizierung eines Darlehens beigemessen hat.

---

327 BGH vom 13.07.1992, BGHZ 119, 191, 195.
328 Vgl. Löwisch, Eigenkapitalersatzrecht, Rn 149 m.w.N.

Darüber hinaus hat die soeben durchgeführte Untersuchung ergeben, dass für die Einbeziehung in den Adressatenkreis des § 32a III 1 GmbHG a.F. weder das Vorliegen eines unternehmerischen Interesses noch die zumindest mittelbare Beteiligung am Vermögen und Ertrag der kreditnehmenden Gesellschaft zwingend erforderlich ist. Denn angesichts des sich im gesamten Eigenkapitalersatzrechts durchziehenden Gläubigerschutzgedankens kann es auf etwaige Motive des Darlehensgebers bei der Einbeziehung in den Adressatenkreis des § 32a III 1 GmbHG a.F. nicht ankommen. Ferner hat sich gezeigt, dass die Beteiligung am Vermögen und Ertrag der kreditnehmenden Gesellschaft nicht das entscheidende Kriterium der Gesellschaftergleichstellung sein kann.

k) Die Voraussetzungen der Umqualifizierung covenant-unterlegter Darlehen

Abschließend ist daher zu untersuchen, unter welchen konkreten Voraussetzungen covenant-gesicherte Kreditgeber Gesellschaftern nach § 32a III 1 GmbHG a.F. gleichzustellen sind. Hierbei ist einerseits dem Sicherungsinteresse des Darlehensgebers und andererseits der Einschränkung der unternehmerischen Freiheit sowie dem Gläubigerschutz Rechnung zu tragen.

Zu beachten ist in diesem Zusammenhang, dass Forderungen aus Gesellschafterdarlehen bereits deswegen gemäß § 32a I GmbHG a.F. umqualifiziert werden, weil Gesellschafter über die bloße Möglichkeit verfügen, mittels ihrer Einwirkungsrechte auf die Geschäftsführung das unternehmerische Geschehen vor Insolvenzeintritt zu steuern. Hieran wird deutlich, dass Gesellschaftern selbst dann eine Rückstufung droht, wenn sie von ihren Einflussnahmerechten gar keinen Gebrauch gemacht haben und damit die unternehmerischen Geschicke im Vorfeld der Insolvenz überhaupt nicht in der Hand hatten. Überträgt man diesen Ansatz auf covenant-gesicherte Kreditgeber, so laufen diese bereits durch die bloße schuldrechtliche Vereinbarung von Informations- und Einflussnahmerechten Gefahr, dass ihre Darlehensforderung zurückgestuft wird, ohne dass es einer tatsächlichen Ausübung der in Covenants vereinbarten Rechte bedürfte.

In Anbetracht der ökonomischen Folgen einer exzessiven Einbeziehung Dritter in den Adressatenkreis des § 32a III 1 GmbHG a.F. sollte daher eine Umqualifizierung lediglich dann erfolgen, soweit der Kreditgeber in Ausübung der in Covenants vereinbarten Einflussnahmerechte das unternehmerische Geschehen vor Insolvenzeintritt auch tatsächlich gesteuert hat. Denn nur in Fällen, in denen Kreditgeber mittels der Ausübung ihrer Einwirkungsrechte die unternehmerischen Geschicke tatsächlich in der Hand haben und dadurch das Insolvenzrisiko steuern, wird auf die Werthaltigkeit aller übrigen Gläubigerforderungen entscheidend Einfluss genommen, aufgrund dessen dann eine unternehmerische Verantwortung für das kreditnehmende Unternehmen erwachsen kann. Damit führt die bloße schuldrechtrechtliche Vereinbarung von Einwirkungsrechten in Covenants noch nicht zu einer Gesellschaftergleichstellung, da der Kreditgeber hierdurch noch nicht das unternehmerische Geschehen vor Insolvenzeintritt in der Hand hat. Es muss vielmehr aufgrund einer Gesamtbetrachtung die komplette Vertragshistorie geprüft werden, ob die für einen Covenant-Bruch vereinbarten Rechtsfolgen auch tatsächlich umgesetzt wurden[329]. Denn nicht selten werden Kreditgeber trotz einer Covenant-Verletzung auf ihre Sanktionsmöglichkeiten verzichten und zwar dann, wenn sie der Auffassung sind, dass sich hierdurch das Kreditausfallrisiko nicht erhöht hat[330]. In eben jenen Fällen haben Darlehensgeber aber noch nicht das unternehmerische Geschehen beim Kreditnehmer vor dessen Insolvenz gesteuert.

Ferner ist bei der Gesellschaftergleichstellung nach § 32a III 1 GmbHG a.F. zu berücksichtigen, inwieweit angesichts der Einflussnahme auf die Geschäftsführung die operative Tätigkeit der kreditnehmenden Gesellschaft durch den Darlehensgeber gesteuert wurde und die formalen Geschäftsführer aufgrund der Intensität der Einwirkung noch in der Lage waren, eigenverantwortlich zu handeln. Darüber hinaus muss auf das Gesamterscheinungsbild abgestellt werden, da die verschiedenen Einflussnahmemöglichkeiten erst in ihrer Gesamtheit dazu führen können, dass der Kreditgeber das unternehmerische Geschehen steuern kann. Da die Beteiligung am Vermögen und Ertrag der Gesellschaft dennoch ein typisches Merkmal der Gesellschafterstellung ist, kommt die Einbeziehung gesellschaftsfremder Darlehensgeber in den Normadressatenbereich des § 32a III 1 GmbHG a.F. lediglich dann in Betracht, wenn die fehlende Vermögensteilhabe durch besonders massive Einwirkung auf die Geschäftsführung kompensiert wird[331].

Nachdem die Einflussnahme auf die Geschäftsführung neben der Finanzierungsfolgenverantwortung die entscheidende Voraussetzung für die Einbeziehung in den Adressatenkreises des § 32a III 1 GmbHG a.F. ist, führt die Vereinbarung von bloßen Informationsrechten noch nicht zur Gesellschaftergleichstellung der Kreditgeber. Denn hierdurch haben diese zum einen noch nicht die Möglichkeit, die unternehmerischen Geschicke und damit das Insolvenzrisiko zu steuern. Zum anderen bewegen sich Kreditgeber dabei noch im Rahmen ihres berechtigten Sicherungsinteresses, da sie hierbei lediglich die Geschäftsentwicklung im kreditnehmenden Unternehmen überwachen.

Darüber hinaus werden die Voraussetzungen für die Umqualifizierung einer Darlehensforderung wohl noch nicht durch die Vereinbarung von Financial Covenants erfüllt sein, sofern dabei die Entscheidung, welche einzelnen Maßnahmen zur Einhaltung der betriebswirtschaftlichen Kennzahlen vorzunehmen sind, weiterhin dem Kreditnehmer überlassen ist. Zwar wird hierdurch die operative Tätigkeit der kreditnehmenden Gesellschaft mittelbar beeinflusst. Dennoch bleibt die Entscheidungsmacht über die Wahl der zur Einhaltung der Bezugsgrößen notwendigen Maßnahmen sowie die Art und Weise der Durchführung weiterhin beim Darlehensnehmer. Somit übernimmt der Kreditgeber in diesen Fällen noch nicht die unmittelbare Steuerung des unternehmerischen Geschehens.

---

329 In dieselbe Richtung: Breidenstein, ZInsO 2010, 273, 281 f.
330 Vgl. Breidenstein, ZInsO 2010, 273, 281: „der Vertrag anders gelebt wird, als vereinbart" wurde.
331 So auch: Fleischer, ZIP 1998, 313, 316 f.

Etwas anderes gilt jedoch dann, wenn Kreditgeber durch umfangreiche Ge- und Verbote, Zustimmungsvorbehalte und Weisungsrechte auf die operative Tätigkeit der kreditnehmenden Gesellschaft Einfluss nehmen. Zwar müssen auch in diesen Fällen die jeweiligen Vereinbarungen in ihrer Gesamtheit betrachtet werden, da einzelne Regelungen u. U. unschädlich sein können. Dennoch übernehmen Darlehensgeber durch die Ausübung derartig ausgestalteter Covenants häufig die unternehmerische Leitungsmacht im kreditnehmenden Unternehmen und sind hierdurch in der Lage das Insolvenzrisiko maßgeblich zu steuern, mit der Folge, dass ihre Darlehensforderung gemäß § 32a III 1 GmbHG a.F. bei Insolvenzeintritt umzuqualifizieren ist.

5. Ergebnis

Abschließend kann daher festgehalten werden, dass covenant-gesicherten Kreditgebern bereits vor Inkrafttreten des MoMiG die Umqualifizierung ihrer Darlehensforderung gedroht hat, wenn sie sich durch die Vereinbarung in Covenants weitreichende Informations- und Einflussnahmerechte haben einräumen lassen. Denn es hat sich gezeigt, dass sich der Regelungsgrund des Eigenkapitalersatzrechts nicht ausschließlich aus der Finanzierungsfolgenverantwortung abgeleitet hat. Die ratio legis der Rückstufung bestand vielmehr auch darin, dass die Insolvenzmasse nicht durch Forderungen derjenigen geschmälert werden sollte, die vor Insolvenzeintritt das unternehmerische Geschehen (mit-)bestimmt und dadurch die Werthaltigkeit der übrigen Forderungen der Gesellschaftsgläubiger entscheidend (mit-)beeinflusst haben.

Hieran wird jedoch auch deutlich, dass die bloße Möglichkeit der Einflussnahme über Covenants nicht ausreichend war, Gesellschaftern gleichgestellt zu werden. Der Kreditgeber musste vielmehr in Ausübung der in Covenants vereinbarten Einwirkungsrechte das unternehmerische Geschehen vor Insolvenzeintritt auch tatsächlich gesteuert haben. Damit führte die schuldrechtliche Vereinbarung von Covenants für sich genommen noch nicht zur Gesellschaftergleichstellung von Kreditgebern, da diese hierdurch noch nicht die unternehmerischen Geschicke vor Insolvenzeintritt bestimmen konnten.

Voraussetzung für die Umqualifizierung eines covenant-unterlegten Darlehens war daher, dass der Kreditgeber in Ausübung seiner Einwirkungsrechte das unternehmerische Geschehen vor Insolvenzeintritt tatsächlich in der Hand gehabt hat und dadurch das Insolvenzrisiko steuern konnte. Denn nur in diesen Fällen hat der Darlehensgeber auf die Werthaltigkeit aller übrigen Gläubigerforderungen entscheidenden Einfluss genommen, aufgrund dessen ihm dann eine unternehmerische Verantwortung für das kreditnehmende Unternehmen erwächst.

Darüber hinaus hat sich gezeigt, dass weder das Vorliegen eines unternehmerischen Interesses noch die Beteiligung am Vermögen und Ertrag entscheidende Kriterien der Gesellschaftergleichstellung waren. Da die Vermögensteilhabe dennoch ein typisches Merkmal der Gesellschafterstellung ist, kam die Umqualifizierung eines Darlehens jedoch nur dann in Betracht, wenn deren Fehlen durch besonders massive Mitwirkungsrechte ausgeglichen wurde.

B. Covenants nach Inkrafttreten des MoMiG

Mit Inkrafttreten des MoMiG wurde das Recht der kapitalersetzenden Gesellschafterdarlehen auf eine rein insolvenz- und anfechtungsrechtliche Grundlage gestellt[332]. Hierzu wurden die „Novellenregeln" der §§ 32a/b GmbHG a.F., 129a, 172a HGB a.F. ersatzlos gestrichen und das frühere Eigenkapitalersatzrecht durch die Neufassung der §§ 19, 39, 44a, 135, 143 InsO sowie der §§ 6, 6a AnfG insgesamt in das Insolvenz- und Anfechtungsrecht verlagert.

Zentraler Punkt der Reform des Eigenkapitalersatzrechts war die Neuregelung des § 39 I Nr. 5 InsO, wonach künftig sämtliche Forderungen eines Gesellschafters auf Rückgewähr seines Gesellschafterdarlehens oder Forderungen aus Rechtshandlungen, die einem solchen Darlehen wirtschaftlich entsprechen, im Rang nach den übrigen Forderungen der Insolvenzgläubiger zu befriedigen sind[333].

Mit Aufhebung des § 32a I GmbHG a.F. entfiel damit das in der Praxis schwierig zu definierende Merkmal der „Krise" und hierdurch insbesondere die Frage, ob das von den Gesellschaftern gewährte Darlehen zum Zeitpunkt der Gewährung als eigenkapitalersetzend zu qualifizieren war. Vielmehr sind künftig alle Forderungen aus Gesellschafterdarlehen als nachrangige Insolvenzforderungen einzustufen und zwar unabhängig davon, zu welchem Zeitpunkt sie gewährt oder stehengelassen wurden[334]. Etwaig vorgenommene Rechtshandlungen, die der Rückzahlungsforderung des Gesellschafterdarlehens oder einer gleichgestellten Forderung Befriedigung gewährt haben, sind gemäß § 135 I Nr. 2 InsO anfechtbar, wenn diese Handlung im letzten Jahr vor Stellung des Antrags auf Eröffnung des Insolvenzverfahrens vorgenommen wurde.

Darüber hinaus sind durch die Neueinführung der §§ 30 I 3 GmbHG, 57 I 4 AktG die Rechtsprechungsregeln aufgehoben worden[335]. Somit entfällt auch die ursprünglich präventive Komponente des Eigenkapitalersatzrechts, wonach die bereits im Stadium vor Insolvenzeröffnung vorgenommene Rückgewähr von Gesellschafterdarlehen zum Schutze des satzungsgemäßen Stammkapitals mit einer Auszahlungssperre belegt war. Damit beginnt der Gläubigerschutz erst mit Eröffnung des Insolvenzverfahrens und Rückzahlungen von Gesellschafterdarlehen sind

---

332 Ausführlich zu den einzelnen Änderungen in Bezug auf Gesellschafterdarlehen: Altmeppen, NJW 2008, 3601 ff.; Gehrlein, BB 2008, 846 ff.; Habersack, ZIP 2008, 2385, 2386 f.; Hirte, WM 2008, 1429 ff.; Habersack, ZIP 2007, 2145 ff.; Bork, ZGR 2007, 250 ff.; K. Schmidt, ZIP 2006, 1925 ff.; Bayer/Graff, DStR 2006, 1654 ff.; Goette/Kleindiek, Gesellschafterfinanzierung, Rn 52 ff.
333 RegE MoMiG, BT-Drucks. 16/6140, S. 56.
334 RegE MoMiG, BT-Drucks. 16/6140, S. 56.
335 RegE MoMiG, BT-Drucks. 16/6140, S. 42.

selbst bei Bestehen einer Unterbilanz zulässig[336]. Ferner gilt die Rückstufung von Gesellschafterdarlehen nach § 39 I Nr. 5 InsO durch die Neueinführung des § 39 IV InsO für alle Gesellschaften, bei denen unmittelbar oder mittelbar kein persönlich haftender Gesellschafter eine natürliche Person ist[337].

Entgegen der ursprünglichen Regelung des § 32a III 1 GmbHG a.F., wonach explizit auch Rechtshandlungen Dritter als eigenkapitalersetzende Darlehen qualifiziert werden konnten, spricht der neugefasste § 39 I Nr. 5 InsO lediglich von „Forderungen aus Rechtshandlungen, die einem solchen Darlehen wirtschaftlich entsprechen“. Nach dem Regierungsentwurf zum MoMiG soll jedoch durch die jetzige Formulierung der bisherige § 32a III 1 GmbHG a.F. in personeller und sachlicher Hinsicht übernommen werden, so dass auch künftig Forderungen gesellschaftergleicher Dritter zurückgestuft werden können[338]. Dies lässt sich auch unter den Wortlaut des § 39 I Nr. 5 InsO subsumieren, da Kredite gesellschaftergleicher Dritter wirtschaftlich einem Gesellschafterdarlehen entsprechen können. Unter Hinweis auf die noch im Einzelfall bestehenden Schwierigkeiten verzichtete der Gesetzgeber allerdings auf die Bildung einzelner Fallgruppen, die einem Gesellschafterdarlehen wirtschaftlich entsprechen. Eine Konkretisierung bleibt damit weiterhin der Rechtsprechung überlassen[339].

Nachdem auch Rechtshandlungen gesellschaftergleicher Dritter von der Neuregelung des § 39 I Nr. 5 InsO erfasst sind, stellt sich daher erneut die Frage, ob Kreditgebern bereits durch die bloße Vereinbarung von Informations- und Einflussnahmerechten in Covenants die Rückstufung ihrer Darlehensforderung bei Eröffnung des Insolvenzverfahrens droht. Entscheidend kommt es hierbei erneut auf die Legitimationsgrundlage der Rückstufung von Gesellschafterdarlehen nach § 39 I Nr. 5 InsO an. Darüber hinaus wird zu untersuchen sein, ob sich die bisher gefundenen Ergebnisse auf die neue Rechtslage übertragen lassen oder ob die Neuregelung des § 39 I Nr. 5 InsO zu einer anderen Einstufung covenant-unterlegter Darlehen zwingt.

Daher soll zunächst der bisherige Meinungsstand zum Regelungsmotiv der Rückstufung von Gesellschafterdarlehen aufgearbeitet werden, um anschließend untersuchen zu können, ob die bloße Vereinbarung von Informations- und Einflussnahmerechten in Covenants dazu führt, dass Darlehensforderungen Dritter mit Insolvenzeintritt gemäß § 39 I Nr. 5 InsO zu subordinieren sind.

---

336 Bayer/Graff, DStR 2006, 1654, 1655.
337 RegE MoMiG, BT-Drucks. 16/6140, S. 56.
338 RegE MoMiG, BT-Drucks. 16/6140, S. 56.
339 Begr. RegE MoMiG vom 23.05.2007, BR-Drucks. 354/07, S. 129.

I. Die ratio legis der Rückstufung von Gesellschafterdarlehen nach § 39 I Nr. 5 InsO

Da sich die Gesellschaftergleichstellung Dritter entscheidend am Normzweck des § 39 I Nr. 5 InsO orientiert, muss zunächst die dogmatische Grundlage der Subordination von Gesellschafterdarlehen in der Insolvenz herausgearbeitet werden.

1. Meinungsstand in der Literatur

Nachdem die bisher h.M. den Grund der Umqualifizierung von Gesellschafterdarlehen in der Finanzierungsfolgenverantwortung gesehen hat[340], sehen Teile der Literatur hierin auch weiterhin die Legitimationsgrundlage der Rückstufung gemäß § 39 I Nr. 5 InsO[341]. Nach Ansicht von *Bork* ist das ursprüngliche Tatbestandsmerkmal der „Krise" weiterhin Regelungsmotiv, das Vorliegen einer solchen werde nur nach neuer Rechtslage unwiderleglich vermutet, da es ansonsten keinen Grund gebe, Darlehensrückzahlungsansprüche von Gesellschaftern anders als sonstige Gesellschafterforderungen zu behandeln[342]. Benötige eine Gesellschaft nämlich Geld, dann beschaffe sie sich dieses normalerweise auf dem Kapitalmarkt. Gewähre ihr stattdessen ein Gesellschafter das notwendige Kapital, so werde unwiderleglich vermutet, dass sie sich in einer Krise befinde, dringend Eigenkapital benötige und das Gesellschafterdarlehen damit Eigenkapital ersetze[343]. *Altmeppen* zufolge habe der Gesetzgeber nicht das Tatbestandsmerkmal der „Krise", sondern lediglich deren in der Praxis aufwändige Prüfung abgeschafft, da „in Wirklichkeit" der Fortbestand des Krisenmerkmals unwiderleglich vermutet werde[344].

Andere wiederum sehen in der Streichung des § 32a GmbHG a.F. die Aufgabe des Konzepts der Finanzierungsfolgenverantwortung, wobei jedoch unterschiedliche Motive für die Rückstufung von Gesellschafterdarlehen nach neuer Rechtslage genannt werden[345]. *Huber* und *Habersack*, auf welche die Neukonzeption des Rechts der

---

340 Ständige Rspr. des BGH, vgl. nur: BGH vom 07.11.1994, BGHZ 127, 336, 344 f.; BGH vom 19.09.1988, BGHZ 105, 168, 175 f.; BGH vom 26.03.1984, BGHZ 90, 381, 389; Michalski/Heidinger, GmbHG, § 32a/b, Rn 11 f.; Löwisch, Eigenkapitalersatzrecht, Rn 31 m.w.N.; Goette/Kleindiek, Gesellschafterfinanzierung, Rn 14; K. Schmidt, in Scholz GmbHG, § 32a/b, Rn 4; Pentz, in Rowedder/Schmidt-Leithoff (Hrsg.), GmbHG, § 32a, Rn 17; Kleindiek, in Lutter/Hommelhoff, GmbHG, Anh zu § 64, Rn 113.

341 Bork, ZGR 2007, 250, 257 f.; Altmeppen, NJW 2008, 3601, 3602 f.; Michalski/Dahl, GmbHG, Anh. II zu §§ 32a/b, Rn 6 f.; Thiessen, in Bork/Schäfer (Hrsg.), GmbHG, Anh. zu § 30, Rn 5 f.; Roth/Altmeppen, GmbHG, Anhang §§ 32a/b, Rn 9.

342 Bork, ZGR 2007, 250, 257, 268.

343 Bork, ZGR 2007, 250, 257.

344 Altmeppen, NJW 2008, 3601, 3602 f.

345 Habersack, ZIP 2007, 2145, 2147; Habersack, ZIP 2008, 2385, 2387; Huber, FS-Priester, S. 259, 271 ff.; Huber/Habersack, BB 2006, 1, 2; Hirte, WM 2008, 1429, 1430; Gehrlein, BB 2008, 846, 849; Noack, DB 2007, 1395, 1398; K. Schmidt, ZIP 2006, 1925, 1932, 1934; K. Schmidt, GmbHR 2009, 1009, 1011; Krolop, GmbHR 2009, 397, 398; Bayer/Graff, DStR 2006, 1654, 1655, 1657; Kleindiek, in Lutter/Hommelhoff, GmbHG, Anhang zu § 64, Rn 113; Runge, Covenants in Kreditverträgen, S. 181, Rz 4.76.

Gesellschafterdarlehen zurückgeht[346], sehen das Prinzip der Haftungsbeschränkung nunmehr als dogmatische Grundlage für die Rückstufung von Gesellschafterdarlehen[347]. Danach sei mit dem ersatzlosen Wegfall des Krisenmerkmals das Konzept der Finanzierungsfolgenverantwortung insgesamt aufgegeben worden[348]. Grund für die künftige Rückstufung sei vielmehr der „Preis" für die Haftungsbeschränkung von Gesellschaftern, welche es diesen ermöglicht, ihr unternehmerisches Risiko auf einen im vorneherein bestimmten Betrag zu beschränken[349]. Um daher der Gefahr einer missbräuchlichen Ausnutzung dieses Haftungsprivilegs zu begegnen, bedürfe es bei Gesellschaften ohne persönliche Haftung einer Ergänzung der gesetzlichen Eigenkapitalvorschriften und zwar in Form der Rückstufung des gesamten, von den Gesellschaftern zur Verfügung gestellten Fremdkapitals[350]. Der Grundgedanke des § 39 I Nr. 5 InsO bestehe somit darin, dass zum Ausgleich der Haftungsbeschränkung das Vermögen der Gesellschaft im vollen Umfang den Gläubigern zur Verfügung stehe, ehe sich die Gesellschafter befriedigen[351].

Gehrlein zufolge stellt die Finanzierungsfolgenverantwortung keinen tauglichen Regelungsgrund mehr dar, vielmehr handle es sich bei einem Gesellschafterdarlehen zunächst um eine verdächtige Finanzierungsform, welche sich in der Insolvenz der Gesellschaft zu einem missbräuchlichen Finanzierungsinstrument wandle[352]. Der Haftungsgrund der §§ 39 I Nr. 5, 135 I Nr. 2 InsO liege daher in der mit einem Gesellschafterdarlehen als verdächtiger, bei Insolvenzeintritt dann missbräuchlicher Finanzierungsform verbundenen Gefahr der Benachteiligung der übrigen Gesellschaftsgläubiger, welche den Nachrang rechtfertige[353]. Nach Auffassung von *Noack* gründet die Subordination von sämtlichen Gesellschafterdarlehen gemäß § 39 I Nr. 5 InsO auf der „Insiderstellung" des Gesellschafters zu seiner Gesellschaft[354]. Danach ergebe sich die Sonderregelung für Gesellschafterdarlehen aus dem Umstand, dass die Gesellschafter „näher dran" seien und dem Anreiz entgegengewirkt werden müsse, durch die Möglichkeit, das eigene Geld rechtzeitig abzuziehen, übermäßige Risiken zulasten Dritter einzugehen[355].

In dieselbe Richtung argumentiert *K. Schmidt*, welcher aufgrund der „wertungsmäßigen Ärmlichkeit der MoMiG Regelungen" davon ausgeht, der Gesetzgeber begnüge sich mit der bloßen Nähe zwischen Gesellschafter und Gesellschaft als hinreichenden Grund für die Subordination von Gesellschafterdarlehen[356]. Präzisierend

---

346 Huber/Habersack, BB 2006, 1, 2.

347 Habersack, ZIP 2007, 2145, 2147; Habersack, ZIP 2008, 2385, 2387; Huber, FS-Priester, S. 259, 271 ff.; Huber/Habersack, BB 2006, 1, 2. In diese Richtung auch: Runge, Covenants in Kreditverträgen, S. 181, Rz 4.76 ff. und S. 183, Rz 4.79.

348 Habersack, ZIP 2007, 2145, 2147; Habersack, ZIP 2008, 2385, 2387.

349 Huber, FS-Priester, S. 259, 272, 276; in diese Richtung auch: Runge, Covenants in Kreditverträgen, S. 183, Rz 4.79.

350 Huber, FS-Priester, S. 259, 277; Habersack, ZIP 2007, 2145, 2147.

351 Huber/Habersack, BB 2006, 1, 2.

352 Gehrlein, BB 2011, 3, 7 f. In diese Richtung auch: Hirte, WM 2008, 1429, 1430.

353 Gehrlein, BB 2011, 3, 8.

354 Noack, DB 2007, 1395, 1398; Breidenstein, ZInsO 2010, 273, 275.

355 Noack, DB 2007, 1395, 1398.

356 K. Schmidt, ZIP 2006, 1925, 1932, 1934; K. Schmidt, GmbHR 2009, 1009, 1011.

führt er dazu weiter aus, die Neuregelung von Gesellschafterdarlehen basiere nur noch auf zwei Zurechnungskriterien und zwar auf einer „Finanzierungsverantwortung" im Sinne der Zuständigkeit für die Unternehmensfinanzierung sowie auf einer „Finanzierungsentscheidung", welche einen unternehmerischen Mindesteinfluss voraussetze[357].

Nach Ansicht von *Krolop* legitimiert sich die Rückstufung von Gesellschafterdarlehen nach § 39 I Nr. 5 InsO künftig ausschließlich durch die Beteiligung des Gesellschafters an den unternehmerischen Chancen und Risiken, wofür wiederum eine Vermögensteilhabe an der Gesellschaft zwingende Voraussetzung sei[358]. Zwar sei diese Betrachtung nicht neu, da die ursprüngliche Finanzierungsfolgenverantwortung u. a. auch auf diesen Aspekt abziele. Dennoch stelle dieser Umstand den letztverbliebenen Grund der Rückstufung von Gesellschafterdarlehen dar, denn die Nähe des Gesellschafters zu seiner Gesellschaft beschränke sich nicht nur auf seine Insiderstellung, sondern ergebe sich aus dessen „Doppelrolle"[359]. Diese bestehe neben seiner Stellung als Darlehensgeber darin, dass er zusätzlich eine haftende Kapitaleinlage geleistet habe, deren Schicksal eng mit dem der Gesellschaft verbunden sei. Im Falle einer erfolgreichen Sanierung profitiere eben jener Gesellschafter dann in einem stärkeren Maße als die übrigen Fremdkapitalgeber, woraus sich wiederum eine Schieflage von Chancen und Risiken bei Sanierungsversuchen ergebe, welche die Rückstufung des Gesellschafterdarlehens rechtfertige[360].

Servatius zufolge handelt es sich bei der Neuregelung des § 39 I Nr. 5 InsO um einen ersten gesetzgeberischen Schritt zu einem neuartigen Gläubigerschutzkonzept, bei welchem sich die Umqualifizierung von Fremdkapital allein dadurch legitimiere, dass der Kapitalgeber das Insolvenzrisiko der kreditnehmenden Gesellschaft (mit-) steuern konnte[361]. Regelungsziel sei lediglich die Verhinderung der Quotenschmälerung durch zusätzliche Kreditforderungen der Gesellschafter, indem deren inkompatible Doppelrolle im eröffneten Insolvenzverfahren bzw. bei der masselosen Insolvenz sanktioniert werde[362]. In Anlehnung an die Missbrauchsrechtsprechung des RG werde daher künftig das widersprüchliche Gläubigerverhalten rechtlich missbilligt, welches darin bestehe, dass sich ein Gesellschafter trotz seiner vorinsolvenzlichen Steuerung des kreditnehmenden Unternehmens auf die Stellung eines Fremdkapitalgebers berufe und dadurch die Quote der übrigen Gläubiger mindere[363]. Damit solle künftig niemand mehr auf Kosten anderer sein eigener Insolvenzgläubiger sein. Bestätigt werde dies durch die Wertungen des § 490 I BGB, welche sich auf das Insolvenzverfahren übertragen ließen[364]. Denn das außerordentliche Kündigungsrecht des Darlehensgebers wegen nachträglicher Vermögens-

---

357 K. Schmidt, GmbHR 2009, 1009, 1017.
358 Krolop, GmbHR 2009, 397, 399.
359 Krolop, GmbHR 2009, 397, 399.
360 Krolop, GmbHR 2009, 397, 399.
361 Servatius, Gläubigerschutz durch Covenants, S. 481 ff.
362 Servatius, Gläubigerschutz durch Covenants, S. 487, 493.
363 Servatius, Gläubigerschutz durch Covenants, S. 485 f.; 493.
364 Servatius, Gläubigerschutz durch Covenants, S. 489.

verschlechterung bestehe nur deswegen, weil dieser ab dem Zeitpunkt der Ausgabe der Darlehensvaluta keine Möglichkeit mehr habe, die Verwendung der Kreditsumme zu beeinflussen[365]. Diese Risikozuweisung zu Lasten des Darlehensnehmers sei jedoch im Falle eines Gesellschafterdarlehens gestört, da hierbei der Fremdkapitalgeber weiterhin die Möglichkeit habe, die Mittelverwendung zu beeinflussen. Daher komme dem Einwand der unzulässigen Rechtsausübung wegen widersprüchlichen Verhaltens gemäß § 323 VI BGB analog bzw. § 242 BGB erhebliche Bedeutung zu, welcher dem Kreditgeber eine Kündigung verwehre, wenn er für den Kündigungsgrund – in diesem Falle die nachträgliche Vermögensverschlechterung des Kreditnehmers – durch seinen Einfluss mitverantwortlich sei[366]. Eben jene Risikozuweisung nach Herrschaftsbereichen komme nunmehr auch in § 39 I Nr. 5 InsO zum Ausdruck.

Ähnlich argumentiert *Breidenstein*, nach welchem der Grund für die Rückstufung in der Insiderstellung des Gesellschafters liege, durch welche dieser im Gegensatz zu Dritten Einblicke in den Geschäftsablauf habe und über die Möglichkeit verfüge, Unternehmensentscheidungen der Gesellschaft zu beeinflussen[367]. Nach Auffassung von *Bayer/Graff* legitimiert sich die Subordination wiederum allein durch die drohende Gläubigerbeeinträchtigung, indem das Ausfallrisiko der übrigen Gläubiger durch Forderungen der Gesellschafter aus Gesellschafterdarlehen erhöht wird[368].

2. Stellungnahme

Da nach dem Wortlaut des § 39 I Nr. 5 InsO die Rückstufung von bestimmten Darlehensforderungen in der Insolvenz nur noch von der Stellung des Fremdkapitalgebers abhängig ist, besteht der Rechtsgrund der Subordination von Gesellschafterdarlehen künftig in der im Vergleich zu den übrigen Gesellschaftsgläubigern hervorgehobenen Stellung des Gesellschafters, durch welche dieser einen besseren Einblick in die innergesellschaftlichen Betriebsabläufe hat und mittels seiner Einwirkungsmöglichkeiten auf die Geschäftsführung in der Lage ist, das unternehmerische Geschehen vor Insolvenzeintritt zu bestimmen, und dadurch im Ergebnis auch das Insolvenzrisiko steuern kann[369].

Das Regelungsmotiv der gesonderten Behandlung von Gesellschafterdarlehen in der Insolvenz der Gesellschaft besteht daher künftig weder in der nach alter Rechtslage maßgebenden Finanzierungsfolgenverantwortung der Gesellschafter noch kann die dogmatische Grundlage aus dem Prinzip der Haftungsbeschränkung abgeleitet werden.

---

365 Servatius, Gläubigerschutz durch Covenants, S. 394 ff.
366 Servatius, Gläubigerschutz durch Covenants, S. 406.
367 Breidenstein, ZInsO 2010, 273, 275.
368 Bayer/Graff, DStR 2006, 1654, 1656.
369 Im Ergebnis ebenso: Servatius, Gläubigerschutz durch Covenants, S. 481 ff.; Breidenstein, ZInsO 2010, 273, 275 f.

Durch die Neufassung des § 39 I Nr. 5 InsO ist nun gesetzlich geregelt, was sich durch die Rspr. des BGH zur Rechtslage vor Inkrafttreten des MoMiG bereits angedeutet hat, als dieser die Einbeziehung Dritter in den Adressatenkreis des § 32a III 1 GmbHG a. F. mit den vor Insolvenzeintritt eingeräumten und tatsächlich ausgeübten Mitwirkungsrechten auf die Geschäftsführer begründet hat.

a) Der Wegfall der Finanzierungsfolgenverantwortung als Legitimationsgrundlage

Mit dem Wegfall des Merkmals der „Krise“ hat der Gesetzgeber das Konzept der Finanzierungsfolgenverantwortung aufgegeben. Der Ansicht von *Bork* und *Altmeppen*, wonach nach neuem Recht das Vorliegen einer Krise durch die Ausgabe eines Gesellschafterdarlehens unwiderlegbar vermutet werde und sich dessen Rückstufung daher weiterhin aus der Finanzierungsfolgenverantwortung der Gesellschafter ableite, kann daher nicht gefolgt werden. Denn mit der Finanzierungsfolgenverantwortung sollte nach alter Rechtslage die zu einem bestimmten Zeitpunkt getroffene Finanzierungsentscheidung sanktioniert werden. Nachdem jedoch mit Inkrafttreten des MoMiG das Tatbestandsmerkmal der Krise ersatzlos weggefallen ist, kommt es gerade nicht mehr darauf an, zu welchem Zeitpunkt der Gesellschaft Fremdkapital zugeführt wurde und der Gesellschafter dadurch versucht hat, sein Finanzierungsrisiko auf die übrigen Gläubiger abzuwälzen, indem er sich durch die Darlehensgewährung die Vorteile des Weiterbetriebs sicherte, gleichzeitig aber den damit zwingend verbundenen Nachteil der Nachrangigkeit des haftenden Eigenkapitals vermeiden wollte. Nach dem Wortlaut des § 39 I Nr. 5 InsO werden vielmehr künftig sämtliche Gesellschafterdarlehen mit Eintritt der Insolvenz subordiniert, d.h. unabhängig vom Zeitpunkt, in welchem der Gesellschafter seine Finanzierungsentscheidung getroffen hat.

Für die Aufgabe des Konzepts der Finanzierungsfolgenverantwortung spricht darüber hinaus der Umstand, dass sich mit der Neufassung des § 39 I Nr. 5 InsO auch die nach alter Rechtslage noch bestehende Möglichkeit der Umqualifizierung wegen „Stehenlassens“ eines Darlehens in der Krise erübrigt hat[370]. Denn vor Inkrafttreten des MoMiG wurde ein außerhalb einer Krise gewährtes Darlehen lediglich dann umqualifiziert, wenn dieses bei Eintritt der Krise nicht abgezogen wurde. Danach knüpfte nach alter Rechtslage auch die Rückstufung eines nicht während einer Krise gewährten Darlehens ebenfalls an die zu einem bestimmten Zeitpunkt getroffene Finanzierungsentscheidung an, nämlich dieses bei Eintritt der Krise in der Gesellschaft zu belassen. Durch die Neufassung des § 39 I Nr. 5 InsO besteht jedoch künftig nicht mehr die Möglichkeit, ein außerhalb einer Krise gewährtes Darlehen „rechtzeitig“ abzuziehen. Schlichtweg alle Darlehensforderungen der Gesellschafter werden unabhängig vom Zeitpunkt, wann sie gewährt oder stehen gelassen worden sind, mit Insolvenzeintritt zurückgestuft, so dass Gesellschafter nicht mehr die Möglichkeit haben, die haftungsrechtliche Verstrickung ihrer Kreditforderungen zu vermeiden, indem sie ihr Kapital mit Eintritt der Krise abziehen.

---

370 In diese Richtung auch: Runge, Covenants in Kreditverträgen, S. 181, Rz 4.76.

Des Weiteren stellt sich die Frage, aus welchem Grund *Bork* davon ausgeht, bei einer Darlehensgewährung durch Gesellschafter müsse sich dessen Gesellschaft grundsätzlich in der Krise befinden. Denn eine Krise liegt neben der Insolvenzreife erst dann vor, wenn die Gesellschaft kreditunwürdig ist, d.h. keinen Kredit zu marktüblichen Bedingungen von Seiten Dritter bekommt[371]. Allein die Kreditvergabe durch Gesellschafter lässt jedoch noch nicht zwangsläufig den Schluss zu, dass eine Gesellschaft von Dritten kein Fremdkapital mehr bekommen würde. Man denke beispielsweise an Fälle, bei denen eine Gesellschaft kurzfristig Kapital benötigt und keine Zeit für die bei einem fremden Darlehensgeber notwendige Bonitätsprüfung besteht. In diesen Fällen muss sich das Unternehmen aber noch nicht unbedingt in einer Krise befinden.

b) *Das Prinzip der Haftungsbeschränkung als Rechtfertigung der Rückstufung?*

Zwar liegt es nahe, wie *Huber* und *Habersack* die Rechtfertigung der Rückstufung von Gesellschafterdarlehen aus dem Prinzip der Haftungsbeschränkung abzuleiten. Dennoch kann dieser Auffassung bei genauerer Betrachtung nicht gefolgt werden[372]. Die Annahme, die Rückstufung legitimiere sich aus der Gefahr der missbräuchlichen Ausnutzung des Haftungsprivilegs, wirft nämlich zwangsläufig die Frage auf, ob der Gesetzgeber die Fremdfinanzierung eines Unternehmens durch ihre Gesellschafter generell für unzulässig hält[373]. Denn mit der Neufassung des § 39 I Nr. 5 InsO sind sämtliche Forderungen aus Gesellschafterdarlehen zurückzustufen. Indem also unabhängig von sonstigen Voraussetzungen alle Kreditforderungen der Gesellschafter subordiniert werden, hätte sich damit nach dieser Auffassung die missbräuchliche Ausnutzung der Haftungsbeschränkung automatisch mit Insolvenzeintritt bestätigt. Geht man von der Richtigkeit dieser Annahme aus, dann muss aber gefragt werden, warum der Gesetzgeber diese Art der Gesellschaftsfinanzierung nicht insgesamt und von vorneherein untersagt hat.

Darüber hinaus widerspricht diese Auffassung dem Grundsatz, dass Gesellschafter lediglich zur Einbringung des satzungsgemäß festgelegten Stamm- bzw. Grundkapitals verpflichtet sind und dieses zur Erhaltung gemäß §§ 30 ff. GmbHG, §§ 57, 62 AktG nicht an die Gesellschafter bzw. Aktionäre ausgezahlt werden darf[374]. Hierin erschöpft sich die Finanzierungspflicht der Gesellschafter. Eine darüber hinaus bestehende Obliegenheit, die Gesellschaft mit ausreichendem Kapital auszustatten, besteht hingegen nicht. Gesellschafter erlangen das Privileg der Haftungsbeschränkung damit bereits durch die Aufbringung des Stamm- bzw. Grundkapitals und sind lediglich zu dessen Erhaltung nach §§ 30 ff. GmbHG bzw. §§ 57, 62

---

371 Vgl. nur: Löwisch, Eigenkapitalersatzrecht, Rn 66 m.w.N.

372 So im Ergebnis auch: Azara, Das Eigenkapitalersatzrecht der GmbH, S. 437 ff.; K. Schmidt, in Scholz GmbHG-Nachtrag MoMiG, § 32a/b, Rn 8; Kleindiek, in Lutter/Hommelhoff, GmbHG, Anhang zu § 64, Rn 113 f.; Kampshoff, GmbHR 2010, 897, 899.

373 Ähnlich: Kampshoff, GmbHR 2010, 897, 899.

374 So bereits: BGH vom 14.12.1959, BGHZ 31, 259, 272; BGH vom 24.03.1980, BGHZ 76, 326, 333 f.

AktG verpflichtet. Bestätigt wird dies durch eine neuere Entscheidung des BGH, wonach Gesellschafter nicht verpflichtet sind, der Gesellschaft ein „mitwachsendes" Finanzpolster zur Verfügung zu stellen, da eine über die Erhaltung des Stammkapitals hinausgehende „Finanzausstattungspflicht" systemwidrig wäre[375]. Würde man aber die Gefahr des Missbrauchs des Haftungsprivilegs als Legitimationsgrundlage für die Rückstufung von Gesellschafterdarlehen ansehen, so liefe dies zumindest für den Fall der Insolvenz der Gesellschaft auf eine über die Aufbringung des Stammkapitals hinausgehende Finanzierungspflicht der Gesellschafter – zur Erlangung bzw. Erhaltung ihres Haftungsprivilegs – hinaus[376].

Ferner spricht auch die Regelung des § 135 I Nr. 2 InsO gegen die Annahme, die Rückstufung sei der „Preis" für die Haftungsprivilegierung von Gesellschaftern[377]. Danach sind lediglich Rechtshandlungen anfechtbar, welche im letzten Jahr vor dem Eröffnungsantrag dem Gesellschafter Befriedigung gewährt haben. Würde man aber das Prinzip der Haftungsbeschränkung als Regelungsgrundlage der Subordination ansehen, so müssten konsequenterweise sämtliche Rechtshandlungen, welche den Gesellschaftern Befriedigung aus ihren Darlehensforderungen gewährt haben, anfechtbar sein. Denn die beschränkte Haftung nach § 13 II GmbHG kommt den Gesellschaftern während des gesamten Zeitraums des Bestehens der GmbH zugute und nicht nur im letzten Jahr vor Insolvenzeröffnung.

Des Weiteren differenziert § 39 I Nr. 5 InsO zwischen Forderungen aus Gesellschafterdarlehen und den übrigen Forderungen der Gesellschafter gegenüber ihrer Gesellschaft. Denn subordiniert werden lediglich Kreditforderungen von Gesellschaftern und deren gleichgestellte Forderungen. Sieht man nun das Haftungsprivileg nach § 13 II GmbHG als Regelungsgrund der Rückstufung, so müssten auch die übrigen Forderungen der Gesellschafter, welche diese gegenüber ihrer Gesellschaft haben, nachrangig befriedigt werden, da dieses Prinzip allgemeine Gültigkeit hat[378]. Dies ist jedoch gerade nicht der Fall.

Sollte man dennoch der Ansicht von *Huber* und *Habersack* folgen, so dürften Gesellschafterdarlehen aber konsequenterweise nur bis zur Erreichung der Stammkapitalziffer subordiniert werden. Denn wie eingangs erwähnt, erschöpft sich die Finanzierungspflicht der Gesellschafter in der Aufbringung und Erhaltung des Stammkapitals, um das Haftungsprivileg zu erlangen. Nachdem jedoch gemäß § 39 I Nr. 5 InsO Gesellschafterdarlehen unabhängig von der Höhe des Kreditbetrages, d.h. nicht nur bis zur Höhe des Stammkapitals, zurückgestuft werden, spricht auch dieser Umstand gegen die Auffassung, das Haftungsprivileg sei Legitimationsgrundlage der Rückstufung.

---

375 BGH vom 28.04.2008, DStR 2008, 1293, 1296; aA Lutter, in Lutter/Hommelhoff, GmbHG, § 13, Rn 16.
376 In diese Richtung auch: Azara, Das Eigenkapitalersatzrecht der GmbH, S. 438 ff.
377 So auch: Azara, Das Eigenkapitalersatzrecht der GmbH, S. 439 f.
378 Ähnlich: Azara, Das Eigenkapitalersatzrecht der GmbH, S. 440 f.

c) *Die Beteiligung an unternehmerischen Chancen und Risiken als Rechtsgrund der Subordination?*

Ferner kann auch nicht der Ansicht von *Krolop* gefolgt werden, welcher die Beteiligung der Gesellschafter an den unternehmerischen Chancen und Risiken sowie die damit zwingend verbundene Teilhabe am Vermögen der Gesellschaft als Legitimationsgrundlage der Rückstufung ansieht. Denn dieser orientiert sich im Kern weiterhin an der Finanzierungsfolgenverantwortung der Gesellschafter, welche jedoch durch den ersatzlosen Wegfall des Merkmals der „Krise" obsolet geworden ist.

Zwar argumentiert *Krolop* insoweit richtig, als dass es durch die Vergabe eines Gesellschafterdarlehens zu einer Schieflage von Chancen und Risiken bei Sanierungsversuchen kommen kann, da Gesellschafter aufgrund der Leistung einer haftenden Kapitaleinlage in weit stärkerem Maße von einem Sanierungserfolg profitieren als die übrigen Fremdkapitalgeber, indem sich dadurch zusätzlich der Wert ihres Gesellschaftsanteils erhöht bzw. diese an den weiteren Gewinnen der Gesellschaft beteiligt sind. Hierauf kommt es aber durch die Neufassung des § 39 I Nr. 5 InsO künftig gar nicht mehr an. Zu beachten ist nämlich, dass gemäß § 39 I Nr. 5 InsO sämtliche Darlehensforderungen der Gesellschafter zurückgestuft werden und zwar unabhängig davon, ob diese zu Sanierungszwecken im Zeitpunkt einer Krise gewährt wurden. Im Gegensatz zur alten Rechtslage spielt daher durch den Wegfall des Zeitelements die Krisenfinanzierung keine Rolle mehr. Dadurch kommt es eben nicht mehr darauf an, ob der Gesellschafter mit der Wahl seines Finanzierungsmittels in der Krise der Gesellschaft versucht hat, sein Finanzierungsrisiko auf die übrigen Gläubiger abzuwälzen, indem er sich durch die Darlehensgewährung einerseits die Vorteile eines Weiterbetriebs sichert, andererseits aber für den Fall des Scheiterns der Sanierung die Stellung eines „gewöhnlichen" Insolvenzgläubigers gemäß § 38 InsO einnehmen will, mithin eine Schieflage zwischen Chancen und Risiken bei Sanierungsversuchen herbeiführt. Künftig werden schlichtweg alle Gesellschafterdarlehen im Falle der Insolvenz subordiniert, nicht nur diejenigen, die im Zeitpunkt einer Krise zu Sanierungszwecken ausgegeben oder stehengelassen wurden.

Hieran wird deutlich, dass es nicht mehr auf die Verhältnismäßigkeit der Verteilung von Chancen und Risiken bei Sanierungsversuchen sowie der damit zwingend verbundenen Vermögensteilhabe ankommt, sondern nach dem eindeutigen Wortlaut des § 39 I Nr. 5 InsO lediglich die Stellung des Fremdkapitalgebers entscheidend für die Subordination ist.

Darüber hinaus übergeht *Krolop* den Umstand, dass die Beteiligung an den unternehmerischen Chancen und Risiken nicht zwingend eine Vermögensteilhabe an der kreditnehmenden Gesellschaft voraussetzt. Man denke beispielsweise an Mezzanine-Finanzierungsinstrumente, die sich gerade dadurch auszeichnen, dass dem Kreditgeber zum Ausgleich seines erhöhten Ausfallrisikos eine erfolgsabhängige Vergütung in Form einer endfälligen „Kicker-Komponente" eingeräumt wird[379].

---

379 Zu den verschiedenen Gestaltungsvarianten einer erfolgsabhängigen Vergütung wie beispielsweise einem Equity-Kicker, einem virtuellen Equity-Kicker oder einer Back-End Fee siehe

Ohne näher auf die verschiedenen Möglichkeiten einer Mezzanine-Finanzierung eingehen zu wollen, ist hierbei charakteristisch, dass der Mezzanine-Darlehensgeber die Nachrangigkeit seiner Forderung gegenüber bestimmten (anderen) Gläubigern (Senior-Darlehensgeber) der kreditnehmenden Gesellschaft im Wege einer schuldrechtlichen Vereinbarung (Intercreditor-Agreement) erklärt[380]. Zum Ausgleich dieses erhöhten Ausfallsrisikos wird dann beispielsweise eine Back-End Fee vereinbart, deren Höhe von der Steigerung des Unternehmenswerts oder des erzielten Gewinns der kreditnehmenden Gesellschaft abhängig ist. Hieran wird deutlich, dass eine Beteiligung an den unternehmerischen Chancen und Risiken nicht zwingend die Beteiligung am Vermögen und Ertrag der kreditnehmenden Gesellschaft voraussetzt, da Kreditgeber hierdurch sehr wohl durch die soeben genannte „Kicker-Komponente“ an den Gewinnen partizipieren können, ohne dabei gleichzeitig mit Haftkapital an der kreditnehmenden Gesellschaft beteiligt zu sein.

d) Die vorinsolvenzliche Einflussnahme als Steuerungsinstrument des Insolvenzrisikos

Der Grund für die Rückstufung von Gesellschafterdarlehen gemäß § 39 I Nr. 5 InsO besteht damit in der im Vergleich zu den übrigen Fremdkapitalgebern hervorgehobenen Stellung der Gesellschafter, durch welche diese einen besseren Einblick in die innergesellschaftlichen Betriebsabläufe haben und mittels ihrer Einwirkungsmöglichkeiten auf die Geschäftsführung in der Lage sind, das unternehmerische Geschehen vor Insolvenzeintritt zu bestimmen und dadurch im Ergebnis auch das Insolvenzrisiko steuern können[381].

aa) Der Wortlaut des § 39 I Nr. 5 InsO

Dies ergibt sich zunächst aus dem Wortlaut des § 39 I Nr. 5 InsO. Denn zurückgestuft werden lediglich Forderungen aus Gesellschafterdarlehen sowie diesen gleichgestellte Forderungen, und zwar unabhängig von weiteren Voraussetzungen, wie etwa dem Zeitpunkt der Darlehensvergabe nach alter Rechtslage. Damit kommt es bei der Rückstufung von bestimmten Darlehensforderungen in der Insolvenz künftig nur noch auf die Stellung des Fremdkapitalgebers an. Zu fragen ist daher erneut, worin sich Fremdkapital der Gesellschafter von Fremdkapital der übrigen Dritten unterscheidet, da das Gesetz nur erstgenannte Darlehensforderungen subordiniert.

---

ausführlich: Häger/Elkemann-Reusch Rn 63 ff.; Servatius, Gläubigerschutz durch Covenants, S. 27 ff.

380 Dies darf nicht mit der Rangrücktrittserklärung gegenüber der kreditnehmenden Gesellschaft gemäß § 39 II InsO verwechselt werden, durch welche deren Überschuldung nach 19 II InsO abgewendet werden soll. Ausführlich zur Abgrenzung von vereinbartem Nachrang und § 39 II InsO: Diem, Akquisitionsfinanzierung, § 40, Rn 50 ff. Zu den typischen Merkmalen von Mezzanine-Finanzierungsarten: Häger/Elkemann-Reusch Rn 3 ff.

381 Im Ergebnis ebenfalls: Servatius, Gläubigerschutz durch Covenants, S. 481 ff.; Breidenstein, ZInsO 2010, 273, 275 f.

(1) Der wesentliche Unterschied zwischen Fremdkapital der Gesellschafter und Fremdkapital Dritter

Der wesentliche Unterschied zwischen Gesellschaftern als Kreditgeber und den übrigen Fremdkapitalgebern besteht zunächst darin, dass bei Ersteren Darlehenshingabe und unternehmerische Leitungsmacht in einer Person zusammenfallen. Denn diese haben durch ihre Weisungsbefugnisse gegenüber der Geschäftsführung die Möglichkeit, auch nach Ausgabe der Darlehensvaluta auf die Verwendung der Mittel Einfluss zu nehmen. So können Gesellschafter beispielsweise über § 37 I GmbHG die Geschäftsführung zur Vornahme bestimmter Handlungen veranlassen und dadurch die unternehmerischen Geschicke im Vorfeld der Insolvenz bestimmen. Aufgrund dieser Mitwirkungsrechte können Gesellschafter das Insolvenzrisiko der kreditnehmenden Gesellschaft steuern und nehmen dadurch entscheidenden Einfluss auf die Werthaltigkeit aller übrigen Gläubigerforderungen, da diese mit Insolvenzeintritt zumindest teilweise ausfallen werden.

Dagegen ist den übrigen Fremdkapitalgebern mit der Ausgabe des Kreditbetrages der Einfluss auf die Mittelverwendung weitestgehend entzogen. Zwar kann der Darlehensnehmer in rechtsgeschäftlich zulässiger Weise verpflichtet werden, wie er die Darlehensvaluta zu verwenden hat. Dennoch hat der Darlehensgeber seine Pflicht aus § 488 I 1 BGB erst dann erfüllt, wenn die Kreditsumme aus seinem Vermögen ausgeschieden und dem Darlehensnehmer in der vereinbarten Form zugeführt wurde[382]. Somit verfügen gesellschaftsfremde Kreditgeber ungeachtet ihres etwaig bestehenden vorzeitigen Kündigungsrechts nicht über die Option, auf die Verwendung des Darlehensbetrages einzuwirken, indem sie das unternehmerische Geschehen vor Eintritt der Insolvenz steuern können. Denn diese haben mangels der gesellschaftertypischen Einflussnahmerechte auf die Geschäftsführung nicht die Möglichkeit, das Insolvenzrisiko zu steuern und damit auf die Werthaltigkeit ihrer Kreditforderungen Einfluss zu nehmen.

Des Weiteren sind Gesellschafter nicht nur in der Lage, Eigeninteressen zu Lasten Dritter zu verfolgen, sondern können diese auch wirksam durchsetzen. Denn im Gegensatz zu den übrigen Fremdkapitalgebern verfügen Gesellschafter naturgemäß nicht nur über einen Informationsvorsprung bzgl. etwaig sich anbahnender Unternehmenskrisen, sondern können hierauf auch besser reagieren, indem sie den Geschäftsführern verbindliche Weisungen zur Vornahme bestimmter Handlungen erteilen können[383]. Aufgrund dieser Weisungsgebundenheit der Geschäftsführer, sind daher die Interessen der übrigen Gesellschafsgläubiger in weit größerem Umfang gefährdet, da Gesellschafter hierdurch über die Möglichkeit verfügen, ihren Willen durchzusetzen. Gesellschaftsfremden Kreditgebern steht zwar in Fällen, in

---

382 Ständige Rspr. des BGH: vgl. nur: BGH vom 21.03.2006, ZIP 2006, 846, 847; BGH vom 12.11.2002, NJW 2003, 422, 423; MüKo/Berger, BGB, § 488, Rn, 27; Palandt/Weidenkaff, § 488 Rn 5.

383 Vgl.: Roth/Altmeppen, GmbHG, § 37, Rn 3 ff.; Kleindiek, in Lutter/Hommelhoff, GmbHG, § 37, Rn 17 ff. Teilweise wird gar vertreten, Gesellschafter könnten Geschäftsführer ohne Satzungsänderung zu reinen Exekutivorganen machen, vgl. Ulmer/Paefgen GmbHG, § 37, Rn 19 f.

denen sich die Vermögenslage des kreditnehmenden Unternehmens aufgrund einer Krise nachträglich erheblich verschlechtert, regelmäßig auch ein außerordentliches Kündigungsrecht zu, so dass nach dessen Ausübung die Geschäftsführer zur Rückzahlung des Kreditbetrages verpflichtet sind. Allerdings können gesellschaftsfremde Darlehensgeber ihren Willen nicht durch die gesellschaftsrechtlichen Einwirkungsbefugnisse durchsetzen, sondern sind dabei auf die allgemeine Leistungsklage angewiesen.

(2) Keine Notwendigkeit einer Beteiligung am Vermögen und Ertrag der Gesellschaft

Darüber hinaus kommt es – zumindest im Rahmen des § 39 I Nr. I Nr. 5 InsO – bei der Frage, worin sich Darlehen von Gesellschaftern von Fremdkapital Dritter im Wesentlichen unterscheidet, nicht darauf an, dass der Gesellschafter am Vermögen und Ertrag der Gesellschaft beteiligt ist.

Dies ergibt sich zunächst daraus, dass das gesamte Insolvenzrecht vom Gläubigerschutzgedanken getragen wird und es im Hinblick darauf unerheblich ist, woraus der Gesellschafter seine Einwirkungsmöglichkeiten auf die Geschäftsführung vor Eintritt der Insolvenz ableitet – sei es aufgrund seiner mitgliedschaftlichen Stellung, weil er am Vermögen der Gesellschaft beteiligt ist, oder beispielsweise aufgrund von Nebenabreden in Kreditverträgen.

Zu beachten ist nämlich in diesem Zusammenhang, dass mit Inkrafttreten des MoMiG das frühere Eigenkapitalersatzrecht auf eine rein insolvenz- und anfechtungsrechtliche Grundlage gestellt worden ist[384]. Indem also der Gesetzgeber die ursprünglich im Gesellschaftsrecht angelegte Legitimation des Rechts der eigenkapitalersetzenden Darlehen vollständig aufgegeben hat, ist damit künftig die dogmatische Grundlage der Rückstufung von Gesellschafterdarlehen vorrangig aus dem Insolvenzrecht abzuleiten[385]. Somit orientiert sich auch die Frage, worin sich Fremdkapital der Gesellschafter von Fremdkapital der übrigen Dritten nach § 39 I Nr. 5 InsO unterscheidet, vorwiegend an der Insolvenzordnung.

Das einheitliche Hauptziel des Insolvenzverfahrens besteht wiederum in der „bestmöglichen Befriedigung der Gläubiger“[386], wofür der Gesetzgeber verschiedene Maßnahmen gegen die Massearmut sowie Maßnahmen zur Maximierung der Verteilungsmasse angeordnet hat[387]. In diesem Zusammenhang ist auch die Regelung des § 39 I Nr. 5 InsO einzuordnen, nach welchem die Gesellschafter im Falle der Insolvenz der Gesellschaft mit ihrer Darlehensforderung erst dann zum Zuge kommen sollen, wenn alle übrigen Gläubiger befriedigt worden sind. Hieran wird deutlich, dass der Gesetzgeber zum Schutze der Gesellschaftsgläubiger und zur Ver-

---

384 So die ganz h.M. vgl. nur: Habersack, ZIP 2007, 2145 ff.

385 In diese Richtung auch: Gehrlein, BB 2011, 3, 7 f.; Servatius, Gläubigerschutz durch Covenants, S. 481 ff.

386 Begr. zu § 1 RegE InsO, BT-Drucks. 12/2443, S. 108.

387 Ausführlich zu den einzelnen Maßnahmen siehe: MüKo/Ganter, InsO, § 1 Rn 20 ff., 28 ff.

hinderung von Missbrauch diejenigen in Verantwortung nehmen möchte, die zuvor das unternehmerische Geschehen mittels ihrer Einwirkungsrechte auf die Geschäftsführer in der Hand hatten. Denn diese können aufgrund ihrer Mitwirkungsrechte gegenüber der Geschäftsführung das Insolvenzrisiko steuern und sind damit in der Lage, die Werthaltigkeit aller übrigen Gläubigerforderungen entscheidend zu beeinflussen. Für den Fall der erfolglosen Ausübung dieser Mitwirkungsrechte sollen Gesellschafter daher nicht die Insolvenzmasse durch ihre Darlehensforderung schmälern, obwohl sie zuvor die Möglichkeit hatten, die Insolvenz ihrer Gesellschaft abzuwenden und dadurch zum Wertverfall aller übrigen Gläubigerforderungen (mit) beigetragen haben. Ferner soll durch die Regelung des § 39 I Nr. 5 InsO vermieden werden, dass Gesellschafter überhöhte unternehmerische Risiken eingehen, indem sie versuchen, bestimmte Projekte mit Fremdkapital zu finanzieren, um im Falle des Eintritts der Insolvenz die Stellung eines Insolvenzgläubigers einnehmen zu können, welcher seinen Finanzierungsbeitrag zumindest in Höhe der Insolvenzquote zurückerhält. Hieran wird deutlich, dass im Zusammenhang mit der Rückstufung bestimmter Kreditforderungen gemäß § 39 I Nr. 5 InsO der Gläubigerschutz insgesamt entscheidende Bedeutung hat.

Gerade aus Sicht der Gläubiger der Gesellschaft ist es jedoch irrelevant, woraus Gesellschafter ihre Mitwirkungsrechte vor Eintritt der Insolvenz abgeleitet haben und dadurch die Werthaltigkeit aller übrigen Forderungen der Gesellschaftsgläubiger beeinflussen konnten. Ob diese nämlich das unternehmerische Geschehen aufgrund ihrer mitgliedschaftlichen Position und der damit einhergehenden Vermögensbeteiligung in der Gesellschaft steuern können, oder diese Möglichkeit beispielsweise durch die Vereinbarung von Covenants besteht, ist für die Gläubiger der kreditnehmenden Gesellschaft im Ergebnis unerheblich. Für Gesellschaftsgläubiger kommt es lediglich darauf an, dass die Insolvenzmasse nicht durch Forderungen derjenigen gemindert wird, die zuvor ihr Kapital mitverwaltet haben und sie vor denjenigen geschützt werden, die vor Eintritt der Insolvenz in der Lage waren, zu Lasten aller übrigen Gläubiger Eigeninteressen zu verfolgen und durchzusetzen[388]. Eben jenen Gesellschaftsgläubigern, welche über § 39 I Nr. 5 InsO geschützt werden sollen und deren Interesse in diesem Zusammenhang entscheidend ist, ist es völlig gleichgültig, woraus der Gesellschafter seine zuvor bestehenden Einflussnahmerechte abgeleitet hat.

Darüber hinaus kann nach ganz h.M. ein Gesellschafter durch Vereinbarung im Gesellschaftsvertrag von der Gewinnbeteiligung sowie der Teilhabe am Liquidationserlös ausgeschlossen werden[389], woraus ersichtlich ist, dass die Beteiligung am Vermögen und Ertrag weder das einzige noch das entscheidende Qualifikationsmerkmal der Stellung eines Gesellschafters sein kann[390]. Denn ungeachtet dessen,

388 In diese Richtung auch: Servatius, Gläubigerschutz durch Covenants, S. 487; Breidenstein, ZInsO 2010, 273, 275.

389 Vgl. nur: Bayer, in Lutter/Hommelhoff, GmbHG, § 14, Rn 11; Michalski/Ebbing, GmbHG, § 14, Rn 64.

390 In diese Richtung auch: Fleischer, ZIP 1998, 313, 316.

dass der Betreffende in derart gelagerten Fällen keine Vermögensrechte an der Gesellschaft hat, nimmt er weiterhin die Stellung eines Gesellschafters ein. Aber auch in umgekehrten Fällen, in denen sich Kreditgeber beispielsweise bei Mezzanine-Finanzierungen eine erfolgsabhängige Vergütung wie etwa eine Back-End Fee einräumen lassen und dadurch an den Gewinnen der kreditnehmenden Gesellschaft beteiligt sind, zeigt sich, dass es sich bei der Vermögensteilhabe an der Gesellschaft nicht um das entscheidende Merkmal der Gesellschafterstellung handeln kann. Denn ungeachtet dessen, dass Darlehensgeber in derartigen Fallkonstellationen am Ertrag der kreditnehmenden Gesellschaft beteiligt sind, nehmen sie allein hierdurch noch keine gesellschaftergleiche Stellung ein. Erst wenn Kreditgeber darüber hinaus über Mitwirkungsrechte verfügen und durch deren Ausübung das unternehmerische Geschehen vor Insolvenzeintritt tatsächlich bestimmen, kommt eine Gesellschaftergleichstellung in Betracht[391].

(3) Zwischenergebnis

Damit kann festgehalten werden, dass der Gesetzgeber durch die Neufassung des § 39 I Nr. 5 InsO und dem damit einhergehenden Wegfall des Merkmals der „Krise" das Konzept der Finanzierungsfolgenverantwortung aufgegeben hat. Indem nach dem Wortlaut des § 39 I Nr. 5 InsO künftig lediglich die Stellung des Fremdkapitalgebers entscheidend ist, legitimiert sich daher die Rückstufung von Gesellschafterdarlehen nur noch aus der im Vergleich zu den übrigen Fremdkapitalgebern hervorgehobenen Stellung der Gesellschafter, durch welche diese einen besseren Einblick in die innergesellschaftlichen Betriebsabläufe haben und mittels ihrer Einwirkungsmöglichkeiten auf die Geschäftsführung in der Lage sind, das unternehmerische Geschehen vor Insolvenzeintritt zu bestimmen und womit sie im Ergebnis auch das Insolvenzrisiko steuern können[392].

Zu beachten ist in diesem Zusammenhang, dass die Rückstufung von Gesellschafterdarlehen gemäß § 39 I Nr. 5 InsO nicht nur dann erfolgt, wenn die Gesellschafter von ihren gesellschaftertypischen Einwirkungsrechten auch tatsächlich Gebrauch gemacht und dadurch das unternehmerische Geschehen vor Insolvenzeintritt auch de facto gesteuert haben. Die Rückstufung von Forderungen aus Gesellschafterdarlehen erfolgt vielmehr bereits aus deren bloßen Möglichkeit, mittels ihrer Einflussnahmerechten die unternehmerischen Geschicke vor Insolvenzeintritt steuern zu können. Denn die nachrangige Befriedigung bestimmter Darlehensforderungen hängt nach dem Wortlaut des § 39 I Nr. 5 InsO ausschließlich von der Stellung des Darlehensgebers ab, ohne dass hierbei explizit geprüft werden muss, ob die gesellschaftertypischen Mitwirkungsrechte auch tatsächlich ausgeübt wurden.

---

391 Siehe dazu insbesondere die Pfandgläubiger-Entscheidung des BGH, bei welcher dieser auf die vereinbarten und tatsächlich ausgeübten Mitwirkungsrechte des Kreditgebers abgestellt hat, vgl. BGH vom 13.07.1992, BGHZ 119, 191 ff.
392 Im Ergebnis ebenfalls: Servatius, Gläubigerschutz durch Covenants, S. 481 ff.; Breidenstein, ZInsO 2010, 273, 275 f.

Darüber hinaus hat die Untersuchung ergeben, dass es bei der Subordination von Darlehensforderungen gemäß § 39 I Nr. 5 InsO nicht darauf ankommt, ob der Kreditgeber am Vermögen und Ertrag der kreditnehmenden Gesellschaft beteiligt ist. Denn wie sich gezeigt hat, ist es im Hinblick auf den gerade über § 39 I Nr. 5 InsO gewährleisteten Gläubigerschutz unerheblich, woraus der Darlehensgeber seine vor Insolvenzeintritt bestehenden Einflussnahmemöglichkeiten ableitet. Bestätigt wird dies durch den Umstand, dass formale Gesellschafter von der Gewinnbeteiligung und der Teilhabe am Liquidationserlös ausgeschlossen werden können, aber ungeachtet dieser fehlenden Vermögensteilhabe weiterhin die Stellung eines Gesellschafters innehaben. Hierdurch wird deutlich, dass die Teilhabe am Vermögen und Ertrag der kreditnehmenden Gesellschaft nicht die entscheidende Voraussetzung einer Gesellschafterstellung sein kann.

Über die Regelung des § 39 I Nr. 5 InsO wird daher die Doppelrolle des Gesellschafters sanktioniert, durch welche dieser seine Rolle als Fremdkapitalgeber mit derjenigen eines Unternehmers verbindet. Denn aufgrund seiner Einwirkungsmöglichkeiten auf die Geschäftsführung kann er vor Insolvenzeintritt die Finanzierungsbeträge aller übrigen Fremdkapitalgeber mitverwalten und dadurch entscheidend auf die Werthaltigkeit aller übrigen Gläubigerforderungen Einfluss nehmen. Zum Schutze der Gesellschaftsgläubiger und zur Verhinderung von Missbrauch soll daher bei erfolgloser Ausübung der Gesellschafterrechte die Insolvenzmasse nicht durch Forderungen derjenigen geschmälert werden, die vor Insolvenzeintritt das unternehmerische Geschehen steuern konnten und damit die Chance hatten, die Insolvenz abzuwenden[393]. Der Gesetzgeber hat damit durch die Neufassung des § 39 I Nr. 5 InsO das Prinzip von Herrschaft und Haftung in Einklang gebracht, indem er nunmehr die haftungsrechtliche Verstrickung des Fremdkapitals an die zuvor erfolglos ausgeübten Steuerungsrechte knüpft.

bb) Bestätigung durch den Gläubigergleichbehandlungsgrundsatz

Dass das Regelungsmotiv der Rückstufung von Gesellschafterdarlehen in der vorinsolvenzlichen Steuerung des unternehmerischen Geschehens besteht, wird auch durch den in der Insolvenzordnung verankerten Gläubigergleichbehandlungsgrundsatz („par conditio creditorum", § 1 S. 1 InsO[394]) reflektiert. Hinzuweisen sei in diesem Zusammenhang erneut darauf, dass mit Inkrafttreten des MoMiG der Gesetzgeber das frühere Eigenkapitalersatzrecht auf eine rein insolvenz- und anfechtungsrechtliche Grundlage gestellt hat[395]. Damit ist der Rechtsgrund der Subordination von Gesellschafterdarlehen in erster Linie aus dem Insolvenzrecht abzuleiten[396].

---

393 In diese Richtung auch: Servatius, Gläubigerschutz durch Covenants, S. 481 ff.; Breidenstein, ZInsO 2010, 273, 275 f.

394 Ausführlich dazu: LSZ/Smid/Leonhardt, InsO, § 1, Rn 32 ff.; Smid, Praxishandbuch Insolvenzrecht, § 1, Rn 25; Häsemeyer, Insolvenzrecht, Rn 2.24 ff.; MüKo/Stürner, InsO, Einleitung Rn 1, 62 f.; Pape, Uhlenbruck, Voigt-Salus, Insolvenzrecht, Kapitel 12 Rn 10.

395 So die ganz h.M. vgl. nur: Habersack, ZIP 2007, 2145 ff.

396 In diese Richtung auch: Gehrlein, BB 2011, 3, 7 f.; Servatius, Gläubigerschutz durch Covenants, S. 481 ff.

Obwohl die Insolvenzordnung verschiedene Vorzugsrechte wie etwa bei Massegläubigern, aussonderungs- und absonderungsberechtigten Gläubigern zulässt, gilt im Insolvenzverfahren das oberste Prinzip der Gläubigergleichbehandlung. Danach sollen die Gläubiger möglichst gleichmäßig und gerecht befriedigt werden. Im Gegensatz zur Einzelvollstreckung in der ZPO, bei welcher der Prioritätsgrundsatz gilt, soll es im Insolvenzverfahren als Gesamtvollstreckungsverfahren nicht zum Wettlauf der Gläubiger bei der Befriedigung ihrer Forderungen kommen, sondern die gemeinsame und gleichmäßige Verteilung des Schuldnervermögens gewährleistet werden[397]. Die Ersetzung der individuellen Verwertung des Schuldnervermögens durch eine Gesamtvollstreckung dient dabei dem Ausgleich der aus ökonomischem Übergewicht herrührender vorinsolvenzlichen Einflussnahme der Gläubiger auf den Schuldner[398]. Denn sämtliche Gläubiger haben durch ihre Rechtsbeziehungen zum Schuldner Einfluss auf dessen Vermögen genommen, durch welche auch die Rechtsverhältnisse der übrigen Gläubiger betroffen sind[399]. Dieser Einfluss wurde bis zum Eintritt der Insolvenz vom Schuldner eigenverantwortlich neutralisiert. Um jedoch die Befriedigungsfunktion des Insolvenzverfahrens gemäß § 1 S. 1 InsO sicherzustellen, muss bei Insolvenzeintritt die eigenverantwortliche Schuldenregulierung durch das Prinzip der Gläubigergleichbehandlung ersetzt werden, was insbesondere in § 80 I InsO mit dem Übergang der Verwaltungs- und Verfügungsbefugnisse auf den Insolvenzverwalter zum Ausdruck kommt. Damit kommt dem Insolvenzverfahren neben seiner Friedensfunktion auch die Aufgabe zu, wegen des Versagens der Schuldnerautonomie die vor Insolvenzeintritt bestehenden verschiedenen Gläubigereinflüsse auf das Schuldnervermögen – wodurch automatisch auch die Werthaltigkeit aller übrigen Gläubigerforderungen betroffen ist – haftungsrechtlich auszugleichen[400].

Der Gleichbehandlungsgrundsatz beschränkt sich jedoch nicht nur auf die Verteilung der Insolvenzmasse, vielmehr sollen hierdurch auch die im Vorfeld der Insolvenz bestehenden Unterschiede zwischen den Rechten der einzelnen Gläubiger sowohl ausgeglichen als auch neutralisiert werden, was sich insbesondere in den Anfechtungstatbeständen der §§ 129 ff. InsO zeigt[401]. Denn die einzelnen Gläubiger werden durch den Gleichbehandlungsgrundsatz nicht nur bei der Verteilung des Schuldnervermögens gleichgesetzt, sondern müssen gemäß § 143 InsO auch das herausgeben, was sie zuvor erlangt haben.

Der Grundsatz der Gläubigergleichbehandlung soll daher eine Privilegierung einzelner Gläubiger oder Gläubigergruppen verhindern, soweit die betreffende Rechtsposition nicht vor Eintritt der Insolvenz wirksam erworben worden ist. Dadurch bilden die Gesellschaftsgläubiger eine proportionale Verlustgemeinschaft und partizipieren gleichermaßen an der Insolvenzmasse.

---

397 LSZ/Smid/Leonhardt, InsO, § 1, Rn 33.
398 LSZ/Smid/Leonhardt, InsO, § 1, Rn 35; Smid, Praxishandbuch Insolvenzrecht, § 1, Rn 25; Häsemeyer, Insolvenzrecht, Rn 2.26 f.
399 Häsemeyer, Insolvenzrecht, Rn 2.26.
400 Häsemeyer, Insolvenzrecht, Rn 2.27.
401 Häsemeyer, Insolvenzrecht, Rn 2.26.

Der die Befriedigungsfunktion im Insolvenzrechtsverfahren gewährleistende Gläubigergleichbehandlungsgrundsatz ist jedoch bei Forderungen aus Gesellschafterdarlehen gefährdet bzw. gestört. Dies ergibt sich daraus, dass Gesellschafter vor Eintritt der Insolvenz gegenüber den übrigen Gläubigern der Gesellschaft erheblich privilegiert sind, indem sie eine hervorgehobene Stellung innehaben. Denn diese verfügen im Vergleich zu den übrigen Gesellschaftsgläubigern naturgemäß nicht nur über einen Informationsvorsprung, wodurch die Gefahr einer „rechtzeitigen" Darlehenstilgung droht. Vielmehr haben Gesellschafter im Gegensatz zu den übrigen Fremdkapitalgebern auch die Möglichkeit, zu Lasten Dritter Eigeninteressen durchzusetzen und können mittels ihrer Mitwirkungsrechte auf die Geschäftsführung das unternehmerische Geschehen vor Insolvenzeintritt beeinflussen und dadurch das Insolvenzrisiko der kreditnehmenden Gesellschaft steuern. Dies führt wiederum dazu, dass hierdurch entscheidend auf die Werthaltigkeit aller übrigen Forderungen der Gesellschaftsgläubiger eingewirkt werden kann. Hieran zeigt sich, dass Gesellschafter vor Insolvenzeintritt in weit höherem Maße in der Lage sind, Einfluss auf das Schuldnervermögen zu nehmen, wodurch automatisch auch die Forderungen aller übrigen Gläubiger der kreditnehmenden Gesellschaft in größerem Umfang betroffen sind.

Als Ausgleich für die vor Insolvenzeintritt bestehende Sonderstellung der Gesellschafter werden daher deren Forderungen aus Gesellschafterdarlehen gemäß § 39 I Nr. 5 InsO subordiniert bzw. Handlungen, welche dem Gesellschafter Befriedigung aus seiner Darlehensforderung gewährt haben, können vom Insolvenzverwalter nach § 135 I Nr. 2 InsO angefochten werden. Der Gesetzgeber will daher zur Durchsetzung des Prinzip der Gläubigergleichbehandlung über die Regelungen der §§ 39 I Nr. 5, 135 I Nr. 2 InsO die vor Insolvenzeintritt bestehende Privilegierung der Gesellschafter durch deren „Schlechterstellung" bei tatsächlichem Eintritt der Insolvenz kompensieren. Denn wer vor Eintritt der Insolvenz in den Genuss einer im Vergleich zu den übrigen Gesellschaftsgläubigern hervorgehobenen Stellung kommt und dadurch das Kapital aller übrigen Gläubiger mitverwaltet, der muss dann auch die nachrangige Befriedigung als zwingende Folge der erfolglosen Ausübung seiner Mitwirkungsrechte hinnehmen.

Jene im Vorfeld der Insolvenz bestehende Privilegierung der Gesellschafter, wegen derer sie bei tatsächlichem Eintritt der Insolvenz schlechter gestellt werden, äußert sich maßgeblich in deren – im Gegensatz zu den übrigen Gesellschaftsgläubigern – bestehenden Möglichkeit, das unternehmerische Geschehen vor Insolvenzeintritt zu steuern. Damit spiegelt auch der im gesamten Insolvenzrecht geltende Gläubigergleichbehandlungsgrundsatz die Annahme wider, dass der Regelungsgrund der Rückstufung von Gesellschafterdarlehen in der zuvor ausgeübten Einflussnahme auf die Geschäftsführung besteht, da diese hierdurch in der Lage sind, in weit höherem Maße auf das Schuldnervermögen vor Insolvenzeintritt einzuwirken, womit das Prinzip der Gläubigergleichbehandlung im späteren Insolvenzverfahren gefährdet ist.

3. Ergebnis

Zusammenfassend kann daher festgestellt werden, dass der Gesetzgeber durch die Neufassung des § 39 I Nr. 5 InsO das Konzept der Finanzierungsfolgenverantwortung aufgegeben hat. Der Rechtsgrund der Rückstufung von Gesellschafterdarlehen besteht vielmehr künftig in der im Vergleich zu den übrigen Fremdkapitalgebern hervorgehobenen Stellung der Gesellschafter, durch welche diese einen besseren Einblick in die innergesellschaftlichen Betriebsabläufe haben und mittels ihrer Einwirkungsmöglichkeiten auf die Geschäftsführung in der Lage sind, das unternehmerische Geschehen vor Insolvenzeintritt zu bestimmen, womit sie im Ergebnis auch das Insolvenzrisiko steuern können[402]. Dies ergibt sich daraus, dass durch das Inkrafttreten des MoMiG die Rückstufung von bestimmten Darlehensforderungen in der Insolvenz nur noch von der Stellung des Kreditgebers abhängig ist. Damit ist nun gesetzlich geregelt, was sich durch die Rspr. des BGH zur Einbeziehung Dritter in den Adressatenkreis des § 32a III 1 GmbHG a. F. bereits angedeutet hat, als dieser einer kreditgewährenden Bank eine Finanzierungsfolgenverantwortung wegen deren vor Insolvenzeintritt eingeräumten und tatsächlich ausgeübten Mitwirkungsrechten auferlegt hat.

II. Die Rückstufung von Darlehen covenant-geschützter Kreditgeber

Nachdem soeben herausgearbeitet wurde, dass sich der Rechtsgrund der Rückstufung von Gesellschafterdarlehen gemäß § 39 I Nr. 5 InsO aus der vorinsolvenzlichen Einflussnahmemöglichkeit der Gesellschafter auf die Geschäftsführung und der damit zusammenhängenden Steuerung des Insolvenzrisikos ergibt, muss nun der Frage nachgegangen werden, ob gesellschaftsfremden Dritten bereits durch die bloße Vereinbarung von Informations- und Einflussnahmerechten in Covenants eine Rückstufung ihrer Kreditforderungen mit Eröffnung des Insolvenzverfahrens droht.

Obwohl sich die Subordination von Darlehen Dritter nicht mehr explizit aus dem Gesetz ergibt, soll ausweislich des Regierungsentwurfs zum MoMiG der ursprüngliche § 32a III 1 GmbHG a. F. in personeller und sachlicher Hinsicht übernommen werden[403]. Dies lässt sich auch unter den Wortlaut des § 39 I Nr. 5 InsO subsumieren, wonach Rechtshandlungen, welche einem Gesellschafterdarlehen wirtschaftlich entsprechen, ebenfalls nachrangig zu befriedigen sind. Somit besteht auch nach neuer Rechtslage ein Raum, wonach Dritten, welche keine formale Gesellschafterstellung innehaben, die Subordination ihrer Darlehensforderung nach § 39 I Nr. 5 InsO droht.

---

402 Im Ergebnis ebenfalls: Servatius, Gläubigerschutz durch Covenants, S. 481 ff.; Breidenstein, ZInsO 2010, 273, 275 f.

403 RegE MoMiG, BT-Drucks. 16/6140, S. 56.

Um nun herausarbeiten zu können, ob Kreditgeber bereits durch die bloße Vereinbarung von Informations- und Einflussnahmerechten in Covenants Gesellschaftern gemäß § 39 I Nr. 5 InsO gleichzustellen sind, muss zunächst der bisherige Meinungsstand aufgearbeitet werden. Entscheidend kommt es hierbei wieder auf die ratio legis der Subordination von Gesellschafterdarlehen an.

1. Ablehnende Literaturmeinungen

Nach Auffassung von einigen Stimmen der Literatur führt die bloße Einflussnahme über Covenants nicht zu einer Gesellschaftergleichstellung von Kreditgebern gemäß § 39 I Nr. 5 InsO[404]. *Habersack* zufolge kommt es gar durch das Inkrafttreten des MoMiG zu einer noch strikteren Begrenzung des persönlichen Anwendungsbereichs des § 39 I Nr. 5 InsO auf Dritte[405]. Denn durch die Aufgabe der Finanzierungsfolgenverantwortung und der damit einhergehenden „Entmaterialisierung" der Vorschriften über Gesellschafterdarlehen kommt die Einbeziehung Dritter nur noch dann in Betracht, wenn diesen gleichzeitig das Prinzip der Haftungsbeschränkung zugute kommt[406]. Da jedoch der covenant-gesicherte Darlehensgeber nicht von der Haftungsbeschränkung des § 13 II GmbHG profitiere, scheide eine Gleichstellung aus.

Nach Ansicht von *Runge* hat sich der Regelungszweck der Rückstufung von Gesellschafterdarlehen zwar insoweit geändert, als Gesellschafter nach Maßgabe der §§ 39 I Nr. 5, 135 I Nr. 2 InsO künftig wegen des Prinzips der beschränkten Haftung in Verantwortung genommen werden[407]. Dennoch seien die nach alter Rechtslage geltenden Voraussetzungen für die Gleichstellung gesellschaftsfremder Dritter weiter heranzuziehen[408]. Danach sei auch weiterhin ein gesellschaftergleiches unternehmerisches Eigeninteresse am Schicksal der Gesellschaft erforderlich, welches nur durch eine zumindest mittelbare vermögensmäßige Beteiligung am kreditnehmenden Unternehmen vermittelt werden könne[409]. Eben jenes unternehmerische Eigeninteresse fehle jedoch bei Kreditgebern, welche sich lediglich über Covenants Einwirkungsrechte zusichern lassen und damit keine zumindest mittelbare Vermögensbeteiligung an der kreditnehmenden Gesellschaft haben, aus der sich dann das nach § 39 I Nr. 5 InsO erforderliche unternehmerische Eigeninteresse ableiten lässt[410].

---

404 Ulmer/Habersack GmbHG-Ergänzungsband MoMiG, § 30 Rn 45; Habersack, ZIP 2007, 2145, 2148; Huber, FS-Priester, S. 259, 279 f.; Runge, Covenants in Kreditverträgen, S. 183, Rz 4.80 ff.; Krolop, GmbHR 2009, 397, 400; K. Schmidt, in Scholz GmbHG-Nachtrag MoMiG, § 32a/b, Rn 23; K. Schmidt, GmbHR 2009, 1009, 1019; Hirte, WM 2008, 1429, 1431.

405 Ulmer/Habersack GmbHG-Ergänzungsband MoMiG, § 30 Rn 45; Habersack, ZIP 2007, 2145, 2148; so auch: Huber, FS-Priester, S. 259, 279 f.

406 Ulmer/Habersack GmbHG-Ergänzungsband MoMiG, § 30 Rn 45; Habersack, ZIP 2007, 2145, 2148 f.; so auch: Huber, FS-Priester, S. 259, 279 f.

407 Runge, Covenants in Kreditverträgen, S. 181, Rz 4.76 ff. und S. 183, Rz 4.79.

408 Runge, Covenants in Kreditverträgen, S. 183, Rz 4.80.

409 Runge, Covenants in Kreditverträgen, S. 185, Rz 4.82.

410 Runge, Covenants in Kreditverträgen, S. 188, Rz 4.88.

Unter ähnlichen Erwägungen kommt auch *Krolop* zu dem Ergebnis, dass die bloße Vereinbarung von Covenants in Kreditverträgen noch nicht zu einer Rückstufung der Kreditforderung des gesellschaftsfremden Dritten nach § 39 I Nr. 5 InsO führt[411]. Dies ergebe sich daraus, dass der Rechtsgrund der Subordination nach neuem Recht in der Beteiligung des Gesellschafters an den unternehmerischen Chancen und Risiken des Kreditnehmers liege, wofür wiederum eine Vermögensteilhabe an der kreditnehmenden Gesellschaft zwingend erforderlich sei. Da eine derartige Beteiligung beim reinen Darlehensgeber jedoch nicht vorliege, dieser damit auch nicht von den unternehmerischen Chancen profitiere, scheide eine Gleichstellung allein wegen der durch Covenants vermittelten Einflussnahmerechten aus[412]. Im Übrigen sei das Gefahrpotential durch Banken im Hinblick auf den Gläubigerschutz überschaubar, da deren Interessen grds. konform mit den übrigen Gläubigern gingen und in Fällen des Missbrauchs eine Haftung über § 826 BGB zu erfolgen habe[413].

2. Befürwortende Literaturansichten

Dagegen droht nach Ansicht von Teilen der Literatur Kreditgebern gerade nach neuer Rechtslage die Einbeziehung in den Adressatenkreis des § 39 I Nr. 5 InsO, wenn sie sich durch die Vereinbarung von Covenants weitreichende Mitwirkungsrechte einräumen lassen[414]. Insbesondere komme es nach Auffassung von *Breidenstein* bei der Einbeziehung darlehensgewährender Dritter nicht mehr auf die Beteiligung am Gesellschaftsvermögen an, vielmehr seien die sich aus der Insiderstellung ergebenden Einflussnahmerechte entscheidend für die Subordination von Darlehen Dritter[415]. Denn die neue Rechtslage verfolge das Prinzip, dass derjenige, der die Geschicke der Gesellschaft vor Eintritt der Insolvenz lenke, in der Insolvenz auch dafür haften müsse[416]. Dies ergebe sich durch den vom Gesetzgeber mit Inkrafttreten des MoMiG vorgenommenen Perspektivwechsel, wonach nicht mehr die inkonsistente Finanzierung, sondern die Übernahme von Verantwortung für die Geschicke der Gesellschaft und die daraus folgende Beeinflussung und Steuerung des Insolvenzrisikos maßgeblicher Anknüpfungspunkt der Rückstufung von Gesellschafterdarlehen sei[417]. Nachdem der Rechtsgrund der Rückstufung von bestimmten Darlehensforderungen in der Übernahme der Verantwortung für das unternehmerische Geschehen vor Eintritt der Insolvenz liege, reiche daher die bloße Möglichkeit der Einflussnahme über Covenants aus, Darlehensforderungen covenant-gesicherter

411 Krolop, GmbHR 2009, 397, 400.
412 Krolop, GmbHR 2009, 397, 400.
413 Krolop, GmbHR 2009, 397, 400.
414 Breidenstein, ZInsO 2010, 273, 276; Servatius, Gläubigerschutz durch Covenants, S. 494 ff., 524 ff.; Kampshoff, GmbHR 2010, 897, 899 ff.; Kleindiek, in Lutter/Hommelhoff, GmbHG, Anhang zu § 64, Rn 126 f.
415 Breidenstein, ZInsO 2010, 273, 276.
416 Breidenstein, ZInsO 2010, 273, 276.
417 Breidenstein, ZInsO 2010, 273, 275.

Kreditgeber zu subordinieren[418]. Der Gesetzgeber sanktioniere daher mit der Nachrangigkeit die erfolglose Ausübung der Gesellschafterrechte vor der Insolvenz, wodurch Gesellschafter nunmehr eine über die Höhe des Stammkapitals hinausgehende Erfolgshaftung bis zum Betrag des von ihnen ausgegebenen Kredites treffe[419]. Da sich Kreditgeber über Covenants eben jene Mitspracherechte einräumen lassen, drohe eine Subordination deutlich eher als nach alter Rechtslage. Wegen der ökonomischen Folgen einer extensiven Einbeziehung in den Adressatenkreis des § 39 I Nr. 5 InsO sei jedoch eine einschränkende Auslegung geboten, so dass eine Rückstufung lediglich dann erfolgen solle, wenn der Kreditnehmer „an die extrem kurze Leine genommen" würde, wofür die bloße Vereinbarung von Informationsrechten nicht ausreichend sei[420].

Auch *Servatius* ist der Auffassung, dass Darlehen covenant-geschützter Kreditgeber allein wegen deren Einflussnahme zurückgestuft werden können[421]. Denn alleiniger Zurechnungsgrund sei die Mitbeeinflussung des Insolvenzrisikos[422]. Entscheidend für die Subordination nach § 39 I Nr. 5 InsO seien hierbei die im Vorfeld der Insolvenz vorgenommenen Handlungen des darlehensgewährenden Dritten, durch welche dieser das unternehmerische Risiko habe steuern und damit letzten Endes das Insolvenzrisiko der kreditnehmenden Gesellschaft (mit-)beeinflussen können[423]. Daher bedürfe es für die Einbeziehung Dritter in den Anwendungsbereich des § 39 I Nr. 5 InsO weder einer mitgliedschaftlichen Position des Fremdkapitalgebers noch eines bereits als Eigenkapital geleisteten Finanzierungsbeitrags[424]. Denn ein Kreditgeber, welcher über Covenants unternehmerische Tätigkeit ausübe, dürfe sich nicht darauf berufen, in den Genuss eines mit Befriedigungsfunktion versehenen Insolvenzverfahrens zu kommen, welches denjenigen zu dienen bestimmt sei, die diese Möglichkeit nicht hatten bzw. nicht wahrgenommen haben[425]. Bestätigt werde dies durch die in § 490 I BGB zum Ausdruck kommende Risikozuweisung nach Herrschaftsbereichen, welche ebenfalls im neuen Recht der Gesellschafterdarlehen gelte[426]. Es sei daher nicht gerechtfertigt, bei Eröffnung des Insolvenzverfahrens dem covenant-geschützten Fremdkapitalgeber die Stellung eines „gewöhnlichen" Gläubigers zuzuweisen, obwohl dieser den Eintritt der Insolvenz des Kreditnehmers (mit-)beeinflusst habe. Nachdem die Rückstufung von Darlehen gesellschaftsfremder Dritter an deren vorinsolvenzliche Steuerung des unternehmerischen Geschehens anknüpfe, sei jedoch Voraussetzung für die Einbeziehung in den Adressatenkreis des § 39 I Nr. 5 InsO, dass der über Covenants ver-

---

418 Breidenstein, ZInsO 2010, 273, 282.
419 Breidenstein, ZInsO 2010, 273, 275 f.
420 Breidenstein, ZInsO 2010, 273, 280 f.
421 Servatius, Gläubigerschutz durch Covenants, S. 494 ff., 524 ff.
422 Servatius, Gläubigerschutz durch Covenants, S. 481 ff.; 494 ff.
423 Servatius, Gläubigerschutz durch Covenants, S. 494.
424 Servatius, Gläubigerschutz durch Covenants, S. 483.
425 Servatius, Gläubigerschutz durch Covenants, S. 494.
426 Servatius, Gläubigerschutz durch Covenants, S. 494; S. 394 ff. Vgl. hierzu bereits Ausführungen in: Teil 2, B., I., 1.

mittelte Einfluss auch tatsächlich Auswirkung auf den Insolvenzeintritt gehabt, d.h. die Zahlungsunfähigkeit oder Überschuldung (mit-)veranlasst habe[427].

Zu einem ähnlichen Ergebnis gelangt *Kampshoff*, welcher die Nähe des Gesellschafters bzw. des Dritten zur Gesellschaft als Legitimationsgrundlage der Rückstufung ansieht[428]. Wegen des erheblichen Informationsvorsprungs und der größeren Eingriffsmöglichkeiten auf die Geschäftsleitung, müssten die übrigen Gläubiger vor einer vorzeitigen und damit vorrangigen Befriedigung der Gesellschafter geschützt werden. Voraussetzung für die Gleichstellung Dritter sei allerdings, dass diese im Vergleich zu den „einfachen" Gläubigern tatsächlich „näher" an der Gesellschaft dran seien[429]. Entscheidend sei hierbei, in welchem Umfang der Kreditgeber über die Möglichkeit verfüge, mittels Covenants Einfluss auf die Geschäftsleitung zu nehmen[430]. Hierfür nicht ausreichend seien Vereinbarungen zur Einhaltung bestimmter Finanzkennzahlen durch Financial Covenants oder die Einräumung weitreichender Informationsrechte[431]. Dies ergebe sich aus dem Umstand, dass der Kreditgeber hierdurch noch nicht in die Lage versetzt werde, auf die Unternehmensführung aktiv einzuwirken bzw. sich dabei noch im Rahmen seines berechtigten Interesses an der Risikominimierung bewege. Etwas anderes ergebe sich hingegen dann, wenn sich der Kreditgeber weitreichende Befugnisse zur Führung der Geschäfte oder derart umfangreiche Zustimmungserfordernisse einräumen lasse, mit welchen er in das Tagesgeschäft in dem Maße eingreifen könne, dass die Geschäftsführer in ihrer Entscheidungsfreiheit erheblich beeinträchtigt seien[432].

Ferner scheint auch *Kleindiek* es für möglich zu halten, covenant-gesicherte Kreditgeber allein aufgrund ihrer Einflussnahmemöglichkeiten auf die Geschäftsführung in den Adressatenkreis der §§ 39 I Nr. 5, 135 I Nr. 2 InsO einzubeziehen[433]. Denn eine Gleichstellung komme in Betracht, wenn der Dritte gleich einem Gesellschafter über Einwirkungsmöglichkeiten auf das unternehmerische Geschehen der Gesellschaft verfüge, welche ihn von den übrigen Gläubigern deutlich hervorhebe und er hierdurch in die Lage komme, zu Lasten dieser Eigeninteressen zu verfolgen und auch durchzusetzen[434]. Sollten daher Kreditgeber über Covenants eine Doppelrolle gleich einem Gesellschafter einnehmen, deutet einiges darauf hin, dass auch *Kleindiek* bei entsprechender Einflussnahme auf die Geschäftsführung die Einbeziehung darlehensgewährender Dritter in den Adressatenkreis des § 39 I Nr. 5 InsO für möglich hält.

---

427 Servatius, Gläubigerschutz durch Covenants, S. 524 ff.
428 Kampshoff, GmbHR 2010, 897, 899 ff.
429 Kampshoff, GmbHR 2010, 897, 899.
430 Kampshoff, GmbHR 2010, 897, 901.
431 Kampshoff, GmbHR 2010, 897, 901 f.
432 Kampshoff, GmbHR 2010, 897, 901 f.
433 Kleindiek, in Lutter/Hommelhoff, GmbHG, Anhang zu § 64, Rn 126 f.
434 Kleindiek, in Lutter/Hommelhoff, GmbHG, Anhang zu § 64, Rn 126.

3. Stellungnahme zur neuen Rechtslage

Kreditgeber können gemäß § 39 I Nr. 5 InsO Gesellschaftern gleichgestellt werden, wenn sie durch die Vereinbarung von Covenants über massive Einwirkungsmöglichkeiten gegenüber der Geschäftsführung verfügen und durch deren Ausübung das unternehmerische Geschehen in der kreditnehmenden Gesellschaft vor Eintritt der Insolvenz auch tatsächlich gesteuert haben[435]. Damit droht Kreditgebern bereits durch die bloße Vereinbarung von Informations- und Einflussnahmerechten in Covenants die Subordination ihrer Darlehensforderung nach § 39 I Nr. 5 InsO, ohne dass es hierbei auf das Vorliegen einer zumindest mittelbaren Beteiligung am Vermögen und Ertrag der kreditnehmenden Gesellschaft ankommt. Denn entscheidend für die Subordination von Kreditforderungen Dritter ist, dass der Kreditgeber durch die in Covenants vereinbarten Einflussnahmerechte über eine im Vergleich zu den übrigen Gesellschaftsgläubigern hervorgehobene Stellung verfügt, durch welche er – gleich einem Gesellschafter als Darlehensgeber – die unternehmerischen Geschicke vor Insolvenzeintritt bestimmen kann und dadurch im Ergebnis das Insolvenzrisiko beeinflusst.

Dies ergibt sich daraus, dass nach dem Wortlaut des § 39 I Nr. 5 InsO nicht nur Forderungen aus Gesellschafterdarlehen, sondern auch diejenigen Darlehensforderungen subordiniert werden, die einem Gesellschafterdarlehen wirtschaftlich entsprechen. Kennzeichnend für ein Gesellschafterdarlehen ist wiederum, dass beim Gesellschafter als Kreditgeber Fremdkapitalhingabe und unternehmerische Leitungsmacht in einer Person zusammenfallen. Dieser hat im Gegensatz zu den übrigen Fremdkapitalgebern auch nach Valutierung des Darlehensbetrages kraft seiner Stellung die Möglichkeit, auf die Verwendung der Mittel Einfluss zu nehmen, indem er durch umfassende Weisungsbefugnisse gegenüber der Geschäftsführung das unternehmerische Geschehen vor Eintritt der Insolvenz bestimmen und dadurch das Insolvenzrisiko steuern kann. Eben jene gesellschaftertypische Position können sich Kreditgeber über Covenants ebenfalls verschaffen. Denn mittels Covenants können sich Darlehensgeber gesellschaftertypische Einflussnahmerechte einräumen lassen, durch welche sie ebenfalls die unternehmerischen Geschicke vor Eintritt der Insolvenz steuern können. Dadurch fällt auch bei einem gesellschaftsfremden Kreditgeber Kapitalhingabe und unternehmerische Leitungsmacht in einer Person zusammen, was bei wirtschaftlicher Betrachtung einem Gesellschafterdarlehen entspricht.

Mit Inkrafttreten des MoMiG hat sich daher für Kreditgeber das Risiko einer Rückstufung von covenant-unterlegten Darlehen gemäß § 39 I Nr. 5 InsO deutlich erhöht. Denn im Gegensatz zur alten Rechtslage muss nicht mehr der Versuch unternommen werden, aus den vor Insolvenzeintritt ausgeübten Mitwirkungsrechten auf die Geschäftsführung eine Finanzierungsfolgenverantwortung des Kreditge-

---

435 Im Ergebnis auch: Servatius, Gläubigerschutz durch Covenants, S. 494 ff.; Breidenstein, ZInsO 2010, 273, 276; Kampshoff, GmbHR 2010, 897, 901 f.

bers abzuleiten[436]. Hieraus wird deutlich, dass nun gesetzlich verankert ist, was sich durch die Rspr. des BGH zur Einbeziehung Dritter gemäß § 32a III 1 GmbHG a.F. bereits angedeutet hat, als dieser die haftungsrechtliche Verstrickung des Fremdkapitals an die zuvor ausgeübte unternehmerische Tätigkeit des Kreditgebers geknüpft hat.

a) *Die ratio legis der Rückstufung von bestimmten Kreditforderungen gemäß § 39 I Nr. 5 InsO*

Dass Kreditforderungen Dritter bereits aufgrund der bloßen Vereinbarung von Covenants gemäß § 39 I Nr. 5 InsO zurückgestuft werden können, ergibt sich zunächst aus der ratio legis der Subordination von Gesellschafterdarlehen.

Denn wie im vorangegangenen Kapitel herausgearbeitet, besteht die Legitimationsgrundlage der Rückstufung von Gesellschafterdarlehen in der im Vergleich zu den übrigen Fremdkapitalgebern hervorgehobenen Stellung der Gesellschafter, durch welche diese einen besseren Einblick in die innergesellschaftlichen Betriebsabläufe haben und mittels ihrer Einwirkungsmöglichkeiten auf die Geschäftsführung in der Lage sind, das unternehmerische Geschehen vor Insolvenzeintritt zu bestimmen, womit sie im Ergebnis auch das Insolvenzrisiko steuern können. Hierdurch wird deutlich, dass zum Schutze der Gesellschaftsgläubiger und zur Verhinderung von Missbrauch die Insolvenzmasse nicht durch Forderungen derjenigen geschmälert werden soll, die vor Insolvenzeintritt das unternehmerische Geschehen steuern konnten und damit die Werthaltigkeit aller übrigen Forderungen der Gesellschaftsgläubiger beeinflusst haben[437].

Eben jene im Vergleich zu den übrigen Gläubigern der Gesellschaft hervorgehobene Stellung können sich Darlehensgeber durch die Vereinbarung von Covenants in Kreditverträgen ebenfalls verschaffen. Denn aus den hieraus folgenden Ge- und Verboten, Zustimmungsvorbehalten und Weisungsbefugnissen sind auch Kreditgeber in der Lage, das unternehmerische Geschehen im Vorfeld der Insolvenz beim Darlehensnehmer zu steuern und zu Lasten der übrigen Gesellschaftsgläubiger Eigeninteressen durchzusetzen.

Damit entspricht die Rückstufung covenant-gesicherter Kreditgeber dem Regelungsmotiv des § 39 I Nr. 5 InsO, wodurch verhindert wird, dass sich Fremdkapitalgeber einerseits mittels Covenants die Möglichkeit verschaffen, auch nach Ausgabe des Darlehens auf die Verwendung der Mittel einzuwirken, indem sie die unternehmerischen Geschicke bestimmen können und dadurch gegenüber den übrigen Gläubigern der Gesellschaft eine hervorgehobene Position erlangen, dann aber andererseits bei erfolgloser Ausübung ihrer gesellschaftertypischen Einflussnahmerechte sich auf die Stellung eines „gewöhnlichen“ Insolvenzgläubigers nach § 38

---

436 So insbesondere der BGH in seiner Pfandgläubiger-Entscheidung. Vgl.: BGH vom 13.07.1992, BGHZ 119, 191. Siehe dazu bereits: Teil 2, A., IV., 4., a).
437 In diese Richtung auch: Servatius, Gläubigerschutz durch Covenants, S. 483, 494.

InsO zurückziehen wollen, um dadurch gleichermaßen wie die übrigen Gesellschaftsgläubiger an der Insolvenzmasse zu partizipieren.

Anders als der BGH zur Rechtslage vor Inkrafttreten des MoMiG, muss daher künftig bei der Einbeziehung Dritter in den Adressatenkreis des § 39 I Nr. 5 InsO nicht mehr aus den zuvor ausgeübten Mitwirkungsrechten eine Finanzierungsfolgenverantwortung abgeleitet werden, da der Rechtsgrund der Subordination von bestimmten Darlehensforderungen nunmehr an die zuvor erfolglos ausgeübten Einflussnahmerechte knüpft[438].

Wie jedoch noch zu zeigen sein wird, führt nicht jede Vereinbarung in Covenants per se zur Rückstufung der Darlehensforderung, vielmehr kommt eine Gleichstellung lediglich dann in Betracht, wenn der Kreditgeber auch tatsächlich das unternehmerische Geschehen im Vorfeld der Insolvenz gesteuert hat[439].

Der Auffassung von *Habersack*, nach welchem die Einbeziehung Dritter in den Anwendungsbereich des § 39 I Nr. 5 InsO deswegen ausscheide, weil diese nicht vom Haftungsprivileg des § 13 II GmbHG profitieren[440], kann daher nicht gefolgt werden. Wie bereits im vorangegangenen Kapitel herausgearbeitet, legitimiert sich der Rechtsgrund der Rückstufung von Gesellschafterdarlehen gerade nicht mit der den Gesellschaftern zugute kommenden Haftungsbeschränkung auf das Gesellschaftsvermögen[441]. Die ratio legis der Subordination von Gesellschafterdarlehen besteht vielmehr in deren inkompatibler Doppelrolle, durch welche diese ihre Rolle als Fremdkapitalgeber mit derjenigen eines Unternehmers verbinden und hierdurch in der Lage sind, nach Ausgabe der Darlehensvaluta das unternehmerische Geschehen zu steuern. Entgegen der Meinung von *Habersack* kommt es damit nach neuer Rechtslage nicht zu einer deutlich restriktiveren Anwendung des Rechts der Gesellschafterdarlehen bei Dritten; im Gegenteil, nachdem die Legitimationsgrundlage der Rückstufung in der im Vergleich zu den übrigen Gesellschaftsgläubigern hervorgehobenen Stellung des Gesellschafters besteht, ist davon auszugehen, dass es künftig zu einer Verschärfung der Haftung des darlehensgewährenden Dritten kommt, sofern dieser über Covenants das unternehmerische Geschehen vor Eintritt der Insolvenz bestimmt hat und dadurch im Ergebnis auch das Insolvenzrisiko beeinflussen konnte.

Auch der Ansicht von *Krolop* ist zu widersprechen, nach welcher sich das Regelungsmotiv des § 39 I Nr. 5 InsO nicht aus der vorinsolvenzlichen Einflussnahme ergibt, sondern vielmehr in der Beteiligung an den unternehmerischen Chancen und Risiken der kreditnehmenden Gesellschaft besteht, so dass eine Gleichstellung covenant-gesicherter Kreditgeber bereits deswegen ausscheidet, weil es diesen an dem damit zwingend verbundenen Erfordernis einer Vermögensteilhabe an der Gesell-

---

438 Vgl. Breidenstein, ZInsO 2010, 273, 275 f.
439 Siehe dazu Teil 2, B., II., 4.
440 Ulmer/Habersack GmbHG-Ergänzungsband MoMiG, § 30 Rn 45; Habersack, ZIP 2007, 2145, 2148 f.
441 Teil 2, B., I., 2.

schaft fehlt[442]. Denn wie ebenfalls im vorangegangenen Kapitel herausgearbeitet, orientiert sich *Krolop* im Kern weiterhin an der Finanzierungsfolgenverantwortung als Legitimationsgrundlage der Subordination von bestimmten Darlehensforderungen[443], welche jedoch mit dem Wegfall des Krisenmerkmals aufgegeben wurde. Damit beschränkt sich die Regelung des § 39 I Nr. 5 InsO nicht mehr auf die Krisenfinanzierung und der damit zusammenhängenden Frage, ob durch die Fremdfinanzierung eine Schieflage zwischen den unternehmerischen Chancen und Risiken bei Sanierungsversuchen herbeigeführt wurde, welche durch die Subordination ausgeglichen werden soll. Schlichtweg alle Gesellschafterdarlehen und diesen gleichgestellte Forderungen werden mit Eintritt der Insolvenz subordiniert, d.h. unabhängig davon, ob sie im Zeitpunkt einer Krise zu Sanierungszwecken gewährt oder stehengelassen wurden.

b) Die Notwendigkeit einer (mittelbaren) Vermögensbeteiligung sowie das Vorliegen eines unternehmerischen Eigeninteresses

Darüber hinaus kommt es bei der Frage, unter welchen Voraussetzungen covenantgesicherte Kreditgeber gemäß § 39 I Nr. 5 InsO Gesellschaftern gleichzustellen sind, weder darauf an, ob der Darlehensgeber zumindest mittelbar am Vermögen und Ertrag der kreditnehmenden Gesellschaft beteiligt ist noch spielt das Bestehen eines unternehmerischen Eigeninteresses am Schicksal des darlehensnehmenden Unternehmens eine Rolle[444]. Daher muss auch der Auffassung von *Runge*, welche weiterhin das durch eine zumindest mittelbare Vermögensbeteiligung an der kreditnehmenden Gesellschaft vermittelte unternehmerische Eigeninteresse als zwingende Voraussetzung für die Gesellschaftergleichstellung betrachtet[445], widersprochen werden.

Denn auf das letzten Endes aus dem Gesellschaftsrecht abgeleitete Erfordernis eines aufgrund einer zumindest mittelbaren Vermögensbeteiligung resultierenden unternehmerischen Eigeninteresses des Dritten am Schicksal der kreditnehmenden Gesellschaft kommt es bei der Rückstufung von bestimmten Darlehensforderungen gemäß § 39 I Nr. 5 InsO gar nicht an. Hinzuweisen sei in diesem Zusammenhang erneut darauf, dass der Gesetzgeber das frühere Eigenkapitalersatzrecht auf eine rein insolvenz- und anfechtungsrechtliche Grundlage gestellt hat[446]. Damit sind auch bei der Einbeziehung Dritter in den Adressatenkreis des § 39 I Nr. 5 InsO vorrangig insolvenzrechtliche Wertungen heranzuziehen. Nachdem jedoch im Insolvenzrecht der Gläubigerschutz im Mittelpunkt steht, was sich insbesondere auch in den Regelungen der §§ 39 I Nr. 5, 135 I Nr. 2 InsO zeigt, kann es weder auf eine zumindest mittelbare Beteiligung am Vermögen und Ertrag der kreditnehmenden Gesellschaft noch auf ein darauf basierendes unternehmerisches Interesse am Schicksal der

442 Krolop, GmbHR 2009, 397, 400.
443 Siehe dazu bereits: Teil 2, B., I., 2., c).
444 Siehe dazu bereits: Teil 2, B., I., 2., d), aa), (2).
445 Runge, Covenants in Kreditverträgen, S. 185, Rz 4.82; S. 188, Rz 4.88.
446 So die ganz h.M. vgl. nur: Habersack, ZIP 2007, 2145 ff.

Gesellschaft ankommen[447]. Denn über die §§ 39 I Nr. 5, 135 I Nr. 2 InsO sollen die Interessen der Gesellschaftsgläubiger insgesamt geschützt werden, welchen es völlig gleichgültig ist, woraus der Betreffende seine Einwirkungsmöglichkeiten auf die Geschäftsführung vor Eintritt der Insolvenz ableitet – sei es aufgrund seiner mitgliedschaftlichen Stellung, weil er am Vermögen der Gesellschaft beteiligt ist, oder beispielsweise aufgrund von Nebenabreden in Kreditverträgen. Entscheidend ist für diese vielmehr, dass die Insolvenzmasse nicht durch Forderungen derjenigen geschmälert wird, die zuvor ihr Kapital mitverwaltet haben.

Ferner zeigt der Umstand, wonach Gesellschafter aufgrund der Vereinbarung im Gesellschaftsvertrag von der Gewinnbeteiligung sowie der Teilhabe am Liquidationserlös ausgeschlossen werden können, dass die Beteiligung am Vermögen und Ertrag der Gesellschaft nicht die alles entscheidende Voraussetzung der Gesellschafter(gleich)stellung sein kann[448]. Denn in derart ausgestalteten Fällen hat der Betreffende weiterhin die Stellung eines Gesellschafters inne, ohne selbst am Vermögen und Ertrag der Gesellschaft beteiligt zu sein.

Darüber hinaus liefe die Einbeziehung Dritter in den Adressatenkreis des § 39 I Nr. 5 InsO nahezu leer, sofern hierfür eine Beteiligung am Vermögen und Ertrag der kreditnehmenden Gesellschaft zwingend erforderlich wäre[449]. Denn Kreditgeber könnten mittels Covenants sowohl die Geschäftsführer als auch die formalen Gesellschafter des kreditnehmenden Unternehmens zu reinen Befehlsempfängern degradieren, ohne dass ihnen hierdurch eine Subordination ihrer Kreditforderung droht, solange sie nur eine Vermögensteilhabe vermeiden. Dies wiederum widerspräche dem ausdrücklichen Willen des Gesetzgebers, wonach der ursprüngliche § 32a III 1 GmbHG a. F. in personeller und sachlicher Hinsicht übernommen werden soll, d.h. es sollen gerade auch Dritte, welchen es an der für die formalen Gesellschafter typischen Vermögensbeteiligung fehlt, vom Anwendungsbereich des § 39 I Nr. 5 InsO erfasst sein[450].

Außerdem wird bei Fremdkapitalgebern in manchen Fällen ein unternehmerisches Interesse am Schicksal der kreditnehmenden Gesellschaft tatsächlich vorliegen. Man denke beispielsweise an Hedge-Fonds oder Private-Equity Gesellschaften, welche von Banken Kreditforderungen mit der Absicht aufkaufen, durch späteren Debt-Equity-Swap eine Gesellschafterstellung im kreditnehmenden Unternehmen einzunehmen und nach erfolgter Restrukturierung diese Geschäftsanteile gewinnbringend weiter zu veräußern[451]. Zwischen Kauf der Kreditforderung und anschließendem Swap wird von diesen Finanzinvestoren bereits häufig versucht, mittels Covenants Einfluss auf das kreditnehmende Unternehmen auszuüben, um dessen wirtschaftliche Lage zu verbessern. Wird nun das Insolvenzverfahren über

---

447 Siehe dazu bereits: Teil 2, B., I., 2., d), aa), (2).
448 In diese Richtung auch: Fleischer, ZIP 1998, 313, 316 f.
449 Vgl. Kampshoff, GmbHR 2010, 897, 899 f.
450 RegE MoMiG, BT-Drucks. 16/6140, S. 56.
451 Ausführlich zum sog. Distressed M&A: Wittig, in Schmidt/Uhlenbruck, Die GmbHG in Krise, Sanierung und Insolvenz, Rn 2.279 ff.

das Vermögen der kreditnehmenden Gesellschaft im Zeitraum zwischen dem Kauf der Kreditforderung und späterem Swap eröffnet, so liegt in der Tat ein unternehmerisches Interesse am Schicksal der kreditnehmenden Unternehmen seitens der neuen Inhaber dieser Kreditforderungen vor. Denn diese haben gerade zum Zwecke einer späteren Übernahme der Gesellschafterstellung die Kreditforderungen erworben.

c) Ökonomische Betrachtung

Untermauert wird die Annahme, covenant-gesicherte Kreditgeber könnten bereits durch die vorinsolvenzliche Einflussnahme auf die Geschäftsführung und der damit zusammenhängenden Steuerung des Insolvenzrisikos vom Adressatenkreis des § 39 I Nr. 5 InsO erfasst werden, erneut durch eine ökonomische Betrachtung.

In diesem Zusammenhang sei nochmals darauf hingewiesen, dass nach dem Wortlaut des § 39 I Nr. 5 InsO die Subordination einer Kreditforderung auch dann in Betracht kommt, wenn diese einem Gesellschafterdarlehen wirtschaftlich entspricht. Hieran wird deutlich, dass es nach dem Willen des Gesetzgebers nicht nur auf eine rein formal rechtliche Betrachtung ankommt, vielmehr sind bei der Einbeziehung Dritter in den Adressatenkreis des § 39 I Nr. 5 InsO auch wirtschaftliche Wertungen heranzuziehen, die eine Gesellschafterstellung ausmachen. Somit besteht im Rahmen des § 39 I Nr. 5 InsO ein Raum, wonach nicht zwingend sämtliche sich aus dem Gesellschaftsrecht ergebenden Voraussetzungen der Stellung eines Gesellschafters – wie etwa die Beteiligung am Vermögen und Ertrag – vorliegen müssen, sofern die Kreditgewährung aufgrund einer wirtschaftlichen Betrachtung einem Gesellschafterdarlehen entspricht.

Daher wird erneut die Frage relevant, worin die Besonderheit eines Gesellschafterdarlehens im Vergleich zu den übrigen Fremdfinanzierungsbeiträgen besteht[452]. Wie bereits mehrfach erwähnt, unterscheiden sich Gesellschafter als Darlehensgeber im Wesentlichen insofern dadurch von den übrigen Fremdkapitalgebern, als dass bei diesen Kapitalhingabe und unternehmerische Leitungsmacht in einer Person zusammenfallen. Diese haben auch nach Ausgabe der Darlehensvaluta die Möglichkeit, auf die Verwendung der Mittel einzuwirken, indem sie mittels ihrer Weisungsbefugnisse das unternehmerische Geschehen bestimmen und dadurch das Insolvenzrisiko im Ergebnis steuern können.

Eben jene Stellung können sich Kreditgeber durch die Vereinbarung von Covenants in Kreditverträgen ebenfalls verschaffen. Denn hierdurch haben diese auch die Möglichkeit, nach Ausgabe der Darlehensvaluta auf die Verwendung der Mittel weiter einzuwirken, indem sie die unternehmerischen Geschicke vor Insolvenzeintritt bestimmen können. Daher können auch Kreditgeber mittels Covenants ihre Rolle als Fremdkapitalgeber mit derjenigen eines Unternehmers verbinden, was ökono-

---

452 Vgl. hierzu bereits ausführlich: Teil 2, A., IV., 4., e) und f) sowie Teil 2, B., I., 2., d), aa), (1).

misch betrachtet nichts anderes als ein eigenkapitalfinanziertes Unternehmen darstellt[453].

Somit besteht auch bei covenant-unterlegten Darlehen die Besonderheit, dass beim Kreditgeber Kapitalhingabe und unternehmerische Leitungsmacht in einer Person zusammenfallen, was wirtschaftlich gesehen einem Gesellschafterdarlehen entspricht[454].

d) *Bestätigung durch das Kleinbeteiligtenprivileg des § 39 V InsO*

Ferner bestätigt auch die Übernahme des Kleinbeteiligtenprivilegs, welches nunmehr in § 39 V InsO verankert ist und inhaltlich keine Änderung erfahren hat, dass der Gesetzgeber die vorinsolvenzliche Einflussnahme als den entscheidenden Faktor für die Rückstufung von bestimmten Darlehensforderungen betrachtet[455].

Danach können sich auch künftig lediglich diejenigen Gesellschafter auf eine Freistellung von der Nachrangigkeit berufen, welche vor Eintritt der Insolvenz weder geschäftsführend tätig noch mit mehr als 10 % am Stammkapital beteiligt waren. Entscheidend für die Rückstufung einer Darlehensforderung ist daher entweder die geschäftsführende Tätigkeit des Gesellschafters (und zwar unabhängig von der Höhe seiner Beteiligung) oder dessen Beteiligung von mehr als zehn Prozent am Stammkapital. Damit sind weiterhin diejenigen Gesellschafter vom Kleinbeteiligtenprivileg ausgenommen, die bereits vor Eintritt der Insolvenz durch ihre Stellung als Geschäftsführer bzw. durch den Umfang ihrer Beteiligung von mehr als 10 % am Haftkapital über wesentliche Einflussnahmemöglichkeiten verfügten und dadurch mitunternehmerische Verantwortung für das kreditnehmende Unternehmen übernommen haben, indem sie das unternehmerische Risiko im Vorfeld der Insolvenz steuern konnten.

Der Grund für die ursprüngliche Einführung eines Kleinbeteiligtenprivilegs bestand ausweislich des Regierungsentwurfs darin, dass die nur geringfügig Beteiligten, welche keine unternehmerische Verantwortung haben und denen es an einer Insiderstellung sowie an Einflussnahmemöglichkeiten fehlt, vom Eigenkapitalersatzrecht ausgenommen werden sollen[456]. Damit liegt der Regelung des § 39 V InsO die gesetzlich (unwiderlegliche) Vermutung zu Grunde, wonach einerseits der formale Gesellschafter bei einer Teilhabe von 10 % und weniger am Haftkapital noch nicht über derart umfangreiche Einwirkungsmöglichkeiten verfügt, aufgrund derer er eine mitunternehmerische Verantwortung trägt. Andererseits wird über

---

453 Vgl. Fleischer, ZIP 1998, 313, 317.
454 Vgl. hierzu bereits ausführlich: Teil 2, A., IV., 4., e) und f) sowie Teil 2, B., I., 2., d), aa), (1).
455 RegE MoMiG, BT-Drucks. 16/6140, S. 57. Siehe dazu bereits ausführlich: Teil 2, A., IV., 4., g); In diese Richtung auch: Breidenstein, ZInsO 2010, 273, 276 f.
456 Begründung zum Entwurf eines Gesetzes zur Verbesserung der Wettbewerbsfähigkeit deutscher Konzerne an internationalen Kapitalmärkten und zur Erleichterung der Aufnahme von Gesellschafterdarlehen (Kapitalaufnahmeerleichterungsgesetz-KapAEG), RegE KapAEG, BT-Drucks. 13/7141, S. 11 f.

§ 39 V InsO (unwiderleglich) vermutet, dass der formale Gesellschafter bei einer Teilhabe von mehr als 10% am Stammkapital bzw. wenn der Betreffende geschäftsführend tätig ist – unabhängig von der Höhe seiner Beteiligung am Stammkapital – über ausreichende Einflussnahmemöglichkeiten verfügt und deshalb eine mitunternehmerische Verantwortung hat[457]. Hieraus wird deutlich, dass der Gesetzgeber bei der Abgrenzung, ob dem Betreffenden die Rückstufung seiner Darlehensforderung droht oder nicht, ausschließlich auf die Folgen der Beteiligung und nicht auf deren formalen Umfang abstellt. Denn der Schwellenwert der Beteiligung von 10 % am Stammkapital dient lediglich der Abgrenzung, ab wann gesetzlich vermutet wird, dass der Betreffende über ausreichende Einwirkungsmöglichkeiten verfügt, welche eine mitunternehmerische Verantwortung rechtfertigt. Damit kommt es nicht auf den Umfang der Teilhabe am Stammkapital an sich an, sondern lediglich auf deren hieraus resultierenden Folgen.

Indem also nach dem Willen des Gesetzgebers die Privilegierung über § 39 V InsO lediglich denjenigen zu Gute kommen soll, die vor Insolvenzeintritt nicht über derart umfangreiche Einwirkungsmöglichkeiten verfügt haben, aus denen sich dann eine mitunternehmerische Verantwortung ergibt, wird deutlich, dass die vorinsolvenzlichen Einwirkungsmöglichkeiten auf die Geschäftsführung entscheidende Bedeutung bei der Subordination von Darlehensforderungen haben.

Somit passt die Übernahme des Kleinbeteiligtenprivilegs genau in die Neukonzeption des § 39 I Nr. 5 InsO, nach welchem bestimmte Darlehensforderungen künftig deswegen zu subordinieren sind, weil der Fremdkapitalgeber zuvor seine Einwirkungsrechte erfolglos ausgeübt und sich dadurch das Insolvenzrisiko erhöht hat[458].

e) *Bestätigung durch das Sanierungsprivileg gemäß § 39 IV 2 InsO*

Darüber hinaus ergibt sich auch aus der Beibehaltung des Sanierungsprivilegs (§ 32a III 3 GmbHG a. F.) gemäß § 39 IV 2 InsO, dass den durch Covenants vereinbarten Einflussmöglichkeiten entscheidende Bedeutung bei der Rückstufung von Darlehen zukommt[459]. Erfasst von der Privilegierung werden nach neuer Rechtslage weiterhin nur Neugesellschafter, die bisher entweder gar nicht oder nur in der nach § 39 V InsO privilegierten Weise am kreditnehmenden Unternehmen beteiligt sind. Nicht unter § 39 IV 2 InsO fallen daher Altgesellschafter, welche bisher unabhängig von der Höhe ihrer Beteiligung geschäftsführend tätig waren oder schon mit mehr als zehn Prozent am Stammkapital beteiligt sind. Wie ebenfalls zur alten Rechtslage herausgearbeitet, sind damit lediglich diejenigen Kreditgeber von der Subordination ihres Darlehens ausgenommen, welche bis zur Anteilsübernahme noch nicht über (wesentliche) Einwirkungsmöglichkeiten auf das kreditnehmende Unternehmen verfügt haben, sondern beginnend mit der drohenden oder eingetretenen Zah-

---

457 Siehe dazu bereits ausführlich: Teil 2, A., IV., 4., g).
458 Ähnlich auch: Breidenstein, ZInsO 2010, 273, 276 f.
459 In diese Richtung auch: Breidenstein, ZInsO 2010, 273, 276. Siehe dazu bereits ausführlich: Teil 2, A., IV., 4., h).

lungsunfähigkeit bzw. Überschuldung Geschäftsanteile übernehmen und dadurch erst wesentliche Einwirkungsmöglichkeiten auf die Geschäftsführung erlangen[460]. Damit entspricht auch die Übernahme des § 39 V InsO der Neukonzeption des § 39 I Nr. 5 InsO, welcher Darlehensforderungen künftig nur noch wegen der zuvor erfolglos ausgeübten Gesellschafterrechte subordiniert. Denn auf das Sanierungsprivileg können sich lediglich diejenigen Fremdkapitalgeber berufen, die vor Eintritt der Insolvenz nicht über die Möglichkeit verfügten, die Geschicke der Gesellschaft wesentlich zu beeinflussen und damit auch nicht das Insolvenzrisiko steuern konnten.

f) Wertungsmäßige Bestätigung durch den Gläubigergleichbehandlungsgrundsatz

Darüber hinaus reflektiert die Einbeziehung covenant-gesicherter Kreditgeber in den Adressatenkreis des § 39 I Nr. 5 InsO erneut den im Insolvenzverfahren geltenden Gläubigergleichbehandlungsgrundsatz. Wie bereits dargestellt, soll zur Gewährleistung des Prinzips der Gläubigergleichbehandlung über die Regelungen der §§ 39 I Nr. 5, 135 I Nr. 2 InsO die vor Insolvenzeintritt bestehende Privilegierung der Gesellschafter als Darlehensgeber durch deren „Schlechterstellung" bei tatsächlichem Eintritt der Insolvenz kompensiert werden[461]. Denn Gesellschafter können aufgrund ihrer Einwirkungsrechte auf die Geschäftsführung das Kapital aller übrigen Gesellschaftsgläubiger mitverwalten und dadurch in weit höherem Maße auf das Schuldnervermögen einwirken, wodurch wiederum automatisch auch die Ansprüche aller übrigen Gläubiger der kreditnehmenden Gesellschaft in größerem Umfang betroffen sind. Aufgrund dieser hervorgehobenen Stellung vor Insolvenzeintritt müssen Gesellschafter zur Durchsetzung des Prinzips der Gläubigergleichbehandlung dann auch eine nachrangige Befriedigung als zwingende Folge der erfolglosen Ausübung ihrer Mitwirkungsrechte hinnehmen.

Eben jene Privilegierung, wegen der Gesellschafter bei tatsächlichem Eintritt der Insolvenz schlechter gestellt werden, liegt auch bei covenant-gesicherten Kreditgebern vor. Denn diese verfügen – gleich den Gesellschaftern als Darlehensgeber – auch über die Möglichkeit, nach Ausgabe der Darlehensvaluta auf die Verwendung der Mittel Einfluss zu nehmen und können dadurch in weit größerem Umfang auf das Schuldnervermögen einwirken als die übrigen Gesellschaftsgläubiger. Zur Gewährleistung des Prinzips der Gläubigergleichbehandlung müssen daher auch Darlehensforderungen gesellschaftsfremder Dritter zurückgestuft werden, sofern diese über Covenants das unternehmerische Geschehen vor Eintritt der Insolvenz gesteuert haben. Denn nur auf diese Weise kann verhindert werden, dass es zu einer Gefährdung des Gläubigergleichbehandlungsgrundsatzes kommt, indem sich Fremdkapitalgeber einerseits mittels Covenants die Möglichkeit einer im Vergleich zu den übrigen Gesellschaftsgläubigern bestehenden Privilegierung verschaffen, durch welche sie das unternehmerische Geschehen vor Insolvenzeintritt bestimmen

460 Siehe dazu bereits: Teil 2, A., IV., 4., h).
461 Siehe dazu bereits: Teil 2, B., I., 2., d), bb).

können und dadurch die Werthaltigkeit aller übrigen Gläubiger beeinflussen, dann aber andererseits bei erfolgloser Ausübung ihrer gesellschaftertypischen Einflussnahmerechte den Rang eines „gewöhnlichen“ Insolvenzgläubigers nach § 38 InsO einnehmen wollen, um dadurch gleichermaßen wie die übrigen Gläubiger an der Insolvenzmasse zu partizipieren.

Die Rückstufung von covenant-gesicherten Kreditgebern aufgrund deren vorinsolvenzlicher Einflussnahme auf die Geschäftsführung des kreditnehmenden Unternehmens entspricht daher dem in der Insolvenzordnung verankerten Gläubigergleichbehandlungsgrundsatz, wonach über die Regelungen der §§ 39 I Nr. 5, 135 I Nr. 1, 2 InsO die vor Insolvenzeintritt bestehende Privilegierung bestimmter Darlehensgeber durch deren „Schlechterstellung“ bei tatsächlichem Eintritt der Insolvenz kompensiert werden soll.

g) Zwischenergebnis

Als Zwischenergebnis kann daher festgestellt werden, dass Kreditgebern bereits durch die bloße Vereinbarung von Covenants in Kreditverträgen die Subordination ihrer Darlehensforderung gemäß § 39 I Nr. 5 InsO droht, sofern sich diese hierdurch massive Einwirkungsrechte gegenüber der kreditnehmenden Gesellschaft einräumen lassen[462]. Dies ergibt sich aus der ratio legis des § 39 I Nr. 5 InsO, wonach der Rechtsgrund der Rückstufung in der im Vergleich zu den übrigen Gesellschaftsgläubigern hervorgehobenen Stellung des Betreffenden besteht, durch welche dieser nicht nur über einen Informationsvorsprung verfügt, sondern mittels seiner Einwirkungsrechten auf die Geschäftsführung auch das Insolvenzrisiko steuern kann.

Darüber hinaus ist bei der Einbeziehung Dritter in den Adressatenkreis des § 39 I Nr. 5 InsO nicht erforderlich, dass diese zumindest mittelbar am Vermögen der kreditnehmenden Gesellschaft beteiligt sind. Denn aus Gläubigersicht ist irrelevant, woraus der Betreffende seine zuvor ausgeübten Mitwirkungsrechte ableitet. Ferner können Gesellschafter durch Vereinbarung im Gesellschaftsvertrag von der Gewinnbeteiligung und von der Teilhabe am Liquidationserlös ausgeschlossen werden, ohne dass sie hierdurch ihre Stellung als Gesellschafter verlieren. Hierdurch wird deutlich, dass die Beteiligung am Vermögen und Ertrag der kreditnehmenden Gesellschaft nicht die einzig entscheidende Voraussetzung für die Gesellschaftergleichstellung eines Dritten sein kann[463].

Indem die Rückstufung von bestimmten Darlehensforderungen gemäß § 39 I Nr. 5 InsO künftig nur noch an die Stellung des Darlehensgebers knüpft, ist nun gesetzlich verankert, was sich durch die Rspr. des BGH bereits angedeutet hat, als dieser die Einbeziehung Dritter nach § 32a III 1 GmbHG a. F. mit den vor Insolvenzeintritt ausgeübten Mitwirkungsrechten begründet hat.

---

462 Im Ergebnis ebenfalls auch: Servatius, Gläubigerschutz durch Covenants, S. 481 ff.; Breidenstein, ZInsO 2010, 273, 275 f.

463 Ähnlich: Fleischer, ZIP 1998, 313, 316 f.

Über § 39 I Nr. 5 InsO soll daher verhindert werden, dass sich Fremdkapitalgeber einerseits mittels Covenants die Möglichkeit verschaffen, auch nach Ausgabe der Darlehensvaluta auf die Verwendung der Mittel einzuwirken, indem sie das unternehmerische Geschehen vor Eintritt der Insolvenz bestimmen können und dadurch gegenüber den übrigen Gesellschaftsgläubigern eine hervorgehobene Stellung einnehmen, sich dann aber andererseits bei erfolgloser Ausübung ihrer gesellschaftertypischen Einflussnahmerechte auf die Stellung eines „gewöhnlichen" Insolvenzgläubigers nach § 38 InsO zurückziehen wollen, um dadurch gleichermaßen wie die übrigen Gläubiger an der Insolvenzmasse zu partizipieren.

4. Die Voraussetzungen für die Gleichstellung covenant-gesicherter Kreditgeber

Abschließend ist daher der Frage nachzugehen, unter welchen konkreten Voraussetzungen covenant-gesicherte Kreditgeber Gesellschaftern gemäß § 39 I Nr. 5 InsO gleichzustellen sind. Hierbei ist einerseits das Sicherungsbedürfnis der Kreditgeber, anderseits die Einschränkung der unternehmerischen Freiheit sowie der Gläubigerschutz zu berücksichtigen.

Wie im vorangegangenen Kapitel herausgearbeitet, werden Forderungen aus Gesellschafterdarlehen bereits deswegen gemäß § 39 I Nr. 5 InsO zurückgestuft, weil Gesellschafter über die bloße Möglichkeit verfügen, mittels ihrer Einwirkungsrechte auf die Geschäftsführung das unternehmerische Geschehen vor Insolvenzeintritt zu steuern. Nicht erforderlich ist daher bei der Subordination von Gesellschafterdarlehen, dass die Gesellschafter durch die Ausübung ihrer Mitwirkungsrechte das unternehmerische Geschehen auch tatsächlich in der Hand hatten. Überträgt man diesen Ansatz auf die Gesellschaftergleichstellung Dritter, so droht diesen eine Einbeziehung schon dann, wenn sie ebenfalls über die bloße Möglichkeit der Einflussnahme verfügen, aufgrund derer sie vor Eintritt der Insolvenz das unternehmerische Geschehen steuern können. Im Falle eines covenant-gesicherten Kreditgebers würde dies bedeuten, dass Darlehensgeber bereits durch die bloße schuldrechtliche Vereinbarung von Einflussnahmerechten Gesellschaftern gleichzustellen wären, ohne dass es einer tatsächlichen Ausübung der in Covenants vereinbarten Rechte bedürfte.

Aufgrund der ökonomischen Folgen einer derart exzessiven Rückstufung von covenant-unterlegten Darlehen muss die Regelung des § 39 I Nr. 5 InsO bei Darlehensforderungen gesellschaftsfremder Dritter einschränkend ausgelegt werden[464]. Man denke beispielsweise nur an Situationen, in denen sich ein Unternehmen in der Krise befindet und dringend ein Sanierungsdarlehen benötigt. Die Bereitschaft von Banken zur Ausgabe eines derartigen Darlehens wird überschaubar sein, wenn ihnen eine Einbeziehung in den Adressatenkreis § 39 I Nr. 5 InsO bereits deswegen

464 Ebenfalls für eine einschränkende Auslegung: Breidenstein, ZInsO 2010, 273, 280 ff.; sowie zur alten Rechtslage: Eidenmüller, Unternehmenssanierung, S. 390.

droht, weil sie sich zur Absicherung eines ohnehin bereits mit einem erhöhten Ausfallrisiko behafteten Kredites über schuldrechtliche Nebenabreden Einflussnahmemöglichkeiten einräumen lassen. Denn dies würde im Ergebnis dazu führen, dass aufgrund der bloßen Möglichkeit, das unternehmerische Geschehen steuern zu können, dem Kreditgeber die wirtschaftliche Schieflage eines Unternehmens zugerechnet wird, ohne dass er hierzu in irgendeiner Weise etwas beigetragen hat. Die Folge davon wäre, dass ein u. U. sanierungsfähiges Unternehmen mangels der zur Sanierung dringend benötigten Fremdkapitalzufuhr dennoch Insolvenz anmelden müsste, was letzten Endes allen Beteiligten schaden würde.

Die wirtschaftlichen Folgen einer derartigen Verfahrensweise mit covenant-unterlegten Krediten beschränken sich jedoch nicht nur auf die Krisenfinanzierung. Denn es liegt auf der Hand, dass Kreditgeber aufgrund der Risiken einer rigiden Subordination im Falle der Insolvenz die Ausgabe von Fremdkapital insgesamt zurückfahren werden. Dies wiederum hätte negative Auswirkungen auf die gesamte Volkswirtschaft, da Unternehmen selbst in „Boomzeiten“ permanent auf Kredite Dritter angewiesen sind, um Investitionen tätigen zu können.

Sowohl aufgrund der soeben beschriebenen mikro- und makroökonomischen Folgen einer derartigen Behandlung von covenant-unterlegten Darlehen als auch unter Berücksichtigung des gesetzgeberischen Willens, wonach der Grundgedanke der Subordination von Gesellschafterdarlehen in deren mitunternehmerischer Verantwortung vor Insolvenzeintritt besteht[465], sollte nach der hier vertretenen Auffassung eine Einbeziehung covenant-gesicherter Kreditgeber in den Adressatenkreis des § 39 I Nr. 5 InsO lediglich dann erfolgen, soweit diese in Ausübung der in Covenants vereinbarten Einflussnahmerechte das unternehmerische Geschehen vor Insolvenzeintritt auch tatsächlich gesteuert haben. Denn nur in Fällen, in denen Kreditgeber mittels der Ausübung ihrer Einflussnahmerechte die unternehmerischen Geschicke tatsächlich in der Hand haben und dadurch das Insolvenzrisiko steuern, wird auf die Werthaltigkeit aller übrigen Gläubigerforderungen entscheidend Einfluss genommen, aufgrund dessen dann eine unternehmerische Verantwortung für das kreditnehmende Unternehmen erwachsen kann. Somit führt die bloße schuldrechtliche Vereinbarung von Covenants (noch) nicht zur Rückstufung von covenant-unterlegten Darlehensforderungen, da Kreditgeber allein hierdurch nicht das unternehmerische Geschehen beim Darlehensnehmer steuern.

Damit setzt die Einbeziehung in den Adressatenkreis des § 39 I Nr. 5 InsO voraus, dass sich der Kreditgeber nicht nur durch schuldrechtliche Vereinbarung Einwirkungsrechte auf die Geschäftsführung einräumen lässt, sondern durch deren Ausübung das unternehmerische Geschehen vor Insolvenzeintritt auch tatsächlich bestimmt hat. Entscheidend für die Rückstufung einer Darlehensforderung ist daher, dass der Kreditgeber durch die Vereinbarung von Covenants über gesellschaftertypische Rechte verfügt, durch deren Ausübung er dann das Insolvenzrisiko tatsächlich gesteuert hat.

---

465 Vgl. RegE KapAEG, BT-Drucks. 13/7141, S. 11 f.

Ferner muss bei der Prüfung, ob eine Darlehensforderung mit Insolvenzeintritt des Kreditnehmers nach § 39 I Nr. 5 InsO rückzustufen ist, auf das Gesamterscheinungsbild des Kreditverhältnisses abgestellt werden, da einzelne Covenants für sich genommen unschädlich sein können und diese erst in ihrer Gesamtheit dazu führen, dass der Darlehensgeber das unternehmerische Geschehen vor Insolvenzeintritt in der Hand hat. In diesem Zusammenhang sind jedoch nicht nur die in Covenants schuldrechtlich vereinbarten Pflichten bzw. die „Events of Default" sowie die bei einem „breach of covenants" festgelegten Rechtsfolgen zu berücksichtigen. Es muss vielmehr anhand der gesamten Vertragshistorie geprüft werden, ob die ursprünglich vereinbarten Rechtsfolgen bei einem Covenant-Bruch auch tatsächlich umgesetzt wurden[466]. Denn nicht selten werden Kreditgeber trotz einer Covenant-Verletzung auf ihre Sanktionsmöglichkeiten verzichten und zwar dann, wenn sie der Auffassung sind, dass sich hierdurch das Kreditausfallrisiko nicht erhöht hat[467]. In eben jenen Fällen haben Darlehensgeber aber noch nicht das unternehmerische Geschehen beim Kreditnehmer vor dessen Insolvenz gesteuert. Auf der anderen Seite wird von Kreditgebern häufig das bei einer Covenant-Verletzung bestehende Drohpotential der Kreditkündigungsmöglichkeit ausgenutzt, indem in den daraufhin regelmäßig eingeleiteten Nachverhandlungen durch das Druckmittel der Kreditkündigung (Sanierungs-)Maßnahmen veranlasst bzw. durchgesetzt werden, die ursprünglich als Rechtsfolge im Falle des „breach of covenants" gar nicht vorgesehen waren. Hieran zeigt sich erneut, dass bei der Subordination covenant-unterlegter Darlehensforderungen nicht nur auf die schuldrechtlichen Vereinbarungen abzustellen ist, sondern vielmehr jeweils im Einzelfall geprüft werden muss, ob der Kreditgeber die wirtschaftlichen Geschicke beim Darlehensnehmer tatsächlich in der Hand und dadurch das Insolvenzrisiko gesteuert hat.

Darüber hinaus muss in diesem Zusammenhang auch die Intensität der Einflussnahme berücksichtigt werden, da beispielsweise häufig die vom Kreditgeber zur Kontrolle der Einhaltung von Covenants oder die zur Ausarbeitung eines Sanierungskonzepts „empfohlenen" externen Berater de facto aufgezwungen sind und der Darlehensnehmer hierdurch u. U. bereits massiv in seiner unternehmerischen Freiheit eingeschränkt war. Des Weiteren ist zu berücksichtigen, inwieweit angesichts der Einflussnahme auf die Geschäftsführung die operative Tätigkeit der kreditnehmenden Gesellschaft durch den Kreditgeber selbst gesteuert wurde und die formalen Geschäftsführer noch in der Lage waren, eigenverantwortlich zu handeln.

Auch wenn es hinsichtlich des Sicherungsinteresses der Kreditgeber sicherlich wünschenswert wäre, Darlehensforderungen gemäß § 39 I Nr. 5 InsO ausschließlich dann zu subordinieren, wenn die vom Kreditgeber mittels Covenants veranlasste Unternehmenshandlung kausal für die Auslösung eines Insolvenzeröffnungsgrundes war, so lässt sich dieses Erfordernis jedoch nicht aus dem Gesetz ableiten. Man denke beispielweise daran, dass eine Bank über Covenants den Kreditnehmer zur

---

466 In dieselbe Richtung: Breidenstein, ZInsO 2010, 273, 281 f.
467 Vgl. Breidenstein, ZInsO 2010, 273, 281: „der Vertrag anders gelebt wird, als vereinbart" wurde.

Vornahme von umfangreichen strategischen Maßnahmen veranlasst, die einen hohen Investitionsaufwand erfordern, der dann aber zur Zahlungsunfähigkeit führt. Abgesehen von den sich hieraus ergebenden Beweisschwierigkeiten, besteht jedoch kein Kausalitätserfordernis im Rahmen des § 39 I Nr. 5 InsO[468]. Dies ergibt sich daraus, dass der Rechtsgrund der Rückstufung von bestimmten Darlehensforderungen in der vorinsolvenzlichen Steuerung des unternehmerischen Geschehens insgesamt besteht, bei welcher gerade nicht auf einzelne Maßnahmen abgestellt wird.

Ferner kommt es bei der Subordination von bestimmten Darlehensforderungen nicht auf ein Verschulden des Darlehensgebers an, da die Nachrangigkeitsregelung des § 39 I Nr. 5 InsO als Garantiehaftung ausgestaltet ist[469]. Denn gemäß § 39 I Nr. 5 InsO werden Gesellschafterdarlehen und diesen gleichgestellte Forderungen unabhängig von sonstigen Voraussetzungen mit Eintritt der Insolvenz ipso iure subordiniert. Es wird also nicht geprüft, inwieweit der Kreditgeber für das Vorliegen eines Insolvenzeröffnungsgrundes verantwortlich ist. Denn auch wenn die Geschäftsführung nach den Grundsätzen eines ordentlichen Kaufmanns ausgeübt und die Insolvenz beispielsweise lediglich durch eine allgemein bestehende Wirtschaftskrise ausgelöst wurde, werden die in § 39 I Nr. 5 InsO genannten Darlehensforderungen zurückgestuft.

Hieraus ergibt sich, dass die bloße Vereinbarung von Informationsrechten nicht zu einer Einbeziehung des Kreditgebers in den Adressatenkreis des § 39 I Nr. 5 InsO führt. Denn zum einen können Darlehensgeber hierdurch noch nicht das unternehmerische Geschehen vor Insolvenzeintritt bestimmen und dadurch das Insolvenzrisiko steuern. Zum anderen bewegen sich Kreditgeber noch im Rahmen ihres berechtigten Sicherungsinteresses, da sie hierbei lediglich die Geschäftsentwicklung im kreditnehmenden Unternehmen überwachen.

Darüber hinaus werden Kreditgeber durch die Vereinbarung von Financial Covenants i.d.R. noch nicht Gesellschaftern gleichgestellt, sofern dabei die Entscheidung, welche einzelnen Maßnahmen zur Einhaltung der betriebswirtschaftlichen Kennzahlen vorzunehmen sind, weiterhin dem Kreditnehmer überlassen ist. Zwar wird hierdurch das unternehmerische Geschehen bereits mittelbar beeinflusst. Dennoch verbleibt die wesentliche Entscheidungsmacht über die Wahl der zur Einhaltung der Bezugsgrößen notwendigen Maßnahmen sowie die Art und Weise der Durchführung weiterhin beim Kreditnehmer. Damit übernimmt der Kreditgeber in diesen Fällen noch nicht die unmittelbare Steuerung der unternehmerischen Geschicke, durch welche er das Insolvenzrisiko beeinflussen kann.

Eine Rückstufung der Darlehensforderung droht jedoch dann, wenn der Kreditgeber durch umfangreiche Weisungsbefugnisse gegenüber der Geschäftsführung, durch Ge- und Verbote sowie Zustimmungsvorbehalte die operative Tätigkeit des

---

468 So auch: Breidenstein, ZInsO 2010, 273, 282.
469 So bereits: Breidenstein, ZInsO 2010, 273, 282 f.

kreditnehmenden Unternehmens vor Insolvenzeintritt tatsächlich bestimmt hat. Zwar müssen auch in diesen Fällen die jeweiligen Vereinbarungen in ihrer Gesamtheit betrachtet werden, da einzelne Regelungen u. U. unschädlich sein können. Dennoch übernehmen Darlehensgeber durch die Ausübung derartig ausgestalteter Covenants häufig die unternehmerische Leitungsmacht im kreditnehmenden Unternehmen und sind hierdurch in der Lage, das Insolvenzrisiko maßgeblich zu steuern. Eben jene Bestimmung des unternehmerischen Geschehens vor Eintritt der Insolvenz führt dann zur Rückstufung ihrer Darlehensforderung mit Eintritt der Insolvenz der kreditnehmenden Gesellschaft gemäß § 39 I Nr. 5 InsO.

5. Ergebnis

Abschließend kann daher festgestellt werden, dass sich durch die Neufassung des § 39 I Nr. 5 InsO das Risiko der Subordination von covenant- unterlegten Darlehen für Kreditgeber deutlich erhöht hat. Dies ergibt sich daraus, dass das Regelungsmotiv der Rückstufung von Gesellschafterdarlehen nunmehr in deren im Vergleich zu den übrigen Fremdkapitalgebern hervorgehobenen Stellung besteht, durch welche diese einen besseren Einblick in die innergesellschaftlichen Betriebsabläufe haben und mittels ihrer Einwirkungsmöglichkeiten auf die Geschäftsführung in der Lage sind, das unternehmerische Geschehen vor Insolvenzeintritt zu bestimmen, womit sie im Ergebnis auch das Insolvenzrisiko steuern können. Eben jene hervorgehobene Stellung können Kreditgeber durch die in Covenants vereinbarten Einflussnahmerechte einnehmen, durch welche sie in der Lage sind, die unternehmerischen Geschicke im Vorfeld der Insolvenz zu steuern. Nicht erforderlich für die Einbeziehung in den Adressatenkreis des § 39 I Nr. 5 InsO ist hingegen, dass der Kreditgeber zumindest mittelbar am Vermögen und Ertrag der kreditnehmenden Gesellschaft beteiligt ist.

Im Gegensatz zur Rückstufung von Gesellschafterdarlehen reicht für die Subordination von Darlehensforderungen Dritter jedoch nicht aus, wenn dieser über die bloße Möglichkeit der Einflussnahme auf das unternehmerische Geschehen verfügt. Denn in Anbetracht der weitreichenden ökonomischen Folgen einer lediglich auf schuldrechtrechtlicher Vereinbarung von Einwirkungsrechten basierenden Rückstufung ist die Regelung des § 39 I Nr. 5 InsO dahingehend auszulegen, dass die Subordination von Darlehensforderungen Dritter lediglich dann in Betracht kommt, wenn diese mittels Covenants nicht nur vertraglich über Einflussmöglichkeiten verfügen, sondern durch deren Ausübung die unternehmerischen Geschicke vor Insolvenzeintritt auch tatsächlich gesteuert haben.

Keine Rückstufung droht Darlehensgebern daher bei der Vereinbarung von Informationsrechten, da sich hierdurch lediglich das wirtschaftliche Geschehen im kreditnehmenden Unternehmen überwachen lässt. Darüber hinaus führen auch Financial Covenants i.d.R. nicht zur Subordination eines Darlehens, sofern dabei die Entscheidung, welche einzelnen Maßnahmen zur Einhaltung der betriebswirtschaftlichen Kennzahlen vorzunehmen sind, weiterhin dem Kreditnehmer überlassen ist. Denn in diesen Fällen steuert der Darlehensgeber noch nicht unmittelbar das unternehmerische Geschehen beim Kreditnehmer. Etwas anderes kann sich jedoch dann ergeben, wenn der Kreditgeber durch umfangreiche Weisungsbefugnisse oder Zustimmungsvorbehalte die unternehmerische Leitungsmacht in der Hand hat.

Aufgrund der vielfältigen Gestaltungsvarianten von Covenants muss jedoch jeweils im Einzelfall geprüft werden, ob ein Kreditgeber das unternehmerische Geschehen vor Insolvenzeintritt tatsächlich gesteuert hat, aufgrund derer dann seine Darlehensforderung gemäß § 39 I Nr. 5 InsO zurückzustufen ist.

Teil 3: Covenants und faktische Organschaft

Durch Covenants können sich Kreditgeber erhebliche Einwirkungsmöglichkeiten auf die Geschäftsführung des kreditnehmenden Unternehmens verschaffen, indem diese beispielsweise zur Einhaltung von Finanzkennzahlen verpflichtet werden oder bestimmte Handlungen nur mit deren Zustimmung vornehmen dürfen. Hierdurch erlangen Darlehensgeber u. U. eine erhebliche Machtposition, aufgrund derer ihnen die Möglichkeit eröffnet wird, das unternehmerische Geschehen beim Kreditnehmer (mit-)zu steuern. Je nach Ausgestaltung, Intensität und Dauer dieser Einflussnahme über Covenants, können Kreditgeber dadurch sogar die Geschäftsführungsfunktion beim Darlehensnehmer übernehmen.

Im Folgenden muss daher untersucht werden, ob Kreditgeber durch die Einflussnahme über Covenants tatsächlich die Stellung eines faktischen Geschäftsführers erlangen können. Obwohl die Haftung wegen faktischer Organschaft letzten Endes vom Schutzzweck der jeweiligen Norm und deren Tatbestandsvoraussetzungen abhängig ist, soll dennoch zunächst herausgearbeitet werden, was die generellen Voraussetzungen für die Übernahme der faktischen Organstellung sind. Anschließend wird der Frage nachgegangen, ob grundsätzlich die Möglichkeit besteht, dass Kreditgeber allein durch die Einflussnahme über Covenants eine derartige Position einnehmen können. Abschließend muss untersucht werden, welche konkreten Pflichten Kreditgebern im Zusammenhang mit der Insolvenz des kreditnehmenden Unternehmens entstehen bzw. welche Haftungsfolgen ihnen drohen, wenn sie mittels Covenants die Geschäftsführung beim Darlehensnehmer faktisch übernommen haben.

A. Allgemeine Voraussetzungen der faktischen Organstellung

Wie eingangs bereits erwähnt, orientiert sich die Haftung wegen faktischer Organschaft maßgeblich am Schutzzweck der einzelnen Norm sowie deren Tatbestandsvoraussetzungen. Wie sich jedoch noch zeigen wird, müssen nach der Rspr. des BGH normübergreifend stets bestimmte Merkmale für die Stellung eines faktischen Geschäftsführers vorliegen. Daher sollen zunächst die bisherige Rspr. des BGH sowie die Auffassungen in der Literatur aufgearbeitet werden, um anschließend herauszuarbeiten zu können, welche generellen Voraussetzungen bei der Rechtsfigur der faktischen Geschäftsführung vorliegen müssen.

I. Der Begriff des faktischen Geschäftsführers

Unter dem Begriff der faktischen Geschäftsführung kommen vier verschiedene Konstellationen in Betracht[470]. Zunächst wird hierunter der fehlerhaft bestellte Geschäftsführer verstanden. Des Weiteren fällt hierunter der zwar wirksam bestellte Geschäftsführer, welcher jedoch ungeachtet der Endigung seines Amtes die Geschäftsführungstätigkeit weiter ausübt. Ferner wird hiervon auch erfasst, wer weder als Geschäftsführer bestellt noch diese Funktion ausgeübt hat, nach außen aber einen solchen Anschein erweckt, das sog. faktische Organ kraft Rechtsscheins. Abschließend fallen hierunter diejenigen Personen, welche nicht (auch nicht unwirksam) zum Geschäftsführer bestellt wurden, aber dennoch diese Position ganz oder teilweise ausüben. Da bei Kreditgebern regelmäßig überhaupt kein förmlicher Bestellungsakt vorliegt, diese jedoch über Covenants die Steuerung des kreditnehmenden Unternehmens übernehmen können, sind sie der letzten Fallgruppe zuzuordnen.

II. Die Rechtsprechung zum faktischen Geschäftsführer

Grundgedanke für die Haftung des faktischen Geschäftsführers ist nach Auffassung des BGH der Umstand, dass derjenige, der sich, ohne dazu berufen zu sein, wie ein Geschäftsführer geriere, auch die Verantwortung eines Geschäftsführers trage und als solcher haften müsse[471]. Da dies entscheidend vom Schutzzweck der jeweiligen Norm abhängig ist, hat sich der BGH nur hinsichtlich bestimmter Haftungstatbestände mit der faktischen Geschäftsführung auseinandergesetzt, fordert aber dennoch normübergreifend das Vorliegen von bestimmten Merkmalen.

In Bezug auf die Voraussetzung für die Haftung als faktischer Geschäftsführer stellte der BGH in einer Grundsatzentscheidung aus dem Jahre 1988 fest, dass aufgrund einer Gesamtbetrachtung darauf abzustellen sei, „ob der Betreffende die Geschicke der Gesellschaft – und zwar nicht nur durch interne Einwirkungen auf die satzungsmäßigen Geschäftsführer, sondern durch eigenes, auch nach außen hervortretendes, üblicherweise der Geschäftsführung zurechenbares Handeln – so maßgeblich in die Hand genommen hat, dass ihm die Verantwortung für die rechtzeitige Stellung des Insolvenzantrages zufällt“[472]. Präzisierend führt er hierzu im Leitsatz einer weiteren Entscheidung aus: „Für die Haftung einer Person, die sich wie ein faktischer Geschäftsführer verhält, nach § 43 II GmbHG genügt es nicht, dass sie auf die satzungsmäßigen Geschäftsführer gesellschaftsintern einwirkt. Erforderlich ist auch ein nach außen hervortretendes, üblicherweise der Geschäftsführung zuzurechnendes Handeln“[473].

---

470 Ausführlich zur Begriffsbestimmung: Strohn, DB 2011, 158, 158.
471 BGH vom 21.03.1988, BGHZ 104, 44, 47 f.
472 BGH vom 21.03.1988, BGHZ 104, 44, 48. Im Anschluss dann: BGH vom 27.06.2005, ZIP 2005, 1414, 1415; BGH vom 25.02.2002, BGHZ 150, 61, Leitsatz (c). Dem BGH folgend: OLG München vom 08.09.2010, ZIP 2010, 2295, 2296 ff.
473 BGH vom 25.02.2002, BGHZ 150, 61, Leitsatz (c).

Entscheidend für die Stellung als faktischer Geschäftsführer ist danach, dass der Betreffende die Geschicke der Gesellschaft maßgeblich in die Hand genommen hat[474]. Dabei sei jedoch nicht erforderlich, dass der bestellte Geschäftsführer völlig aus seiner Stellung verdrängt werde[475]. Nicht ausreichend für die Annahme einer faktischen Geschäftsführung seien hingegen Einwirkungen bzw. die Erteilung von Weisungen gegenüber den satzungsmäßigen Geschäftsführern und zwar selbst dann nicht, wenn diese hierdurch zu „reinen Befehlsempfängern" degradiert werden[476]. Hinzukommen müsse nämlich ein eigenes, im Außenverhältnis wirkendes geschäftsführungstypisches Auftreten, welches gerade nicht durch den lediglich gesellschaftsintern wirkenden Einfluss auf die Geschäftsleitung vorliege[477]. Das OLG München ging neulich sogar noch weiter und stellte in diesem Zusammenhang fest, dass die Rechtsfigur der faktischen Geschäftsführung selbst dann nicht pauschal bei jedem Handeln mit Außenwirkung anwendbar sei, wenn diesem erhebliches Gewicht beikomme[478]. Die Haftungsfolgen seien gar in Fallkonstellationen, bei denen sich eine Gesellschaft in einer Krise befinde, restriktiv anzuwenden, da die Finanzierung von Unternehmen zu Sanierungszwecken ansonsten nachhaltig erschwert wäre[479].

Des Weiteren kommen nach Auffassung des BGH lediglich natürliche, unbeschränkt geschäftsfähige Personen als faktische Geschäftsführer in Betracht[480]. Zur Begründung stützt er sich dabei auf die §§ 6 II 1 GmbHG, 76 III 1 AktG, wonach juristische Personen keine Organstellung bei Kapitalgesellschaften innehaben können. Denn was nach dem Gesetz für das rechtlich dem geschäftsführenden Organ angehörige Mitglied gelte, sei auch für die Beurteilung maßgebend, ob jemand faktisch als Mitglied des geschäftsführenden Organs in Betracht komme[481].

Auch die Strafgerichte haben sich im Rahmen der Bankrott- und Insolvenzverschleppungsdelikte mit der faktischen Geschäftsführung auseinandergesetzt. Nach der Rspr. des BGH könne auch derjenige Geschäftsführer sein, „wer ohne förmlich dazu bestellt oder im Handelsregister eingetragen zu sein, im Einverständnis mit den Gesellschaftern die Stellung eines Geschäftsführers tatsächlich einnimmt[482]. In einer weiteren Entscheidung dehnte der BGH seine Rechtsprechung auf Aktiengesellschaften aus und stellte hierzu fest, „Mitglied des Vorstands einer Aktiengesellschaft kann auch sein, wer ohne förmlich dazu bestellt und im Handelsregister

474 BGH vom 21.03.1988, BGHZ 104, 44, 48; BGH vom 25.02.2002, BGHZ 150, 61, 69; BGH vom 27.06.2005, ZIP 2005, 1414, 1415.

475 Ständige Rspr. des BGH: Vgl. BGH vom 21.03.1988, BGHZ 104, 44, 48; BGH vom 27.06. 2005, ZIP 2005, 1414, 1415; BGH vom 11.07.2005, ZIP 2005, 1550, 1551.

476 BGH vom 25.02.2002, BGHZ 150, 61, 69; BGH vom 27.06.2005, ZIP 2005, 1414, 1415; OLG München vom 08.09.2010, ZIP 2295, 2296 ff.

477 BGH vom 25.02.2002, BGHZ 150, 61, 69; BGH vom 27.06.2005, ZIP 2005, 1414, 1415; OLG München vom 08.09.2010, ZIP 2295, 2296 ff.

478 OLG München vom 08.09.2010, ZIP 2010, 2295, 2298.

479 OLG München vom 08.09.2010, ZIP 2010, 2295, 2298.

480 BGH vom 25.02.2002, BGHZ 150, 61, 68.

481 BGH vom 25.02.2002, BGHZ 150, 61, 68.

482 BGH vom 24.06.1952, BGHSt 3, 32, 37 ff. und Leitsatz.

eingetragen zu sein, im Einverständnis des Aufsichtsrats die Stellung eines Vorstandsmitglieds tatsächlich einnimmt“[483].

Voraussetzung sei dabei, dass der Betreffende eine „überragende Stellung“ einnehme oder zumindest ein deutliches Übergewicht habe[484]. Des Weiteren bedarf es nach Auffassung des BGH keines zumindest unwirksamen förmlichen Bestellungsaktes, wobei er ausdrücklich offen ließ, ob das Tätigwerden des faktischen Geschäftsführers mit Einverständnis seitens des jeweils zuständigen Bestellungsorgans zu erfolgen hat[485].

Darüber hinaus hat das Bayerische Oberste Landesgericht in einer Entscheidung aus dem Jahre 1997 den Versuch unternommen, anhand der Aufstellung eines Kriterienkatalogs zu bestimmen, welche Art der Einflussnahme auf die Geschäftsführung zur Stellung als faktischer Geschäftsführer führt[486]. Danach handle es sich bei dem Einflussnehmenden um einen faktischen Geschäftsführer, wenn dieser sechs der acht klassischen Merkmale des Kernbereichs der Geschäftsführung erfülle[487]. Hierzu zählen die Bestimmung der Unternehmenspolitik, die Unternehmensorganisation, die Einstellung von Mitarbeitern, die Gestaltung der Geschäftsbeziehungen zu Vertragspartnern, die Verhandlung mit Kreditgebern, die Bestimmung der Gehaltshöhe, die Entscheidung der Steuerangelegenheiten und die Steuerung der Buchhaltung.

Der BGH ist diesem schematischen Ansatz jedoch bisher nicht gefolgt, sondern beurteilt die Rechtslage weiterhin anhand einer Gesamtschau.

Im Grundsatz geht es also bei der faktischen Geschäftsführung darum, dass der tatsächliche Geschäftsführer dann haften soll, wenn es angemessen ist[488].

III. Literaturmeinungen zum faktischen Geschäftsführer

Innerhalb der Literatur sind die einzelnen Voraussetzungen der Haftung aus der Rechtsfigur der faktischen Geschäftsführung umstritten. Im Folgenden sollen diese daher dargestellt und analysiert werden.

---

483 BGH vom 28.06.1966, BGHSt 21, 101, Leitsatz.
484 BGH vom 22.09.1982, BGHSt 31, 118, 120, 122; BGH vom 10.05.2000; BGHSt 46, 62, 65. Teilweise hat der BGH sogar ein bloßes Übergewicht gegenüber dem formalen Geschäftsführer ausreichen lassen, vgl. BGH vom 19.04.1984, wistra 1984, 178, 178.
485 BGH vom 22.09.1982, BGHSt 31, 118, 123. Allerdings stellte der BGH in seiner Entscheidung vom 10.05.2000 fest, dass die faktische Geschäftsführung nicht einseitig angemaßt sein dürfe, sondern mit Einverständnis der Gesellschafter zu erfolgen habe, was als konkludente Bestellung zu werten sei, vgl. BGHSt 46, 62, 65. Ob hieraus abzuleiten ist, dass der BGH künftig ein Einverständnis seitens des zuständigen Bestellungsorgans für zwingend erforderlich hält ist fraglich. Denn in dieser Entscheidung hat er wiederum lediglich auf seine vorherige Rspr. verwiesen. Darin war diese Frage jedoch wegen des tatsächlichen Vorliegens des Einverständnisses nicht entscheidungserheblich.
486 BayObLG vom 20.02.1997, NJW 1997, 1936.
487 BayObLG vom 20.02.1997, NJW 1997, 1936, 1936.
488 Vgl. Strohn, DB 2011, 158, 160.

1. Das Erfordernis eines zumindest fehlerhaften Bestellungsaktes

Es besteht bereits Uneinigkeit, ob die Haftung wegen faktischer Geschäftsführung lediglich in den Fällen in Betracht kommt, in denen ein zumindest fehlerhafter Bestellungsakt vorliegt. Nach teilweise vertretener Auffassung bedarf es eines zumindest unwirksamen förmlichen Bestellungsaktes für die Haftung wegen faktischer Geschäftsführung, da ein bloßes Einverständnis der jeweilig zuständigen Organe einen solchen nicht ersetzen könne[489]. Andere hingegen sehen im Nichtvorliegen eines fehlerhaften Bestellungsaktes kein Hindernis für die Stellung als faktischer Geschäftsführer[490]. Die Haftung könne nämlich nicht von der Vornahme eines Bestellungsaktes abhängen, da es lediglich auf die Okkupierung der Organfunktion ankomme[491]. Innerhalb dieser Ansicht ist jedoch wiederum umstritten, ob die faktische Ausübung der Geschäftsführungstätigkeit mit Billigung der Gesellschafter bzw. des Aufsichtsrats zu erfolgen hat[492].

2. Die Notwendigkeit eines Außenauftritts

Entgegen der Rspr. des BGH hält die wohl h.M. ein Auftreten nach außen nicht für erforderlich[493]. Nach Ansicht von *Fleischer* spielt es insbesondere unter Schutzzweckgesichtspunkten keine Rolle, ob sich das organtypische Verhalten auch im Außenverhältnis niederschlägt[494]. Vielmehr führe dieses Erfordernis zu einer zu engen Typenbegrenzung, da die Haftung wegen faktischer Geschäftsführung nicht eine Übereinstimmung mit der formalen Geschäftsführungstätigkeit in allen Einzelheiten verlange, da sich schwache Einzelmerkmale durch besonders ausgeprägte Elemente ausgleichen ließen[495].

Auch nach Auffassung von *Strohn* besteht kein Anlass, ein zusätzliches Auftreten nach außen zu verlangen[496]. Zwar versuche die Rspr. mit diesem Erfordernis zu Recht eine Ausuferung der Haftung Dritter zu vermeiden, da sich hierdurch die Fälle abgrenzen lassen, in denen Gesellschafter noch in zulässiger Weise ihr gegen-

---

489 Ulmer/Ransiek GmbHG, Vor § 82, Rn 58; Hüffer, AktG, § 93, Rn 12; Haas, in Baumbach/Hueck, GmbHG, § 64, Rn 172; KK-AktG/Mertens/Cahn, § 93, Rn 43.

490 Hopt, in Großkomm/AktG, § 93, Rn 49; MüKo/Spindler, AktG, § 93, Rn 17; K. Schmidt, in Scholz GmbHG-Nachtrag MoMiG, Anhang § 64, Rn 22; Ulmer/Paefgen GmbHG, § 43, Rn 12; Schmidt- Leithoff, in Rowedder/Schmidt- Leithoff (Hrsg.), GmbHG, § 64, Rn 17.

491 MüKo/Spindler, AktG, § 93, Rn 17; K. Schmidt, in Scholz GmbHG-Nachtrag MoMiG, Anhang § 64, Rn 22.

492 Differenzierend: Strohn, DB 2011, 158, 162 f. m.w.N.; *K. Schmidt* hält ein Einverständnis seitens der Gesellschafter für entbehrlich, vgl. K. Schmidt, in Scholz GmbHG-Nachtrag MoMiG, Anhang § 64, Rn 22. AA Kleindiek, in Lutter/Hommelhoff, GmbHG, § 43, Rn 2.

493 Vgl. nur: Strohn, DB 2011, 158, 160 ff. m.w.N.; Fleischer, AG 2004, 517, 525; Grigoleit, Gesellschafterhaftung für interne Einflussnahme, S. 117; Kleindiek, in Lutter/Hommelhoff, GmbHG, § 43, Rn 2; Burgard, NZG 2002, 606, 607 f.; Haas, NZI 2006, 494, 498 f.; in diese Richtung auch: Michalski/Haas/Ziemons, GmbHG, § 43, Rn 30.

494 Fleischer, AG 2004, 517, 525, 528.

495 Fleischer, AG 2004, 517, 525, 528.

496 Strohn, DB 2011, 158, 161.

über den Geschäftsführern nach § 37 GmbHG zustehendes Weisungsrecht ausüben[497]. Allerdings gebe es Fälle, wie beispielsweise bei Kreditgebern, bei denen der Hintermann überhaupt kein Weisungsrecht habe. Daher sei derjenige, der sich außerhalb des gesellschaftsrechtlichen Kompetenzrahmens aufhalte, als faktischer Geschäftsführer anzusehen und zwar unabhängig von seinem Auftreten nach außen, da in diesen Fällen kein Konflikt zu befürchten sei[498]. Ferner weist *Fleischer* in diesem Zusammenhang darauf hin, dass die an sich gebotene Herausnahme des kompetenzgerechten Gesellschafterverhaltens aus dem Anwendungsbereich der faktischen Organschaft nicht die Notwendigkeit eines Handelns im Außenverhältnis gegenüber Dritten begründen könne[499]. Denn dieses Abgrenzungskriterium greife weit über die Fälle einer noch gemäß § 37 GmbHG zulässigen Einflussnahme hinaus[500].

3. Juristische Personen als faktische Geschäftsführer

Darüber hinaus ist die Rspr. des BGH, wonach eine Haftung von juristischen Personen wegen den §§ 6 II 1 GmbHG, 76 III 1 AktG ausscheide, von Seiten der Literatur kritisiert worden[501]. Nach Auffassung von *Fleischer* leuchte es nicht ein, warum als „taugliche Täter" lediglich natürliche Personen in Frage kommen, da sich die §§ 93 II AktG, 43 II GmbHG aus Gründen des Gesellschafter- und Gläubigerschutzes von den gesetzlichen Voraussetzungen der §§ 6 II 1 GmbHG, 76 III 1 AktG emanzipieren könnten[502]. So erkenne beispielsweise das schweizerische Aktienrecht die faktische Organschaft einhellig an, obwohl juristische Personen als solche nicht Mitglied des Verwaltungsrates sein können[503]. Nach Ansicht von *Strohn* besteht lediglich ein gradueller Unterschied zwischen Rspr. und Literatur[504]. Denn auch wenn nach Ansicht des BGH juristische Personen nicht als faktische Geschäftsführer in Betracht kommen, so haften wohl deren gesetzliche Vertreter, welche dann wiederum gegen die Gesellschaft einen Aufwendungsersatzanspruch nach § 670 BGB haben, so dass der wirtschaftliche Unterschied gering ist[505]. Des Weiteren soll nach Meinung von *Haas* die Entscheidung des BGH im Hinblick auf die Regelung des § 15a III InsO überdacht werden, welche sich auch an Personenmehrheiten richtet[506].

---

497 Strohn, DB 2011, 158, 161.
498 Strohn, DB 2011, 158, 161 f.
499 Fleischer/Schmolke, WM 2011, 1009, 1011.
500 Fleischer/Schmolke, WM 2011, 1009, 1011.
501 Fleischer, AG 2004, 517, 526; Strohn, DB 2011, 158, 163; Haas, in Baumbach/Hueck, GmbHG, § 64, Rn 9.
502 Fleischer, AG 2004, 517, 526.
503 Fleischer, AG 2004, 517, 526.
504 Strohn, DB 2011, 158, 163.
505 Strohn, DB 2011, 158, 163.
506 Haas, in Baumbach/Hueck, GmbHG, § 64, Rn 9.

4. Der Umfang der Einflussnahme

Obwohl vom BGH bisher offen gelassen, verlangt die überwiegende Literatur eine gewisse Dauer und Intensität der Einflussnahme, da punktuelle Eingriffe nicht ausreichend seien, eine Haftung wegen faktischer Geschäftsführung zu begründen[507]. Etwas anderes könne sich jedoch dann ergeben, wenn gezielte Einzeleinwirkungen die Gesellschaft nicht minder schädigen, wie etwa die vollständige Verdrängung der Geschäftsführer in Krisensituationen oder die Durchführung von Sanierungsmaßnahmen an deren Stelle[508].

IV. Stellungnahme

Wie bereits mehrfach erwähnt, orientieren sich die Voraussetzungen der Haftung wegen faktischer Organschaft am Schutzzweck der jeweiligen Norm und deren Tatbestandsvoraussetzungen. Dennoch sollen zunächst unabhängig von den einzelnen Haftungstatbeständen die bisherige Rspr. und die Literaturansichten kritisch hinterfragt und anschließend der Versuch unternommen werden, generelle Kriterien herauszuarbeiten, welche die faktische Organstellung begründen können.

Es sei jedoch bereits an dieser Stelle darauf hingewiesen, dass sich die einzelnen haftungsbegründenden Merkmale bei der Rechtsfigur der faktischen Geschäftsführung nicht immer spiegelbildlich vom Zivil- auf das Strafrecht und umgekehrt übertragen lassen. Denn im Hinblick auf das über Art. 103 II GG geltende Gebot der Tatbestandsbestimmtheit sowie dem ebenfalls hierin enthaltenen Analogieverbot sind der Auslegung von Normen des Strafrechts engere Grenzen gesetzt[509].

1. Das Erfordernis eines Bestellungsaktes

Entgegen der Ansicht von Teilen der Literatur kann das Vorliegen eines zumindest fehlerhaften Bestellungsaktes keine generelle Voraussetzung für die Haftung wegen faktischer Geschäftsführung sein. Denn zum einen knüpft die Haftung in erster Linie daran an, dass diejenigen in Verantwortung genommen werden sollen, welche die Geschäftsführung tatsächlich ausüben[510]. Um daher nicht den Schutzzweck der Haftung wegen faktischer Organschaft zu gefährden, sollte die Inanspruchnahme des Betreffenden nicht von formalen Kriterien wie etwa dem Vorliegen eines zumindest unwirksamen förmlichen Bestellungsaktes abhängig gemacht werden.

---

507 Geißler, GmbHR 2003, 1106, 1110 f.; Strohn, DB 2011, 158, 162; Fleischer, AG 2004, 517, 525.

508 Fleischer, AG 2004, 517, 525.

509 Siehe dazu die jeweiligen Ausführungen in den einzelnen Straftatbeständen: vgl. Teil 3, D. und E.

510 Vgl. BGH vom 21.03.1988, BGHZ 104, 44, 47 f.

Zum anderen muss im Hinblick auf den Gesellschafter- und Gläubigerschutz sowie zur Verhinderung von Missbrauch dem de facto Geschäftsführer – wie beispielsweise in „Strohmannfällen“ – die Möglichkeit genommen werden, sich einer Inanspruchnahme durch die bewusste Unterlassung eines Bestellungsaktes zu entziehen.

Wie sich jedoch noch zeigen wird, ist das Vorliegen eines zumindest unwirksamen förmlichen Bestellungsaktes in manchen Fällen zwingend erforderlich[511]. Dies gilt insbesondere im Strafrecht, dessen Tatbestände häufig eine zumindest fehlerhafte Bestellung verlangen. Auf diese wird man wegen des über Art. 103 II GG geltenden Bestimmtheitsgebots auch nicht verzichten können, da hierbei einer Auslegung der jeweiligen Strafnorm engere Grenzen gesetzt sind[512].

2. Das Erfordernis des Handelns im Außenverhältnis

Der Ansicht des BGH, wonach ein nach außen hervortretendes Handeln stets für die Haftung wegen faktischer Geschäftsführung erforderlich ist, ist nicht zu folgen. Dies mag zwar in Fällen, in denen Gesellschafter gegenüber den Geschäftsführern über umfangreiche Weisungsrechte nach § 37 GmbHG verfügen, ein angemessenes Abgrenzungskriterium sein, um die Ausübung deren organschaftlicher Rechte zu gewährleisten, ohne dass diese Gefahr laufen, wegen faktischer Organschaft in Verantwortung genommen zu werden. Allerdings kann in Fallkonstellationen, wie etwa bei covenant-gesicherten Kreditgebern, ein derartiger Konflikt erst gar nicht entstehen, da diesen überhaupt kein gesetzliches Weisungsrecht zusteht. Somit besteht außerhalb der Fälle des § 37 GmbHG keine Notwendigkeit, generell ein nach außen hervortretendes Handeln als haftungsbegründendes Merkmal zu fordern, da hierbei erst gar keine Einschränkung der gesetzlich gewährleisteten Gesellschafterrechte durch die Rechtsfigur des faktischen Geschäftsführers droht[513].

Des Weiteren erfordert auch der Grundgedanke der Haftung wegen faktischer Geschäftsführung nicht zwingend ein nach außen hervortretendes Handeln seitens des Betreffenden. Denn ausweislich der Rspr. des BGH besteht der Haftungsgrund darin, dass derjenige, der ohne dazu zu berufen zu sein, wie ein Geschäftsführer handelt, auch die Verantwortung eines solchen trage und wie ein solcher haften müsse[514]. Gerade im Hinblick auf große Unternehmen ist daher fraglich, warum die Rspr. ein nach außen hervortretendes Handeln des faktischen Geschäftsführers für generell erforderlich hält. Denn je größer die Organisation, desto weniger werden die formalen Geschäftsführer selbst im Außenverhältnis gegenüber Dritten auftreten, sondern vielmehr die jeweiligen Tätigkeiten auf Mitarbeiter delegieren, welche dann ihrerseits im Außenverhältnis für die Gesellschaft auftreten. Denn die typi-

511 Siehe dazu: Teil 3, D. und E.
512 Siehe dazu ausführlich: Teil 3, D. und E.
513 In diese Richtung auch: Strohn, DB 2011, 158, 161 f.
514 BGH vom 21.03.1988, BGHZ 104, 44, 47.

sche Geschäftsführungstätigkeit besteht hierbei häufig in der generellen Ausrichtung des Unternehmens sowie der Bestimmung der Unternehmensstrategie. Diese Tätigkeit entfaltet oftmals nur gesellschaftsinterne Wirkung, deren Vollzug im Außenverhältnis aber dann durch die Mitarbeiter übernommen wird. Damit scheint es nicht gerechtfertigt, von einem de facto Geschäftsführer zwingend ein Handeln im Außenverhältnis zu verlangen, während die förmlich Bestellten häufig selbst nur gesellschaftsintern tätig sind.

Ferner besteht durch das Erfordernis eines Außenauftritts ebenfalls die Gefahr der Umgehung der Haftung wegen faktischer Organschaft. Denn gerade in den schon mehrfach erwähnten „Strohmannfällen“, bei denen bewusst ein Dritter zum formalen Geschäftsführer bestellt wird, obwohl eigentlich der „Hintermann“ das unternehmerische Geschehen tatsächlich steuert, kann es zu Haftungslücken wegen dessen fehlendem Auftritt nach außen kommen. Zwar muss eine Ausuferung der Haftung Dritter wegen faktischer Geschäftsführung verhindert bzw. das den Gesellschaftern zustehende Weisungsrecht nach § 37 GmbHG gesichert werden. Die Gewährleistung der den Gesellschaftern zustehenden Kompetenzen mittels Vorliegens eines Außenauftritts geht jedoch weit über den an sich gebotenen Schutz von Dritten vor der Haftung wegen faktischer Geschäftsführung hinaus[515]. Dies ergibt sich daraus, dass – solange der Betreffende lediglich gesellschaftsinternen Einfluss ausübt – hierdurch auch diejenigen von einer Haftung ausgenommen werden, welche ohne jede gesetzliche Grundlage derart massiv auf die satzungsgemäßen Geschäftsführer einwirken, bis diese vollständig aus ihrer Funktion verdrängt werden. Mit der Notwendigkeit eines Außenauftritts wird daher der Normadressatenkreis für die Haftung wegen faktischer Organschaft weit mehr verkleinert als angemessen, da hierdurch auch Personen von einer Haftung ausgenommen werden, die nicht über eine schützenswerte Rechtsposition wie beispielsweise dem Weisungsrecht nach § 37 GmbHG verfügen. Darüber hinaus macht es im Hinblick auf den Gesellschafter- und Gläubigerschutz keinen Unterscheid, ob sich die Einflussnahme auf die Geschäftsführung auch im Außenverhältnis niederschlägt oder hierdurch lediglich Handlungen der satzungsmäßigen Organe veranlasst werden, welche dann sozusagen erst durch „Vollzug“ der Geschäftsleitung gegenüber Dritten nach außen ihre Wirkungen entfalten[516].

3. Juristische Personen als faktische Geschäftsführer

Darüber hinaus ist zu fragen, ob nicht aus Praktikabilitätsgründen entgegen der Rspr. des BGH zumindest im Zivilrecht auch juristische Personen die Stellung eines faktischen Geschäftsführers einnehmen sollen, da diese ohnehin häufig die ökonomischen Auswirkungen einer Haftung wegen faktischer Organschaft treffen[517],

---

515 In diese Richtung bereits: Fleischer/Schmolke, WM 2011, 1009, 1011.
516 Ausführlich dazu: Redeker, DZWIR 2005, 497, 500 am Beispiel von Familiengesellschaften.
517 In diese Richtung auch: Buchalik/Rinker, in Buth/Hermanns (Hrsg.), Restrukturierung, Sanierung, Insolvenz, § 4, Rn 80 ff.; Strohn, DB 2011, 158, 163.

bzw. deren Haftung u. U. aus Gesellschafter- und Gläubigerschutzgründen geboten erscheint.

Denn Arbeitnehmer als natürliche Personen können ohne weiteres wegen faktischer Geschäftsführung von Dritten in Anspruch genommen werden. Diese sind jedoch i.d.R. im Auftrag ihres Arbeitgebers tätig, welcher wiederum als juristische Person oder als Personengesellschaft am Rechtsverkehr teilnimmt. Haftet nun ein Arbeitnehmer wegen faktischer Geschäftsführung – etwa ein Bankangestellter, der mittels Covenants das unternehmerische Geschehen beim Kreditnehmer steuert – so verfügt dieser häufig über einen Freistellungsanspruch gemäß §§ 670, 675, 257 S. 1 BGB gegenüber seinem Arbeitgeber[518]. Danach muss dieser seinen Arbeitnehmer von Schadensersatzansprüchen Dritter soweit freistellen, wie der Schaden zwischen den Arbeitsvertragsparteien zu verteilen wäre, wenn der Geschädigte nicht ein Dritter, sondern der Arbeitgeber selbst wäre[519]. Will der Arbeitgeber hierfür nun den Arbeitnehmer in Anspruch nehmen, gilt wiederum, dass der Arbeitnehmer unter entsprechender Anwendung des § 254 BGB für die beim Arbeitgeber entstandenen Schäden lediglich beschränkt haftet, sofern diese durch eine betrieblich veranlasste Tätigkeit entstanden sind, sog. innerbetrieblicher Schadensausgleich[520]. Zwar gilt dies dann nicht, wenn der Arbeitnehmer bei der Ausübung seiner Tätigkeit grob fahrlässig handelt. Allerdings haftet ihm der Arbeitgeber dennoch, wenn trotz des Vorliegens von grober Fahrlässigkeit die Vergütung des Arbeitnehmers im groben Missverhältnis zum verwirklichten Schadensrisiko der Tätigkeit steht[521]. Somit treffen im Ergebnis die wirtschaftlichen Folgen der Haftung wegen faktischer Geschäftsführung häufig den Arbeitgeber und damit eine juristische Person. Daher stellt sich die Frage, ob es nicht zumindest im Zivilrecht sinnvoll wäre, sogleich die juristische Person in Anspruch zu nehmen, wenn der Handelnde die Stellung eines faktischen Geschäftsführers im Rahmen seiner betrieblich veranlassten Tätigkeit für seinen Arbeitgeber eingenommen hat.

Es sei jedoch darauf hingewiesen, dass sich das soeben erörterte Ergebnis nicht auf das Strafrecht übertragen lässt. Denn juristische Personen können sich mangels Deliktsfähigkeit per se nicht strafbar machen[522].

---

518 ErfK/Preis, § 619a BGB, Rn 26 m.w.N.; Münchener Handbuch zum Arbeitsrecht/Reichold, § 52, Rn 14 ff.
519 LAG Hamm vom 13.10.2006 (4 Sa 1325/05), juris Rn 28.
520 Ausführlich dazu: Beck'scher Online-Kommentar Arbeitsrecht/Hesse, § 619a BGB, Rn 5 ff.; Münchener Handbuch zum Arbeitsrecht/Reichold, § 51, Rn 35 ff.
521 Vgl. nur: BAG vom 12.11.1998, NJW 1999, 966, 967.
522 Siehe dazu Ausführungen in: Teil 3, E., I.

4. Die tatsächliche Ausübung der Geschäftsführungstätigkeit als entscheidendes Kriterium der Haftung wegen faktischer Organschaft

Somit kommt es bei der Haftung wegen faktischer Organschaft entscheidend darauf an, ob der Betreffende die Geschäftsführung in tatsächlicher Hinsicht ausgeübt hat. Hierfür ist maßgebend, dass der Handelnde die Leitungsfunktion im Unternehmen übernommen hat und dadurch in der Lage war, das unternehmerische Geschehen nach seinem Willen zu steuern. Denn kennzeichnend für die Stellung des Geschäftsführers einer Gesellschaft ist der Umstand, dass dieser letzten Endes die wesentliche Entscheidungsmacht im Unternehmen hat und dieses dadurch nach seinen Vorgaben ausrichten kann. So leitet beispielsweise der Vorstand einer Aktiengesellschaft die Geschäfte in eigener Verantwortung gemäß § 76 I AktG und ist dabei frei von Weisungen Dritter[523]. Aber auch bei einer GmbH, bei welcher zwar die Gesellschafter gemäß § 37 I GmbHG über umfassende Weisungsbefugnisse gegenüber den Geschäftsführern verfügen, haben Letztere dennoch die originäre Führungsfunktion, zu welcher u. a. die Bestimmung der Unternehmenspolitik, der Unternehmensstrategie und die Übernahme der gesamten operativen Tätigkeit gehört[524]. Es scheint daher sachgerecht, die Haftung wegen faktischer Organschaft an die Fähigkeit der Steuerung des unternehmerischen Geschehens anzuknüpfen, da sich nur auf diese Weise Herrschaft und Haftung in Einklang bringen lassen[525].

Welche konkrete Tätigkeit der Betreffende dabei ausüben muss bzw. in welcher Art und Weise er dabei auf die Geschäftsführung einzuwirken hat, ist anhand einer Gesamtschau unter Berücksichtigung aller Umstände des Einzelfalls zu beurteilen. Hierbei ist jeweils zu prüfen, was die typischen Geschäftsführungsaufgaben der satzungsmäßigen Organe im jeweiligen Unternehmen sind, um dann anschließend zu vergleichen, ob der Handelnde eben jene Aufgaben ebenfalls ausgeübt hat. In diesem Zusammenhang ist beispielsweise die Größe des Unternehmens, deren Geschäft der Dritte lenkt, zu berücksichtigen. Denn die Tätigkeit des Vorstands eines Aktienkonzerns wird sich im Hinblick auf die Übernahme von operativen Aufgaben von denjenigen eines Geschäftsführers eines „kleinen“ mittelständischen Unternehmens unterscheiden. Ferner ist dabei zu beachten, inwieweit der Betreffende unmittelbar oder mittelbar in die operative Tätigkeit des Unternehmens eingreift, indem er den formalen Geschäftsführern im Detail vorschreibt, was sie zu tun oder unterlassen haben bzw. diesen die Art und Weise der Ausführung einzelner Maßnahmen haarklein diktiert. Von einer Haftung wegen faktischer Geschäftsführung kann daher in jedem Falle dann ausgegangen werden, wenn die formalen Geschäftsführer von ihrer Geschäftsführungsfunktion vollständig verdrängt oder zu reinen Befehlsempfängern degradiert werden und dabei ausschließlich die Vorgaben des

---

523 Vgl. nur: Spindler/Stilz/Fleischer, AktG, § 76, Rn 56 ff.

524 Vgl.: Hk-GmbHG/Lücke/Simon, § 37, Rn 4; Kleindiek, in Lutter/Hommelhoff, GmbHG, § 37, Rn 4.

525 Ausführlich zur Korrespondenz von Herrschaft und Haftung als fundamentales Rechtsstaatsprinzip: Grigoleit, Gesellschafterhaftung für interne Einflussnahme, S. 18 ff.

de facto Geschäftsleiters ausführen. Nicht ausreichend für die faktische Organstellung ist allerdings, wenn die Einflussnahme auf die Geschäftsführung lediglich vereinzelt stattfindet. Vielmehr muss diese von gewisser Dauer und Intensität sein, da die typische Geschäftsführungstätigkeit nicht nur vorübergehend ist.

In Anlehnung an die Entscheidung des Bayerischen Obersten Landesgerichts deutet dabei die Ausübung der klassischen Merkmale des Kernbereichs der Geschäftsführung auf eine faktische Organschaft hin[526]. Hierbei handelt es sich um die Bestimmung der Unternehmenspolitik, die Unternehmensorganisation, die Einstellung von Mitarbeitern, die Gestaltung der Geschäftsbeziehungen zu Vertragspartnern, die Verhandlung mit Kreditgebern, die Bestimmung der Gehaltshöhe, die Entscheidung der Steuerangelegenheiten und die Steuerung der Buchhaltung. Zwar ist zweifelhaft, ob der starren Regelung des Bayerischen Obersten Landesgerichts, wonach eine Haftung wegen faktischer Geschäftsführung immer dann in Betracht komme, wenn sechs dieser acht Merkmale vorliegen[527], zu folgen ist, da durchaus die Möglichkeit besteht, dass gezielte Einzeleingriffe die Gesellschaft ebenso schwer schädigen können[528]. Dennoch bieten diese Kriterien einen ersten – wenn auch nicht abschließenden – Anhaltspunkt, um festzustellen, ob der Betreffende die Geschäftsführungsfunktion übernommen hat und dadurch wegen faktischer Organschaft in Verantwortung genommen werden kann.

V. Ergebnis

Zusammenfassend lässt sich daher feststellen, dass es im Allgemeinen bei der Haftung wegen faktischer Organschaft entscheidend darauf ankommt, inwieweit der Betreffende die Funktion des Geschäftsführers tatsächlich ausgeübt hat. Dabei ist zu prüfen, ob der Handelnde das unternehmerische Geschehen maßgeblich nach seinem Willen steuern konnte und die formalen Geschäftsführer noch in der Lage waren, eigenverantwortlich zu handeln. Die faktische Organstellung sollte dabei losgelöst von formalen Kriterien wie etwa dem Vorliegen eines zumindest unwirksamen förmlichen Bestellungsaktes beurteilt werden, da es bei der Haftung wegen faktischer Geschäftsführung lediglich auf die tatsächliche Übernahme der Geschäftsführung und nicht auf die Befugnis hierzu ankommt. Entgegen der Auffassung des BGH kann die Haftung wegen faktischer Geschäftsführung auch nicht vom Handeln im Außenverhältnis abhängig sein. Denn wie herausgearbeitet wurde, spielt es unter Schutzzweckgesichtspunkten keine Rolle, ob sich die Einflussnahme auf die Geschäftsführung unmittelbar im Außenverhältnis niederschlägt, zumal die Tätigkeit der satzungsmäßigen Geschäftsführer häufig nur gesellschaftsinterne Wirkung entfaltet, deren Vollzug nach außen auf Mitarbeiter

526 BayObLG vom 20.02.1997, NJW 1997, 1936, 1936.
527 BayObLG vom 20.02.1997, NJW 1997, 1936, 1936.
528 So bereits Fleischer in: AG 2004, 517, 525.

delegiert wird. Ferner sollte zumindest im Zivilrecht eine unmittelbare Haftung von juristischen Personen wegen faktischer Geschäftsführung in Betracht gezogen werden, da diese ohnehin regelmäßig die ökonomischen Auswirkungen treffen.

B. Covenant-gesicherte Kreditgeber als faktische Geschäftsführer

Nachdem zunächst die generellen Voraussetzungen der Haftung wegen faktischer Geschäftsführung herausgearbeitet wurden, soll nun untersucht werden, ob Kreditgeber aufgrund ihrer Einflussnahme mittels Covenants ganz allgemein die Stellung eines faktischen Organs im kreditnehmenden Unternehmen einnehmen können. Hierbei wird erneut der bisherige Meinungsstand aufgearbeitet, um anschließend zu erörtern, ob und ggf. unter welchen generellen Voraussetzungen Kreditgebern eine Haftung nach der Rechtsfigur der faktischen Geschäftsführung droht.

I. Die Rspr. des BGH zur Haftung covenant-gesicherter Kreditgeber wegen faktischer Organschaft

Der BGH musste sich bisher noch nicht explizit mit der Frage auseinandersetzen, inwieweit die Einflussnahme über Covenants die Haftung von Kreditgebern wegen faktischer Geschäftsführung auslöst. Dennoch ist aufgrund seiner bisherigen Rspr. wohl davon auszugehen, dass Kreditgeber selbst dann nicht die Stellung eines faktischen Organs einnehmen, wenn deren Einfluss auf die Geschäftsführung des kreditnehmenden Unternehmens derart massiv ist, dass die formalen Geschäftsführer zu reinen Befehlsempfängern degradiert werden.

Dies ergibt sich zunächst daraus, dass der BGH unabhängig von der Intensität der Einflussnahme auf die Geschäftsführung eine Haftung wegen faktischer Organschaft lediglich dann annimmt, wenn der Betreffende auch im Außenverhältnis gegenüber Dritten auftritt[529]. Covenants, durch welche Kreditnehmer beispielsweise zur Einhaltung von Finanzkennzahlen verpflichtet sind oder durch welche ihnen Ge- und Verbote auferlegt werden, entfalten jedoch lediglich gesellschaftsinterne Wirkung. Zwar verschaffen sich Kreditgeber hierdurch eine erhebliche Machtposition, indem sie durch Weisungsbefugnisse auf die formalen Geschäftsführer einwirken können. Mit diesen Einflussnahmemöglichkeiten lassen sich die unternehmerischen Geschicke jedoch nur mittelbar steuern. Denn obwohl Kreditnehmer durch die Vereinbarung von Covenants zur Vornahme von bestimmten Handlungen veranlasst werden können, werden eben jene Handlungen im Außenverhältnis nach wie vor weiterhin vom Darlehensnehmer selbst bzw. durch dessen satzungsmäßige Organe ausgeführt. Da Kreditgeber somit i.d.R. mittels Covenants

529 Vgl. nur: BGH vom 21.03.1988, BGHZ 104, 44, 48; BGH vom 25.02.2002, BGHZ 150, 61, Leitsatz (c).

nur auf die Vornahme bestimmter Handlungen durch das kreditnehmende Unternehmen hinwirken, dabei aber selbst nicht im Außenverhältnis für den Darlehensnehmer auftreten, scheidet nach Auffassung des BGH deren Haftung wegen faktischer Geschäftsführung aus.

Des Weiteren kommen nach Auffassung des BGH lediglich natürliche Personen als faktische Geschäftsführer in Betracht. Da Kreditgeber jedoch in aller Regel als juristische Personen am Rechtsverkehr teilnehmen, wird eine Haftung wegen faktischer Organschaft wohl auch aus diesem Grund nicht in Betracht kommen.

Darüber hinaus ist nach der Rspr. des BGH weder die einseitige Anmaßung der Unternehmensführung[530] noch die Erteilung von Weisungen gegenüber den satzungsmäßigen Geschäftsführern ausreichend, um in die faktische Organstellung einzurücken[531]. Gerade durch Covenants ziehen Kreditgeber jedoch häufig die Geschäftsleitung „nur" an sich, so dass nach derzeitiger Rspr. des BGH Darlehensgeber selbst dann nicht in Verantwortung genommen werden, wenn sie die förmlich bestellten Geschäftsführer durch umfangreiche Weisungen vollständig aus ihrer Funktion verdrängen.

II. Die Ansichten im Schrifttum

1. Ablehnende Literaturansichten

Weite Teile der Literatur halten die bloße Einflussnahme auf die Geschäftsleitung ebenfalls nicht für ausreichend, die Stellung eines faktischen Geschäftsführers zu begründen[532]. Somit droht Kreditgebern, welche mittels Covenants auf die Geschäftsleitung einwirken, auch nach deren Ansicht keine Haftung wegen faktischer Organschaft. Im Unterschied zum BGH, nach welchem die Haftung von Kreditgebern sowohl wegen der fehlenden Außenwirkung des lediglich gesellschaftsintern wirkenden Einflusses als auch deswegen ausscheidet, weil Kreditgeber als juristische Personen keine Organstellung einnehmen können, lehnt die h. L. die Haftung aus verschiedenen Gründen ab.

So kommt nach Ansicht von *Hopt* eine Haftung lediglich dann in Betracht, wenn der Betreffende organschaftliche Befugnisse ausübe, was gerade nicht bei bloßer Einflussnahme der Fall sei[533]. Für *K. Schmidt* reicht die Einwirkungsmöglichkeit auf die Geschäftsführung ebenfalls nicht aus, da faktischer Geschäftsführer lediglich der-

---

530 Vgl. nur: BGH vom 10.05.2000, BGHSt 46, 62, 65.
531 Vgl. nur: BGH vom 27.06.2005, ZIP 2005, 1414, 1415 m.w.N.
532 Runge, Covenants in Kreditverträgen, S. 256, Rz 6.40 ff.; Fleischer, AG 2004, 517, 527; Strohn, DB 2011, 158, 163 ff.; Hopt, in Großkomm/AktG, § 93, Rn 50; K. Schmidt, in Scholz GmbHG-Nachtrag MoMiG, Anhang § 64, Rn 22; Ulmer/Paefgen GmbHG, § 43, Rn 13; MüKo/Spindler, AktG, § 93, Rn 18 f.; Zöllner/Noack, in Baumbach/Hueck, GmbHG, § 43, Rn 3.
533 Hopt, in Großkomm/AktG, § 93, Rn 49 ff.

jenige sein könne, welcher die Leitungsfunktion an sich ziehe[534]. *Paefgen* zufolge kennt das Gesetz eine Organhaftung für die Ausübung von Gesellschafterrechten und insbesondere für die Ausübung des Weisungsrechts in der Gesellschafterversammlung nicht, womit auch eine Haftung wegen der Einwirkung des faktischen Organs auf die Geschäftsführung ausscheidet[535].

Spindler argumentiert in Richtung des BGH, indem er die Voraussetzungen der Haftung wegen faktischer Organstellung für nur dann gegeben hält, wenn sich der Handelnde nach außen hin wie der eigene Vorstand geriert[536]. Liege nämlich eine nur interne Einflussnahme vor, so verbleibe es bei den jeweiligen Haftungstatbeständen der §§ 117, 311 AktG oder § 826 BGB[537]. Lediglich dann, wenn der Handelnde die Leitung an sich reiße und über den Kopf des bestellten Vorstandes hinweg mit anderen Gläubigern verhandle, könne eine Haftung in Betracht kommen[538]. In dieselbe Richtung argumentieren *Zöllner/Noack*, welche eine Haftung selbst dann ablehnen, wenn der Geschäftsführer durch Weisungen zum reinen „Befehlsempfänger" degradiert werde[539].

Runge hält zwar die faktische Organstellung aufgrund der Einflussnahme über Covenants grds. für möglich[540]. Dennoch könne ein covenant-gesicherter Kreditgeber i.d.R. nicht wegen faktischer Organschaft in Verantwortung genommen werden. Denn die Haftung wegen faktischer Geschäftsführung setze voraus, dass der covenant-gesicherte Kreditgeber eine Position einnehme, welche der eines wirksam bestellten Organs entspreche[541]. Entscheidend sei hierfür, dass neben der gesellschaftsinternen Beeinflussung der satzungsmäßigen Organe auch die Geschäftsführungsfunktion im Außenverhältnis wahrgenommen werde[542]. Dies ergebe sich daraus, dass der Kernbereich der Geschäftsführungsaufgaben u. a. in der Vertretung der Gesellschaft im Außenverhältnis bestehe und es die Organe einer juristischen Person erst ermöglichten, dass diese am Rechtsverkehr teilnehmen könne, was sich insbesondere in den Regelungen der §§ 35 I GmbHG, 78 AktG zeige[543]. Damit sei die Einflussnahme über Covenants, welche insbesondere durch Informationsrechte, Zustimmungsvorbehalte und Weisungen geprägt sei, nicht ausreichend, die faktische Organschaft zu begründen[544]. Dies gelte selbst dann, wenn die eigentlichen Geschäftsführer hierdurch zu reinen Befehlsempfängern degradiert würden, da auch in diesem Falle die Einflussnahme über Covenants lediglich gesellschaftsinterne Wirkung habe[545]. Dass die bloße Einwirkung von außen auf die Organe der

---

534 K. Schmidt, in Scholz GmbHG-Nachtrag MoMiG, Anhang § 64, Rn 22.
535 Ulmer/Paefgen GmbHG, § 43, Rn 13.
536 MüKo/Spindler, AktG, § 93, Rn 18.
537 MüKo/Spindler, AktG, § 93, Rn 18.
538 MüKo/Spindler, AktG, § 93, Rn 19.
539 Zöllner/Noack, in Baumbach/Hueck, GmbHG, § 43, Rn 3.
540 Runge, Covenants in Kreditverträgen, S. 267, Rz 6.59.
541 Runge, Covenants in Kreditverträgen, S. 267, Rz 6.59.
542 Runge, Covenants in Kreditverträgen, S. 267, Rz 6.61; S. 268, Rz 6.62.
543 Runge, Covenants in Kreditverträgen, S. 267, Rz 6.61.
544 Runge, Covenants in Kreditverträgen, S. 268, Rz 6.62; S. 273, Rz 6.71.
545 Runge, Covenants in Kreditverträgen, S. 268, Rz 6.62.

Gesellschaft nicht ausreichend für die faktische Organstellung sein könne, zeige auch die Allzuständigkeit der Gesellschafterversammlung im GmbH-Recht nach § 37 GmbHG[546]. Denn hierdurch werde dem Gesellschafter die Möglichkeit verschafft, Einfluss auf die Geschäftsführung zu nehmen, ohne dass er hierdurch gleich wegen faktischer Geschäftsführung in Verantwortung genommen werde. Dies sei daher ein Hinweis, dass ein lediglich gesellschaftsintern wirkender Einfluss nicht ausreichend sei, eine faktische Organstellung zu begründen[547]. Für diese Auffassung spreche auch die Regelung des § 117 AktG, wonach die Einflussnahme Dritter auf die Organe einer Aktiengesellschaft lediglich eine Schadensersatzpflicht auslöse, was darauf hindeute, dass eine von außen herrührende Einwirkung nicht zur faktischen Geschäftsführerstellung führe[548]. Damit komme eine Haftung covenantgesicherter Kreditgeber wegen faktischer Geschäftsführung erst dann in Betracht, wenn dieser die typischen Geschäftsführungsaufgaben auch im Außenverhältnis wahrnehme, wie beispielsweise die Verhandlungsführung mit den übrigen Kreditgläubigern oder Verfügungen über Gesellschaftskonten[549]. Werde daher ohne ein Handeln im Außenverhältnis mittels der Einwirkung über Covenants dennoch die Schwelle zur noch zulässigen Einflussnahme überschritten bzw. führe diese zur Schädigung der Gesellschaft oder ihrer Gläubiger, so komme eine Haftung von Kreditgebern lediglich über die allgemeinen Normen des Zivilrechts aus §§ 138, 826 BGB wegen Knebelung, Gläubigerbenachteiligung etc. in Betracht[550].

Fleischer zufolge setzt eine faktische Organschaft die Wahrnehmung organspezifischer Funktionen in organtypischer Weise voraus[551]. Hierfür erforderlich sei eine maßgebliche Mitbestimmung der Unternehmensleitung von gewisser Dauer und Intensität, wobei ausnahmsweise auch gezielte Einzeleingriffe ausreichend sein könnten, wenn diese die Gesellschaft schwer schädigten[552]. Unabhängig von der Frage, ob eine juristische Person überhaupt faktischer Geschäftsführer sein könne, stünden einer Haftung von Kreditgebern, welche über Einflussmöglichkeiten auf die Geschäftsführung des kreditnehmenden Unternehmens verfügten, jedoch i.d.R. zwei wesentliche Merkmale entgegen[553]. Zum einen würden Kreditgeber durch ihre Einflussnahme nicht aus einer organtypischen Stellung heraus handeln. Zum anderen verfolge der Kreditgeber im Verhältnis zum Kreditnehmer gegensätzliche Interessen. Nicht ausreichend soll daher die Erledigung laufender Routineangelegenheiten sein, da sich der Betreffende hierdurch noch nicht in die für die Haftung erforderliche „korporative Sphäre" der Gesellschaft begebe. Unschädlich seien daher die Vereinbarung von Informationsrechten und die Verpflichtung des Kreditnehmers zur Einhaltung bestimmter Finanzkennzahlen[554]. Ferner löse die

546 Runge, Covenants in Kreditverträgen, S. 269, Rz 6.65.
547 Runge, Covenants in Kreditverträgen, S. 269, Rz 6.65.
548 Runge, Covenants in Kreditverträgen, S. 270, Rz 6.66.
549 Runge, Covenants in Kreditverträgen, S. 273, Rz 6.71.
550 Runge, Covenants in Kreditverträgen, S. 268, Rz 6.62 f.; S. 273, Rz 6.71.
551 Fleischer, AG 2004, 517, 524, 527; Spindler/Stilz/Fleischer, AktG, § 93, Rn 182 ff.
552 Fleischer, AG 2004, 517, 524, 525.
553 Fleischer, AG 2004, 517, 527.
554 Fleischer, AG 2004, 517, 525, 527.

bloße Konsultation des Kreditgebers bei Unternehmensentscheidungen sowie die gelegentliche Teilnahme an Vorstandssitzungen dessen Haftung nicht aus[555].

Etwas anderes ergebe sich allerdings dann, wenn der Nicht-Geschäftsführer in Krisensituationen die Unternehmenssteuerung komplett an sich reiße und die formalen Geschäftsleiter von den Sanierungsverhandlungen fernhalte[556]. Sollte daher der Handelnde in die Organisationsstruktur der Gesellschaft, namentlich durch die alleinige Übernahme der Finanzangelegenheiten einschließlich der exklusiven Verhandlungsführung mit allen übrigen Gesellschaftsgläubigern in einer Krise, derart eindringen, so komme eine Haftung wegen faktischer Geschäftsführung in Betracht[557].

In dieselbe Richtung argumentiert *Strohn*, welcher die Vorlage von betriebswirtschaftlichen Auswertungen (BWA) oder die bloße Besprechung der in der Krise vorzunehmenden Maßnahmen nicht für ausreichend hält, die Haftung des Kreditgebers wegen faktischer Geschäftsführung zu begründen[558]. Denn hierbei verfolge dieser seine legitimen Sicherungsinteressen[559]. Etwas anderes ergebe sich jedoch dann, wenn der Darlehensgeber in der Krise der Gesellschaft deren Geschäftsführern genau vorschreibe, was diese zu tun oder zu unterlassen hätten. In diesem Falle würden die Geschäftsführer zu reinen Befehlsempfängern ohne jeden Handlungsspielraum degradiert, wodurch der Kreditgeber seinen Rechtskreis überschreite[560].

2. Befürwortende Literaturansichten

Dagegen wird vereinzelt davon ausgegangen, dass Kreditgebern durch ihre bloße Einflussnahme über Covenants eine Haftung wegen faktischer Organschaft droht. Nach Ansicht von *Schneider* kann die bloße Einflussnahme auf die Geschäftsführung durchaus haftungsbegründend wirken[561]. Denn es mache keinen Unterschied, ob man auf die Geschäftsführung dauerhaften Einfluss ausübe oder selbst wie ein Geschäftsführer die Gesellschaft führe[562]. Somit hafte nicht nur der Strohmann nach § 43 GmbHG, sondern auch der Hintermann, welcher das Unternehmen tatsächlich leitet.

Auch *Schackmman/Behling* halten eine Haftung von Kreditgebern auf Grundlage des Rechtsinstituts der faktischen Geschäftsführung wegen deren Einflussmöglichkeiten für denkbar[563]. Dies sei jedoch anhand einer Einzelfallentscheidung zu beurteilen. Nicht ausreichend sei hierfür die Vereinbarung von bloßen Informationsrech-

---

555 Fleischer, AG 2004, 517, 527.
556 Fleischer, AG 2004, 517, 525.
557 Fleischer, AG 2004, 517, 527.
558 Strohn, DB 2011, 158, 163 f.
559 Strohn, DB 2011, 158, 163 f.; so bereits: Fleischer, AG 2004, 517, 526.
560 Strohn, DB 2011, 158, 163 f.
561 Uwe H. Schneider, in Scholz GmbHG, § 43, Rn 22.
562 Uwe H. Schneider, in Scholz GmbHG, § 43, Rn 22.
563 Schackmann/Behling, FB 2004, 789, 797.

ten. Etwas anderes könne sich jedoch dann ergeben, wenn der Kreditnehmer verpflichtet werde, bestimmte Bilanzrelationen bindend einzuhalten, da hierdurch der Einfluss bereits deutlich erhöht sei[564]. Noch problematischer sei die Einflussnahme bei eindeutigen Vorgaben im Forderungs- und Bestandsmanagement, da hierdurch in den Kernbereich der Geschäftsführung eingegriffen werde[565].

III. Stellungnahme

Auch wenn die Haftung wegen faktischer Organschaft letzten Endes vom Schutzzweck der einzelnen Haftungsnorm und von deren Tatbestandsvoraussetzungen abhängt, können Kreditgeber nach der hier vertretenen Auffassung im Allgemeinen bereits durch bloße Einflussnahme über Covenants die Stellung eines faktischen Geschäftsführers einnehmen. Wegen der Vielzahl an möglichen Fallkonstellationen ist jedoch aufgrund einer Gesamtbetrachtung unter Berücksichtigung der jeweiligen Umstände des Einzelfalls jeweils zu prüfen, ob Kreditgeber mittels der Einflussnahme über Covenants eine den Geschäftsführern ähnliche Stellung eingenommen haben. Dabei sind einerseits die berechtigten Sicherungsinteressen der Kreditgeber zu berücksichtigen. Andererseits müssen Kriterien festgelegt werden, nach denen Kreditgeber die Schwelle einer noch zulässigen Einflussnahme überschreiten und dadurch zum faktischen Geschäftsführer des kreditnehmenden Unternehmens werden.

Entscheidende Voraussetzung für die Haftung von Kreditgebern ist, dass diese mittels ihrer Einwirkungsmöglichkeiten die Geschäftsführung beim Kreditnehmer in tatsächlicher Hinsicht übernommen und ausgeübt haben. In diesem Zusammenhang sind die jeweiligen Vereinbarungen in Covenants im Einzelfall zu prüfen, um anschließend feststellen zu können, ob der Kreditgeber hierdurch die Geschicke des kreditnehmenden Unternehmens maßgeblich nach seinem Willen steuern konnte. Bei der Prüfung, ob Kreditgeber die faktische Geschäftsführung beim Darlehensnehmer übernommen haben, sind jedoch nicht nur die dem Kreditgeber in den einzelnen Covenant-Vereinbarungen schuldrechtlich eingeräumten Rechte zu berücksichtigen. Denn die Kreditpraxis hat gezeigt, dass manche Verträge anders „gelebt" werden, als dies ursprünglich vereinbart wurde[566]. So werden Kreditgeber beispielsweise in Fällen, in denen sie trotz einer Covenant-Verletzung des Kreditgerbers zur Überzeugung gekommen sind, dass sich hierdurch das Kreditausfallrisiko (noch) nicht erhöht hat, u. U. auf die für diesen Fall ursprünglich vereinbarten Rechte verzichten oder zumindest hiervon keinen Gebrauch machen. Hieraus wird deutlich, dass allein aus den zugunsten des Kreditgebers vertraglich eingeräumten Rechten noch nicht automatisch auf dessen Einflussnahme auf den Kreditnehmer und damit auf eine etwaige Übernahme der faktischen Geschäftsführung geschlossen werden

---

564 Schackmann/Behling, FB 2004, 789, 797.
565 Schackmann/Behling, FB 2004, 789, 797.
566 Siehe zu dieser Problematik bereits: Breidenstein, ZInsO 2010, 273, 281 f.

kann[567]. Auf der anderen Seite eignen sich das bei einer Covenant-Verletzung dem Kreditgeber regelmäßig zustehende Kündigungsrecht sowie die in diesen Fällen in aller Regel stattfindenden Nachverhandlungen für den Darlehensgeber dazu, sich durch das Drohpotential der Kreditkündigung über die ursprünglich vereinbarten Rechte hinaus zusätzlich Einwirkungsmöglichkeiten einräumen zu lassen oder bestimmte (Sanierungs-)Maßnahmen zu veranlassen sowie eigene Interessen durchzusetzen. Damit können Kreditgeber gerade durch die bei einer Covenant-Verletzung durchgeführten Nachverhandlungen die faktische Organschaft übernehmen, indem sie durch das „Druckmittel" der Kreditkündigung die unternehmerischen Geschicke bestimmen.

Hieraus wird deutlich, dass bei der Prüfung, ob Kreditgeber durch die Einwirkungsmöglichkeiten über Covenants eine faktische Organstellung beim Kreditnehmer eingenommen haben, nicht nur auf die einzelnen schuldrechtlichen Vereinbarung abzustellen ist, sondern auf das Gesamterscheinungsbild des Kreditvertragsverhältnisses und auf die sich daraus ergebende Stellung des Darlehensgebers innerhalb des kreditnehmenden Unternehmens.

Darüber hinaus sind die vom Bayerischen Obersten Landesgericht aufgestellten typischen Merkmale des Kernbereichs der Geschäftsführung heranzuziehen, deren Ausübung auf eine faktische Organstellung hindeuten[568]. Zwar ist dieser Kriterienkatalog nicht abschließend, bietet aber dennoch einen Anhaltspunkt, die Merkmale der typischen Geschäftsführungstätigkeiten zu konkretisieren, um später feststellen zu können, ob der Kreditgeber die faktische Geschäftsführung beim Darlehensnehmer übernommen hat.

Ferner muss die Einflussnahme über Covenants von gewisser Dauer und Intensität sein, da die typische Geschäftsführungstätigkeit in aller Regel nicht nur vorübergehend ist. Des Weiteren dürfen die einzelnen Vereinbarungen in Covenants nicht isoliert betrachtet werden, da diese häufig erst in ihrer Gesamtheit ihre beherrschende Wirkung entfalten.

Nachdem die Steuerung des unternehmerischen Geschehens entscheidendes Merkmal für die Haftung wegen faktischer Organschaft ist, rücken covenant-gesicherte Kreditgeber durch die Vereinbarung von bloßen Informationsrechten noch nicht in die Position eines faktischen Geschäftsführers ein. Denn hierdurch haben diese zum einen noch nicht die Möglichkeit, auf das unternehmerische Geschehen maßgeblich einzuwirken. Zum anderen bewegen sich Kreditgeber dabei noch im Rahmen ihres berechtigten Sicherungsinteresses, da sie hierbei lediglich die Geschäftsentwicklung im kreditnehmenden Unternehmen überwachen.

Auch durch die Vereinbarung von Financial Covenants wird man wohl noch nicht eine faktische Organstellung des covenant-geschützten Kreditgebers annehmen können, sofern dieser die einzelnen Maßnahmen zur Einhaltung der betriebswirtschaftlichen Kennzahlen weiterhin dem Kreditnehmer überlässt. Hierdurch wird

---

567 So auch: Breidenstein, ZInsO 2010, 273, 281 f.
568 Vgl. BayObLG vom 20.02.1997, NJW 1997, 1936, 1936.

die operative Tätigkeit der kreditnehmenden Gesellschaft zwar mittelbar beeinflusst. Dennoch verbleibt in diesen Fällen die Entscheidungsgewalt über die Wahl der zur Einhaltung der Bezugsgrößen notwendigen Maßnahmen sowie die Art und Weise der Durchführung weiterhin beim Darlehensnehmer. Damit übernimmt der Kreditgeber in diesen Fällen noch nicht die unmittelbare Steuerung des kreditnehmenden Unternehmens.

Etwas anderes ergibt sich allerdings dann, wenn Kreditgeber durch umfangreiche Ge- und Verbote, Zustimmungsvorbehalte oder Weisungsrechte auf die operative Tätigkeit des kreditnehmenden Unternehmens Einfluss nehmen. Denn bei derartig gestalteten Covenants übernimmt der Kreditgeber die maßgebliche Entscheidungsgewalt und ist in der Lage, das unternehmerische Geschehen zu steuern. Warum nach Auffassung der Rspr. und dem weit überwiegenden Teil der Literatur weder die einseitige Anmaßung der Unternehmensführung noch die Erteilung von Weisungen gegenüber den satzungsmäßigen Geschäftsführern ausreichend sein soll, die Verantwortlichkeit wegen faktischer Organschaft auszulösen, ist daher nicht ganz nachvollziehbar. Denn ausweislich der Rspr. des BGH besteht der Grundgedanke für die Haftung des faktischen Geschäftsführers darin, dass derjenige, der sich – ohne dazu zu berufen zu sein –, wie ein Geschäftsführer geriere, auch die Verantwortung eines Geschäftsführers trage und als solcher haften müsse[569]. Gerade durch eine einseitige Anmaßung der Unternehmensleitung bzw. durch die Erteilung von Weisungen verhält sich der Betreffende jedoch häufig als Geschäftsführer, indem er hierdurch das unternehmerische Geschehen nach seinem Willen ausrichtet. Ferner heißt es im Leitsatz derselben Grundsatzentscheidung: „Die Verpflichtung zur Stellung des Konkursantrags [...] trifft auch denjenigen, der, ohne zum Geschäftsführer bestellt zu sein, die Geschäfte der GmbH tatsächlich wie ein Geschäftsführer [...] führt“[570]. Damit kommt es nach Auffassung des BGH bei der Haftung wegen faktischer Organschaft entscheidend auf die tatsächliche Ausübung der Geschäftsführungsfunktion an. Aus welchen Gründen daher die einseitige Anmaßung der Unternehmensführung nicht ausreichend sein soll, in die faktische Organstellung einzurücken, erschließt sich somit nicht. Denn genau in diesen Fällen übt doch der Betreffende die typische Geschäftsführungstätigkeit in tatsächlicher Hinsicht aus.

Entgegen der Auffassung von *Runge* muss der covenant-gesicherte Kreditgeber die Geschäftsführungsfunktion auch nicht zwingend im Außenverhältnis wahrgenommen haben. Zwar stellt die Vertretung der Gesellschaft einen wesentlichen Teil der Geschäftsführungstätigkeit dar. Dass es sich hierbei aber um das einzig entscheidende Kriterium der Geschäftsführungsfunktion handeln soll, leuchtet nicht ganz ein. Denn die Geschäftsführung zeichnet sich in erster Linie dadurch aus, dass der Betreffende die Entscheidungsmacht im Unternehmen hat, durch welche er die Geschicke der Gesellschaft maßgeblich steuern kann. Ob nun ein Kreditgeber die Unternehmenssteuerung durch eigenes, nach außen hervortretendes Handeln

569 BGH vom 21.03.1988, BGHZ 104, 44, 47 f.
570 BGH vom 21.03.1988, BGHZ 104, 44, Leitsatz.

übernimmt, oder diese mittels Weisungen gegenüber den satzungsmäßigen Geschäftsführern veranlasst, macht von der Wirkung gegenüber Dritten und unter Schutzzweckgesichtspunkten keinen Unterschied.

Auch dem Argument von *Runge*, die Regelung des § 37 GmbHG deute darauf hin, dass für die Haftung wegen faktischer Organschaft ein Auftritt nach außen zwingend erforderlich sei, ist nicht zu folgen. Zwar soll hierdurch zu Recht ein Raum geschaffen werden, in welchem die Möglichkeit zur Erteilung von Weisungen besteht, ohne dass der Betreffende Gefahr läuft, die Stellung eines faktischen Geschäftsführers einzunehmen. Allerdings steht dieses Weisungsrecht lediglich den formalen Gesellschaftern einer GmbH zu, also denjenigen, die eine Hafteinlage eingebracht haben. Eine solche haben Kreditgeber nicht geleistet und man kann gerade deswegen nicht davon ausgehen, dass jedem beliebigen Gläubiger ebenfalls ein solches Weisungsrecht zustehen soll, welches dann durch das Erfordernis eines Außenauftritts gesichert werden soll.

IV. Ergebnis

Zusammenfassend kann daher festgehalten werden, dass Kreditgeber im Allgemeinen die Stellung eines faktischen Organs im kreditnehmenden Unternehmen bereits dann einnehmen können, wenn sie sich durch die Vereinbarung in Covenants derart umfangreiche Einwirkungsmöglichkeiten gegenüber dem Kreditnehmer haben einräumen lassen, durch welche sie das unternehmerische Geschehen beim Kreditnehmer steuern konnten. Entscheidend ist hierbei, dass der Darlehensgeber die Geschäftsleitung beim Kreditnehmer in tatsächlicher Hinsicht übernommen hat. Dies wiederum setzt eine gewisse Dauer und Intensität der Einflussnahme voraus, da die typische Geschäftsführungstätigkeit in aller Regel nicht nur vorübergehend ist. Ferner sind bei der Prüfung, ob der Darlehensgeber die Geschäftsleitung beim Darlehensnehmer faktisch übernommen hat, nicht nur die einzelnen schuldrechtlichen Vereinbarungen in Covenants zu berücksichtigen. Vielmehr ist darüber hinaus zu untersuchen, ob der Kreditgeber durch das Drohpotential seines Kündigungsrechts im Falle der Covenant-Verletzung das unternehmerische Geschehen nach seinem Willen ausgerichtet hat.

Obwohl der Geschäftsführer die Gesellschaft im Außenverhältnis vertritt und das Handeln nach außen damit einen wesentlichen Teil der Geschäftsführungsfunktion darstellt, scheidet die Übernahme der faktischen Geschäftsführerstellung durch den covenant-gesicherten Kreditgeber nicht bereits deswegen aus, weil dessen Weisungen gegenüber dem Kreditnehmer i.d.R, nur gesellschaftsinterne Wirkung entfalten. Denn unter Schutzzweckgesichtspunkten und in Bezug auf die Wirkung gegenüber außenstehenden Dritten macht es keinen Unterschied, ob die Maßnahmen des faktischen Geschäftsführers durch dessen eigenes Handeln im Außenverhältnis oder lediglich auf seine Veranlassung erfolgt sind.

Die Untersuchung hat jedoch gezeigt, dass Kreditgeber i.d.R. weder durch die Vereinbarung von Informationsrechten noch aufgrund von Financial Covenants eine faktische Organstellung einnehmen können, da diese hierdurch regelmäßig (noch) nicht die Geschäftsführung beim Kreditnehmer in rein tatsächlicher Hinsicht übernehmen und ausüben können. Etwas anderes kann sich jedoch dann ergeben, wenn der Kreditgeber durch umfangreiche Einwirkungsmöglichkeiten wie etwa konkrete Weisungsrechte oder Zustimmungsvorbehalte das unternehmerische Geschehen beim Kreditnehmer steuert.

C. Die Insolvenzantragspflicht des faktischen Geschäftsführers nach § 15a I InsO

Abschließend muss nun erörtert werden, welche spezifischen insolvenzrechtlichen Vorschriften im Zusammenhang mit der faktischen Geschäftsführung für Kreditgeber relevant werden können, wenn diese durch die Einflussnahme über Covenants die Stellung eines faktischen Organs einnehmen. Denn wie noch zu zeigen sein wird, haben nach ständiger Rspr. des BGH auch die faktischen Organe eines Unternehmens ähnliche Pflichten wie deren satzungsmäßige Geschäftsführer bzw. ihnen drohen dieselben Haftungsfolgen.

Hierbei ist zunächst auf § 15a I InsO einzugehen, wonach nun rechtsformübergreifend in der Insolvenzordnung geregelt ist, dass die Mitglieder des Vertretungsorgans bei Zahlungsunfähigkeit oder Überschuldung einer juristischen Person verpflichtet sind, ohne schuldhaftes Zögern einen Insolvenzantrag zu stellen. Erfasst sind damit zunächst die rechtswirksam bestellten Vertretungsorgane.

Nachdem sich Kreditgeber durch die Vereinbarung von Covenants eine erhebliche Machtposition im kreditnehmenden Unternehmen verschaffen und hierdurch gar die Geschäftsführung faktisch übernehmen können, muss daher der Frage nachgegangen werden, ob auch diese unter bestimmten Voraussetzungen zur Antragsstellung nach § 15a I InsO verpflichtet sind. Da dies in Rspr. und Literatur nicht einheitlich beurteilt wird, soll hierzu erneut der bisherige Meinungsstand untersucht werden, um anschließend herausarbeiten zu können, ob Kreditgebern ebenfalls wegen ihrer mittels Covenants eingeräumten Einwirkungsmöglichkeiten gegenüber den formalen Geschäftsführern eine derartige Pflicht auferlegt werden kann.

I. Die Rechtsprechung des BGH zur Insolvenzantragspflicht des faktischen Organs

Nach ständiger Rspr. des BGH zur Rechtslage vor Inkrafttreten des MoMiG waren auch faktische Organe zur Stellung des Insolvenzantrags gemäß §§ 64 I GmbHG a.F., 92 II AktG a.F. verpflichtet[571]. Es ist davon auszugehen, dass mit der Neuein-

571 BGH vom 24.06.1952, BGHSt 3, 32, 38 f.; BGH vom 28.06.1966, BGHSt 21, 101, 103; BGH vom 22.09.1982, BGHSt 31, 118, 122 f.; BGH vom 21.03.1988, BGHZ 104, 44, 46; BGH vom 25.02.2002, BGHZ 150, 61, 69.

führung der rechtsformneutralen Regelung des § 15a I InsO auch weiterhin die de facto Geschäftsführer insolvenzantragspflichtig sind. Denn ausweislich des Regierungsentwurfs zum MoMiG soll trotz dieser Neuregelung die bisherige Rechtsprechung zur faktischen Organschaft unberührt bleiben[572].

Antragspflichtig sind danach zum einen diejenigen, die trotz eines fehlerhaften Bestellungsaktes die Geschäftsführung tatsächlich ausgeübt haben. Zum anderen aber auch jene, bei denen es an einem förmlichen Bestellungsakt insgesamt fehlt[573]. Zur Begründung wird hierbei ausgeführt, dass eine andere Auffassung den Schutz der Allgemeinheit vor unredlicher Handhabung der Geschäftsführung einer Gesellschaft mit beschränkter Haftung unterlaufen würde[574]. Grundgedanke der Antragspflicht des faktischen Geschäftsführers ist damit auch hier, dass derjenige, der sich ohne dazu zu berufen zu sein, wie ein Geschäftsführer geriert, auch die Verantwortung eines Geschäftsführers trägt[575] und somit insbesondere zum Schutze der Gesellschaftsgläubiger die an die Rechtsstellung des formalen Geschäftsführers anknüpfende Insolvenzantragspflicht trifft.

Dennoch ist fraglich, ob nach Auffassung des BGH auch covenant-gesicherte Kreditgeber zur Antragsstellung nach § 15a I InsO verpflichtet sind. Denn nach diesem genügt die nur interne Einwirkung auf die Gesellschaftsorgane nicht, die Stellung eines faktischen Geschäftsführers zu begründen, vielmehr bedarf es eines eigenen, nach außen hervortretenden Handelns[576]. Darüber hinaus ist weder die einseitige Anmaßung der Unternehmensführung[577] noch die Erteilung von Weisungen gegenüber den satzungsmäßigen Geschäftsführern ausreichend, in die faktische Organstellung einzurücken[578]. Da die Einflussnahme über Covenants jedoch i.d.R. nur gesellschaftsinterne Wirkung entfaltet, scheidet eine Antragspflicht von Kreditgebern wohl nach derzeitiger Rspr. des BGH aus, und zwar selbst dann, wenn die förmlich bestellten Geschäftsführer durch umfangreiche Weisungen vollständig aus ihrer Funktion verdrängt werden.

Des Weiteren kommen nach Ansicht des BGH wegen der §§ 6 II 1 GmbHG, 76 III 1 AktG lediglich natürliche, unbeschränkt geschäftsfähige Personen als faktische Geschäftsführer in Betracht[579], so dass eine unmittelbare Antragspflicht von Kreditgebern wahrscheinlich auch deswegen ausscheiden wird, weil diese in aller Regel als juristische Personen am Rechtsverkehr teilnehmen und eine derartige Pflicht somit allenfalls deren Angestellte treffen kann.

---

572 RegE MoMiG, BT-Drucks. 16/6140, S. 56.
573 Vgl. nur: BGH vom 22.09.1982, BGHSt 31, 118, 122; BGH vom 10.05.2000; BGHSt 46, 62, 64.
574 BGH vom 22.09.1982, BGHSt 31, 118, 122.
575 Vgl. BGH vom 21.03.1988, BGHZ 104, 44, 47 f.
576 Vgl. nur BGH vom 21.03.1988, BGHZ 104, 44, 48; BGH vom 27.06.2005, ZIP 2005, 1414.
577 Vgl. nur: BGH vom 10.05.2000, BGHSt 46, 62, 65.
578 Vgl. nur: BGH vom 27.06.2005, ZIP 2005, 1414, 1415 m.w.N.
579 BGH vom 25.02.2002, BGHZ 150, 61, 68.

II. Der Meinungsstand in der Literatur

Überwiegende Teile der Literatur folgen dem BGH in seiner Rspr., wonach auch faktische Organe zur Stellung des Insolvenzantrags verpflichtet sind[580]. Zwar setze die Pflicht zur Antragstellung zwangsläufig eine Antragsbefugnis voraus, da der Antragspflichtige ansonsten seiner Pflicht nicht nachkommen könne. Ein solches Antragsrecht wird jedoch von weiten Teilen der Literatur angenommen, wenn das faktische Organ tatsächlich eine Funktion ausübt, die einer der in § 15 InsO genannten Stellungen entspricht[581]. Im Einklang mit der Rspr. des BGH hält die wohl h.M. ebenfalls das Vorliegen eines zumindest unwirksamen förmlichen Bestellungsaktes für nicht erforderlich, um die Insolvenzantragspflicht auszulösen, da ausreichend sei, wenn die Geschäftsführung faktisch übernommen und ausgeübt wurde[582].

Dagegen ist nach Auffassung von *K. Schmidt* der de facto Geschäftsführer zwar nicht zur Antragsstellung befugt[583]. Dennoch habe dieser die Pflicht zur Stellung des Insolvenzantrags, so dass im Ergebnis der h.M. zu folgen sei[584]. Denn derjenige, der nach außen und innen die tatsächliche Geschäftsführung wahrnehme, übernehme auch eine „Verkehrspflicht" gegenüber dem Rechtsverkehr[585]. Der Verstoß gegen § 15a InsO bestehe danach nicht in der Unterlassung des Insolvenzantrags, sondern in der Fortführung der insolventen Gesellschaft, ohne die Antragsstellung durch den formalen Geschäftsführer zu veranlassen.

Haas hingegen lehnt die Verpflichtung des faktischen Geschäftsführers zur Stellung des Insolvenzantrags insgesamt ab[586]. Denn das Konzept des faktischen Geschäftsführers sei nicht mit den §§ 15, 15a InsO vereinbar[587]. Der Sinn und Zweck des Insolvenzeröffnungsverfahrens bestehe darin, in kurzer Zeit zu klären, ob aufgrund eines zulässigen Antrags das Insolvenzverfahren über das Vermögen des Schuldners zu eröffnen sei[588]. Der faktische Geschäftsführer könne jedoch in dieser Situation gegenüber dem Insolvenzgericht nicht glaubhaft machen, dass er der tatsächliche Geschäftsführer sei und das Gericht könne in dieser Phase auch noch keine eigenen Ermittlungen gemäß § 5 InsO anstellen[589]. Daher sei erforderlich, die Antragsbe-

580 LSZ/Smid/Leonhardt, InsO, § 15 Rn 4; HK-InsO/Kleindiek, § 15a, Rn 10; K. Schmidt, in Scholz GmbHG-Nachtrag MoMiG, Anhang § 64, Rn 23; MüKo/Schmahl, InsO, § 15, Rn 100; Kleindiek, in Lutter/Hommelhoff, GmbHG, Anhang zu § 64, Rn 49; Uhlenbruck/Hirte, InsO, § 15a, Rn 8; Roth/Altmeppen, GmbHG, vor. § 64, Rn 57 f.; Michalski/Nerlich, GmbHG, § 64, Rn 16; FK-InsO/Schmerbach, § 15, Rn 18, Runge, Covenants in Kreditverträgen, S. 256, Rz 6.41.
581 HK-InsO/Kleindiek, § 15a, Rn 10, HK-InsO/Kirchhof, § 13, Rn 14, § 15, Rn 10; FK-InsO/Schmerbach, § 15, Rn 18; Kübler/Prütting/Bork/Pape, InsO, § 15, Rn 4a; Graf-Schlicker/Fuchs, InsO, § 15, Rn 7.
582 Vgl. nur: Kleindiek, in Lutter/Hommelhoff, GmbHG, Anhang zu § 64, Rn 49 m.w.N.; Runge, Covenants in Kreditverträgen, S. 245, Rz 6.20 m.w.N.
583 K. Schmidt, in Scholz GmbHG-Nachtrag MoMiG, Anhang § 64, Rn 23.
584 K. Schmidt, in Scholz GmbHG-Nachtrag MoMiG, Anhang § 64, Rn 23.
585 K. Schmidt, in Scholz GmbHG-Nachtrag MoMiG, Anhang § 64, Rn 23.
586 Haas, in Baumbach/Hueck, GmbHG, § 64, Rn 172; Haas, DStR 1998, 1359, 1362.
587 Haas, in Baumbach/Hueck, GmbHG, § 64, Rn 172; Haas, DStR 1998, 1359, 1362.
588 Haas, in Baumbach/Hueck, GmbHG, § 64, Rn 172.
589 Haas, in Baumbach/Hueck, GmbHG, § 64, Rn 172.

rechtigung an das formale Kriterium des Vorliegens eines zumindest unwirksamen förmlichen Bestellungsaktes zu knüpfen[590].

Obwohl nach überwiegender Ansicht der Literatur auch faktische Organe generell zur Insolvenzantragsstellung nach § 15a I InsO verpflichtet sind, soll dies aber nach h. M. für covenant-gesicherte Kreditgeber nicht gelten[591].

Dies ergibt sich nach Auffassung von *Fleischer* daraus, dass Banken trotz ihrer über Covenants bestehenden Einwirkungsmöglichkeiten auf die Geschäftsführung zum einen nicht aus einer organtypischen Stellung handeln und zum anderen mit ihrer Einflussnahme gegensätzliche Gläubigerinteressen wahrnehmen würden[592]. Denn mit der Vereinbarung von Informationsrechten oder der Verpflichtung zur Einhaltung von betriebswirtschaftlichen Kennzahlen nehme der Kreditgeber lediglich seine Gläubigerinteressen wahr, ohne dass ihn hierdurch eine Verantwortung für die kreditnehmende Gesellschaft treffe[593]. Dies gelte auch dann, wenn der Kreditgeber verlange, vor wichtigen Unternehmensentscheidungen konsultiert zu werden, gelegentlich an Vorstandssitzungen teilnehme oder die Abberufung der satzungsmäßigen Geschäftsführer fordere[594]. Etwas anderes ergebe sich allerdings dann, wenn der Kreditgeber in die gesellschaftsinterne Organisationsstruktur eindringe und hierdurch selbst den Willen der kreditnehmenden Gesellschaft bilden könne. Dies sei etwa der Fall, wenn der Kreditgeber in Krisenzeiten die Finanzangelegenheiten einschließlich der exklusiven Verhandlungsführung mit den übrigen Gesellschaftsgläubigern alleinig übernehme[595].

Ähnlich argumentiert *Strohn*, welcher im Allgemeinen Bedenken äußert, faktischen Geschäftsführern die Insolvenzantragspflicht nach § 15a I InsO aufzuerlegen. Denn eine derartige Pflicht könne nur dann bestehen, wenn der Betreffende auch über ein entsprechendes Recht zur Antragsstellung verfüge[596]. Wer zur Stellung eines Insolvenzantrags berechtigt sei, ergebe sich aus den §§ 14, 15 InsO, in welchem der faktische Geschäftsführer eben nicht genannt werde. Daher sei es erwägenswert, faktische Geschäftsführer lediglich dazu zu verpflichten, die formalen Geschäftsführer zur Stellung eines Insolvenzantrags zu veranlassen[597]. Ein Kreditgeber, welcher sich regelmäßig BWAs vorlegen lasse und das Vorgehen in Krisenzeiten mit der Geschäftsleitung bespreche, nehme dabei noch nicht die Stellung eines faktischen Organs ein, da er hierdurch lediglich seine berechtigten Interessen verfolge[598]. Etwas anderes ergebe sich jedoch dann, wenn er den formalen Geschäftsführern im Detail vorschreibe, was diese zu tun oder unterlassen hätten[599].

590 Haas, in Baumbach/Hueck, GmbHG, § 64, Rn 172.
591 Fleischer/Schmolke, WM 2011, 1009, 1015; Strohn, DB 2011, 158, 163 f.; Runge, Covenants in Kreditverträgen, S. 267, Rz 6.61; S. 268, Rz 6.62; S. 273, Rz 6.71; S. 278, Rz 6.81.
592 Fleischer/Schmolke, WM 2011, 1009, 1015; Fleischer, AG 2004, 517, 527.
593 Fleischer/Schmolke, WM 2011, 1009, 1015; Fleischer, AG 2004, 517, 527.
594 Fleischer/Schmolke, WM 2011, 1009, 1015; Fleischer, AG 2004, 517, 527.
595 Fleischer/Schmolke, WM 2011, 1009, 1015; Fleischer, AG 2004, 517, 527.
596 Strohn, DB 2011, 158, 163 f.
597 Strohn, DB 2011, 158, 163 f.
598 Strohn, DB 2011, 158, 163 f.
599 Strohn, DB 2011, 158, 163 f.

Auch nach Auffassung von *Runge* trifft den covenant-gesicherten Kreditgeber keine Pflicht zur Insolvenzantragsstellung nach § 15a I InsO[600]. Zwar habe ein faktischer Geschäftsführer ganz generell eine Antragspflicht gemäß § 15a I InsO, wofür es insbesondere nicht eines zumindest unwirksamen förmlichen Bestellungsaktes bedürfe, da auch diejenigen vom Begriff des „Vertretungsorgans" erfasst seien, welche die Geschäftsführungsfunktion lediglich faktisch übernommen haben[601]. Dennoch seien Kreditgeber aus mehreren Gründen nicht verpflichtet, einen Antrag auf Eröffnung des Insolvenzverfahrens zu stellen. Dies ergebe sich zum einen daraus, dass nach §§ 6 II 1 GmbHG, 76 III 1 AktG lediglich eine natürliche Person die faktische Organstellung einnehmen könne, Kreditgeber jedoch i.d.R. als juristische Personen am Rechtsverkehr teilnehmen[602]. Zum anderen müsse neben der gesellschaftsinternen Beeinflussung der Organe die Geschäftsführungsfunktion auch im Außenverhältnis wahrgenommen werde[603]. Die Einflussnahme über Covenants, welche insbesondere durch Informationsrechte, Zustimmungsvorbehalte und Weisungen geprägt ist, sei hierfür somit nicht ausreichend, da diese allenfalls gesellschaftsinterne Wirkung entfalten[604]. Etwas anderes gelte lediglich dann, wenn der covenantgesicherten Kreditgeber die typischen Geschäftsführungsaufgaben auch im Außenverhältnis wahrnehme, wie beispielsweise die Verhandlungsführung mit den übrigen Kreditgläubigern oder Verfügungen über Gesellschaftskonten vornehme[605].

III. Stellungnahme

1. Die Insolvenzantragsstellungspflicht des faktischen Organs im Allgemeinen

Der Rspr. des BGH, welcher wie selbstverständlich von einer Insolvenzantragspflicht des faktischen Geschäftsführers ausgeht[606], stehen Bedenken entgegen. Denn zum einen ist in den §§ 14, 15 InsO explizit geregelt, wer zur Antragsstellung berechtigt ist und in diesen ist der faktische Geschäftsführer gerade nicht genannt. Daher wird seitens der Literatur folgerichtig darauf hingewiesen, dass eine Insolvenzantragspflicht auch ein entsprechendes Antragsrecht voraussetze, über welches faktische Organe gerade nicht verfügen[607]. Zum anderen wird von einigen Autoren zu Recht betont, dass für den Insolvenzrichter gewisse Schwierigkeiten bei der Fest-

---

600 Runge, Covenants in Kreditverträgen, S. 267, Rz 6.61; S. 268, Rz 6.62; S. 273, Rz 6.71; S. 278, Rz 6.81.
601 Runge, Covenants in Kreditverträgen, S. 256, Rz 6.41 ff.
602 Runge, Covenants in Kreditverträgen, S. 278, Rz 6.81.
603 Runge, Covenants in Kreditverträgen, S. 267, Rz 6.61; S. 268, Rz 6.62.
604 Runge, Covenants in Kreditverträgen, S. 268, Rz 6.62; S. 273, Rz 6.71.
605 Runge, Covenants in Kreditverträgen, S. 273, Rz 6.71.
606 Vgl. nur: BGH vom 21.03.1988, BGHZ 104, 44, 46; BGH vom 25.02.2002, BGHZ 150, 61, 69.
607 Vgl. nur: K. Schmidt, in Scholz GmbHG-Nachtrag MoMiG, Anhang § 64, Rn 23; Haas, DStR 1998, 1359, 1362.

stellung bestehen, ob der Antragsteller tatsächlich faktischer Geschäftsführer ist, und im Hinblick auf die weitreichenden Folgen für Gesellschaftsgläubiger bzw. Gesellschafter bei der Prüfung des Vorliegens der Voraussetzungen der faktischen Organschaft hohe Anforderungen zu stellen sind[608]. Darüber hinaus sind nach dem Wortlaut des § 15a I InsO lediglich die „Mitglieder des Vertretungsorgans“ einer juristischen Person zur Antragsstellung verpflichtet, also diejenigen, die über eine organschaftliche Vertretungsbefugnis verfügen. Dies deutet darauf hin, dass faktische Geschäftsführer allenfalls dann eine Pflicht zur Stellung des Insolvenzantrags haben, wenn diese durch zumindest unwirksamen förmlichen Bestellungsakt zum Organ der Gesellschaft ernannt worden sind[609]. Denn keine Insolvenzantragspflicht haben danach die lediglich rechtsgeschäftlich Vertretungsberechtigten. Der wesentliche Unterschied zwischen rechtsgeschäftlicher und organschaftlicher Vertretungsmacht besteht darin, dass Letztere mit einer umfassenderen Vertretungsbefugnis ausgestattet sind, gleichzeitig aber höhere Anforderungen an die Erteilung einer solchen Vertretungsmacht – wie etwa das Vorliegen eines förmlichen Bestellungsaktes – gestellt sind[610]. Nachdem die Antragsstellungspflicht an die organschaftliche Stellung des Betreffenden knüpft, diese aber wiederum nur durch förmlichen Bestellungsakt erlangt werden kann, scheint es nach dem Wortlaut des § 15a I InsO naheliegend, faktische Organe lediglich dann in die Verantwortung zu nehmen, wenn diese durch zumindest fehlerhaften förmlichen Bestellungsakt zum Organ der juristischen Person ernannt worden sind.

Auf der anderen Seite soll ausweislich des Regierungsentwurfs zum MoMiG mit der Einführung des § 15a InsO die bisherige Rechtsprechung zum faktischen Geschäftsführer unberührt bleiben[611]. Wie bereits eingangs dargestellt, nimmt der BGH das Bestehen einer Insolvenzantragspflicht des faktischen Geschäftsführers gemäß § 15a I InsO unabhängig vom Vorliegen eines zumindest unwirksamen förmlichen Bestellungsaktes an, da ansonsten der Schutz der Allgemeinheit vor unredlicher Handhabung der Geschäftsführung einer Gesellschaft mit beschränkter Haftung gefährdet sei. Damit ist nach dem Willen des Gesetzgebers die Pflicht des faktischen Organs zur Stellung des Insolvenzabtrags nicht vom Vorliegen formaler Kriterien abhängig.

Des Weiteren spricht auch der Sinn und Zweck des § 15a InsO für eine Antragstellungspflicht des faktischen Organs. Denn dieser besteht primär darin, dass zur Verhinderung einer weiteren Verringerung der Haftmasse und zum Schutze des Rechtsverkehrs bei Vorliegen eines Insolvenzeröffnungsgrundes der Antrag möglichst rechtzeitig erfolgt[612]. Somit dient die Antragspflicht dem Gläubigerschutz, indem vermieden werden soll, dass durch den Weiterbetrieb der juristischen Person

---

608 Strohn, DB 2011, 158, 164 f.; Haas, in Baumbach/Hueck, GmbHG, § 64, Rn 172.
609 Ausführlich zu dieser Problematik siehe Ausführungen zu §§ 15a IV InsO, 283 ff. StGB vgl.: Teil 3, D. und E.
610 Siehe dazu ausführlich: Teil 3, D. und E.
611 RegE MoMiG, BT-Drucks. 16/6140, S. 56.
612 LSZ/Smid/Leonhardt, InsO, § 15a, Rn 2; Uhlenbruck/Gundlach, in Gottwald (Hrsg.), Insolvenzrechts-Handbuch, § 7, Rn 5.

deren Haftmasse noch weiter aufgezehrt wird; auch sollen potentielle Vertragspartner von den Umständen bei der sich in der Krise befindenden Gesellschaft möglichst frühzeitig in Kenntnis gesetzt werden. Daher scheint es im Hinblick auf die dringende Notwendigkeit einer rechtzeitigen Einleitung des Insolvenzverfahrens durchaus gerechtfertigt, die Pflicht zur Insolvenzantragsstellung maßgeblich davon abhängig zu machen, inwieweit der Betreffende in der Lage ist, die Geschicke der Gesellschaft zu steuern.

Wie eingangs bereits dargestellt, sind zwar nach dem Wortlaut des § 15a I InsO lediglich die Vertretungsorgane einer juristischen Person zur Antragsstellung verpflichtet, was auf die Notwendigkeit einer zumindest fehlerhaften Bestellung hindeutet. Ungeachtet dessen sollte jedoch in Betracht gezogen werden, § 15a I InsO dahingehend auszulegen, dass vom Begriff „Vertretungsorgan“ auch diejenigen erfasst sind, die ohne förmliche Bestellung die Geschäftsführungsfunktion faktisch übernommen haben. Eine derartige Ausdehnung des Adressatenkreises des § 15a InsO scheint auch möglich, da der Auslegung im Zivilrecht nicht dieselben engen Grenzen wie im Strafrecht wegen des dort geltenden Analogieverbots und des Bestimmtheitsgrundsatzes gesetzt sind[613]. Ferner kann einem Umgehungsversuch – wie etwa die bewusste Einsetzung eines „Strohmanns“ zum formalen Geschäftsführer – nur dann wirksam entgegengewirkt bzw. der Gläubigerschutz gewährleistet werden, wenn die tatsächliche Ausübung der Geschäftsführungstätigkeit das entscheidende Kriterium der Antragsstellungspflicht ist.

Entgegen der Rspr. des BGH kann es auch bei § 15a I InsO nicht auf das Auftreten im Außenverhältnis gegenüber Dritten ankommen. Denn wie eingangs in diesem Kapitel herausgearbeitet, macht es für den über § 15a I InsO gewährleisteten Gläubigerschutz keinen Unterscheid, ob sich die Einflussnahme auf die Geschäftsführung auch unmittelbar im Außenverhältnis niederschlägt oder hierdurch lediglich Handlungen der satzungsmäßigen Organe veranlasst werden, da die Wirkung gegenüber Dritten dieselbe ist.

In Anbetracht der soeben beschriebenen Umstände wird daher ein Mittelweg vorgeschlagen. Wegen der fehlenden Antragbefugnis, dem Wortlaut des § 15a I InsO und zur Vermeidung von Schwierigkeiten bei der Glaubhaftmachung der faktischen Organschaft gegenüber den Insolvenzgerichten, sollten diese lediglich verpflichtet werden, die förmlichen Geschäftsführer zur Insolvenzantragsstellung zu veranlassen[614]. Dadurch müssen sie nicht selbst den Antrag stellen, aber auf die bestellten Geschäftsführer einwirken, damit diese ihrer Antragspflicht nachkommen. Dies ist auch sachgerecht, denn der BGH, welcher grds. von einer Verpflichtung des faktischen Geschäftsführers ausgeht, verkennt, dass trotz des Bestehens einer faktischen Organschaft weiterhin förmliche Geschäftsführer vorhanden sind, deren Antragspflicht nicht dadurch erlischt, weil jemand anderes die Geschäfte tatsäch-

---

613 Eingehend zu dieser Problematik: Teil 3, D. und E.
614 So bereits: Strohn, DB 2011, 158, 165; K. Schmidt, in Scholz GmbHG-Nachtrag MoMiG, Anhang § 64, Rn 23.

lich führt[615]. Die förmlich Bestellten sind vielmehr weiterhin verpflichtet, trotz der faktischen Geschäftsführung durch einen anderen, den Antrag selbst zu stellen. Auf diesem Wege können die fehlende Befugnis zur Antragsstellung überwunden und Schwierigkeiten bei der Glaubhaftmachung der faktischen Organstellung vermieden werden. Gleichzeitig wäre hierdurch auch der Sinn und Zweck des § 15a I InsO erfüllt, indem zum Schutze der Gläubiger der Insolvenzantrag rechtzeitig gestellt wird.

Etwas anderes sollte allerdings dann gelten, wenn die faktischen Geschäftsführer die förmlich Bestellten vollständig aus ihrer Funktion verdrängen. Denn in diesen Fällen verfügen die satzungsmäßigen Geschäftsführer u. U. gar nicht über die notwendigen Informationen, das Vorliegen eines Insolvenzeröffnungsgrundes zu prüfen, um dann ihrer Antragspflicht nachkommen zu können. Ferner ist in solchen Situationen fraglich, ob sich diese überhaupt dem Druck der de facto Geschäftsführer beugen können, so dass es gerechtfertigt erscheint, dem faktischen Geschäftsführer eine unmittelbare Antragspflicht aufzuerlegen.

2. Die Auswirkungen auf covenant-geschützte Kreditgeber

Im Zusammenhang mit der Insolvenzantragspflicht von covenant-gesicherten Kreditgebern besteht die Besonderheit, dass diese – im Gegensatz zu den „herkömmlichen" faktischen Organen – Gläubiger des späteren Gemeinschuldners sind und damit gemäß § 14 I InsO eine Berechtigung zur Stellung des Antrags haben. Damit scheidet eine Antragsstellungspflicht von covenant-gesicherten Kreditgebern gemäß § 15a I InsO nicht bereits deswegen aus, weil es diesen an einer Antragsbefugnis fehlt.

Ungeachtet dessen sind jedoch auch covenant-gesicherte Kreditgeber allenfalls dazu verpflichtet, auf die Insolvenzantragsstellung durch die förmlichen Geschäftsführer des Darlehensnehmers hinzuwirken. Denn auch in diesen Fällen deutet der Wortlaut des § 15a I InsO nach wie vor darauf hin, dass es für die Pflicht zur Stellung des Insolvenzantrags des Vorliegens eines zumindest unwirksamen förmlichen Bestellungsaktes bedarf, welcher bei covenant-gesicherten Kreditgebern regelmäßig nicht gegeben sein wird. Darüber hinaus bestehen auch hier Schwierigkeiten mit der Glaubhaftmachung der faktischen Organstellung gegenüber dem Insolvenzgericht. Ergibt daher die Prüfung, dass der betreffende Kreditgeber aufgrund der Vereinbarung von Einwirkungsrechten in Covenants bzw. durch die Ausübung dieser Rechte, eine faktische Organstellung beim Kreditnehmer eingenommen hat, so muss er mangels Vorliegens eines zumindest unwirksamen förmlichen Bestellungsaktes lediglich auf die Stellung des Insolvenzantrags durch die Geschäftsleiter des Kreditnehmers hinwirken.

---

615 Vgl. nur: Kübler/Prütting/Bork/Preuß, InsO, § 15a, Rn 22; Kleindiek, in Lutter/Hommelhoff, GmbHG, Anhang zu § 64, Rn 45.

Etwas anderes ergibt sich nur dann, wenn die Einwirkungen mittels Covenants derart massiv sind, dass die förmlich Bestellten vollständig aus ihrer Geschäftsführungsfunktion verdrängt werden. Denn in dieser Situation scheint es im Hinblick auf den über § 15a InsO gewährleisteten Gläubigerschutz gerechtfertigt, trotz des Fehlens eines zumindest unwirksamen förmlichen Bestellungsaktes auch den covenant-gesicherten Kreditgebern eine unmittelbare Antragspflicht aufzuerlegen.

Konkret heißt dies Folgendes: Lässt sich der Kreditgeber über Covenants lediglich Informationsrechte einräumen, so muss er weder selbst den Insolvenzantrag stellen noch auf die satzungsmäßigen Vertretungsorgane des Kreditnehmers einwirken, damit diese ihrer Pflicht aus § 15a I InsO nachkommen. Denn wie eingangs herausgearbeitet, nimmt der Kreditgeber in diesem Falle nicht eine Stellung eines faktischen Geschäftsführers ein, da er hierdurch noch nicht in der Lage ist, das unternehmerische Geschehen zu steuern, sondern dabei lediglich seine berechtigten Sicherungsinteressen verfolgt. Gleiches gilt i.d.R. bei der Vereinbarung von Financial Covenants, sofern die Wahl der zur Einhaltung der betriebswirtschaftlichen Kennzahlen notwendigen Maßnahmen sowie die Art und Weise der Durchführung weiterhin dem Kreditnehmer überlassen ist. Denn auch in diesen Fallkonstellationen übernimmt der Kreditgeber nämlich (noch) nicht die Leitungsfunktion beim Darlehensnehmer.

Anders kann sich die Lage allerdings dann darstellen, wenn die Kreditvertragsparteien in Covenants konkrete Weisungsrechte, Ge- und Verbote sowie umfangreiche Zustimmungsvorbehalte zugunsten des Darlehensgebers vereinbart haben. Hierbei sind die jeweiligen schuldrechtlichen Vereinbarungen in ihrer Gesamtheit zu prüfen, ob der Kreditgeber hierdurch in der Lage war, das unternehmerische Geschehen beim Kreditnehmer zu steuern, wobei die Covenant-Vereinbarung in ihrer Gesamtheit zu betrachten sind, da einzelne Regelungen u. U. unschädlich sein können. Ferner ist zu berücksichtigen, welche Stellung der Kreditgeber im kreditnehmenden Unternehmen durch die bei einer Covenant-Verletzung regelmäßig eingeleiteten Nachverhandlungen eingenommen hat. Besteht das Ergebnis dieser Prüfung darin, dass der covenant-gesicherte Kreditgeber durch die Einwirkung über Covenants die faktische Organstellung beim Darlehensnehmer eingenommen hat, so muss er „nur" darauf hinwirken, dass die satzungsmäßigen Geschäftsführer den Insolvenzantrag gemäß § 15a I InsO stellen. Ist die Einflussnahme aber derart massiv, dass die formal bestellten Vertretungsorgane zu reinen Befehlsempfängern degradiert bzw. vollständig aus ihrer Position verdrängt werden, dann sind Kreditgeber selbst zu Antragsstellung verpflichtet.

IV. Ergebnis

Zusammenfassend lässt sich daher festhalten, dass faktische Geschäftsführer zunächst nur dazu verpflichtet sind, die satzungsmäßigen Organe zur Antragsstellung gemäß § 15a I InsO zu veranlassen. Etwas anderes ergibt sich nur, wenn die formalen Geschäftsführer vollständig aus ihrer Funktion verdrängt werden. In diesen Fällen haben faktische Organe selbst eine Antragspflicht.

Da Kreditgeber i.d.R. weder durch die Vereinbarung von Informationsrechten noch durch Financial Covenants die Position eines faktischen Geschäftsführers einnehmen, sind sie deshalb nicht verpflichtet, auf die Stellung des Insolvenzantrags durch die ordnungsgemäßen Geschäftsführer hinzuwirken. Enthalten Covenants jedoch umfangreiche Weisungsbefugnisse, so sind Kreditgeber je nach Umfang und Intensität ihrer Einflussnahme entweder selbst Antragsstellung verpflichtet oder müssen zumindest die formalen Geschäftsführer hierzu veranlassen.

D. Die Strafbarkeit des faktischen Geschäftsführers nach §§ 15a IV, V InsO

Darüber hinaus macht sich derjenige gemäß §§ 15a IV, V InsO strafbar, der entgegen seiner Insolvenzantragspflicht aus § 15a I InsO den Antrag nicht, nicht richtig, oder nicht rechtzeitig stellt. Damit muss in einem weiteren Schritt der Frage nachgegangen werden, ob Kreditgebern, welche mittels der Einwirkung über Covenants die Geschäftsführung im kreditnehmenden Unternehmen faktisch übernommen haben, eine strafrechtliche Verantwortlichkeit wegen Insolvenzverschleppung droht.

I. Die Ansicht der Rechtsprechung

Nach ständiger Rspr. zur Rechtslage vor Inkrafttreten des MoMiG, machen sich faktische Geschäftsführer auch der Insolvenzverschleppung nach §§ 84 I Nr. 2, 64 I GmbHG a.F. strafbar, wenn sie ihrer Insolvenzantragspflicht aus § 15a I InsO nicht, nicht richtig oder nicht rechtzeitig nachkommen[616]. Denn Normadressaten der §§ 84 I Nr. 2, 64 I GmbHG a.F. seien auch diejenigen, die ohne förmlich zum Geschäftsführer bestellt zu sein, die Geschäftsführung im Einverständnis der Gesellschafter übernommen und ausgeübt haben[617]. Nicht erforderlich sei dabei, dass der Betreffende durch einen zumindest unwirksamen förmlichen Bestellungsakt zum Organ der Gesellschaft ernannt worden ist, da eine andere Auffassung den Schutz der Allgemeinheit vor unredlicher Handhabung der Geschäftsführung einer GmbH unterlaufen würde[618].

Voraussetzung für eine Strafbarkeit sei jedoch, dass der Betreffende gegenüber dem formellen Geschäftsführer eine „überragende Stellung“ einnehme oder zumindest

616 Zur Rechtslage vor in Kraft treten des MoMiG: BGH vom 22.09.1982, BGHSt 31, 118, 122 und Leitsatz; BGH vom 10.05.2000, BGHSt 46, 62, 64; BayObLG vom 20.02.1997, NJW 1997, 1936, 1936; OLG Karlsruhe, Beschluss vom 07.03.2006, NJW 2006, 1364, 1364.

617 Vgl. nur: BGH vom 22.09.1982, BGHSt 31, 118, 122; BGH vom 10.05.2000, BGHSt 46, 62, 64.

618 BGH vom 22.09.1982, BGHSt 31, 118, 122; BGH vom 10.05.2000, BGHSt 46, 62, 64.

ein „deutliches Übergewicht" habe[619]. Einer Ausdehnung der Strafbarkeit auf faktische Organe stehe auch nicht das strafrechtliche Analogieverbot entgegen, da vom Anwendungsbereich der §§ 84 I Nr. 2, 64 I GmbHG a.F. auch diejenigen erfasst seien, die ohne förmlichen Bestellungsakt die Geschäftsführung übernommen haben[620]. Darüber hinaus sei die Vorschrift des § 14 StGB in diesem Zusammenhang zwar nicht direkt anwendbar; allerdings entspreche eine Ausdehnung der strafrechtlichen Verantwortlichkeit auf faktische Organe gemäß §§ 84 I Nr. 2, 64 I GmbHG a.F. ohnehin dem Grundgedanken des § 14 III StGB[621].

Auch wenn mit Inkrafttreten des MoMiG die strafrechtliche Verantwortlichkeit wegen Insolvenzverschleppung auf eine rechtsformneutrale und rein insolvenzrechtliche Grundlage gestellt wurde, ist davon auszugehen, dass die Rspr. auch künftig die de facto Geschäftsführer gemäß §§ 15a IV, V InsO in die strafrechtliche Verantwortung nehmen wird. Denn ausweislich des Regierungsentwurfs zum MoMiG, soll trotz dieser Neuregelung die bisherige Rechtsprechung zur faktischen Organschaft unberührt bleiben[622].

In Anbetracht der bisherigen Rspr. des BGH zur faktischen Organschaft ist jedoch anzunehmen, dass covenant-geschützten Kreditgebern auch weiterhin keine Einbeziehung in den Adressatenkreises der §§ 15a IV, V InsO droht. Denn wie bereits mehrfach erwähnt, reicht nach Ansicht des BGH ein lediglich gesellschaftsinterner Einfluss auf die Geschäftsführung nicht aus, die faktische Organstellung zu begründen. Vielmehr bedarf es eines Handelns im Außenverhältnis gegenüber Dritten, was gerade bei Kreditgebern, welche mittels Covenants lediglich intern auf die formalen Geschäftsführer der kreditnehmenden Gesellschaft einwirken, nicht der Fall ist. Ferner können nur natürliche Personen die faktische Organstellung einnehmen, so dass eine Haftung der regelmäßig als juristische Person organisierten Kreditgeber auch aus diesem Grund ausscheiden wird. Darüber hinaus sei noch erwähnt, dass weder juristische Personen noch rechtsfähige Personengesellschaften einschließlich der nach außen hin auftretenden GbR deliktsfähig sind und sich damit auch nicht strafbar machen können[623].

II. Der Meinungsstand in der Literatur

Über die Strafbarkeit von faktischen Organen nach §§ 15a IV, V InsO bestehen im Schrifttum unterschiedliche Auffassungen. Während die überwiegende Literatur der Rspr. des BGH zur Insolvenzantragsstellungspflicht des faktischen Geschäftsführers nach § 15a I InsO noch folgt, lehnen weite Teile deren strafrechtliche Verant-

619 BGH vom 22.09.1982, BGHSt 31, 118, 120, 122; BGH vom 10.05.2000; BGHSt 46, 62, 65. Teilweise hat der BGH sogar ein bloßes Übergewicht gegenüber dem formalen Geschäftsführer ausreichen lassen, vgl. BGH vom 19.04.1984, wistra 1984, 178, 178.

620 BGH vom 22.09.1982, BGHSt 31, 118, 122.

621 BGH vom 22.09.1982, BGHSt 31, 118, 122 f.

622 RegE MoMiG, BT-Drucks. 16/6140, S. 56.

623 Vgl. nur Schönke/Schröder/Heine, StGB, Vor § 25, Rn 119.

wortlichkeit gemäß §§ 15a IV, V InsO ab. Im Wesentlichen geht es hierbei um die Frage, ob die strafrechtliche Verantwortlichkeit zwingend das Vorliegen eines zumindest unwirksamen förmlichen Bestellungsaktes voraussetzt oder bereits die bloße faktische Übernahme der Geschäftsführung im Einverständnis der Gesellschafter ausreichend ist.

1. Die Notwendigkeit eines zumindest unwirksamen förmlichen Bestellungsaktes

Teile der Literatur folgen dem BGH in seiner Rechtsprechung zu §§ 15a IV, V InsO und sind der Auffassung, faktische Organe könnten sich auch bei Nichtvorliegen eines zumindest unwirksamen förmlichen Bestellungsaktes gemäß §§ 15a IV, V InsO strafbar machen[624]. Denn ausreichend sei, dass der Betreffende die Geschäftsführung im Einverständnis bzw. mit Duldung der Gesellschafter tatsächlich ausübe, wobei innerhalb dieser Literaturansicht wiederum gewisse Differenzen bzgl. des Vorliegens von weiteren Voraussetzungen bestehen. Während manche Autoren dem BGH auch insoweit folgen, als dass dieser es für ausreichend hält, wenn das faktische Organ gegenüber dem formellen Geschäftsführer ein „deutliches Übergewicht" habe[625], verlangen andere das Vorliegen zusätzlicher Bedingungen für die Strafbarkeit nach §§ 15a IV, V InsO. Nach Ansicht von *Dierlamm* reiche ein bloßes Übergewicht des faktischen Geschäftsführers nicht aus, die Strafbarkeit zu begründen, vielmehr müsse diesem gegenüber dem formal Bestellten eine „überragende Stellung" zukommen[626]. Eine derartige „überragende Stellung" bestehe dann, wenn das faktische Organ alle maßgeblichen unternehmerischen Entscheidungen beherrsche und bestimme, und zwar derart, dass die formal bestellten Geschäftsführer lediglich eine untergeordnete Rolle einnehmen[627]. Dies sei dann der Fall, wenn sechs von acht der typischen Merkmale des Kernbereichs der Geschäftsführungstätigkeit erfüllt seien[628]. Hierzu würden die Bestimmung der Unternehmenspolitik, die Unternehmensorganisation, die Einstellung von Mitarbeitern, die Gestaltung der Geschäftsbeziehungen zu Vertragspartnern, die Entscheidung über Steuerangelegenheiten, die Verhandlung mit Kreditgebern, die Steuerung der Buchhaltung sowie die Höhe des Gehaltes zählen[629]. Auch *Hildesheim* hält ein bloßes Übergewicht in der Geschäftsführung für nicht ausreichend und fordert ebenfalls eine überragende Stellung des faktischen Organs für die Strafbarkeit wegen Insolvenzverschleppung[630]. Eine solche sei dann anzunehmen, wenn der Betreffende

---

624 Runge, Covenants in Kreditverträgen, S. 256, Rz 6.41 ff.; HambKomm/Borchardt, InsO, § 15a IV, V, Rn 6, 30; Hk-GmbHG/Kolmann, Vor § 64, Rn 193 f.; Bisson, GmbHR 2005, 843, 849; Dierlamm, NStZ 1996, 153, 156; Schäfer, GmbHR 1993, 717, 723.
625 Schaal, in Rowedder/Schmidt-Leithoff (Hrsg.), GmbHG, § 84, Rn 10; Bruns, JR 1984, 133, 133 f.
626 Dierlamm, NStZ 1996, 153, 156.
627 Dierlamm, NStZ 1996, 153, 156.
628 Dierlamm, NStZ 1996, 153, 156.
629 Dierlamm, NStZ 1996, 153, 156.
630 Hildesheim, wistra 1993, 166, 168.

unternehmerische Grundentscheidungen entweder alleine treffe oder aber in der Weise mitbestimme, dass der eingetragene Geschäftsführer nur eine untergeordnete Rolle einnehme[631].

Schaal zufolge muss auch derjenige vom Anwendungsbereich der Insolvenzverschleppungsdelikte erfasst sein, welcher – ohne wirksam zum Geschäftsführer bestellt zu sein – die mit diesem Amt verbundenen Aufgaben wahrnimmt[632]. Zur Begründung führt er aus, dass es andernfalls unmöglich sei, die tatsächlich Handelnden in Verantwortung zu nehmen. Zur Bekämpfung von Wirtschaftskriminalität müsse dem Betreffenden die Möglichkeit genommen werden, sich durch geschicktes Vorgehen einer strafrechtlichen Verantwortung zu entziehen[633]. Einzubeziehen seien hierbei auch Bankenvertreter, wenn diese eine dominierende Stellung eingenommen haben und die Geschäftsleitung faktisch von diesen oder den hinter ihnen stehenden Banken gesteuert werde[634].

Bisson stimmt der Rspr. des BGH ebenfalls zu und sieht im Fehlen eines zumindest unwirksamen förmlichen Bestellungsaktes kein Hindernis für die Strafbarkeit von faktischen Organen, wenn diese die Geschäftsführung im Einverständnis mit den Gesellschaftern in tatsächlicher Hinsicht übernommen haben[635]. Denn der Schutz der Gläubiger erfordere es, denjenigen in Verantwortung zu nehmen, der die tatsächliche Entscheidungsgewalt habe[636]. Einer Einbeziehung in den Adressatenkreis des § 84 I Nr. 2 GmbHG a.F. stehe insbesondere nicht das strafrechtliche Analogieverbot entgegen, da dessen grammatikalische Auslegung eine Ausdehnung auch auf diejenigen zulasse, die die Geschäfte nur faktisch führen[637]. Dies ergebe sich daraus, dass § 84 I Nr. 2 GmbHG a.F. lediglich den Begriff des „Geschäftsführers" verwende. Dass hierfür jedoch ein förmlicher Bestellungsakt zwingend erforderlich sei, lasse sich jedoch nicht aus dieser Vorschrift ableiten[638].

Nach Auffassung von *Kratzsch* besteht der Rechtsgrund der strafrechtlichen Organhaftung gemäß §§ 84 I Nr. 2, 64 I GmbHG a.F. in der mit der Organstellung erlangten Garantieposition kraft Übernahme[639]. Eine derartige Garantieposition erlange auch derjenige, der sich ohne förmliche Bestellung wie ein ordentlich bestelltes Organ geriere und dessen Schutzposition übernommen habe[640]. Ausreichend sei hierfür, dass der Betreffende über eine Machposition verfüge, durch welche er die gesetzlichen Organpflichten gegen den Willen der Gesellschafter durchsetzen könne[641], wofür die bloße Einflussnahme bzw. die Ausübung einzelner Organfunk-

---

631 Hildesheim, wistra 1993, 166, 168.
632 Schaal, in Rowedder/Schmidt-Leithoff (Hrsg.), GmbHG, § 84, Rn 10.
633 Schaal, in Rowedder/Schmidt-Leithoff (Hrsg.), GmbHG, § 84, Rn 10.
634 Schaal, in Rowedder/Schmidt-Leithoff (Hrsg.), GmbHG, § 84, Rn 11.
635 Bisson, GmbHR 2005, 843, 849.
636 Bisson, GmbHR 2005, 843, 849.
637 Bisson, GmbHR 2005, 843, 849.
638 Bisson, GmbHR 2005, 843, 849.
639 Kratzsch, ZGR 1985, 506, 530.
640 Kratzsch, ZGR 1985, 506, 533.
641 Kratzsch, ZGR 1985, 506, 525.

tionen aber nicht ausreichend sei[642]. Allerdings könne die einseitige Anmaßung der Leitungsmacht die Strafbarkeit begründen[643]. Darüber hinaus bedürfe es auch nicht eines Außenauftritts, da dies schon beim wirksam bestellten Geschäftsführer nicht begriffsnotwendig sei[644]. Einschränkend führt *Kratzsch* jedoch aus, dass eine strafrechtliche Organhaftung nur dann in Betracht komme, wenn neben dem faktischen Geschäftsführer kein bestelltes Organ vorhanden oder dieses bereits ausgeschieden oder nicht funktionsfähig sei[645].

Auch *Runge* sieht im Fehlen eines unwirksamen förmlichen Bestellungsaktes kein Hindernis, welches einer Strafbarkeit des faktischen Geschäftsführers nach §§ 15a IV, V InsO entgegensteht[646]. Denn nach dem Wortlaut des § 15a I InsO bedürfe es nicht zwingend einer förmlichen Bestellung, vielmehr lasse sich diese Vorschrift dahingehend auslegen, dass auch diejenigen vom Begriff des „Vertretungsorgans" erfasst seien, die die Geschäftsführungsfunktion lediglich faktisch übernommen haben[647]. Ferner sei der Begriff Vertretungsorgan in § 15a I InsO zivil- und strafrechtlich einheitlich zu beurteilen, da der Straftatbestand des § 15a IV InsO vollständig auf Absatz eins verweise und dabei den möglichen Täterkreis selbst nicht beschreibe[648]. Daher drohe dem faktischen Geschäftsführer neben der Haftung aus § 15a I InsO auch die Gefahr, sich wegen unterlassener Antragsstellung nach § 15a IV, V InsO strafbar zu machen, wenn er die Geschäftsführung tatsächlich übernommen hat[649].

Eine derartige Ausdehnung des Anwendungsbereichs verstoße auch nicht gegen Art. 103 II GG und das darin enthaltene Bestimmtheitsgebot sowie das ebenfalls hierin enthaltene Analogieverbot[650]. Denn trotz eines fehlenden Bestellungsaktes überschreite die Einbeziehung von faktischen Organen in den Normadressatenkreis des § 15a IV InsO weder die Grenzen des natürlichen Wortsinns dieser Vorschrift[651], noch sei der Begriff des faktischen Geschäftsführers zu wenig „konturenscharf"[652]. Damit liege auch kein Verstoß gegen das Bestimmtheitsgebot vor, zumal die ständige Rspr. des BGH die Kriterien für die Innehabung einer faktischen Organstellung eindeutig konkretisiert habe, indem er jeweils die Wahrnehmung von Leitungsaufgaben im Innen- und Außenverhältnis im Einverständnis des zuständigen Bestellungsorgans und mit Übergewicht gegenüber den formal bestellten Geschäftsführern fordere[653]. Denn um die vielfältigen Fallkonstellationen im täglichen Leben erfassen zu können, schließe das Bestimmtheitsgebot nicht die Verwendung von

---

642 Kratzsch, ZGR 1985, 506, 524 f.
643 Kratzsch, ZGR 1985, 506, 533.
644 Kratzsch, ZGR 1985, 506, 528 f.
645 Kratzsch, ZGR 1985, 506, 532, 535.
646 Runge, Covenants in Kreditverträgen, S. 256, Rz 6.41 ff.
647 Runge, Covenants in Kreditverträgen, S. 256, Rz 6.41.
648 Runge, Covenants in Kreditverträgen, S. 258, Rz 6.44.
649 Runge, Covenants in Kreditverträgen, S. 258, Rz 6.44.
650 Runge, Covenants in Kreditverträgen, S. 259, Rz 6.45 ff.
651 Runge, Covenants in Kreditverträgen, S. 260, Rz 6.47.
652 Runge, Covenants in Kreditverträgen, S. 259, Rz 6.45.
653 Runge, Covenants in Kreditverträgen, S. 265, Rz 6.55.

abstrakten Begriffen aus, so dass an dieses keine übersteigerten Anforderungen zu stellen seien[654].

Eine Strafbarkeit von Kreditgebern, welche sich über Covenants Einfluss auf die Geschäftsführung verschaffen, komme aber erst dann in Betracht, wenn diese die typischen Geschäftsführungsaufgaben auch im Außenverhältnis wahrnehmen, wie beispielsweise die Verhandlungsführung mit den übrigen Kreditgläubigern oder Verfügungen über Gesellschaftskonten[655]. Denn entscheidend sei, dass neben der gesellschaftsinternen Beeinflussung der satzungsmäßigen Organe auch die Geschäftsführungsfunktion im Außenverhältnis wahrgenommen werde[656]. Dies ergebe sich daraus, dass der Kernbereich der Geschäftsführungsaufgaben u.a. in der Vertretung der Gesellschaft im Außenverhältnis bestehe, da es die Organe einer juristischen Person erst ermöglichen, dass diese am Rechtsverkehr teilnehmen kann, was sich insbesondere in den Regelungen der §§ 35 I GmbHG, 78 AktG zeige[657]. Damit sei die Einflussnahme über Covenants, welche insbesondere durch Informationsrechte, Zustimmungsvorbehalte und Weisungen geprägt sei, nicht ausreichend, die faktische Organschaft zu begründen[658].

2. Die Ausdehnung der Strafbarkeit im Hinblick auf Art. 103 II GG

Dagegen halten weite Teile der Literatur unter Hinweis auf Art. 103 II GG und dem darin enthaltenen Bestimmtheitsgrundsatz sowie dem Analogieverbot eine Ausdehnung der Strafbarkeit nach §§ 15a IV, V InsO auf faktische Organe nur bei Vorliegen eines – wenn auch fehlerhaften – förmlichen Bestellungsaktes für möglich[659].

Nach Auffassung von *Ransiek* müsse für die strafrechtliche Verantwortlichkeit von faktischen Organen wegen Insolvenzverschleppung zumindest ein unwirksamer Bestellungsakt vorliegen, da eine andere Auffassung die Wortlaut-Grenze des § 15a InsO überschreiten würde[660]. Denn derjenige, der die Unternehmensleitung lediglich faktisch ausübe, könne gerade nicht als „Mitglied des Vertretungsorgans" i.S.v. §§ 15a I, IV InsO bezeichnet werden, da er rechtlich per Definition nicht vertretungsbefugt sei[661]. Ausreichend für eine Ausdehnung des Anwendungsbereichs auf faktische Organe seien daher weder das Einverständnis noch die Duldung der

654 Runge, Covenants in Kreditverträgen, S. 259, Rz 6.46.
655 Runge, Covenants in Kreditverträgen, S. 273, Rz 6.71.
656 Runge, Covenants in Kreditverträgen, S. 267, Rz 6.61; S. 268, Rz 6.62.
657 Runge, Covenants in Kreditverträgen, S. 267, Rz 6.61.
658 Runge, Covenants in Kreditverträgen, S. 268, Rz 6.62; S. 273, Rz 6.71.
659 Ulmer/Ransiek GmbHG, Vor § 82, Rn 58; Stein, ZHR 1984, 207, 224; Kübler/Prütting/Bork/Preuß, InsO, § 15a, Rn 65; Kleindiek, in Lutter/Hommelhoff, GmbHG, Anhang zu § 64, Rn 89, § 84, Rn 7; Roth/Altmeppen, GmbHG, § 84, Rn 8 ff.; Tiedemann, in Scholz GmbHG, Vor §§ 82 ff., Rn 32; Tiedemann, in Scholz GmbHG 9. Aufl., § 84 Rn 32, 34; Schulze-Osterloh/Servatius, in Baumbach/Hueck, GmbHG 18. Aufl., § 84, Rn 17, 30; Dinkhoff, Faktischer Geschäftsführer in der GmbH, S. 122 ff.; Weimar, GmbHR 1997, 538, 538; Schüppen, DB 1994, 197, 203 f.; Hoyer, Anm. zu OLG Düsseldorf, Beschluss vom 16.10.1987, NStZ 1988, 368, 369 f.
660 Ulmer/Ransiek GmbHG, Vor § 82, Rn 58, 60.
661 Ulmer/Ransiek GmbHG, Vor § 82, Rn 60.

tatsächlichen Übernahme der Geschäftsleitung, da in beiden Fällen kein Organbestellungsakt gesehen werden könne[662]. Dies gelte insbesondere im GmbH-Recht, in welchem die Gesellschafter mit umfangreichen Weisungsbefugnissen ausgestattet seien und diese nicht Gefahr laufen dürften, als Geschäftsführer eingestuft zu werden. Ferner würde der Sonderdeliktscharakter der §§ 82 ff. GmbHG a.F. aufgehoben, wenn man lediglich auf die tatsächliche Ausübung der Geschäftsführung abstellen würde[663]. Denn es sei nicht nachvollziehbar, warum die §§ 82 ff. GmbHG a.F. überhaupt als Sonderdelikte ausgestaltet seien, wenn letztlich jeder, der eine beherrschende Stellung einnehme, als tauglicher Täter in Betracht komme[664]. Zudem würden sich etwaige Strafbarkeitslücken nur auf Fälle beschränken, in denen ein bestellter Geschäftsführer abberufen und ein neuer nicht bestellt werde, dessen Sanktionierung aber nicht Aufgabe der §§ 82 ff. GmbHG a.F. sei[665]. Eben jene Fallkonstellation sei jedoch durch die Einführung des § 15a III InsO, wonach bei Führungslosigkeit der Gesellschaft die Insolvenzantragspflicht auf die Gesellschafter bzw. den Aufsichtsrat übergeht, hinfällig[666].

Entgegen der Auffassung des BGH hält auch *Kleindiek* eine Strafbarkeit von faktischen Organen lediglich im Falle einer förmlichen, wenn auch unwirksamen Bestellung für möglich[667]. Dies ergebe sich daraus, dass der Begriff des „Geschäftsführers" nun einmal zivilrechtlicher Natur sei und von einem Bestellungsakt abhänge[668]. Dieser könne auch nicht durch konkludente Bestellung in Form des Einverständnisses der Gesellschafter ersetzt werden, da dies dem Gesetz fremd sei. Eine Ausdehnung der Strafbarkeit auf diejenigen, bei denen es am Vorliegen eines förmlichen Bestellungsaktes insgesamt fehlt, überschreite daher die Grenzen der nach Art. 103 II GG noch zulässigen Auslegung, zumal die vom BGH aufgestellten Voraussetzungen der faktischen Organstellung zu wenig konturscharf seien[669].

Darüber hinaus lehnt auch *Altmeppen* unter Hinweis auf das im Strafrecht geltende Analogieverbot sowie dem Bestimmtheitsgebot eine Einbeziehung faktischer Organe bei Nichtvorliegen eines zumindest fehlerhaften förmlichen Bestellungsaktes ab[670]. Denn die vom BGH an die faktische Organstellung aufgestellten Kriterien würden insbesondere nicht dem Bestimmtheitsgrundssatz entsprechen, da bereits unklar sei, welche konkreten Geschäftsführungsaufgaben der Betroffene ausüben müsse[671]. Des Weiteren bestehe Unsicherheit, ob das Einverständnis aller oder lediglich der Mehrheit der Gesellschafter erforderlich sei. Daher komme eine Strafbarkeit bei lediglich faktischer Übernahme der Geschäftsführung ohne zumindest

---

662 Ulmer/Ransiek GmbHG, Vor § 82, Rn 58.
663 Ulmer/Ransiek GmbHG, Vor § 82, Rn 61.
664 Ulmer/Ransiek GmbHG, Vor § 82, Rn 61.
665 Ulmer/Ransiek GmbHG, Vor § 82, Rn 62.
666 Ulmer/Ransiek GmbHG, Vor § 82, Rn 63.
667 Kleindiek, in Lutter/Hommelhoff, GmbHG, Anhang zu § 64, Rn 89.
668 Kleindiek, in Lutter/Hommelhoff, GmbHG, § 84, Rn 7.
669 Kleindiek, in Lutter/Hommelhoff, GmbHG, § 84, Rn 7.
670 Roth/Altmeppen, GmbHG, § 84, Rn 8 ff.
671 Roth/Altmeppen, GmbHG, § 84, Rn 9.

fehlerhafte Bestellung allenfalls dann in Betracht, wenn es an einem ordnungsgemäß bestellten Geschäftsführer insgesamt fehle[672]. Denn nur in diesen Fällen sei eine Einbeziehung gerechtfertigt, da anzunehmen sei, dass dieser die Organpflichten bewusst übernommen und sich damit selbst zum Normadressaten gemacht habe[673]. Mit Inkrafttreten des § 15a III InsO, welcher gerade die Fälle der Führungslosigkeit der juristischen Person regle, sei jedoch dieser Streit teilweise obsolet geworden, so dass eine Strafbarkeit von faktischen Organen ohne Vorliegen eines – wenn auch fehlerhaften – Bestellungsaktes nicht in Betracht komme[674].

Dinkhoff zufolge, kommt eine strafrechtliche Verantwortung von faktischen Organen allenfalls bei Vorliegen eines unwirksamen förmlichen Bestellungsaktes in Betracht[675]. Denn bei dem Tatbestandsmerkmal „Geschäftsführer" i.S.v. § 84 I Nr. 2 GmbHG a.F. handle es sich im Wortlaut um einen eindeutigen, der Auslegung gar nicht mehr zugänglichen Begriff[676]. Eine Ausdehnung der Strafbarkeit ohne Vorliegen eines zumindest fehlerhaften förmlichen Bestellungsaktes lasse daher die gegenwärtige Gesetzeslage wegen dem über Art. 103 II GG gewährleisteten Bestimmtheitsgrundsatz nicht zu[677].

Einen Mittelweg beschreitet *Tiedemann*, welcher ebenfalls im Hinblick auf Art. 103 II GG Bedenken bei der Einbeziehung von faktischen Geschäftsführern ohne Vorliegen eines zumindest unwirksamen förmlichen Bestellungsaktes äußert, dennoch aber eine Strafbarkeit in beschränkten Fällen zulässt[678]. Denn bei § 84 I Nr. 2 GmbHG a.F. handle es sich um ein echtes Unterlassungsdelikt, welches die Möglichkeit zur Vornahme der entsprechenden Handlung voraussetze. Diese sei jedoch gerade durch die fehlende Antragsbefugnis in Fällen, in denen es an einem Bestellungsakt insgesamt fehlt, nicht gegeben[679]. Aber auch wenn man eine Insolvenzantragsbefugnis des faktischen Geschäftsführers bei Nichtvorliegen eines zumindest fehlerhaften Bestellungsaktes anerkenne, dann sprenge dessen zusätzliche strafrechtliche Verantwortlichkeit die Grenzen des Wortsinns des § 84 I Nr. 2 GmbHG a.F. und verstoße somit gegen Art. 103 II GG. Eine Strafbarkeit des tatsächlichen Geschäftsführers komme allerdings dann in Betracht, wenn ein sog. faktischer Bestellungsakt vorliege, welcher das Einverständnis aller Gesellschafter voraussetze[680]. Nicht ausreichend sei hingegen das Einverständnis der Mehrheit der Gesellschafter, da außerhalb der Gesellschafterversammlung nur die einstimmige Willensbildung anzuerkennen sei[681]. Darüber hinaus könne sich ein faktisches Organ nur dann strafbar machen, wenn kein ordnungsgemäßer Geschäftsführer vorhanden sei, der

---

672 Roth/Altmeppen, GmbHG, § 84, Rn 10.
673 Roth/Altmeppen, GmbHG, § 84, Rn 10.
674 Roth/Altmeppen, GmbHG, § 84, Rn 10.
675 Dinkhoff, Faktischer Geschäftsführer in der GmbH, S. 122 ff., 128.
676 Dinkhoff, Faktischer Geschäftsführer in der GmbH, S. 122, 124.
677 Dinkhoff, Faktischer Geschäftsführer in der GmbH, S. 128.
678 Tiedemann, in Scholz GmbHG, Vor §§ 82 ff., Rn 32; ausführlich dazu auch: Tiedemann, in Scholz GmbHG 9. Aufl., § 84 Rn 32, 34.
679 Tiedemann, in Scholz GmbHG 9. Aufl., § 84 Rn 32.
680 Tiedemann, in Scholz GmbHG 9. Aufl., § 84 Rn 33.
681 Tiedemann, in Scholz GmbHG 9. Aufl., § 84 Rn 33.

die Organpflichten wahrnehme[682]. Eine Ausdehnung des Anwendungsbereiches von § 84 I Nr. 2 GmbHG a. F. auf faktische Organe beschränke sich daher auf Fälle, in welchen ein „Strohmann“ als Geschäftsführer vorgeschoben werde oder ein formal Bestellter insgesamt fehle[683].

III. Stellungnahme

Auch wenn es zur Bekämpfung der Wirtschaftskriminalität und der Verhinderung von Missbrauch – etwa in Fällen, in denen ein Strohmann vorgeschoben oder der formal bestellte Geschäftsführer zum reinen Befehlsempfänger degradiert wird – im Einzelfall sicherlich wünschenswert wäre, faktische Geschäftsführer generell vom Adressatenkreis der §§ 15a IV, V InsO zu erfassen, so stehen einer Ausdehnung des Täterkreises auf diejenigen, die ohne Vorliegen eines zumindest unwirksamen förmlichen Bestellungsaktes die Geschäftsführung tatsächlich ausüben, insgesamt Bedenken entgegen. Denn unabhängig davon, ob sich juristische Personen mangels Handlungsfähigkeit überhaupt strafbar machen bzw. eine faktische Organstellung einnehmen können oder ob für die de facto Geschäftsführerstellung ein Auftreten im Außenverhältnis zwingend erforderlich ist, kommt nach derzeitiger Rechtslage eine Strafbarkeit von faktischen Geschäftsführern wegen Insolvenzverschleppung nach §§ 15a IV, V InsO allenfalls dann in Betracht, wenn diese durch einen förmlichen – wenn auch zivilrechtlich nicht wirksamen – Bestellungsakt zum Organ der Gesellschaft ernannt worden sind.

Damit können sich covenant-gesicherte Kreditgeber bzw. deren Mitarbeiter bereits deswegen nicht gemäß §§ 15a IV, V InsO strafbar machen, weil es bei diesen regelmäßig am Vorliegen eines zumindest fehlerhaften förmlichen Bestellungsaktes fehlen wird. Auf die Frage, welche konkreten Voraussetzungen vorliegen müssen, damit Kreditgeber aufgrund der Einflussnahme über Covenants die faktische Organstellung beim Kreditnehmer einnehmen, kommt es daher bei der Strafbarkeit wegen Insolvenzverschleppung gemäß §§ 15a IV, V InsO gar nicht an. Denn auch wenn Kreditgeber durch die Übernahme der typischen Geschäftsführungsaufgaben die satzungsmäßigen Geschäftsführer zu reinen Befehlsempfängern degradieren, sind diese mangels eines zumindest unwirksamen förmlichen Bestellungsaktes von vorneherein nicht vom Normadressatenkreis der §§ 15a IV, V InsO erfasst.

1. Der Wortlaut der §§ 15a I, IV InsO

Nach dem Wortlaut der §§ 15a I, IV InsO können sich faktische Geschäftsführer der Insolvenzverschleppung lediglich dann strafbar machen, wenn sie seitens des jeweils zuständigen Bestellungsorgans durch förmlichen – wenn auch zivilrechtlich

682 Tiedemann, in Scholz GmbHG 9. Aufl., § 84 Rn 34; Tiedemann, in Scholz GmbHG, Vor §§ 82 ff., Rn 32.
683 Tiedemann, in Scholz GmbHG 9. Aufl., § 84 Rn 34.

unwirksamen – Bestellungsakt zum Organ der Gesellschaft ernannt worden sind. Nicht ausreichend für eine Strafbarkeit ist daher, wenn der Betreffende ohne Vorliegen eines zumindest unwirksamen förmlichen Bestellungsaktes die Geschäftsführung nur im Einverständnis der Gesellschafter ausübt. Denn der Insolvenzverschleppung macht sich nach § 15a IV InsO nur derjenige strafbar, wer es entgegen seiner Pflicht aus § 15a I InsO unterlässt, den Insolvenzantrag zu stellen. Nach dem Wortlaut des § 15a I InsO sind jedoch nur die „Mitglieder des Vertretungsorgans" der juristischen Person antragspflichtig, also diejenigen, die eine organschaftliche Vertretungsbefugnis haben. Keiner Insolvenzantragspflicht unterfallen daher die lediglich rechtsgeschäftlich Vertretungsberechtigten. Über eine organschaftliche Vertretungsbefugnis verfügen wiederum nur diejenigen, die eine organschaftliche Stellung innehaben. Eine Organstellung in einer GmbH erlangt man entweder durch Vereinbarung im Gesellschaftsvertrag nach § 6 III 2 GmbHG oder durch einfachen Mehrheitsbeschluss der Gesellschafterversammlung gemäß § 46 Nr. 5 GmbHG und jeweils anschließender Eintragung im Handelsregister nach § 39 I GmbHG, mithin nur durch förmlichen Bestellungsakt. Ebenso werden Vorstandsmitglieder einer AG nur durch förmliche Bestellung gemäß §§ 84 I 1, 81 I AktG in ihr Amt eingesetzt. Die organschaftliche Vertretungsbefugnis stellt damit im Hinblick auf ihren Umfang und den Erfordernissen zur Erteilung einer solchen ein „Mehr" im Vergleich zur rechtsgeschäftlichen Vertretungsmacht dar, was sich insbesondere in den Regelungen der §§ 35 I 1, 37 II 1 GmbHG, 82 I AktG zeigt, wonach der Umfang der Vertretungsmacht unbeschränkt ist und etwaige Beschränkungen der Vertretungsbefugnis im Außenverhältnis gegenüber Dritten keine rechtliche Wirkung entfalten. Indem also der rechtsgeschäftlich Vertretungsberechtigte nicht zur Antragsstellung nach § 15a I InsO verpflichtet ist, sondern lediglich der organschaftliche Vertreter, welcher diese Organstellung aber nur durch förmlichen Bestellungsakt erlangen kann, kommt eine Strafbarkeit gemäß § 15a IV InsO nur dann in Betracht, wenn der Betreffende durch förmlichen – wenn auch zivilrechtlich unwirksamen – Bestellungsakt zum Organ der juristischen Person bestellt worden ist.

Bei Kreditgebern, welche zwar mittels ihrer Einwirkungsmöglichkeiten über Covenants in der Lage sind, die Geschäftsleitung im kreditnehmenden Unternehmen in tatsächlicher Hinsicht zu übernehmen, fehlt es jedoch in aller Regel am Vorliegen eines zumindest fehlerhaften förmlichen Bestellungsaktes, so dass auch deren strafrechtliche Verantwortung nach § 15a IV InsO ausscheidet.

Darüber hinaus kann in der vorliegenden Arbeit die Frage offen bleiben, ob im Einverständnis oder in der Duldung der Übernahme der Geschäftsführung durch die Gesellschafter ganz allgemein eine „konkludente" Organbestellung gesehen werden kann[684], woraus sich u. U. ableiten ließe, dass auch derjenige, der ohne Vorliegen eines zumindest unwirksamen förmlichen Bestellungsaktes die Geschicke der Gesellschaft tatsächlich führt, sich der Insolvenzverschleppung nach § 15a IV InsO strafbar machen kann. Denn eine „konkludente" Organbestellung kann bei Kredit-

684 Ausführlich dazu: Dinkhoff, Faktischer Geschäftsführer in der GmbH, S. 131 ff.; Groß, Strafrechtliche Verantwortlichkeit faktischer Vertretungsorgane, S. 21 ff.

gebern bzw. deren Mitarbeitern selbst dann nicht angenommen werden, wenn diese mit der Billigung bzw. mit dem Einverständnis des jeweils zuständigen Bestellungsorgans über Covenants derart massiven Einfluss ausüben, dass die formalen Geschäftsführer zu reinen Befehlsempfängern degradiert werden.

Dies ergibt sich zunächst daraus, dass unabhängig von der Frage, ob die Möglichkeit einer „konkludenten" Organbestellung überhaupt besteht bzw. was dann hierfür die einzelnen Voraussetzungen wären, zumindest ein Wille zur Erteilung der organschaftlichen Vertretungsbefugnis seitens des zuständigen Bestellungsorgans vorhanden sein müsste. Im bloßen Einverständnis oder in der Duldung der Einflussnahme über Covenants kann jedoch nicht der Wille des jeweils zuständigen Bestellungsorgans abgeleitet werden, die Angestellten von Kreditgebern hierdurch zu Organen der kreditnehmenden Gesellschaft bestellen zu wollen. Denn in Anbetracht dessen, dass der Umfang der Vertretungsmacht von Geschäftsführern gemäß § 35 I 1 GmbHG unbeschränkt ist und etwaige Beschränkungen der Vertretungsbefugnis gegenüber Dritten nach § 37 II 1 GmbHG keine Wirkung entfalten, kann nur schwerlich angenommen werden, dass die Gesellschafter durch die bloße Duldung der Einflussnahme über Covenants dem Kreditgeber hierdurch die Stellung eines Organs einräumen und ihn dadurch mit den soeben beschriebenen Rechten ausstatten wollen. Gleiches gilt bei der AG, wonach gemäß § 82 I AktG die Vertretungsbefugnis des Vorstandes ebenfalls nicht beschränkt werden kann.

Darüber hinaus dulden Kreditnehmer bzw. deren Gesellschafter die Einflussnahme über Covenants lediglich deswegen, um ihren Verpflichtungen aus dem Kreditvertrag nachzukommen. Damit besteht weder durch das Einverständnis noch durch die Duldung der Einflussnahme über Covenants ein Zusammenhang mit der Übertragung der Organfunktion in der kreditnehmenden Gesellschaft. Ferner werden Covenants als Nebenabreden in Kreditverträgen regelmäßig nur mit der kreditnehmenden Gesellschaft, vertreten durch deren Geschäftsführer bzw. Vorstand, vereinbart. Somit haben Gesellschafter und Aufsichtsrat u. U. gar keine Kenntnis von Umfang und tatsächlicher Einflussnahme des covenant-geschützten Kreditgebers auf die Darlehensnehmerin. Dies hat zur Folge, dass auch in diesen Fällen kein Wille zur Übertragung der Geschäftsführung festzustellen sein wird.

Aber auch wenn man in der Duldung der Einflussnahme über Covenants die Erteilung einer rechtsgeschäftlichen Vertretungsmacht erblicken will, so reicht dies ebenfalls nicht aus, die Strafbarkeit von faktischen Organen nach § 15a IV InsO zu begründen. Denn es sei an dieser Stelle nochmals erwähnt, dass dem rechtsgeschäftlich Vertretungsberechtigten mangels Antragspflicht nach § 15a I InsO keine strafrechtliche Verantwortlichkeit wegen Insolvenzverschleppung droht, sondern es vielmehr weiterer Voraussetzungen zur Begründung einer Organstellung bedarf. Daher käme eine strafrechtliche Verantwortlichkeit von Kreditgebern selbst dann nicht in Betracht, wenn man in der Duldung der Einflussnahme über Covenants die konkludente Erteilung einer rechtsgeschäftlichen Vertretungsmacht annehmen würde. Denn hierbei handelt es sich nun mal um ein „Weniger" im Vergleich zur organschaftlichen Vertretungsbefugnis, die umfassender ist und einen förmlichen Bestellungsakt voraussetzt.

Darüber hinaus setzt auch die konkludente Organbestellung eine entsprechende Annahme der Organfunktion durch den Bestellten voraus[685]. Streitig ist zwar hierbei wiederum, ob diese ebenfalls durch schlüssiges Verhalten erfolgen kann[686]. Allerdings wird man auch in diesem Zusammenhang zumindest einen entsprechenden Willen zur Übernahme der Organfunktion fordern müssen. Kreditgeber versuchen durch die Einflussnahme über Covenants jedoch in erster Linie ihr Kreditsicherungsinteresse zu schützen bzw. durchzusetzen, so dass man hierbei wohl nicht einen Willen zur Übernahme der Geschäftsführung im kreditnehmenden Unternehmen annehmen können wird.

2. Die Grenzen der Ausdehnung im Hinblick auf Art. 103 II GG

Indem der BGH dennoch eine strafrechtliche Verantwortlichkeit von faktischen Organen auch bei Nichtvorliegen eines zumindest unwirksamen förmlichen Bestellungsaktes annimmt, liegt ein Verstoß gegen Art. 103 II GG vor. Denn nach dem darin enthaltenen Bestimmtheitsgebot muss eine Strafrechtsnorm so hinreichend umschrieben werden, dass deren Tragweite und Anwendungsbereich für jedermann zu erkennen sind und sich durch Auslegung ermitteln lassen[687]. Um einerseits der Vielseitigkeit des Lebens Rechnung zu tragen, sind zwar an den Bestimmtheitsgrundsatz keine übersteigerten Anforderungen zu stellen und die Verwendung von Generalklauseln bzw. die Verwendung von unbestimmten oder wertungsausfüllungsbedürftigen Begriffen nicht von vornherein ausgeschlossen[688]. Andererseits geht mit dem verfassungsrechtlich gewährleisteten Gebot der Tatbestandsbestimmtheit das Analogieverbot einher. Dieses untersagt die Anwendung einer Strafrechtsnorm auf einen ähnlichen, von ihr nicht erfassten Sachverhalt zu Ungunsten des Beschuldigten[689]. Hiernach ist also die Ausdehnung des Normadressatenkreises unter analoger Anwendung der jeweiligen Strafrechtsnorm über den gesetzlich festgelegten Inhalt hinaus verboten, wobei deren Wortsinn die äußerst mögliche Grenze einer noch zulässigen Interpretation bildet[690].

Die Strafbarkeit wegen Insolvenzverschleppung nach § 15a IV InsO kann daher nicht auf diejenigen, die ohne Vorliegen eines zumindest fehlerhaften förmlichen Bestellungsaktes die Geschäftsführung lediglich in tatsächlicher Hinsicht ausüben, ausgedehnt werden. Denn entgegen der Auffassung von *Runge* lässt sich der Begriff

---

685 Vgl. nur K. Schmidt, in Scholz GmbHG, § 46, Rn 79 m.w.N.
686 Dagegen: Dinkhoff, Faktischer Geschäftsführer in der GmbH, S. 134. AA Zöllner/Noack, in Baumbach/Hueck, GmbHG, § 35, Rn 10.
687 BVerfG vom 17.01.1978, BVerfGE 47, 109, 120; BVerfG vom 23.10.1985, BVerfGE 71, 108, 114 ff.; BVerfG vom 11.11.1986, BVerfGE 73, 206, 234; BVerfG vom 20.10.1992, BVerfGE 87, 209, 223 f.
688 BVerfG vom 21.06.1977, BVerfGE 45, 363, 371; BVerfG vom 20.10.1992, BVerfGE 87, 209, 224.
689 BVerfG vom 23.10.1985, BVerfGE 71, 108, 115; BVerfG vom 11.11.1986, BVerfGE 73, 206, 235; Fischer, StGB, § 1, Rn 10 f.
690 BVerfG vom 23.10.1985, BVerfGE 71, 108, 115; BVerfG vom 09.12.2004, NJW 2005, 2140, 2141; BVerfG vom 18.09.2006, NJW 2007, 1193, 1193.

„Vertretungsorgan" i.S.v. § 15a I InsO zumindest im Strafrecht nicht dahingehend auslegen, dass auch diejenigen von einer Insolvenzantragspflicht erfasst seien, welche die Geschäftsführung nur faktisch ausüben. Wie bereits eingangs herausgearbeitet, differenziert der Gesetzgeber nun mal zwischen rechtsgeschäftlicher und organschaftlicher Vertretung, indem er Letzteren eine umfassendere Vertretungsmacht einräumt und gleichzeitig aber höhere Anforderungen an die Erteilung der Vertretungsbefugnis stellt, was sich aus der Notwendigkeit eines förmlichen Bestellungsaktes ergibt. Indem also der Gesetzgeber die Strafbarkeit wegen Insolvenzverschleppung gemäß § 15a IV InsO an die Antragsstellungspflicht nach § 15a I InsO knüpft, diese aber in Kenntnis der Unterschiede zwischen rechtsgeschäftlicher und organschaftlicher Vertretungsbefugnis nur den Organen einer juristischen Person auferlegt, können sich faktische Organe lediglich bei Vorliegen eines zumindest fehlerhaften förmlichen Bestellungsaktes gemäß § 15a IV InsO strafbar machen, da dieser zwingende Voraussetzung für die Stellung eines Vertretungsorgans ist. Der BGH überschreitet daher mit der Ausdehnung des Adressatenkreises auf diejenigen, die ohne förmliche Bestellung die Geschäftsführung lediglich in tatsächlicher Hinsicht ausüben, die Grenzen des Wortlauts der §§ 15a I, IV InsO. Denn wie soeben gezeigt, knüpft die Strafbarkeit wegen Insolvenzverschleppung nun mal an die organschaftliche Vertretungsbefugnis an, welche ein „Mehr" im Vergleich zur rechtsgeschäftlichen Vertretungsmacht ist, deren Voraussetzungen gesetzlich definiert sind und damit nicht einfach durch Auslegung überwunden werden können.

Die Einbeziehung von faktischen Organen, welche lediglich im Einverständnis ohne förmlichen Bestellungsakt die Geschäftsführung ausüben, überschreitet daher den gesetzlich festgelegten Inhalt der §§ 15a I, IV InsO und verstößt damit gegen das im Strafrecht geltende Verbot der Analogie. Auch wenn im Strafrecht trotz des Bestimmtheitsgrundsatzes weiterhin Generalklauseln oder unbestimmte Rechtsbegriffe zulässig sind, können Rechtsbegriffe wie beispielsweise „Vertretungsorgan", welche eindeutig besetzt sind, nicht einfach durch Auslegung ausgedehnt werden.

Des Weiteren bestehen im Hinblick auf das Gebot der Tatbestandsbestimmtheit auch insoweit Schwierigkeiten, als dass der BGH bisher noch keine konkreten Kriterien aufgestellt hat, welche die Stellung eines faktischen Geschäftsführers begründen sollen, sondern vielmehr lediglich eine „überragende Stellung" oder zumindest ein „deutliches Übergewicht" ausreichen lässt[691]. Damit stellt sich in diesem Zusammenhang bereits die Frage, welche Aufgaben der Betreffende denn ausüben muss bzw. was die typischen Geschäftsführungsaufgaben sind, um die faktische Organstellung zu erlangen. Ferner ist unklar, ob hierzu das Einverständnis der Mehrheit oder gar aller Gesellschafter erforderlich ist und welche Dauer und Intensität die Übernahme der Geschäftsleitung haben muss[692]. Wie bereits erwähnt, sind zwar auch im Strafrecht Generalklauseln bzw. unbestimmte Rechtsbegriffe zulässig. Dennoch soll das Bestimmtheitsgebot es jedermann ermöglichen zu erkennen, ob

---

691 BGH vom 22.09.1982, BGHSt 31, 118, 120, 122; BGH vom 10.05.2000; BGHSt 46, 62, 65.
692 So bereits: Roth/Altmeppen, GmbHG, § 84, Rn 9.

seine Handlung die Schwelle zur Strafbarkeit überschritten hat[693]. Indem der BGH es aber für die Strafbarkeit von faktischen Organen ausreichen lässt, wenn diese gegenüber den ordnungsgemäß Bestellten Geschäftsführern ein „deutliches Übergewicht" haben, so lässt sich hieraus für den Betroffenen nicht unbedingt erkennen, ab welchem Umfang und welcher Intensität der Ausübung der Geschäftsführung die Schwelle einer noch zulässigen Einflussnahme überschritten wird[694].

Der Auffassung von *Runge* muss daher auch insoweit widersprochen werden, als dass diese annimmt, der Begriff „Vertretungsorgan" in § 15a I InsO sei zivil- und strafrechtlich einheitlich zu beurteilen. Denn wie soeben gezeigt, sind einer Auslegung im Strafrecht durch den Bestimmtheitsgrundsatz und das Analogieverbot engere Grenzen als im Zivilrecht gesetzt. Indem aber die Voraussetzungen der Organvertretung gesetzlich definiert sind und die Strafbarkeit wegen Insolvenzverschleppung daran anknüpft, kann daher der Täterkreis des § 15a IV InsO nicht dahingehend ausgeweitet werden, dass über den Wortlaut hinaus auch diejenigen, die ohne Vorliegen eines zumindest unwirksamen förmlichen Bestellungsaktes die Geschäftsführung ausüben, hiervon erfasst sind.

Darüber hinaus ist unabhängig von der Frage, ob die Regelung des § 14 StGB bei der Strafbarkeit wegen Insolvenzverschleppung nach § 15a IV StGB unmittelbare Anwendung findet, der Auffassung des BGH auch insoweit nicht zu folgen, als dass dieser annimmt, die Ausdehnung der strafrechtlichen Verantwortlichkeit nach §§ 84 I Nr. 2, 64 I GmbHG a. F. auf faktische Organe entspreche ohnehin dem Grundgedanken des § 14 III StGB[695]. Richtig ist zwar, dass in § 14 III StGB die Einbeziehung von faktischen Organen gesetzlich explizit geregelt ist. Wie sich aber noch zeigen wird, kommt eine Ausdehnung des Adressatenkreises über § 14 III StGB – ähnlich zu den Insolvenzverschleppungsdelikten – lediglich dann in Betracht, wenn zumindest ein förmlicher, wenn auch zivilrechtlich unwirksamer Bestellungsakt seitens des zuständigen Bestellungsorgans vorliegt[696].

Auch wenn von der Rspr. und der ihr folgenden Literatur zu Recht darauf hingewiesen wird, dass zur Bekämpfung der Wirtschaftskriminalität sowie zum Schutze des über § 15a I InsO gewährleisteten Gläubigerschutzes und zur Schließung von Strafbarkeitslücken eine Ausdehnung des Adressatenkreises von § 15a IV InsO auch auf diejenigen erfolgen müsse, welche über die tatsächliche Entscheidungsgewalt verfügen und es somit nicht auf das Vorliegen eines zumindest fehlerhaften förmlichen Bestellungsaktes ankommen könne, so müssen dennoch die im Strafrecht über Art. 103 II GG geltenden Grenzen der Auslegung beachtet werden. Nachdem aber der Gesetzgeber die Strafbarkeit wegen Insolvenzverschleppung von der Organstellung abhängig macht, deren Voraussetzungen wiederum gesetzlich definiert sind,

---

693 BVerfG vom 21.06.1977, BVerfGE 45, 363, 370; BVerfG vom 15.03.1978, BVerfGE 48, 48, 56; Runge, Covenants in Kreditverträgen, S. 259, Rz 6.46.

694 In diese Richtung auch: Kleindiek, in Lutter/Hommelhoff, GmbHG, § 84, Rn 7, welcher den Begriff des faktischen Geschäftsführers als zu wenig konturscharf ansieht.

695 BGH vom 22.09.1982, BGHSt 31, 118, 122 f.

696 Vgl. Teil 3, E.

kann die Rspr. den Anwendungsbereich der §§ 15a I, IV InsO nicht einfach durch Auslegung ausdehnen, da im Strafrecht nun mal einer Auslegung engere Grenzen als im Zivilrecht gesetzt sind und dabei der Wortlaut der jeweiligen Strafrechtsnorm die äußerst mögliche Grenze einer noch zulässigen richterlichen Interpretation bildet.

IV. Ergebnis

Es lässt sich daher festhalten, dass nach der hier vertretenen Auffassung dem de facto Geschäftsführer unabhängig von der Frage, ob juristische Personen als solche eine faktische Organstellung einnehmen können bzw. ob für eine derartige Stellung ein Auftreten im Außenverhältnis zwingend notwendig ist, nur dann eine Strafbarkeit wegen Insolvenzverschleppung gemäß §§ 15a IV, V InsO droht, wenn dieser durch zumindest unwirksamen förmlichen Bestellungsakt seitens des zuständigen Bestellungsorgans zum Geschäftsführer ernannt worden ist. Denn eine Einbeziehung jener, die lediglich im Einverständnis ohne Vorliegen eines zumindest fehlerhaften Bestellungsaktes die Geschäftsführung tatsächlich ausüben, überschreitet die Grenzen des Wortlauts der §§ 15a I, IV InsO und verstößt damit gegen das in Art. 103 II GG enthaltene Bestimmtheitsgebot sowie gegen das ebenfalls hierin enthaltene Analogieverbot.

Damit können sich covenant-gesicherte Kreditgeber – und zwar unabhängig von der Intensität ihrer Einflussnahme – schon deswegen nicht der Insolvenzverschleppung strafbar machen, weil sie in aller Regel nicht durch zumindest unwirksamen förmlichen Bestellungsakt zum Organ der kreditnehmenden Gesellschaft ernannt worden sind und daher von vorneherein nicht vom Normadressatenkreis des § 15a IV InsO erfasst werden. Auch wenn es im Einzelfall sicherlich wünschenswert wäre, bei der Strafbarkeit nach § 15a IV InsO lediglich auf die tatsächliche Übernahme der Geschäftsführung abzustellen, so bildet der Wortsinn einer Strafrechtsnorm die äußerst mögliche Grenze einer noch zulässigen Interpretation. Um dennoch den Adressatenkreis des § 15a IV InsO frei von formalen Kriterien auch auf faktische Organe ausdehnen zu können, müsste daher der Gesetzgeber tätig werden.

Im Ergebnis wird sich die hier vertretene Auffassung wohl nicht von der Rspr. des BGH unterscheiden. Denn nach dessen Ansicht kommt eine Strafbarkeit wegen faktischer Organschaft nur dann in Betracht, wenn der Betreffende die Geschäftsführung durch ein nach außen hervortretendes Handeln übernommen hat[697]. Da die Einflussnahme über Covenants jedoch i.d.R. nur gesellschaftsinterne Wirkung entfaltet, wird eine Strafbarkeit gemäß § 15a IV InsO von Kreditgebern bzw. deren Mitarbeitern auch nach Auffassung des BGH ausscheiden.

---

697 Vgl. nur BGH vom 10.05.2000; BGHSt 46, 62, 65; BGH vom 21.03.1988, BGHZ 104, 44, 48.

E. Insolvenzstraftaten nach §§ 283 ff. StGB

Kreditgeber haben gerade in Zeiten, in denen sich die kreditnehmende Gesellschaft in einer Krise befindet, ein Interesse daran, die Rückführung ihres Darlehens sicherzustellen. Hierzu stehen ihnen verschiedene Reaktionsmöglichkeiten, wie etwa die Kreditkündigung und die Rückzahlung des Darlehensbetrages oder ggf. die Verwertung von Sicherheiten zur Verfügung. Soll das Kreditengagement trotz des Bestehens einer Krise bzw. des Vorliegens eines Kündigungsgrundes fortgesetzt werden, steht ihnen beispielsweise der Weg über eine Nachbesicherung oder die Abtretung aller künftigen Forderungen offen.

Zum Schutze der Vermögensinteressen sämtlicher Gläubiger hat der Gesetzgeber jedoch bestimmte Handlungen, die während der Krise des Insolvenzschuldners vorgenommen wurden, nach §§ 283 ff. StGB unter Strafe gestellt[698]. Hierdurch soll die wirtschaftliche Verringerung, Verheimlichung und ungerechte Verteilung der Insolvenzmasse zum Nachteil der Gläubiger verhindert werden[699]. Da durch Covenants das unternehmerische Geschehen maßgeblich beeinflusst werden kann und damit auch die in §§ 283 ff. StGB unter Strafe gestellten Handlungen vorgenommen bzw. veranlasst werden können, muss daher in einem nächsten Schritt untersucht werden, ob und ggf. unter welchen Voraussetzungen sich Mitarbeiter von Kreditgebern der Insolvenzdelikte strafbar machen können. Entscheidend wird es in diesem Zusammenhang wieder darauf ankommen, ob auch denjenigen, die ohne Vorliegen eines zumindest unwirksamen förmlichen Bestellungsaktes die Geschäftsführung in der kreditnehmenden Gesellschaft lediglich in tatsächlicher Hinsicht ausüben, ebenfalls eine strafrechtliche Verantwortlichkeit gemäß §§ 283 ff StGB droht.

I. Faktische Geschäftsführer als Adressaten der Insolvenzstraftaten

Da es sich bei den Insolvenzdelikten um echte Sonderdelikte handelt[700], können Normadressaten der §§ 283 ff. StGB nur die sich in der Krise befindlichen Schuldner wie beispielsweise der Kreditnehmer selbst sein. Damit kommen weder Darlehensgeber noch deren Organe bzw. Angestellte als unmittelbare Täter der Insolvenzdelikte in Betracht. Darüber hinaus sind weder juristische Personen, noch rechtsfähige Personengesellschaften einschließlich der nach außen hin auftretenden GbR deliktsfähig[701]. Um dennoch die Handelnden in die strafrechtliche Verantwortung nehmen zu können, wird der Anwendungsbereich der Insolvenzdelikte gemäß § 14 I Nr. 1 StGB auf die vertretungsberechtigten Organe von juristischen Personen

698 Vgl. nur NK/Kindhäuser, StGB, Vor §§ 283 ff., Rn 19 ff.
699 Fischer, StGB, Vor § 283, Rn 3.
700 So die ganz h.M. vgl. nur: LK/Tiedemann, StGB, Vor § 283, Rn 59; NK/Kindhäuser, Vor §§ 283 ff., Rn 37 ff.
701 Vgl. nur Schönke/Schröder/Heine, StGB, Vor § 25, Rn 119.

erweitert. Ferner haften strafrechtlich auch „Beauftragte" der Normadressaten für Insolvenzdelikte über § 14 II Nr. 1, 2 StGB. In diesen Fällen fallen somit die sich in der Krise befindlichen Rechtspersonen und der persönlich haftende Täter auseinander.

Da covenant-gesicherte Kreditgeber i.d.R selbst juristische Personen sind, kommt deren unmittelbare Strafbarkeit nach §§ 283 ff. StGB mangels eigener Deliktsfähigkeit nicht in Betracht. Darüber hinaus kann durch die bloße Vergabe eines Darlehens nicht angenommen werden, dass Kreditgeber bereits hierdurch eine organschaftliche Stellung in der kreditnehmenden Gesellschaft nach § 14 I Nr. 1 StGB einnehmen bzw. als deren vertretungsberechtigte Gesellschafter gemäß § 14 I Nr. 2 StGB einzuordnen sind[702]. Ferner können Darlehensgeber allein hierdurch noch nicht als „Beauftragte" nach § 14 II StGB qualifiziert werden.

Covenants verschaffen jedoch den Mitarbeitern von Kreditgebern die Möglichkeit, auf das unternehmerische Geschehen des Kreditnehmers nachhaltig einzuwirken; sie können dadurch unter bestimmten Voraussetzungen die Stellung eines faktischen Organs im kreditnehmenden Unternehmen einnehmen. Es stellt sich damit zunächst die Frage, ob und ggf. unter welchen Voraussetzungen die Angestellten von covenant-geschützten Kreditgebern als taugliche Täter nach § 14 StGB in Betracht kommen. Denn erst wenn der Anwendungsbereich des § 14 StGB eröffnet ist, kommt eine strafrechtliche Verantwortlichkeit von faktischen Organen nach §§ 283 ff. StGB in Betracht.

1. Die Einbeziehung faktischer Organe in den Normadressatenkreis des § 14 I Nr. 1, III StGB

Täter der Insolvenzstraftaten können gemäß § 14 I Nr. 1 StGB zunächst die vertretungsberechtigten Organe von juristischen Personen sein, wenn diese hierzu rechtswirksam bestellt worden sind. Über § 14 III StGB wird jedoch der Anwendungsbereich der Insolvenzdelikte auf faktische Organe ausgedehnt, wenn die Rechtshandlung, welche die Vertretungsbefugnis begründen sollte, unwirksam ist. Nach ganz überwiegender Auffassung kommt daher eine Strafbarkeit von faktischen Organen gemäß §§ 14 I Nr. 1, III StGB immer dann in Betracht, wenn ein förmlicher Bestellungsakt vorliegt, welchem es lediglich an der bürgerlich-rechtlichen Wirksamkeit fehlt[703].

Da es bei Mitarbeitern von covenant-gesicherten Kreditgebern aber i.d.R. an einem förmlichen Bestellungsakt insgesamt fehlt, d.h. weder eine wirksame noch eine fehlerhafte Bestellung vorliegt, ist fraglich, ob diese trotz des Fehlens eines zumindest

---

702 So auch: Runge, Covenants in Kreditverträgen, S. 283, Rz 6.97.

703 BGH vom 24.06.1952, BGHSt 3, 32, 37; BGH vom 28.06.1966, BGHSt 21, 101, 103; BGH, Beschluss vom 20.09.1999, NStZ 2000, 34, 35; BGH vom 10.05.2000, BGHSt 46, 62, 64; Schönke/Schröder/Perron, StGB, § 14, Rn 42/43; Fischer, StGB, § 14, Rn 18; MüKo/Radtke, StGB, § 14, Rn 123; NK/Marxen/Böse, StGB, § 14, Rn 42; Marxen, JZ 1988, 286, 287; Bruns, JR 1984, 133, 136.

unwirksamen förmlichen Bestellungsaktes vom Anwendungsbereich des § 14 III StGB erfasst werden, was in Rspr. und Literatur unterschiedlich beurteilt wird.

a) *Meinungsstand*

aa) Die Rechtsprechung des BGH

Nach ständiger Rspr. des BGH sind faktische Organe vom Anwendungsbereich des § 14 III StGB dann erfasst, wenn diese – ohne förmlich bestellt worden zu sein – im Einverständnis bzw. mit Duldung der zuständigen Bestellungsorgane, die Geschäftsführung faktisch übernommen und ausgeübt haben[704]. Damit werden nach Auffassung des BGH auch diejenigen vom Anwendungsbereich des § 14 III StGB erfasst, bei welchen es am Vorliegen eines förmlichen Bestellungsaktes insgesamt fehlt.

Nachdem für die Einbeziehung in den Adressatenkreis des § 14 III StGB das Vorliegen eines zumindest unwirksamen förmlichen Bestellungsaktes keine zwingende Voraussetzung ist, können sich daher die Angestellten eines Kreditinstitutes grds. der Insolvenzdelikte gemäß § 283 ff. StGB strafbar machen, sofern sie durch ihre Einwirkungsmöglichkeiten über Covenants die Geschäftsleitung beim Kreditnehmer faktisch übernommen haben.

Aufgrund der bisherigen Rspr. des BGH ist jedoch davon auszugehen, dass den Angestellten der Kreditgeber selbst dann keine strafrechtliche Verantwortlichkeit nach §§ 283 ff., 14 StGB droht, wenn sie durch ihre Einwirkungsmöglichkeiten über Covenants die Geschäftsführer des Kreditnehmers aus ihrer Geschäftsführungsfunktion vollständig verdrängt bzw. zu reinen Befehlsempfängern degradiert haben. Denn nach ständiger Rspr. des BGH setzt die strafrechtliche Verantwortlichkeit von faktischen Organen zwingend ein Handeln im Außenverhältnis voraus[705], woran es bei den Mitarbeitern covenant-gesicherter Kreditgeber aber regelmäßig fehlen wird.

bb) Die dem BGH folgenden Literaturansichten

Teile der Literatur folgen dem BGH in seiner Ansicht, wonach sich die strafrechtliche Verantwortlichkeit auch auf diejenigen gemäß § 14 III StGB erstreckt, die ohne fehlerhaften Bestellungsakt die Geschäftsführung tatsächlich übernehmen[706]. Im Wesentlichen wird hierbei mit der Ausdehnung der zunächst durch § 50a StGB a. F. geschaffenen und nunmehr in § 14 StGB geregelten allgemeinen Vertreterhaftung

---

704 BGH vom 24.06.1952, BGHSt 3, 32, 38 f.; BGH vom 28.06.1966, BGHSt 21, 101, 103; BGH vom 22.09.1982, BGHSt 31, 118, 122; BGH, Beschluss vom 20.09.1999, NStZ 2000, 34, 35; BGH vom 10.05.2000; BGHSt 46, 62, 64. Vgl. auch: OLG Karlsruhe, Beschluss vom 07.03.2006, NZG 2006, 354, 354.

705 Vgl. hierzu bereits: Teil 3, A., II.

706 Fuhrmann, FS-Tröndle, S. 150 f.; LK/Schünemann, StGB, § 14, Rn 71; Runge, Covenants in Kreditverträgen, S. 287, Rz 6.106 ff.; Tiedemann, NJW 1986, 1842, 1845; differenzierend: Löffeler, wistra 1989, 121, 125.

argumentiert[707]. Denn der Gesetzgeber habe die Vorgängervorschrift des § 14 StGB, den § 50a StGB a.F., mit dem Ziel eingeführt, Strafbarkeitslücken beim Täterkreis von Sonderdelikten zu schließen[708]. Hierzu seien, um Rechtsklarheit und Rechtssicherheit zu schaffen, die ursprünglich vielfach vorhandenen Einzelnormen aufgehoben und zu einer einheitlichen Regelung im Strafgesetzbuch zusammengefasst worden[709]. Dem Gesetzgeber sei dabei bewusst gewesen, dass die Rechtsprechung bis dahin die nun aufgehobenen Einzelregelungen wie etwa die §§ 244 KO a.F., 81a und 83 GmbHG a.F. auch auf faktische Organe angewendet habe[710]. Aus dem Umstand, dass der Gesetzgeber damit in Kenntnis der bisherigen Rspr. zur faktischen Organschaft mit der Einführung des § 50a StGB a.F. Strafbarkeitslücken schließen wollte, lasse sich daher ableiten, dass dieser eine Ausdehnung des Täterkreises beabsichtigt habe[711]. Damit sei für die Einbeziehung von faktischen Organen nach § 14 III StGB bereits ausreichend, wenn diese mit ausdrücklichem oder stillschweigendem Einverständnis bzw. lediglich mit Duldung des jeweiligen Bestellungsorgans die Geschäftsführung tatsächlich ausgeübt haben[712]. Nach Auffassung von *Schünemann* deute auch die Begründung zum Entwurf des Einführungsgesetzes zum Gesetz über Ordnungswidrigkeiten (EGOWiG) darauf hin, dass das Vorliegen eines förmlichen, wenn auch zivilrechtlich unwirksamen, Bestellungsaktes nicht zwingend erforderlich für die Ausdehnung des Anwendungsbereichs von § 14 III StGB auf faktische Organe sei[713]. Denn danach solle § 50a III StGB a.F. lediglich klarstellen, dass es für die Stellung als faktisches Organ ausreiche, wenn der „Vertreter oder Beauftragte im Wirkungskreis des eigentlichen Normadressaten mit dessen Einverständnis oder dem Einverständnis des hierzu Befugten dessen Stellung tatsächlich eingenommen hat"[714].

Nach diesen Literaturmeinungen scheitert eine Einbeziehung von Mitarbeitern covenant-geschützter Kreditgeber in den Adressatenkreis des § 14 III StGB damit nicht bereits deswegen, weil es bei diesen regelmäßig am Vorliegen eines zumindest unwirksamen förmlichen Bestellungsaktes fehlen wird. Dies hat zur Folge, dass der Anwendungsbereich der §§ 283 ff. StGB auch grds. bei Angestellten von Kreditgebern eröffnet ist. Dennoch kommt nach Auffassung von *Runge* eine Strafbarkeit von Angestellten eines Kreditinstitutes selbst dann nicht in Betracht, wenn diese durch Covenants die maßgebliche Entscheidungsgewalt im kreditnehmenden Unternehmen erlangen[715]. Denn mangels deren Übernahme von typischen Ge-

---

707 Fuhrmann, FS-Tröndle, S. 150; Runge, Covenants in Kreditverträgen, S. 287, Rz 6.106; LK/Schünemann, StGB, § 14, Rn 1.

708 Runge, Covenants in Kreditverträgen, S. 287, Rz 6.106; Begründung zum Entwurf des Einführungsgesetzes zum Ordnungswidrigkeitengesetz, BT-Drucks. V/1319 S. 62.

709 LK/Schünemann, StGB, § 14, Rn 4; Begründung zum Entwurf des Einführungsgesetzes zum Ordnungswidrigkeitengesetz, BT-Drucks. V/1319 S. 63.

710 Fuhrmann, FS-Tröndle, S. 150.

711 Fuhrmann, FS-Tröndle, S. 151; Runge, Covenants in Kreditverträgen, S. 287, Rz 6.106.

712 Fuhrmann, FS-Tröndle, S. 150 f.; Runge, Covenants in Kreditverträgen, S. 287, Rz 6.106.

713 LK/Schünemann, StGB, § 14, Rn 69.

714 Begründung zum Entwurf des Einführungsgesetzes zum Ordnungswidrigkeitengesetz, BT-Drucks. V/1319 S. 65; LK/Schünemann, StGB, § 14, Rn 69.

715 Runge, Covenants in Kreditverträgen, S. 289, Rz 6.109 f.

schäftsführungsaufgaben im Außenverhältnis fehle es diesen bereits an einer faktischen Organstellung[716].

cc) Die Rspr. des BGH ablehnenden Literaturansichten

Mit Hinweis auf den Wortlaut des § 14 III StGB sowie dem im Strafrecht über Art. 103 II GG geltenden Bestimmtheitsgrundsatz und dem hierin ebenfalls enthaltenen Analogieverbot lehnen jedoch weite Teile der Literatur die Ausdehnung des Anwendungsbereichs von § 14 III StGB auf faktische Organe bei Fehlen eines zumindest unwirksamen förmlichen Bestellungsaktes ab[717].

So hält *Radtke* die Einbeziehung faktischer Organe ohne Vorliegen eines zumindest fehlerhaften Bestellungsakts mit dem Wortlaut des § 14 III StGB für unvereinbar[718]. Denn der Begriff „Rechtshandlung" nach § 14 III StGB in Verknüpfung mit dem Relativsatz „welche die Vertretungsbefugnis (...) begründen sollte" gestatte lediglich die Ausdehnung auf fehlerhaft bestellte Organe[719]. In Anbetracht des eindeutigen Wortlauts könne daher nicht von einem bloßen Redaktionsversehen seitens des Gesetzgebers ausgegangen werden, so dass 14 III StGB lediglich die fehlende Rechtswirksamkeit der Bestellung, nicht aber das Fehlen sonstiger Voraussetzungen der strafrechtlichen Organhaftung überwinde[720]. Auch nach Auffassung von *Perron* genügt es nach dem Wortlaut des § 14 III StGB nicht, wenn der Handelnde nur tatsächlich die Stellung eines Vertreters nach § 14 I, II StGB einnehme[721]. Denn der Anwendungsbereich der §§ 14 I, II StGB werde über § 14 III StGB nur dann erweitert, wenn das zuständige Bestellungsorgan die nach den Absätzen I und II vorausgesetzte rechtswirksame Begründung der Vertretungsbefugnis auch tatsächlich beabsichtigt habe[722]. Zwar könne auch das bloße stillschweigende Einverständnis der für die Bestellung Zuständigen den Anforderungen des § 14 III StGB genügen, nicht ausreichend sei jedoch, wenn dabei der Wille zur rechtswirksamen Übertragung der entsprechenden organschaftlichen Funktion und Aufgabe fehle[723]. *Dinkhoff* zufolge überschreitet die Ausdehnung des § 14 III StGB auf Fälle, in denen es an einem zumindest unwirksamen Bestellungsakt fehlt, die Grenzen des natürlichen Wortsinns und verstoße deshalb gegen das in Art. 103 II GG enthaltene Gebot der Tatbestandsbestimmtheit sowie gegen das Analogieverbot[724].

716 Runge, Covenants in Kreditverträgen, S. 289, Rz 6.110.
717 MüKo/Radtke, StGB, § 14, Rn 123; Dinkhoff, Faktischer Geschäftsführer in der GmbH, S. 124 ff.; Schönke/Schröder/Perron, StGB, § 14, Rn 42/43; Hoyer, Anm. zu OLG Düsseldorf, Beschluss vom 16.10.1987, NStZ 1988, 368, 369 f.; NK/Marxen/Böse, StGB, § 14, Rn 42; NK/Kindhäuser, StGB, Vor § 283 ff., Rn 50; Groß, Strafrechtliche Verantwortlichkeit faktischer Vertretungsorgane, S. 88 f., 91; Marxen, JZ 1988, 286, 287; Löffeler, wistra 1989, 121, 122.
718 MüKo/Radtke, StGB, § 14, Rn 123.
719 MüKo/Radtke, StGB, § 14, Rn 123.
720 MüKo/Radtke, StGB, § 14, Rn 123; aA Schünemann in: LK/Schünemann, StGB, § 14, Rn 70.
721 Schönke/Schröder/Perron, StGB, § 14, Rn 42/43.
722 Schönke/Schröder/Perron, StGB, § 14, Rn 42/43.
723 Schönke/Schröder/Perron, StGB, § 14, Rn 42/43.
724 Dinkhoff, Faktischer Geschäftsführer in der GmbH, S. 125, 128. So auch: Groß, Strafrechtliche Verantwortlichkeit faktischer Vertretungsorgane, S. 88 f., 91; Hoyer, Anm. zu OLG Düsseldorf, Beschluss vom 16.10.1987, NStZ 1988, 368, 369.

Abschließend lässt sich daher festhalten, dass nach diesen Literaturauffassungen die Mitarbeiter der Kreditgeber unabhängig von den sonstigen Voraussetzungen einer faktischen Organstellung bereits deswegen keine tauglichen Täter nach §§ 14 I Nr. 1, III StGB sein können, weil es bei diesen regelmäßig am Vorliegen eines zumindest unwirksamen förmlichen Bestellungsaktes fehlen wird. Damit können sich diese ungeachtet der Dauer und Intensität ihres Einflusses über Covenants auch nicht der Insolvenzdelikte nach §§ 283 ff. StGB strafbar machen, da wegen deren Sonderdeliktscharakters eine Erweiterung des Adressatenkreises lediglich über § 14 StGB möglich ist, was aber das Vorliegen eines förmlichen, wenn auch zivilrechtlich unwirksamen, Bestellungsaktes voraussetzt.

b) Stellungnahme

Ähnlich zur Strafbarkeit wegen Insolvenzverschleppung nach §§ 15a IV, V InsO, werden faktische Geschäftsführer nach dem eindeutigen Wortlaut lediglich dann vom Anwendungsbereich der §§ 14 I Nr. 1, III StGB erfasst, wenn diese durch förmlichen, wenn auch zivilrechtlich unwirksamen, Bestellungsakt zum Organ der juristischen Person ernannt worden sind. Entgegen der Auffassung des BGH und Teilen der Literatur reicht es daher für eine Strafbarkeit des de facto Organs nicht aus, wenn dieser ohne Vorliegen eines zumindest unwirksamen förmlichen Bestellungsaktes die Geschäftsführung lediglich in tatsächlicher Hinsicht übernommen und ausgeübt hat. Eine Einbeziehung von faktischen Organen trotz Nichtvorliegens einer zumindest fehlerhaften förmlichen Bestellung überschreitet somit die Grenzen des Wortlauts des § 14 III StGB und ist daher wegen dem im Strafrecht über Art. 103 II GG geltendem Gebot der Tatbestandsbestimmtheit sowie dem Analogieverbot abzulehnen[725]. Damit können sich diejenigen, die ohne Vorliegen eines zumindest unwirksamen förmlichen Bestellungsaktes die Geschäftsführung lediglich tatsächlich ausüben, auch nicht der Insolvenzdelikte gemäß §§ 283 ff StGB strafbar machen, da bereits deren Anwendungsbereich über § 14 III StGB nicht eröffnet ist.

Somit droht den Mitarbeitern covenant-gesicherter Kreditgeber keine Einbeziehung in den Anwendungsbereich des § 14 III StGB[726], da es bei diesen unabhängig von den sonstigen Voraussetzungen einer faktischen Organstellung regelmäßig an einem förmlichen, wenn auch zivilrechtlich unwirksamen Bestellungsakt fehlen wird.

---

725 Im Ergebnis ebenfalls: NK/Marxen/Böse, StGB, § 14, Rn 41; Dinkhoff, Faktischer Geschäftsführer in der GmbH, S. 125, 128. So auch: Groß, Strafrechtliche Verantwortlichkeit faktischer Vertretungsorgane, S. 88 f., 91; Hoyer, Anm. zu OLG Düsseldorf, Beschluss vom 16.10.1987, NStZ 1988, 368, 369 f.

726 A.A. Runge, Covenants in Kreditverträgen, S. 286, Rz 6.104 ff. Im Ergebnis bestehen jedoch keine Unterschiede, da *Runge* die faktische Organstellung des Kreditgebers mangels Auftretens nach Außen verneint und damit den Anwendungsbereich der Insolvenzdelikte ebenfalls für nicht eröffnet hält, vgl. S. 289 Rn. 6.110.

aa) Der Wortlaut des § 14 III StGB und dessen Verweisung auf den Abs. I

Durch den Wortlaut des § 14 III StGB und dessen Verweisung auf die Absätze I und II sowie durch den Wortlaut des § 14 I Nr. 1 StGB wird die hier vertretene Auffassung bestätigt, dass faktische Geschäftsführer lediglich dann vom Täterkreis der strafrechtlichen Sonderdelikte erfasst werden, wenn diese die Geschäftsführung nicht nur in tatsächlicher Hinsicht übernehmen, sondern zusätzlich seitens des jeweils zuständigen Bestellungsorgans durch förmlichen – wenn auch zivilrechtlich unwirksamen – Bestellungsakt zum Organ der Gesellschaft ernannt worden sind. Denn gemäß § 14 III StGB wird der Anwendungsbereich auf faktische Organe nur dann ausgeweitet, wenn die Rechtshandlung, welche die in § 14 I Nr. 1 StGB genannte Vertretungsbefugnis begründen sollte, unwirksam ist. Eine strafrechtliche Verantwortlichkeit nach § 14 I Nr. 1 StGB kommt wiederum nur dann Betracht, wenn der Täter über eine organschaftliche Vertretungsmacht verfügt. Nicht in den Normadressatenkreis des § 14 I Nr. 1 StGB fallen daher diejenigen, die lediglich mit einer rechtsgeschäftlichen Vertretungsmacht ausgestattet sind. Mit der Verweisung des § 14 III StGB auf die Absätze I und II ist daher für die Strafbarkeit von faktischen Organen entscheidend, ob die – wenn auch unwirksame – „Rechtshandlung“ i.S.v. § 14 III StGB zumindest die in § 14 I Nr. 1 StGB erforderliche organschaftliche Vertretungsbefugnis begründen sollte.

Wie bereits in Zusammenhang mit der Strafbarkeit wegen Insolvenzverschleppung herausgearbeitet, verfügen über eine organschaftliche Vertretungsbefugnis wiederum nur diejenigen, welche eine organschaftliche Stellung in der juristischen Person innehaben. Eine solche erlangt man bei einer GmbH entweder durch Vereinbarung im Gesellschaftsvertrag nach § 6 III 2 GmbHG oder durch einfachen Mehrheitsbeschluss der Gesellschafterversammlung gemäß § 46 Nr. 5 GmbHG und jeweils anschließender Eintragung im Handelsregister nach § 39 I GmbHG; mithin nur durch förmlichen Bestellungsakt. Ebenso werden Vorstandsmitglieder einer AG nur durch förmliche Bestellung gemäß §§ 84 I 1, 81 I AktG in ihr Amt eingesetzt. Indem sich § 14 III StGB mit seiner Verweisung auf die Absätze I und II also explizit auf die in § 14 I Nr. 1 StGB enthaltene Vertretungsbefugnis bezieht, danach aber wiederum eine rechtsgeschäftliche Vertretungsmacht nicht ausreichend ist, sondern es vielmehr einer organschaftlichen Vertretungsbefugnis bedarf, welche aber nur durch förmlichen Bestellungsakt zu erlangen ist, kann § 14 III StGB nur dahingehend interpretiert werden, dass durch diese Auffangnorm lediglich Mängel bei der Organbestellung überwunden werden sollen. Denn die strafrechtliche Verantwortlichkeit gemäß § 14 I Nr. 1 StGB beschränkt sich auf die organschaftlichen Vertreter, so dass eine Erweiterung des Adressatenkreises auf faktische Organe lediglich dann in Betracht kommt, wenn die „Rechtshandlung“ i.S.v. § 14 III StGB an sich geeignet ist, die entsprechende Organstellung zu begründen[727]. Entgegen der Auffassung des BGH genügt es daher nicht, wenn der Betreffende die Geschäftsführung nur im Einverständnis der Gesellschafter ausübt. Denn der Gesetzgeber differenziert nun mal

727 So auch: Dinkhoff, Faktischer Geschäftsführer in der GmbH, S. 125.

zwischen rechtsgeschäftlichen und organschaftlichen Vertretungsberechtigten, indem er Letzteren eine umfassendere Vertretungsmacht einräumt, gleichzeitig aber höhere Anforderungen an die Erteilung der Vertretungsbefugnis stellt[728]. Eben jenen höheren Anforderungen an die Erteilung der organschaftlichen Vertretungsmacht genügt das bloße Einverständnis bzw. die Duldung der Übernahme der Geschäftsführung nicht, da – wie bereits herausgearbeitet – hierzu eine förmliche Bestellung zwingend erforderlich ist. Aus diesen Gründen wird daher der Anwendungsbereich der strafrechtlichen Sonderdelikte über § 14 III StGB nur auf diejenigen erweitert, welche durch zumindest unwirksamen förmlichen Bestellungsakt zu Organen der juristischen Person ernannt worden sind.

Damit können Mitarbeiter von covenant-gesicherten Kreditgebern keine Täter i.S.v. § 14 III StGB sein, da es bei diesen trotz ihrer Möglichkeit, mittels Covenants das unternehmerische Geschehen zu steuern, regelmäßig am Vorliegen eines zumindest unwirksamen förmlichen Bestellungsaktes fehlen wird. Denn wie sich soeben gezeigt hat, ist die rein tatsächliche Übernahme der Geschäftsleitung nicht ausreichend, die strafrechtliche Organhaftung gemäß §§ 14 I Nr. 1, III StGB auszulösen, vielmehr muss die Ausübung der Geschäftsführungstätigkeit aus einer organschaftlichen Stellung heraus erfolgen.

Ferner kann an dieser Stelle erneut die Frage offen bleiben, ob im Einverständnis oder in der Duldung der Übernahme der Geschäftsführung ganz generell eine „konkludente“ Organbestellung seitens der Gesellschafter zu sehen ist[729], woraus sich u. U. ableiten ließe, dass eine Einbeziehung in den Adressatenkreis des § 14 III StGB auch ohne Vorliegen eines zumindest unwirksamen fehlerhaften Bestellungsaktes möglich wäre und es dadurch lediglich auf die tatsächliche Übernahme der Geschäftsführung ankommen würde[730]. Denn unabhängig von der Frage, ob eine „konkludente“ Organbestellung überhaupt möglich ist bzw. was dann die einzelnen Voraussetzungen hierfür wären, liegen die Voraussetzungen für eine derartige Bestellung bei Mitarbeitern eines Kreditinstitutes, welche über Covenants das unternehmerische Geschehen steuern, selbst dann nicht vor, wenn diese die formal bestellten Geschäftsführer vollständig aus ihrer Funktion verdrängen. Dies ergibt sich zunächst daraus, dass auch bei einer „konkludenten“ Organbestellung seitens des jeweils zuständigen Bestellungsorgans zumindest ein Wille vorhanden sein muss, den Handelnden zum Organ der juristischen Person zu bestellen[731]. Wie jedoch im Zusammenhang mit der Strafbarkeit wegen Insolvenzverschleppung herausgearbeitet wurde, kann im bloßen Einverständnis oder der Duldung der Einflussnahme über Covenants kein entsprechender Wille abgeleitet werden, Mitarbeitern von Kreditinstituten hierdurch zu Organen der kreditnehmenden Gesellschaft

---

728 Ausführlich hierzu bereits: Teil 3, D., III., 2.

729 Ausführlich zur Möglichkeit einer konkludenten Organbestellung: Dinkhoff, Faktischer Geschäftsführer in der GmbH, S. 131 ff.; Groß, Strafrechtliche Verantwortlichkeit faktischer Vertretungsorgane, S. 21 ff.

730 Siehe hierzu bereits: Teil 3, D., III., 1.

731 Schönke/Schröder/Perron, StGB, § 14, Rn 42/43.

bestellen zu wollen[732]. Denn die Duldung der Einflussnahme über Covenants basiert lediglich darauf, dass die kreditnehmende Gesellschaft bzw. ihre Gesellschafter ihren Verpflichtungen aus dem Kreditvertrag nachkommen wollen oder wegen des „Drucks" vor den Folgen einer Verweigerung der Duldung der Einflussnahme die Angestellten von Kreditinstituten gewähren lassen. Somit kann weder im Einverständnis noch in der Duldung der Einflussnahme über Covenants der Wille des jeweils zuständigen Bestellungsorgans abgeleitet werden, den Angestellten der Kreditgeber hierdurch eine Organfunktion übertragen zu wollen.

Aber auch wenn man im bloßen Einverständnis oder der Duldung der Einflussnahme über Covenants die „konkludente" Erteilung einer **rechtsgeschäftlichen** Vertretungsmacht erkennen will, so löst auch dies noch keine strafrechtliche Haftung von Mitarbeitern covenant-gesicherter Kreditgeber aus. Denn wie schon mehrfach erwähnt, knüpft die Erweiterung des Täterkreises gemäß § 14 III StGB an die organschaftliche Stellung des Betreffenden an, wofür das Vorliegen einer rechtsgeschäftlichen Vertretungsbefugnis gerade nicht ausreichend ist, den Handelnden in den Adressatenkreis des § 14 III StGB einzubeziehen.

Ferner würde eine konkludente Bestellung auch eine entsprechende Annahme der Organfunktion durch den Bestellten voraussetzen[733]. Zwar ist insofern wieder streitig, ob diese ebenfalls durch schlüssiges Verhalten erfolgen kann[734]. Allerdings wird man auch in diesem Zusammenhang zumindest einen entsprechenden Willen zur Übernahme der Organfunktion fordern müssen. Bei covenant-geschützten Kreditgebern bzw. deren Mitarbeitern wird aber nur schwerlich ein Wille zur Annahme der Organstellung im kreditnehmenden Unternehmen festzustellen sein. Denn diese versuchen durch ihre Einwirkungsmöglichkeiten über Covenants vornehmlich ihr Kreditsicherungsinteresse zu schützen bzw. durchzusetzen, nicht aber dadurch eine Organfunktion zu übernehmen.

bb) Das Bestimmtheits- und Analogieverbot des Art 103 II GG

Die Rspr. des BGH, wonach faktische Organe trotz Nichtvorliegens eines zumindest fehlerhaften Bestellungsaktes vom Anwendungsbereich des § 14 III StGB erfasst seien, ist daher unter ähnlichen Erwägungen wie bei der Strafbarkeit nach §§ 15a IV, V InsO wegen Verstoßes gegen Art. 103 II GG abzulehnen[735]. Denn hierin ist das Gebot der Tatbestandsbestimmtheit enthalten, wonach eine Strafrechtsnorm so hinreichend umschrieben werden muss, dass deren Tragweite und Anwendungsbereich für jedermann zu erkennen sind und sich durch Auslegung ermitteln lassen kann[736]. An das Bestimmtheitsgebot sind zwar wegen der Vielseitigkeit des Lebens

---

732 Siehe hierzu bereits: Teil 3, D., III., 1.
733 Vgl. nur K. Schmidt, in Scholz GmbHG, § 46, Rn 79 m.w.N.
734 Ablehnend: Dinkhoff, Faktischer Geschäftsführer in der GmbH, S. 134. A.A. Zöllner/Noack, in Baumbach/Hueck, GmbHG, § 35, Rn 10.
735 Vgl. hierzu bereits: Teil 3, D., III., 2.
736 BVerfG vom 17.01.1978, BVerfGE 47, 109, 120; BVerfG vom 23.10.1985, BVerfGE 71, 108, 114 ff.; BVerfG vom 11.11.1986, BVerfGE 73, 206, 234; BVerfG vom 20.10.1992, BVerfGE 87, 209, 223 f.

keine übersteigerten Anforderungen zu stellen und die Verwendung von Generalklauseln bzw. von unbestimmten Begriffen nicht von vorneherein ausgeschlossen[737], so dass auch weiterhin die Möglichkeit einer Auslegung des entsprechenden Straftatbestandes unter Beachtung des darin zum Ausdruck kommenden objektivierten Willens des Gesetzgebers, wie er sich aus dem Gesetzeswortlaut und dem Sinnzusammenhang ergibt, besteht[738]. Allerdings untersagt das ebenfalls in Art. 103 II GG enthaltene Analogieverbot die Anwendung einer Strafrechtsnorm auf einen ähnlichen, von ihr nicht erfassten Sachverhalt zu Ungunsten des Beschuldigten[739], wobei deren Wortsinn die äußerst mögliche Grenze einer noch zulässigen richterlichen Rechtsanwendung bildet[740].

Unter Berücksichtigung dieser Grundsätze ist der Anwendungsbereich des § 14 III StGB lediglich in Fällen eröffnet, in denen der Betreffende durch zumindest unwirksamen förmlichen Bestellungsakt zum Organ der juristischen Person ernannt worden ist. Denn die Einbeziehung derjenigen, die ohne Vorliegen eines zumindest unwirksamen förmlichen Bestellungsaktes die Geschäftsführung nur in tatsächlicher Hinsicht übernehmen, überschreitet die Grenzen des Wortlauts des § 14 III StGB und verstößt dadurch gegen das über Art. 103 II GG gewährleistete Verbot der Analogie[741]. Dies ergibt sich zunächst daraus, dass die Ausdehnung des Adressatenkreises auf faktische Organe durch den Wortlaut des § 14 III StGB und dessen Verweisung auf die Absätze I und II sowie durch den Wortlaut des § 14 I Nr. 1 StGB an die organschaftliche Stellung des Handelnden knüpft[742]. Da diese wiederum nur durch förmlichen Bestellungsakt erlangt werden kann, reicht es für die strafrechtliche Verantwortlichkeit nicht aus, wenn der Handelnde die Geschäftsleitung nur im Einverständnis der Gesellschafter ausübt. Denn wie bereits mehrfach erwähnt, differenziert der Gesetzgeber nun mal zwischen rechtsgeschäftlichen und organschaftlichen Vertretungsberechtigten, indem er Letzteren eine umfassendere Vertretungsmacht einräumt und gleichzeitig aber höhere Anforderungen an die Erteilung der Vertretungsbefugnis stellt. Nachdem also der Gesetzgeber in Kenntnis der Unterschiede zwischen rechtsgeschäftlicher und organschaftlicher Vertretungsmacht die strafrechtliche Haftung auf Organvertreter beschränkt, überschreitet die Einbeziehung derjenigen, die ohne Vorliegen eines zumindest unwirksamen förmlichen Bestellungsaktes die Geschäftsführung nur faktisch ausüben, den gesetzlichen Inhalt des § 14 III StGB und verstößt damit gegen Art. 103 II GG.

---

737 BVerfG vom 21.06.1977, BVerfGE 45, 363, 371; BVerfG vom 20.10.1992, BVerfGE 87, 209, 224.
738 Fischer, StGB, § 1, Rn 10 ff.; Runge, Covenants in Kreditverträgen, S. 288, Rz 6.107 m.w.N.
739 BVerfG vom 23.10.1985, BVerfGE 71, 108, 115; BVerfG vom 11.11.1986, BVerfGE 73, 206, 235; Fischer, StGB, § 1, Rn 10.
740 BVerfG vom 23.10.1985, BVerfGE 71, 108, 115; BVerfG vom 09.12.2004, NJW 2005, 2140, 2141; BVerfG vom 18.09.2006, NJW 2007, 1193, 1193.
741 Im Ergebnis auch: NK/Marxen/Böse, StGB, § 14, Rn 41; Groß, Strafrechtliche Verantwortlichkeit faktischer Vertretungsorgane, S. 89; Dinkhoff, Faktischer Geschäftsführer in der GmbH, S. 128 f.
742 Siehe dazu bereits Ausführungen unter: Teil 3, E., I., 1., b), aa).

Entgegen der Auffassung des BGH und Teilen der Literatur kann § 14 III StGB auch nicht dahingehend ausgelegt werden, dass auch diejenigen als Täter in Betracht kommen, die lediglich die Geschäftsführung in tatsächlicher Hinsicht übernehmen. Denn auch wenn das im Strafrecht geltende Bestimmtheitsgebot Generalklauseln zulässt, können Rechtsbegriffe, welche gesetzlich eindeutig definiert sind, nicht einfach durch Auslegung ausgedehnt werden. Da der Gesetzgeber aber bewusst zwischen rechtsgeschäftlicher und organschaftlicher Vertretungsmacht differenziert, die Strafbarkeit nach § 14 III StGB aber von der Organstellung abhängig macht, welche nun mal einen förmlichen Bestellungsakt zwingend voraussetzt, so kann dieses Erfordernis nicht einfach im Wege einer Auslegung durch das Vorliegen eines „Einverständnisses" bzgl. der Übernahme der Geschäftsführung ersetzt werden.

Auch wenn der Gesetzgeber durch seine Formulierung zum Entwurf des EGOWiG, nach welcher es für die Stellung als faktisches Organ ausreicht, wenn der „Vertreter oder Beauftragte im Wirkungskreis des eigentlichen Normadressaten mit dessen Einverständnis oder dem Einverständnis des hierzu Befugten dessen Stellung tatsächlich eingenommen hat"[743], eine Ausdehnung des Täterkreises unabhängig vom Vorliegen eines zumindest unwirksamen Bestellungsaktes beabsichtigt hat, so kommt dies nicht eindeutig im Gesetz zum Ausdruck[744]. Denn gerade im Hinblick auf das Gebot der Tatbestandsbestimmtheit reicht es nicht aus, wenn der Gesetzgeber seine Intention lediglich in der Begründung eines Gesetzesentwurfs äußert, sondern eine Strafrechtsnorm muss so hinreichend umschrieben werden, dass deren Tragweite und Anwendungsbereich für jedermann zu erkennen ist und sich durch Auslegung ermitteln lässt[745]. Zwar wird die Begründung eines Gesetzesentwurfs bei der Auslegung herangezogen, dennoch bildet im Strafrecht der Wortsinn einer Norm die äußerst mögliche Grenze einer noch zulässigen Interpretation[746]. Dass aber bereits die bloße Ausübung der Geschäftsführung im Einverständnis der Gesellschafter für die Einbeziehung in den Adressatenkreis des § 14 III StGB ausreichend sein soll, kommt hierin nicht deutlich genug zum Ausdruck. Denn nach dem Wortlaut des §§ 14 I Nr. 1, III StGB beschränkt sich dessen Anwendungsbereich auf organschaftliche Vertreter, so dass die rein tatsächliche Ausübung der Geschäftsführung nicht ausreichend ist, um vom Täterkreis des 14 III StGB erfasst zu werden.

Darüber hinaus stehen der Rspr. des BGH im Hinblick auf das Bestimmtheitsgebot auch insoweit Bedenken entgegen, als dass dieser keine konkreten Kriterien, welche die Stellung eines faktischen Geschäftsführers begründen sollen, aufgestellt hat, sondern vielmehr lediglich eine „überragende Stellung" oder zumindest ein „deutliches Übergewicht" gegenüber den ordnungsgemäß bestellten Geschäftsführern

743 Begründung zum Entwurf des Einführungsgesetzes zum Ordnungswidrigkeitengesetz, BT-Drucks. V/1319 S. 65.

744 So bereits: MüKo/Radtke, StGB, § 14, Rn 123.

745 BVerfG vom 17.01.1978, BVerfGE 47, 109, 120; BVerfG vom 23.10.1985, BVerfGE 71, 108, 114 ff.; BVerfG vom 11.11.1986, BVerfGE 73, 206, 234; BVerfG vom 20.10.1992, BVerfGE 87, 209, 223 f.

746 BVerfG vom 23.10.1985, BVerfGE 71, 108, 115; BVerfG vom 09.12.2004, NJW 2005, 2140, 2141; BVerfG vom 18.09.2006, NJW 2007, 1193, 1193.

ausreichen lässt[747]. Auch wenn das Gebot der Tatbestandsbestimmtheit unbestimmte Rechtsbegriffe zulässt, soll dieses jedermann ermöglichen zu erkennen, ob seine Handlung die Schwelle zur Strafbarkeit überschritten hat[748]. Durch die Formulierung des BGH, es reiche für eine Strafbarkeit aus, wenn der Betreffende gegenüber dem formal bestellten Geschäftsführer zumindest ein „deutliches Übergewicht" habe[749], lässt sich jedoch nicht unbedingt erkennen, bei welchem Umfang und welcher Intensität der Ausübung der Geschäftsführung die Schwelle einer noch zulässigen Einflussnahme überschritten ist[750].

c) Zwischenergebnis

Als Zwischenergebnis kann daher festgestellt werden, dass faktische Geschäftsführer lediglich dann vom Anwendungsbereich der §§ 14 I Nr. 1, III StGB erfasst sind, wenn diese durch einen zumindest unwirksamen förmlichen Bestellungsakt zum Organ der juristischen Person bestellt worden sind. Eine Ausdehnung auf diejenigen, welche die Geschäftsführung lediglich in tatsächlicher Hinsicht ausüben, überschreitet die Grenzen des Wortlauts des § 14 III StGB und ist daher im Hinblick auf das im Strafrecht über Art. 103 II GG geltende Bestimmtheitsgebot sowie wegen des ebenfalls hierin enthaltenen Analogieverbots abzulehnen.

Um dennoch die rein tatsächlich Handelnden in die strafrechtliche Verantwortung nehmen zu können, müsste der Gesetzgeber tätig werden, da dieser zwischen rechtsgeschäftlichen und organschaftlichen Vertretungsberechtigten differenziert, den Täterkreis gemäß §§ 14 I Nr. 1, III StGB aber auf Letztere beschränkt, so dass auf das Vorliegen eines zumindest fehlerhaften förmlichen Bestellungsaktes nicht verzichtet werden kann.

Aus diesen Gründen werden auch Angestellte von Kreditinstituten, welche über Covenants das unternehmerische Geschehen in der kreditnehmenden Gesellschaft maßgeblich steuern, nicht vom Anwendungsbereich des § 14 III StGB erfasst[751] und zwar selbst dann nicht, wenn die ordnungsgemäß bestellten Geschäftsführer hierdurch zu reinen Befehlsempfängern degradiert werden. Denn bei diesen wird es unabhängig von den sonstigen Voraussetzungen einer faktischen Organstellung bzw. unabhängig von der Intensität ihrer Einflussnahme auf die Geschäftsleitung regelmäßig an einem förmlichen, wenn auch zivilrechtlich unwirksamen Bestellungsakt fehlen, so dass sie keine Täter i.S.v. §§ 14 I Nr. 1, III StGB sein können.

---

747 Zur gleichen Problematik bereits bei der Strafbarkeit wegen Insolvenzverschleppung nach §§ 15a IV, V InsO: Teil 3, D., III., 2.

748 BVerfG vom 21.06.1977, BVerfGE 45, 363, 370; BVerfG vom 15.03.1978, BVerfGE 48, 48, 56; Runge, Covenants in Kreditverträgen, S. 259, Rz 6.46.

749 BGH vom 10.05.2000; BGHSt 46, 62, 65.

750 Ausführlich bereits dazu: Teil 3, D., III., 2.

751 A.A. Runge, Covenants in Kreditverträgen, S. 286, Rz 6.104 ff. Im Ergebnis bestehen jedoch keine Unterschiede, da *Runge* die faktische Organstellung des Kreditgebers mangels Auftretens nach Außen verneint und damit den Anwendungsbereich der Insolvenzdelikte ebenfalls für nicht eröffnet hält, vgl. S. 289 Rn 6.110.

Im Ergebnis wird sich die hier vertretene Auffassung wohl nicht von der Rspr. des BGH unterscheiden. Denn nach dessen Ansicht setzt die faktische Organschaft sowohl im Zivil-, als auch im Strafrecht ein Handeln im Außenverhältnis gegenüber Dritten voraus[752]. Da Mitarbeiter von Kreditgebern mittels Covenants i.d.R. jedoch nur gesellschafsinternen Einfluss auf die Geschäftsführung ausüben, kommt zumindest nach bisheriger Rspr. des BGH eine Einbeziehung in den Adressatenkreis des § 14 III StGB mangels deren faktischer Organstellung ebenfalls nicht in Betracht.

2. Faktische Geschäftsführer als „Beauftragte" nach § 14 II StGB

Darüber hinaus können über § 14 II StGB auch „Beauftragte" Normadressaten der strafrechtlichen Sonderdelikte sein. Es stellt sich daher die Frage, ob Mitarbeiter von Kreditgebern, welche über Covenants auf das kreditnehmende Unternehmen Einfluss nehmen, unter bestimmten Voraussetzungen als Beauftragte i.S.v. § 14 II StGB zu qualifizieren sind, mit der Folge, dass sich diese der Insolvenzdelikte nach §§ 283 ff. StGB strafbar machen können.

Gemäß § 14 II 1 Nr. 1, S. 2 StGB können Beauftragte, die den Betrieb oder das Unternehmen des Normadressaten ganz oder zum Teil leiten, vom Anwendungsbereich der §§ 283 ff. StGB erfasst sein. Beauftragt mit der Betriebsleitung ist derjenige, dem die Geschäftsführung nach innen und außen[753] ausdrücklich oder konkludent[754] übertragen worden ist und welcher diese Funktion eigenverantwortlich und selbstständig anstelle des Betriebsinhabers wahrnimmt[755]. Ausreichend ist hierbei, wenn sich die Leitung auf einen Teil des Betriebes beschränkt, also auf einen räumlich und organisatorisch getrennten Betriebsteil oder einen sachlich abgegrenzten Teilbereich innerhalb eines Gesamtbetriebes[756].

Darüber hinaus können gemäß § 14 II 1 Nr. 2, S. 2 StGB auch „sonstige Beauftragte" Normadressaten der Insolvenzdelikte sein. Voraussetzung hierfür ist, dass der Betreffende ausdrücklich beauftragt ist, eigenverantwortlich Aufgaben wahrzunehmen, die dem Betriebs- bzw. Unternehmensinhaber obliegen. Im Gegensatz zu § 14 II 1 Nr. 1 StGB bedarf es hierbei keiner Beauftragung zur Leitung eines gesamten Betriebs bzw. Teilbetriebs, vielmehr ist ausreichend, wenn der Beauftragte in einem sachlich abgesteckten Rahmen bestimmte Aufgaben des Betriebsinhabers in eigener Verantwortung wahrnimmt[757]. Nach dem eindeutigen Wortlaut muss jedoch für die Einbeziehung in den Anwendungsbereich des § 14 II 1 Nr. 2 StGB ein

---

752 Vgl. nur BGH vom 10.05.2000; BGHSt 46, 62, 65; BGH vom 21.03.1988, BGHZ 104, 44, 48.
753 Schönke/Schröder/Perron, StGB, § 14, Rn 31; NK/Marxen/Böse, StGB, § 14, Rn 54.
754 Umkehrschluss aus § 14 II 1 Nr. 2 StGB. Vgl. nur: Schönke/Schröder/Perron, StGB, § 14, Rn 30.
755 BGH vom 04.07.1989, NJW-RR 1989, 1185, 1186; LK/Schünemann, StGB, § 14, Rn 58.
756 Schönke/Schröder/Perron, StGB, § 14, Rn 32; NK/Marxen/Böse, StGB, § 14, Rn 55.
757 LK/Schünemann, StGB, § 14, Rn 61; Schönke/Schröder/Perron, StGB, § 14, Rn 33.

ausdrücklicher Auftrag vorliegen, so dass eine konkludente oder stillschweigende Beauftragung hierbei nicht in Betracht kommt[758].

Mitarbeitern von covenant-geschützten Kreditgebern werden daher unabhängig davon, in welchem Maße und in welcher Intensität sie über Covenants Einfluss auf die kreditnehmende Gesellschaft nehmen, weder vom Anwendungsbereich des § 14 II 1 Nr. 1 StGB noch von § 14 II 1 Nr. 2 StGB erfasst.

Eine Einbeziehung in den Anwendungsbereich des § 14 II 1 Nr. 2 StGB scheidet bereits deswegen aus, weil durch die Vereinbarung von Covenants keine – wie jedoch nach ganz einhelliger Auffassung vorausgesetzt – ausdrückliche Beauftragung zur Übernahme der dem Betriebsinhaber obliegenden Aufgaben vorliegt. Denn mit der Duldung der Einflussnahme über Covenants kommen die formalen Geschäftsführer bzw. die Gesellschafter des kreditnehmenden Unternehmens lediglich ihren Verpflichtungen aus dem Kreditvertrag nach. Damit werden Kreditgeber gerade nicht ausdrücklich beauftragt, bestimmte Aufgaben wahrzunehmen, sondern diese verschaffen deren Mitarbeitern lediglich die Möglichkeit, das unternehmerische Geschehen zu beeinflussen bzw. zu steuern.

Darüber hinaus setzt die Beauftragung sowohl nach § 14 II 1 Nr. 1 StGB als auch nach § 14 II 1 Nr. 2 StGB jeweils die eigenverantwortliche und selbstständige Tätigkeit anstelle des Betriebsinhabers voraus. Mittels Covenants können Mitarbeiter von Kreditgebern jedoch i.d.R. nur mittelbar auf die unternehmerischen Geschicke einwirken, indem sie die formalen Geschäftsführer der kreditnehmenden Gesellschaft zur Vornahme bzw. Unterlassung bestimmter Handlungen oder der Einhaltung von Finanzkennzahlen verpflichten. Hierdurch übernehmen diese aber noch nicht selbstständig die Leitung eines Betriebs bzw. Betriebsteils oder Aufgaben in einem sachlich abgesteckten Rahmen. Die Betriebsleitung bzw. Aufgabenwahrnehmung verbleibt vielmehr beim Unternehmensinhaber, da die Mitarbeiter der Kreditgeber durch Covenants regelmäßig nur bestimmte unternehmerische Maßnahmen veranlassen, nicht aber selbst und eigenverantwortlich operative Tätigkeiten ausüben.

Ferner scheidet auch eine Ausdehnung des Adressatenkreises über § 14 III StGB aus. Denn dieser überwindet nach seinem Wortlaut lediglich Fehler bei der Begründung des Auftragsverhältnisses. Damit kann gemäß § 14 III StGB aber nicht die fehlende eigenverantwortliche und selbstständige Tätigkeit anstelle des Betriebsinhabers ersetzt werden, woran es aber regelmäßig bei der Einflussnahme über Covenants fehlen wird.

---

758 Vgl. nur: NK/Marxen/Böse, StGB, § 14, Rn 57 f.; Fischer, StGB, § 14, Rn 12; Schönke/Schröder/Perron, StGB, § 14, Rn 34; LK/Schünemann, StGB, § 14, Rn 61.

II. Ergebnis zur Strafbarkeit von faktischen Organen gemäß §§ 283 ff. StGB

Damit können sich Angestellte eines Kreditinstitutes, welche über Covenants das unternehmerische Geschehen steuern, nach derzeitiger Rechtslage unabhängig von der Intensität ihrer Einflussnahme auf die Geschäftsleitung bzw. unabhängig von den sonstigen Voraussetzungen einer faktischen Organstellung nicht der Insolvenzdelikte nach §§ 283 ff. StGB strafbar machen, da deren Anwendungsbereich über § 14 StGB bereits nicht eröffnet ist und es somit auf die übrigen Tatbestandsvoraussetzungen gar nicht mehr ankommt. Denn wie soeben herausgearbeitet wurde, werden Mitarbeiter covenant-geschützter Kreditgeber – und sei ihr Einfluss über Covenants noch so massiv – weder vom Täterkreis der §§ 14 I Nr. 1, III StGB, noch von §§ 14 II, III StGB erfasst, so dass diese grds. keine Adressaten der Insolvenzdelikte sein können.

Dies ergibt sich zum einen daraus, dass die rein tatsächliche Übernahme der Geschäftsleitung nicht ausreichend ist, vom Adressatenkreis der §§ 14 I Nr. 1, III StGB erfasst zu werden, sondern es vielmehr eines zumindest unwirksamen förmlichen Bestellungsaktes bedarf, woran es jedoch regelmäßig bei Angestellten eines Kreditinstitutes fehlen wird. Zum anderen können Mitarbeiter covenant-gesicherter Kreditgeber auch nicht als „Beauftragte" i.S.v. § 14 II StGB qualifiziert werden, da diese trotz ihren Einwirkungsmöglichkeiten auf die Geschäftsführung nicht selbstständig die Leitung des kreditnehmenden Unternehmens übernehmen. Die Unternehmensleitung verbleibt vielmehr auch in diesen Fällen bei den formalen Geschäftsführern des Kreditnehmers.

Die hier vertretene Auffassung wird sich im Ergebnis wohl erneut nicht von der Rspr. des BGH unterscheiden. Zwar hält dieser eine Einbeziehung in den Normadressatenkreis des § 14 III StGB auch ohne Vorliegen eines zumindest unwirksamen förmlichen Bestellungsaktes für möglich. Allerdings muss nach Ansicht des BGH der Betreffende zwingend im Außenverhältnis gegenüber Dritten auftreten, um die Stellung eines faktischen Organs zu erlangen. Da es an einem solchen Außenauftritt jedoch regelmäßig bei Mitarbeitern covenant-geschützter Kreditgeber fehlen wird, ist der Anwendungsbereich der Insolvenzdelikte wegen Nichtvorliegens der Voraussetzungen des § 14 III StGB ebenfalls nicht eröffnet, so dass die Rspr. eine Strafbarkeit nach §§ 283 ff. wohl ebenfalls verneinen wird.

F. Die Haftung für Steuerschulden des Kreditnehmers nach §§ 69 i.V.m. 34, 35 AO

Im Zusammenhang mit der faktischen Organstellung muss abschließend erörtert werden, ob covenant-gesicherte Kreditgeber für Steuerschulden der kreditnehmenden Gesellschaft haften. Denn nach §§ 35, 34 AO haben „Verfügungsberechtigte", wenn sie im eigenen oder fremden Namen für einen anderen Rechtsträger auftreten, die Pflicht, die steuerlichen Angelegenheiten des gesetzlichen Vertreters zu erfüllen, sofern sie hierzu rechtlich und tatsächlich in der Lage sind. Verstoßen sie infolge vorsätzlicher oder grob fahrlässiger Handlungen gegen die ihnen auferlegten Pflichten, so haften sie gemäß § 69 AO für Steuerschulden gegenüber den Steuerbehörden.

Nachdem sich Kreditgeber durch die Vereinbarung von Covenants erhebliche Einwirkungsmöglichkeiten auf den Kreditnehmer verschaffen können, muss daher der Frage nachgegangen werden, ob und ggf. unter welchen Voraussetzungen covenantgesicherte Kreditgeber als „Verfügungsberechtigte" i.S.v. § 35 AO zu qualifizieren sind, mit der Folge, dass auch ihnen eine Haftung für Steuerschulden des Kreditnehmers gemäß § 69 AO droht.

I. Meinungsstand

1. Die Haftung des faktischen Geschäftsführers für Steuerschulden gemäß §§ 69 i.V.m. 34, 35 AO

Nach ständiger Rspr. des BFH haftet der faktische Geschäftsführer gemäß §§ 69 i.V.m. 34, 35 AO für Steuerschulden einer Gesellschaft, wenn er mit dem Anschein einer Berechtigung für diese nach außen hin auftritt, obwohl er formell nicht zum Geschäftsführer bestellt ist, mithin als Verfügungsberechtigter nach § 35 AO zu qualifizieren ist[759]. Verfügungsberechtigter i.S.v. § 35 AO sei dabei jede Person, die rechtlich und wirtschaftlich über Mittel, die einem anderen zuzurechnen sind, verfügen kann und als solcher nach außen auftritt[760].

Der Außenauftritt müsse jedoch nicht zwingend gegenüber den Steuerbehörden erfolgen[761], vielmehr sei ausreichend, wenn sich der faktische Geschäftsführer gegenüber einer begrenzten Öffentlichkeit als tatsächlicher Geschäftsführer geriere[762]. Dies sei bereits dann der Fall, wenn sich sein Auftreten im Handeln gegenüber Gesellschaftern und Organen der Gesellschaft erschöpfe, da nach § 35 AO gerade kein Auftreten gegenüber Nichtgesellschaftern notwendig sei[763]. Zur Begründung wird hierbei ausgeführt, dass § 35 AO ein solches nicht ausdrücklich for-

759 BFH vom 21.02.1989, BStBl. II 1989, 491, 492; BFH vom 24.04.1991, Az. I R 56/89 (BFH/NV 1992, 76), juris Rn 18; BFH vom 24.03.2009; Az. VII B 178/08 (BFH/NV 2009, 1277), juris Rn 10; so auch die ihm folgenden Untergerichte: Vgl. nur: FG Niedersachsen vom 06.06.2008, EFG 2009, 1610, 1611; FG Baden-Württemberg vom 25.06.2008, EFG 2008, 1434, 1436 f.

760 BFH vom 21.02.1989, BStBl. II 1989, 491, 492; BFH vom 24.04.1991, Az. I R 56/89 (BFH/NV 1992, 76), juris Rn 18; Tipke/Kruse/Loose, AO, § 35, Rn 2; Boeker in HHS, AO, § 35, Rn 8.

761 BFH vom 29.10.1985, Az. VII R 186/82 (BFH/NV 1986, 192, 193), juris Rn 11; BFH vom 27.11.1990, BStBl. II 1991, 284, 285.

762 BFH vom 24.04.1991, Az. I R 56/89 (BFH/NV 1992, 76), juris Rn 20; BFH vom 05.08.2010, Az. V R 13/09 (BFH/NV 2011, 81, 84), juris Rn 41; FG Baden-Württemberg vom 25.06.2008, EFG 2008, 1434, 1437.

763 BFH vom 24.04.1991, Az. I R 56/89 (BFH/NV 1992, 76), juris Rn 20.

dere, mithin an dieses Tatbestandmerkmal keine besonders hohen Anforderungen zu stellen seien[764].

Wie sich jedoch aus dem zweiten Halbsatz des § 35 AO ergibt, besteht die gemäß § 34 AO eigentlich den gesetzlichen Vertretern obliegende Pflicht zur Erfüllung der steuerlichen Angelegenheiten lediglich dann, wenn der Verfügungsberechtigte hierzu nicht nur tatsächlich, sondern auch rechtlich in der Lage ist. Danach ist die bloße tatsächliche Verfügungsmacht nicht ausreichend, eine Haftung nach § 69 AO auszulösen[765], vielmehr bedarf es zusätzlich einer rechtlichen Verfügungsbefugnis, d.h. der Fähigkeit, im Außenverhältnis wirksam zu handeln, mithin einer bürgerlich-rechtlichen Verfügungsmacht[766]. Da der Anwendungsbereich des § 35 AO durch diese Einschränkung gegenüber § 34 AO bedeutungslos wäre, lässt der BFH bereits eine mittelbare Verfügungsbefugnis ausreichen[767]. Daher sei es für das Vorliegen einer rechtlichen Verfügungsmacht ausreichend, wenn der Verfügungsberechtigte durch seine Stellung Rechtsverhältnisse herbeiführen könne, aufgrund derer er in der Lage sei, rechtlich verbindlich die Pflichten des gesetzlichen Vertreters entweder selbst zu erfüllen oder durch die Bestellung der entsprechenden Organe erfüllen zu lassen[768]. Eine solche mittelbare Verfügungsbefugnis liege beispielsweise beim Alleingesellschafter einer GmbH vor, da sich dieser jederzeit selbst zum Geschäftsführer bestellen bzw. jemand anderen hierfür einsetzen könne[769].

2. Die Haftung von Kreditgebern für Steuerschulden des Darlehensnehmers

Nach einhelliger Auffassung von Rspr. und Literatur sind weder Sicherungsübereignungen noch Sicherungszessionen für sich genommen ausreichend, die Haftung von Darlehensgebern nach § 69 AO auszulösen[770]. Darüber hinaus werden Sicherungsnehmer auch dann nicht als Verfügungsbefugte i.S.v. § 35 AO qualifiziert, wenn sich diese in Bezug auf das Sicherungsgut weitergehende Verwertungsbefugnisse einräumen lassen, die lediglich zum Zwecke der Befriedigung dienen[771].

764 BFH vom 24.04.1991, Az. I R 56/89 (BFH/NV 1992, 76), juris Rn 20; Klein/Rüsken, AO, § 35, Rn 7.

765 BFH vom 21.02.1989, BStBl. II 1989, 491, 492; Klein/Rüsken, AO, § 35, Rn 2; Boeker in HHS, AO, § 35, Rn 8.

766 Vgl. nur: Begr. RegE zu § 35 AO, BT-Drucks. 7/4292 S. 19; BFH vom 21.02.1989, BStBl. II 1989, 491, 492; Boeker in HHS, AO, § 35, Rn 8 m.w.N.

767 BFH vom 27.11.1990, BStBl. II 1991, 284, 286; BFH vom 16.03.1995, BStBl. II 1995, 859, 861.

768 BFH vom 27.11.1990, BStBl. II 1991, 284, 286; BFH vom 16.03.1995, BStBl. II 1995, 859, 861.

769 BFH vom 27.11.1990, BStBl. II 1991, 284, 286.

770 BFH vom 16.03.1995, BStBl. II 1995, 859, 860; FG Hessen vom 29.11.1991, EFG 1993, 2, 2; FG Freiburg vom 23.12.1958, EFG 1959, 180, 181; Tipke/Kruse/Loose, AO, § 35, Rn 8 f.; Boeker in HHS, AO, § 35, Rn 24; Klein/Rüsken, AO, § 35, Rn 4; Mösbauer, DB 1995, 1679, 1681.

771 Anwendungserlass zur AO vom 24.09.1987, BStBl. I 1987, 664, 669; BFH vom 16.03.1995, BStBl. II 1995, 859, 861; FG Hessen vom 29.11.1991, EFG 1993, 2, 2; Schulze zur Wiesche, DStR 1968, 755, 755; Klein/Rüsken, AO, § 35, Rn 4.

Streitig ist hingegen, unter welchen zusätzlichen Voraussetzungen Sicherungsnehmern die steuerlichen Pflichten eines gesetzlichen Vertreters gemäß §§ 34, 35 AO auferlegt werden, mit der Folge, dass diesen eine Haftung für Steuerschulden des Darlehensnehmers nach § 69 AO droht.

Nach einer Entscheidung des FG Freiburg vom 23.12.1958 ist ein Sicherungsnehmer dann Verfügungsberechtigter i.S.v. § 108 AO a.F., wenn er sich über die Verwertungsbefugnisse hinausgehende Rechte einräumen lässt[772]. Dies sei beispielsweise dann der Fall, wenn der Kreditgeber den Betrieb des Kunden nach Art eines Treuhänders überwachen lasse oder diesen aufrechterhalte, indem er den Kreditnehmer ermächtige, laufende Verbindlichkeiten nur nach vorheriger Abstimmung aus dem Erlös des Sicherungsguts zu begleichen[773].

Nach Auffassung von *Schulze zur Wiesche* ist ein Kreditgeber kein Verfügungsberechtigter nach § 108 AO a.F., sofern er durch die Sicherungsübereignung oder Sicherungsabtretung lediglich Sicherungszwecke verfolgt[774]. Der Sicherungszweck ende allerdings dort, wo der Kreditgeber Einfluss auf die Geschäftsleitung des Sicherungsgebers nehme[775]. Der Darlehensgeber bewege sich danach noch im Rahmen seines berechtigten Sicherungsinteresses, wenn die Verwertung der Sicherheiten innerhalb einer kurzen Zeitspanne erfolge, auch wenn das Unternehmen hierdurch zum Erliegen komme[776]. Das Sicherungsinteresse sei jedoch dann überschritten, wenn eine sukzessive Befriedigung unter zeitweiser Aufrechterhaltung des Betriebs erfolge, wie etwa die Einziehung von Forderungen durch den Kreditgeber bei gleichzeitiger Zurverfügungstellung der für die Aufrechterhaltung des Betriebs notwendigen Mittel[777].

In eine ähnliche Richtung geht der Anwendungserlass zur AO vom 24.09.1987, wonach ein Sicherungsnehmer als Verfügungsberechtigter nach § 35 AO zu qualifizieren ist, wenn sich dieser Mitsprache- und Verfügungsrechte im Betrieb des Sicherungsgebers vorbehalten hat, durch welche er auch wirtschaftlich über dessen Mittel verfügt[778]. Dies sei etwa dann der Fall, wenn sich der Kreditgeber die gesamten Kundenforderungen mit dem Recht zur Einziehung abtreten lasse und aus diesen Forderungen nur diejenigen Mittel freigebe, die zur Fortführung des Unternehmens des Darlehensnehmers erforderlich seien[779]. *Boeker* zufolge hat der Sicherungsnehmer dann die Pflichten eines gesetzlichen Vertreters nach §§ 34, 35 AO, wenn er sich sämtliche Forderungen des Sicherungsgebers abtreten lasse und zum Zwecke der eigenen Befriedigung versuche, den Betrieb des Sicherungsgebers auf Kosten der Lieferanten und Steuergläubiger aufrechtzuerhalten[780].

---

772 FG Freiburg vom 23.12.1958, EFG 1959, 180, 181.
773 FG Freiburg vom 23.12.1958, EFG 1959, 180, 181.
774 Schulze zur Wiesche, DStR 1968, 755, 755.
775 Schulze zur Wiesche, DStR 1968, 755, 755.
776 Schulze zur Wiesche, DStR 1968, 755, 755.
777 Schulze zur Wiesche, DStR 1968, 755, 755.
778 Anwendungserlass zur AO vom 24.09.1987, BStBl. I 1987, 664, 669.
779 Anwendungserlass zur AO vom 24.09.1987, BStBl. I 1987, 664, 669.
780 Boeker in HHS, AO, § 35, Rn 26.

Nach der Rspr. des BFH sind jedoch Banken, welche sich zur Sicherung ihres Kredites sämtliche Kundenforderungen haben abtreten lassen und in tatsächlicher Hinsicht auf die Geschäftsführung sowie auf das Vermögen des Darlehensnehmers Einfluss nehmen, keine Verfügungsberechtigten i.S.v. § 35 AO[781]. Denn eine Haftung nach §§ 34, 35, 69 AO komme nur dann in Betracht, wenn der Verfügungsberechtigte die steuerlichen Pflichten des gesetzlichen Vertreters nicht nur in tatsächlicher, sondern auch in rechtlicher Hinsicht erfüllen könne. Dies setzt wiederum voraus, dass der Betreffende aufgrund bürgerlich-rechtlicher Verfügungsmacht auch im Außenverhältnis wirksam für den Steuerpflichtigen handeln könne[782]. Weder durch eine Globalzession noch durch die Abwicklung des gesamten Zahlungsverkehrs des Steuerschuldners über ein Bankkonto des Kreditgebers sei dieser jedoch in der Lage, aufgrund bürgerlich-rechtlicher Verfügungsmacht im Außenverhältnis wirksam für den Kreditnehmer zu handeln. Auch wenn eine Bank über erhebliche Kontroll- und Einwirkungsmöglichkeiten auf die kreditnehmende Gesellschaft verfüge, verbleibe trotz dieses wirtschaftlichen Drucks auch in diesen Fällen die Verfügungsmacht bei der kreditnehmenden Gesellschaft[783]. Es könne daher dahingestellt bleiben, unter welchen zusätzlichen Voraussetzungen ein Kreditgeber als Verfügungsberechtigter nach § 35 AO zu qualifizieren sei, sofern er nicht auch rechtlich die steuerlichen Pflichten des gesetzlichen Vertreters im Außenverhältnis wirksam erfüllen könne[784]. Aus demselben Grund sei daher auch nicht die Kontrolle sämtlicher Vermögenswerte des Kreditnehmers oder die Möglichkeit, den Geschäftsführern der kreditnehmenden Gesellschaft vorzuschreiben, welche Zahlungen von ihnen zu veranlassen seien, ausreichend, die Steuerpflicht des gesetzlichen Vertreters zu begründen[785]. Denn bei all jenen Verfügungen, auch wenn diese aufgrund des wirtschaftlichen Drucks der Bank erfolgen, handle es sich rechtlich weiterhin um Verfügungen des Steuerpflichtigen[786].

In dieselbe Richtung argumentiert *Runge*, welche ebenfalls weder die Sicherungsabtretung bzw. Sicherungsübereignung i.V.m. Covenants noch deren Vereinbarung für sich genommen für ausreichend hält, den Anwendungsbereich der §§ 69, 34, 35 AO für Kreditgeber zu eröffnen[787]. Denn trotz des Umstandes, dass ein Darlehensgeber hierdurch eine erhebliche wirtschaftliche Machtposition im kreditnehmenden Unternehmen erlange, vermittle die Vereinbarung von Covenants bzw. deren Ausübung keine rechtliche Verfügungsbefugnis über das Vermögen des Kreditnehmers[788]. Dies ergebe sich daraus, dass auch in Fällen, in denen ein Kreditgeber

---

781 BFH vom 16.03.1995, BStBl. II 1995, 859, 861 f. So bereits: FG Rheinland-Pfalz vom 09.05.1985, EFG 1985, 587, 587; FG Hessen vom 29.11.1991, EFG 1993, 2, 3. So auch die überwiegende Literatur: vgl. nur Mösbauer, DB 1995, 1679, 1681; Boeker in HHS, AO, § 35, Rn 27.
782 BFH vom 16.03.1995, BStBl. II 1995, 859, 861; FG Rheinland-Pfalz vom 09.05.1985, EFG 1985, 587, 587; FG Hessen vom 29.11.1991, EFG 1993, 2, 3.
783 Vgl. nur: BFH vom 16.03.1995, BStBl. II 1995, 859, 862.
784 Vgl. nur: BFH vom 16.03.1995, BStBl. II 1995, 859, 861.
785 FG Rheinland-Pfalz vom 09.05.1985, EFG 1985, 587, 587.
786 FG Hessen vom 29.11.1991, EFG 1993, 2, 3.
787 Runge, Covenants in Kreditverträgen, S. 303, Rz 6.142 ff.
788 Runge, Covenants in Kreditverträgen, S. 305, Rz 6.146.

kraft seiner Stellung Handlungen des Darlehensnehmers veranlassen könne, es sich rein rechtlich gesehen hierbei weiterhin um Verfügungen des Kreditnehmers handle[789].

3. Zwischenergebnis

Abschließend lässt sich daher feststellen, dass nach überwiegender Auffassung weder die bloße Vereinbarung von Covenants noch deren Vereinbarung im Zusammenhang mit umfangreichen Sicherungsübereignungen bzw. Sicherungsabtretungen die Haftung von Kreditgebern für Steuerschulden des Darlehensnehmers nach §§ 34, 35, 69 AO auslösen kann und zwar selbst dann nicht, wenn der Druck auf die ordnungsgemäßen Geschäftsführer der kreditnehmenden Gesellschaft derart massiv ist, dass diese nur noch „Marionetten" der Darlehensgeber sind. Denn Covenants entfalten lediglich gesellschaftsinterne Wirkung, wodurch Kreditgeber aber noch nicht in der Lage sind, auch im Außenverhältnis die steuerlichen Pflichten des Kreditnehmers rechtlich wirksam zu erfüllen. Zwar können mittels Covenants Unternehmensentscheidungen veranlasst werden, diese verleihen Kreditgebern jedoch keine bürgerlich-rechtliche Verfügungsmacht im Außenverhältnis, vielmehr verfügen Kreditnehmer auch in diesen Fällen weiterhin selbst.

II. Stellungnahme

Kreditgeber, welche sich über Covenants Einflussmöglichkeiten auf die kreditnehmende Gesellschaft einräumen lassen und dadurch die Stellung eines faktischen Geschäftsführers einnehmen, sind nicht als „Verfügungsberechtigte" i.S.v. § 35 AO zu qualifizieren, da sie hierdurch i.d.R. noch nicht in der Lage sind, auch rechtlich die steuerlichen Pflichten des gesetzlichen Vertreters nach § 34 AO zu erfüllen[790]. Dies gilt auch dann, wenn neben der Einflussnahme über Covenants zusätzlich sämtliche Forderungen des Kreditnehmers zur Sicherung abgetreten bzw. Gegenstände des Anlage- und Umlaufvermögens sicherungsübereignet werden. Darüber hinaus kommt eine Haftung nach § 69 AO selbst dann nicht in Betracht, wenn die Einflussnahme derart massiv ist, dass die Geschäftsführer der kreditnehmenden Gesellschaft zu reinen „Befehlsempfängern" degradiert werden. Denn in all jenen Fällen entfalten Covenants nur gesellschaftsinterne Wirkung, deren daraus resultierende Verfügungen im Außenverhältnis aber rechtlich gesehen weiterhin Verfügungen des Steuerpflichtigen selbst bleiben[791].

---

789 Runge, Covenants in Kreditverträgen, S. 306, Rz 6.147.
790 So bereits: BFH vom 16.03.1995, BStBl. II 1995, 859, 861 f.; Runge, Covenants in Kreditverträgen, S. 303, Rz 6.142 ff.
791 So auch die ganz überwiegende Meinung in Rspr. und Literatur, vgl. Teil 3, F., I.

1. Erfordernis eines Außenauftritts i.S.v. § 35 AO

Die Haftung von covenant-gesicherten Kreditgebern nach § 69 AO scheidet jedoch nicht bereits deswegen aus, weil es am Tatbestandsmerkmal des „Auftretens" i.S.v. § 35 AO fehlt. Denn zu Recht führt der BFH in seiner Entscheidung vom 24.04.1991 aus, dass es für den Außenauftritt nach § 35 AO ausreichend sei, wenn sich das faktische Organ lediglich gegenüber einer begrenzten Öffentlichkeit als Geschäftsführer geriere[792]. Denn der Wortlaut des § 35 AO erfordert zwar ein Auftreten im eigenen oder fremden Namen als Verfügungsberechtigter. Hieraus lässt sich jedoch nicht ableiten, dass dieser Auftritt zwangsläufig gegenüber gesellschaftsfremden Dritten zu erfolgen hat[793]. Vielmehr kommt in § 35 AO der gesetzgeberische Wille zum Ausdruck, dass derjenige, der durch seine Machtposition tatsächlich und rechtlich über fremde Mittel verfügen kann, auch die steuerlichen Verpflichtungen des gesetzlichen Vertreters übernehmen soll[794]. Entscheidend ist daher nicht, wem gegenüber sich der Verfügende als faktischer Geschäftsführer geriert, sondern dass er durch seine Stellung rechtlich und tatsächlich in der Lage ist, die steuerlichen Pflichten des gesetzlichen Vertreters zu erfüllen. Das Tatbestandsmerkmal des „Auftretens" i.S.v. § 35 AO ist daher bereits erfüllt, wenn ein Kreditgeber beispielsweise gegenüber Gesellschaftern oder Organen der Gesellschaft als faktisches Organ auftritt[795]. Auch wenn Covenants lediglich gesellschaftsinterne Wirkung entfalten, scheidet eine Haftung von Kreditgebern nach § 69 AO daher nicht schon deswegen aus, weil sich deren Einflussnahme i.d.R. nicht unmittelbar im Außenverhältnis gegenüber gesellschaftsfremden Dritten auswirkt. Denn mittels Covenants gerieren sich Kreditgeber zumindest gegenüber den eigentlichen Organen der kreditnehmenden Gesellschaft als tatsächliche Geschäftsführer, was gerade nach der Rspr. des BFH ausreichend für die Erfüllung des Tatbestandsmerkmals „Auftreten" i.S.v. § 35 AO ist.

2. Rechtliche Verfügungsbefugnis im Außenverhältnis

Covenant-gesicherte Kreditgeber haften jedoch deswegen nicht für Steuerschulden der kreditnehmenden Gesellschaft nach § 69 AO, weil sie weder durch Sicherungsübereignungen bzw. Sicherungsabtretungen i.V.m. Covenants noch durch deren bloße Vereinbarung rechtlich in der Lage sind, im Außenverhältnis wirksam über das Vermögen des Steuerpflichtigen zu verfügen[796]. Denn nach dem eindeutigen Wortlaut des § 35 AO HS. 2 haben Verfügungsbefugte nur dann die Pflicht, die

---

792 BFH vom 24.04.1991, Az. I R 56/89 (BFH/NV 1992, 76), juris Rn 20.
793 So bereits: BFH vom 24.04.1991, Az. I R 56/89 (BFH/NV 1992, 76), juris Rn 20.
794 In diese Richtung auch: BFH vom 27.11.1990, BStBl. II 1991, 284, 285.
795 So bereits: BFH vom 24.04.1991, Az. I R 56/89 (BFH/NV 1992, 76), juris Rn 20.
796 So auch die ganz h.M.: vgl. nur BFH vom 16.03.1995, BStBl. II 1995, 859, 861 f.; FG Rheinland-Pfalz vom 09.05.1985, EFG 1985, 587, 587; FG Hessen vom 29.11.1991, EFG 1993, 2, 3; Runge, Covenants in Kreditverträgen, S. 303, Rz 6.142 ff.; Mösbauer, DB 1995, 1679, 1681; Boeker in HHS, AO, § 35, Rn 27; Tipke/Kruse/Loose, AO, § 35, Rn 2.

Steuerangelegenheiten des gesetzlichen Vertreters nach § 34 AO zu erfüllen, wenn sie nicht nur tatsächlich, sondern auch rechtlich hierzu fähig sind[797]. Voraussetzung für die Haftung von faktischen Geschäftsführern nach §§ 34, 35, 60 AO ist daher, dass sie im Außenverhältnis wirksam für den Steuerpflichtigen handeln können, mithin nach bürgerlichem Recht verfügungsberechtigt sind[798]. Diese Verfügungsmacht kann dabei auf Gesetz, behördlicher oder gerichtlicher Anordnung oder Rechtsgeschäft beruhen[799].

Durch die in Covenants vereinbarten Einflussnahmerechte können Kreditgeber i.d.R. jedoch nur intern auf die Geschäftsführung einwirken bzw. die Geschicke der kreditnehmenden Gesellschaft in tatsächlicher Hinsicht steuern. Hierdurch erlangen Kreditgeber zwar eine erhebliche wirtschaftliche Machtposition, indem sie beispielsweise Kreditnehmer zur Einhaltung von Finanzkennzahlen verpflichten oder die Vornahme bestimmter Handlungen unter Zustimmungsvorbehalt stellen. Dennoch erlangen Darlehensgeber dadurch noch keine rechtliche Befugnis, über das Vermögen des Steuerschuldners zu verfügen. Denn obwohl hierdurch Handlungen mit Wirkung im Außenverhältnis veranlasst werden können, sind diese rein rechtlich gesehen weiterhin Verfügungen der kreditnehmenden Gesellschaft[800]. Dies gilt selbst dann, wenn der gesamte Zahlungsverkehr des Kreditnehmers über ein Konto bei der kreditgebenden Bank abgewickelt wird und Überweisungen erst nach Zustimmung des Kreditgebers erfolgen dürfen[801]. Auch in diesen Fällen erfolgt die Zahlung nicht aufgrund einer Verfügungsbefugnis des Darlehensgebers, sondern vielmehr handelt es sich hierbei weiterhin um eine Verfügung des Kreditnehmers, welche der Kreditgeber lediglich veranlasst hat.

Abzulehnen ist daher die Rspr. des FG Freiburg, wonach ein Sicherungsnehmer dann als Verfügungsberechtigter nach § 108 AO a.F. zu qualifizieren sei, wenn er sich über die Verwertungsbefugnisse hinausgehende Rechte einräumen lässt[802] bzw. die Ansicht von *Schulze zur Wiesche*, nach welchem die Einflussnahme auf die Geschäftsführung ausreichend ist, dem faktischen Geschäftsführer die Steuerpflichten des gesetzlichen Vertreters aufzuerlegen[803]. Zu beachten ist nämlich in diesem Zusammenhang, dass beide Auffassungen noch die alte Rechtslage nach § 108 AO a.F. zugrunde legen. Danach hatte bereits derjenige die Pflichten des gesetzlichen Vertreters, der als Bevollmächtigter oder als Verfügungsberechtigter auftrat. Im Gegensatz dazu, wurde der § 35 AO um einen weiteren Halbsatz ergänzt, wonach den Verfügungsberechtigten nur dann die Steuerpflichten des gesetzlichen Vertreters treffen, wenn er zu deren Erfüllung auch rechtlich in der Lage ist. Damit sollte ver-

---

797 So auch: BFH vom 16.03.1995, BStBl. II 1995, 859, 861; BFH vom 21.02.1989, BStBl. II 1989, 491, 492.
798 Begr. RegE zu § 35 AO, BT-Drucks. 7/4292 S. 19.
799 BFH vom 16.03.1995, BStBl. II 1995, 859, 860.
800 Vgl. FG Hessen vom 29.11.1991, EFG 1993, 2, 3.
801 Vgl. FG Rheinland-Pfalz vom 09.05.1985, EFG 1985, 587, 587.
802 FG Freiburg vom 23.12.1958, EFG 1959, 180, 181.
803 Schulze zur Wiesche, DStR 1968, 755, 755.

hindert werden, dass bereits die rein tatsächliche Verfügungsmöglichkeit des faktischen Geschäftsführers zur Haftung nach § 69 AO führt[804].

Zwar reicht nach der Rspr. des BFH auch eine mittelbare Verfügungsbefugnis aus, die steuerlichen Pflichten des gesetzlichen Vertreters zu begründen[805]. Da eine solche jedoch nur dann angenommen wird, wenn der Verfügungsbefugte in der Lage ist, durch seine Stellung Rechtsverhältnisse herbeizuführen, aufgrund derer er rechtlich verbindlich die Pflichten des gesetzlichen Vertreters entweder selbst erfüllen oder durch die Bestellung der entsprechenden Organe erfüllen lassen kann[806], scheidet eine Haftung covenant-gesicherter Kreditgeber ebenfalls aus. Denn trotz der über Covenants bestehenden Möglichkeit, Einfluss auf die kreditnehmende Gesellschaft zu nehmen, sind Kreditgeber hierdurch weder in der Lage sich selbst zu Geschäftsführern zu bestellen noch können sie hierdurch Dritte als Geschäftsführer bestellen. Die Einwirkungsbefugnisse beschränken sich vielmehr auf die Möglichkeit, auf die Bestellung bestimmter Geschäftsführer hinzuwirken, nicht hingegen diese selbst zu ernennen. Somit kann die alleinige Ausübung von wirtschaftlichem Druck – und sei dieser auch noch so massiv – auch keine an sich ausreichende mittelbare Verfügungsbefugnis begründen[807].

3. Analoge Anwendung des § 35 AO auf covenant-gesicherte Kreditgeber

Obwohl covenant-gesicherte Kreditgeber häufig in der Lage sind, in tatsächlicher Hinsicht über das Vermögen des Steuerpflichtigen zu verfügen, scheidet auch eine Haftung unter analoger Anwendung des § 35 AO aus. Denn eine Analogie setzt eine planwidrige Regelungslücke bei vergleichbarer Interessenlage voraus[808]. Durch den eindeutigen Wortlaut des § 35 AO, welcher ausdrücklich die rechtliche Verfügungsbefugnis voraussetzt, kann jedoch nicht von einer planwidrigen Gesetzeslücke ausgegangen werden. Bestätigt wird dies durch den Regierungsentwurf zu § 35 AO, wonach der Gesetzgeber mit der Einführung des HS. 2 in § 35 AO die steuerlichen Pflichten des gesetzlichen Vertreters bewusst nur auf diejenigen ausdehnen wollte, die nicht nur tatsächlich, sondern auch rechtlich zur Erfüllung dieser Steuerpflichten in der Lage sind[809].

804 Begr. RegE zu § 35 AO, BT-Drucks. 7/4292 S. 19.
805 BFH vom 27.11.1990, BStBl. II 1991, 284, 286; BFH vom 16.03.1995, BStBl. II 1995, 859, 861.
806 BFH vom 27.11.1990, BStBl. II 1991, 284, 286; BFH vom 16.03.1995, BStBl. II 1995, 859, 861.
807 In diese Richtung auch: Runge, Covenants in Kreditverträgen, S. 306, Rz 6.147.
808 Vgl.: Tettinger/Mann, Einführung in die juristische Arbeitstechnik, Rn 257 ff.; Zippelius, Juristische Methodenlehre, S. 67 ff.
809 Begr. RegE zu § 35 AO, BT-Drucks. 7/4292 S. 19.

III. Ergebnis

Covenant-gesicherte Kreditgeber sind mangels rechtlicher Verfügungsbefugnis im Außenverhältnis nicht als „Verfügungsberechtigte" i.S.v. § 35 AO zu qualifizieren, können daher auch nicht die steuerlichen Pflichten der gesetzlichen Vertreter nach § 34 AO erfüllen und haften somit auch nicht für Steuerschulden des Kreditnehmers gemäß § 69 AO. Eine Haftung scheidet sowohl bei der bloßen Vereinbarung von Covenants, als auch i.V.m. Sicherungsabtretungen bzw. Sicherungsübereignungen und unabhängig von der Intensität der Einflussnahme auf die Geschäftsleitung des Darlehensnehmers aus. Denn die aufgrund wirtschaftlicher Machtposition lediglich bestehende tatsächliche Verfügungsmacht reicht nach dem klaren Wortlaut des § 35 AO nicht aus, die Haftung für Steuerschulden des Kreditnehmers nach § 69 AO zu begründen.

Teil 4: Covenants und Insolvenzanfechtung

Häufig wird bereits während der Krise einer Gesellschaft und vor Eintritt der Insolvenz das Vermögen des späteren Insolvenzschuldners durch Rechtshandlungen wie etwa Zahlungen, Übereignungen oder sonstige Vermögensverschiebungen auf bestimmte Gläubiger übertragen. Gläubiger der Gesellschaft wollen hierdurch das „sinkende Schiff" noch rechtzeitig verlassen, indem sie bereits im Vorfeld der Insolvenz versuchen, ihre Ansprüche in voller Höhe bzw. vollem Umfang zu realisieren oder sich zumindest zusätzliche Sicherheiten einräumen lassen, welche ihnen im späteren Insolvenzverfahren eine aus- oder abgesonderte Befriedigung gewährt. Der Grund hierfür besteht darin, dass diese bei tatsächlichem Eintritt der Insolvenz zumindest teilweise mit ihrer Forderung ausfallen werden und lediglich eine Befriedigung in Höhe der im Vergleich zum ursprünglichen Nennwert der Forderung deutlich geminderten Insolvenzquote erwarten können.

Der Zweck der Insolvenzanfechtung nach §§ 129 ff. InsO besteht nun darin, ungerechtfertigte Vermögensverschiebungen im Vorfeld der Insolvenz, durch welche die Insolvenzmasse verkürzt wurde, rückgängig zu machen und dem Zugriff der Gesellschaftsgläubiger wieder auszusetzen[810]. Zwar wird aus Gründen der Rechtssicherheit und des Vertrauensschutzes grds. auch von der Beständigkeit des (kurz) vor Eintritt der Insolvenz getätigten rechtsgeschäftlichen Erwerbs von Vermögen des späteren Insolvenzschuldners ausgegangen. Dennoch wird das Ziel des Insolvenzverfahrens gemäß § 1 InsO, „die Gläubiger eines Schuldners gemeinschaftlich zu befriedigen, indem das Vermögen des Schuldners verwertet und der Erlös verteilt wird", nur dann erreicht, wenn Rechtshandlungen, welche bestimmte Gläubiger insolvenzwidrig bevorzugen oder in der Absicht vorgenommen wurden, die übrigen Gläubiger im späteren Insolvenzverfahren zu benachteiligen, rückgängig gemacht werden können[811]. Zur Gewährleistung des im Insolvenzrecht geltenden Grundsatzes der Gläubigergleichbehandlung („par conditio creditorum", § 1 S. 1 InsO) wird daher der Schutz der Gesellschaftsgläubiger durch das Insolvenzanfechtungsrecht auf einen Zeitraum vor Eröffnung des Insolvenzverfahrens vorverlegt.

In diesem Zusammenhang ist ohne Weiteres erkennbar, dass auch covenant-gesicherte Kreditgeber von den Anfechtungsmöglichkeiten des Insolvenzverwalters betroffen sind. Denn diese verfügen im Vergleich zu den übrigen Gläubigern des Gemeinschuldners nicht nur über einen Informationsvorsprung, durch welchen

810 Siehe dazu ausführlich: Zeuner, Die Anfechtung in der Insolvenz, Rn 1 ff.; Smid, Praxishandbuch Insolvenzrecht, § 20, Rn 1 ff.; Bork, in Bork (Hrsg.), Handbuch des Insolvenzanfechtungsrechts, Kap. 1, Rn 1 ff.

811 Pape, Uhlenbruck, Voigt-Salus, Insolvenzrecht, Kapitel 33 Rn 2.

u. U. der Versuch der „rechtzeitigen" Tilgung des Kredites vor Insolvenzeintritt unternommen wird. Vielmehr geht mit Eintritt der Krise der Gesellschaft regelmäßig auch ein „Breach of Covenants" einher. Dieser löst dann wiederum häufig einen bereits bei Kreditvertragsabschluss in Covenants vereinbarten Nachbesicherungsanspruch aus oder eröffnet Kreditgebern die Möglichkeit der Nachverhandlungen, deren Ergebnis dann regelmäßig in der Nachbesicherung von Altkrediten und/oder der Besicherung von Neukrediten besteht. Ferner ergibt sich i.d.R. auch ein Nachbesicherungsanspruch direkt aus Nr. 13 II AGB-Banken, Nr. 22 I AGB-Sparkassen, wenn entweder nachhaltige Veränderungen in den wirtschaftlichen Verhältnissen des Kreditnehmers oder wertmäßige Verschlechterungen vorhandener Sicherheiten drohen oder bereits eingetreten sind.

Damit sind Kreditgeber der Gefahr ausgesetzt, dass Rechtshandlungen, welche ihnen Befriedigung oder Sicherung im Vorfeld der Insolvenz gewährt haben, vom Insolvenzverwalter angefochten werden. In Betracht kommt dabei die Anfechtung von Rechtshandlungen wegen kongruenter Deckung nach § 130 InsO, wegen inkongruenter Deckung gemäß § 131 InsO, wegen unmittelbarer Benachteiligung der Gesellschaftsgläubiger nach § 132 InsO, wegen vorsätzlicher Benachteiligung der Gläubiger gemäß § 133 InsO oder gar die Anfechtung wegen Sicherung oder Befriedigung von Forderungen aus Gesellschafterdarlehen gemäß § 135 InsO. Je nach Grad der gläubigerschädigenden Rechtshandlung verlängert sich dabei der Zeitraum, in welchem Rechtshandlungen vor Insolvenzeintritt angefochten werden können.

Aufgrund welcher Rechtsgrundlage nach §§ 129 ff InsO der Insolvenzverwalter die vorinsolvenzlichen Rechtshandlungen anfechten kann, hängt von den jeweiligen Umständen des Einzelfalls ab[812]. So muss beispielsweise bei der Rückzahlung von Krediten differenziert werden, ob es sich um einen Tilgungs- oder einen Kontokorrentkredit handelt[813]. Innerhalb der Tilgungskredite muss wiederum unterschieden werden, ob der Kredit bereits wirksam gekündigt wurde oder die Kreditlaufzeit im kritischen Zeitraum vor Eintritt der Insolvenz geendet hat. Denn nur wenn eine ordnungsgemäße Kündigung vorliegt oder die Laufzeit des Kredites geendet hat, ist die Rückzahlungsforderung fällig und damit die für § 130 InsO erforderliche Kongruenz gegeben. Liegt hingegen keine wirksame Kündigung vor, so erlangt der Kreditgeber durch die Rückzahlung des Kredites eine Deckung, die er zu dieser Zeit nicht beanspruchen kann, so dass der Insolvenzverwalter wegen inkongruenter Deckung gemäß § 131 InsO anfechten wird. Bei der Nachbesicherung muss wiederum differenziert werden, ob hierdurch für einen Altkredit nachträgliche Sicherheiten bestellt wurden, welche i.d.R. wegen inkongruenter Deckung nach § 131 InsO vom Insolvenzverwalter angefochten werden können[814], es sei denn dem Kre-

---

812 Ausführlich zur Anfechtung von Sicherheiten insgesamt: Häuser, in Schimansky/Bunte/Lwowski (Hrsg.), Bankrechts-Handbuch, § 85, Rn 87d ff.; Obermüller, Insolvenzrecht in der Bankpraxis, Rn 6.85 ff.; MüKo/Kirchhof, InsO, § 131, Rn 19 ff.
813 Vgl. Bornheimer, in Nerlich/Kreplin (Hrsg.), Münchener Anwaltshandbuch Sanierung und Insolvenz, § 26, Rn 91 ff.
814 BGH vom 25.09.1972, BGHZ 59, 230, 234 ff.

ditgeber steht ein fälliger Anspruch auf die konkrete Sicherheit zu, welche bei Abschluss des Kreditvertrages bereits festgelegt wurde[815]. Handelt es sich dagegen um einen neu ausgereichten (Sanierungs-)Kredit, so ist zu prüfen, ob es sich bei den hierfür bestellten Sicherheiten um ein unanfechtbares Bargeschäft nach § 142 InsO handelt. Wurde hingegen durch die vorinsolvenzliche Rechtshandlung einer Forderung aus Gesellschafterdarlehen oder einer gleichgestellten Forderung Sicherung oder Befriedigung gewährt, so wird der Insolvenzverwalter diese über § 135 InsO anfechten.

Wegen der Vielzahl der soeben beschriebenen Fallkonstellationen soll daher in der vorliegenden Arbeit nicht auf die einzelnen Möglichkeiten eingegangen werden, welche konkrete Anfechtungsnorm nach §§ 129 ff. InsO heranzuziehen ist, um sämtliche denkbar möglichen vorinsolvenzlichen Rechtshandlungen zu erfassen. Die Untersuchung gilt im Kern vielmehr der Frage, ob und unter welchen Voraussetzungen die bloße Vereinbarung von Covenants und die Ausübung der sich daraus ergebenden Rechte die einzelnen Insolvenzanfechtungstatbestände begründen und somit deren Rechtsfolgen auslösen.

Da die Anfechtbarkeit von bestimmten Rechtshandlungen häufig an das Wissen des Anfechtungsgegners über bestimmte Umstände gekoppelt ist, kommt in diesem Zusammenhang den durch Covenants eingeräumten Informationsrechten des Kreditgebers besondere Bedeutung zu. Denn wie bereits eingangs in dieser Arbeit dargestellt, nutzen Darlehensgeber die hierin vereinbarten Informationspflichten des Kreditnehmers dazu, um sich auch während der Kreditvertragslaufzeit umfassend über das wirtschaftliche Geschehen beim Darlehensnehmer zu informieren und damit einhergehend das Kreditausfallrisiko kontinuierlich beurteilen zu können. Hierdurch haben Kreditgeber jedoch nicht nur einen umfassenden Einblick in das unternehmerische Geschehen beim Kreditnehmer, sondern erlangen bereits in einem frühen Stadium Kenntnis über etwaige wirtschaftliche Schieflagen. Eben jene im Vergleich zu den übrigen Gläubigern der Gesellschaft frühzeitig erworbene Kenntnis über sich anbahnende oder bereits bestehende Unternehmenskrisen führt häufig dazu, dass Kreditgeber versuchen, ihr Darlehen „rechtzeitig", d.h. vor Eintritt der Insolvenz, zurückzuführen oder zumindest die nachträgliche Stellung von Sicherheiten verlangen.

Erfolgt die Rückführung des Darlehens bzw. die nachträgliche Bestellung von Sicherheiten jedoch in einem bestimmten (kritischen) Zeitraum vor Eintritt der Insolvenz, dann laufen Kreditgeber Gefahr, dass diese Tilgungs- und Sicherungshandlungen vom Insolvenzverwalter angefochten werden. Im Zusammenhang mit einer vorinsolvenzlichen Refinanzierung des kreditnehmenden Unternehmens steigert sich das Risiko des Kreditausfalls für den Kreditgeber u. U. nochmals signifikant, indem nicht nur die Rückführung des Altkredites angefochten, sondern vielmehr auch die Forderung aus dem Neukredit als eine einem Gesellschafterdarlehen wirt-

815 Häuser, in Schimansky/Bunte/Lwowski (Hrsg.), Bankrechts-Handbuch, § 85, Rn 87d.

schaftlich entsprechende Forderung eingestuft wird, welche dann gemäß § 39 I Nr. 5 InsO nachrangig zu befriedigen und damit im Ergebnis wertlos wäre.

Im Spannungsfeld zu den soeben genannten Informationsrechten der Kreditgeber, welche durch individuelle Vereinbarung zwischen den Kreditvertragsparteien ausgehandelt werden, gilt es die Regelung des § 18 KWG zu beachten. Danach dürfen Kreditinstitute Großkredite nur dann gewähren, wenn sie sich zuvor die wirtschaftlichen Verhältnisse des Kreditnehmers offenlegen lassen. Darüber hinaus sind Kreditgeber in diesen Fällen verpflichtet, sich fortlaufend Einblick in das unternehmerische Geschehen beim Darlehensnehmer zu verschaffen. Hierdurch geraten Kreditgeber also in die kritische Position, dass sie einerseits gesetzlich verpflichtet sind, sich Informationen über den Darlehensnehmer zu verschaffen, ihnen aber andererseits eben jene Informationen bei der Insolvenzanfechtung zum Nachteil gereichen können.

Im Folgenden sollen daher die einzelnen Anfechtungstatbestände dahingehend untersucht werden, inwieweit dem Insolvenzverwalter durch die Vereinbarung von Covenants, insbesondere im Hinblick auf die hierin regelmäßig enthaltenen Informationsrechte des Kreditgebers, die Möglichkeit eröffnet wird, Rechtshandlungen, welche dem Darlehensgeber bereits vor Eintritt der Insolvenz Befriedigung oder Sicherung gewährt haben, nach den §§ 129 ff. InsO anzufechten.

A. Anfechtung kongruenter Deckungshandlungen gemäß § 130 InsO

Zunächst muss der Frage nachgegangen werden, ob die in Covenants zugunsten des Kreditgebers vereinbarten Informations- und Einflussnahmerechte Auswirkungen auf die Anfechtung von kongruenten Deckungshandlungen haben. Gemäß § 130 I Nr. 1 und 2 InsO sind Rechthandlungen, welche einem Insolvenzgläubiger eine Sicherung oder Befriedigung gewährt oder ermöglicht haben, wegen kongruenter Deckung anfechtbar. Eine kongruente Deckung liegt dann vor, wenn der Gläubiger genau diejenige Sicherung oder Befriedigung erhalten hat, die ihm in dieser Form und zu diesem Zeitpunkt auch zusteht[816]. Hierunter fällt daher beispielsweise die Tilgung eines bereits zu diesem Zeitpunkt wirksam gekündigten Darlehens. Allerdings sind nicht sämtliche vorinsolvenzlichen Rechtshandlungen anfechtbar, sondern lediglich diejenigen, bei denen zum Zeitpunkt der Vornahme der Handlung der Schuldner bereits zahlungsunfähig war (§ 130 I Nr. 1 InsO) oder der Antrag auf Eröffnung des Insolvenzverfahrens schon beim Insolvenzgericht eingegangen ist (§ 130 I Nr. 2 InsO).

Im Zusammenhang mit der Anfechtbarkeit von kongruenten Deckungshandlungen, welche auf Grundlage eines covenant-unterlegten Darlehens erfolgt sind, ist

---

816 Zeuner, Die Anfechtung in der Insolvenz, Rn 89 m.w.N.; Pape, Uhlenbruck, Voigt-Salus, Insolvenzrecht, Kapitel 33 Rn 62.

insbesondere der subjektive Tatbestand des § 130 InsO relevant[817]. Denn gemäß § 130 I Nr. 1 InsO kommt eine Anfechtung lediglich dann in Betracht, wenn der Anfechtungsgegner zum Zeitpunkt der Vornahme der Rechtshandlung die Zahlungsunfähigkeit des kreditnehmenden Unternehmens kannte. Im Falle des § 130 I Nr. 2 InsO ist alternativ die Kenntnis der Zahlungsunfähigkeit oder des Insolvenzantrags erforderlich. Nach § 130 II InsO steht der Kenntnis i.S.v. Abs. 1 gleich, wenn der Anfechtungsgegner Kenntnis von Umständen hat, welche zwingend auf die Zahlungsunfähigkeit oder Überschuldung schließen lassen.

Hieraus wird deutlich, dass die bloße Kenntnis über eine wirtschaftliche Schieflage beim späteren Insolvenzschuldner sowie das Wissen über dessen drohende Zahlungsunfähigkeit oder Überschuldung nicht ausreichend ist, die im Vorfeld der Insolvenz vorgenommene Rechtshandlung anzufechten[818]. Vielmehr muss sich dieses Wissen auf die bereits eingetretene Zahlungsunfähigkeit des Gemeinschuldners beziehen. Nicht ausreichend ist daher beispielsweise, wenn der Gläubiger weiß, dass der spätere Insolvenzschuldner Verluste macht, da dieser ungeachtet dessen noch liquide Mittel haben kann[819].

Darüber hinaus ist in diesem Zusammenhang die dem Insolvenzverwalter für das Vorliegen der objektiven und subjektiven Tatbestandvoraussetzungen des § 130 InsO obliegende Darlegungs- und Beweislast von besonderer Bedeutung[820]. Hiernach hat dieser insbesondere die Kenntnis des Anfechtungsgegners von der Zahlungsunfähigkeit des Insolvenzschuldners bzw. dessen Kenntnis von Umständen, die zwingend auf die Zahlungsunfähigkeit schließen lassen, zu beweisen. Eine Erleichterung der Beweisführung verschaffen dem Insolvenzverwalter die Regelungen der §§ 130 III, 138 InsO, wonach bei den dem Insolvenzschuldner nahestehenden Personen widerleglich vermutet wird, dass diese die Zahlungsunfähigkeit oder Überschuldung kannten. Diese Beweislastumkehr zu Gunsten des Insolvenzverwalters rührt daher, dass der Gesetzgeber davon ausgeht, eben jene nahestehenden Personen seien besonders gut über die wirtschaftlichen Verhältnisse des Gemeinschuldners informiert[821] und daher die Gefahr der Vornahme von anfechtbaren Rechtshandlungen deutlich erhöht ist.

Wie eingangs in diesem Kapitel angedeutet, lassen sich Kreditgeber über Covenants in aller Regel weitrechende Informationsrechte gegenüber der kreditnehmenden Gesellschaft einräumen. Hierdurch wird der Kreditnehmer verpflichtet, in wiederkehrenden Abständen Berichte über seine wirtschaftlichen Verhältnisse vorzulegen, aufgrund derer dann der Kreditgeber häufig Maßnahmen gegen die Erhöhung des Kreditausfallrisikos einleitet. Haben Kreditgeber nun vor Insolvenzeintritt Siche-

---

817 Ausführlich zu den einzelnen Voraussetzungen des subjektiven Tatbestandes des § 130 InsO: Zeuner, Die Anfechtung in der Insolvenz, Rn 112 ff.
818 FK-InsO/Dauernheim, § 130, Rn 39.
819 Vgl. Zeuner, Die Anfechtung in der Insolvenz, Rn 118.
820 Vgl. nur: Uhlenbruck/Hirte, InsO, § 130, Rn 65 ff.; LSZ/Zeuner, InsO, § 130, Rn 26.
821 Begr. zu § 145 RegE InsO, BT-Drucks. 12/2443, S. 158.

rung oder Befriedigung aus ihrer Kreditforderung erhalten, so stellt sich die Frage, ob der Insolvenzverwalter diese Rechtshandlungen gemäß § 130 InsO wegen kongruenter Deckung anfechten kann.

Im Zusammenhang mit den über Covenants vereinbarten Informationsrechten des Darlehensgebers sowie die dem Insolvenzverwalter obliegende Beweislast für das Vorliegen der objektiven und subjektiven Tatbestandvoraussetzungen der kongruenten Deckungsanfechtung stellen sich daher im Wesentlichen vier Fragen: (1) Hat der Kreditgeber durch die ihm vom Darlehensnehmer zur Verfügung gestellten Informationen Kenntnis über die Zahlungsunfähigkeit gemäß § 130 I Nr. 1 InsO oder (2) zumindest Kenntnis von Umständen i.S.v. § 130 II InsO, die zwingend auf Zahlungsunfähigkeit schließen lassen bzw. (3) gilt der Kreditgeber als eine dem Darlehensnehmer nahestehende Person gemäß § 138 InsO, wodurch dessen Kenntnis der Zahlungsunfähigkeit nach § 130 III InsO vermutet wird und (4) wird diese Kenntnis, welche regelmäßig nur bei einem Mitarbeiter des Kreditinstituts vorliegt, dem Darlehensgeber zugerechnet?

Hierbei kommt es entscheidend darauf an, unter welchen Voraussetzungen die nicht legal definierte, ausschließlich in der subjektiven Innensphäre angesiedelte, Kenntnis i.S.v. § 130 InsO vorliegt und welche Anforderungen an die vom Insolvenzverwalter hierbei obliegende Beweislast zu stellen sind. Dabei ist insbesondere zu prüfen, ob sich der Kreditgeber erfolgreich darauf berufen kann, er bzw. seine Mitarbeiter hätten – ungeachtet des Zugangs der Berichte über die wirtschaftlichen Verhältnisse beim Darlehensnehmer –, diese nicht gelesen und daher auch nicht die vom Insolvenzverwalter zu beweisende innere Tatsache „Kenntnis" von der Zahlungsunfähigkeit des Kreditnehmers gehabt. Daran anschließend ist der Frage nachzugehen, ob u. U. bereits der Zugang der Informationen beim Kreditgeber ausreichend ist, die nach § 130 InsO erforderliche Kenntnis zu begründen, was für den Insolvenzverwalter eine erhebliche Beweiserleichterung bedeuten würde. Des Weiteren gilt es zu untersuchen, ob der Kreditgeber durch die Vereinbarung von Informations- und Einflussnahmerechten als eine dem Schuldnerunternehmen nahestehende Person nach § 138 InsO einzustufen ist und ob das Wissen von der Zahlungsunfähigkeit, welches regelmäßig nur bei einem Mitarbeiter des Kreditinstitutes vorliegen wird, dem Darlehensgeber zuzurechnen ist.

I. Die Kenntnis der Zahlungsunfähigkeit nach § 130 I Nr. 1 InsO

In einem ersten Schritt muss daher zunächst untersucht werden, ob aufgrund der mittels Covenants zur Verfügung gestellten Berichte über die wirtschaftlichen Verhältnisse beim Kreditnehmer eine Anfechtung nach § 130 I Nr. 1 InsO in Betracht kommt. Denn gemäß § 130 I Nr. 1 InsO ist eine Rechtshandlung, welche dem Insolvenzgläubiger Sicherung oder Befriedigung gewährt hat, anfechtbar, wenn der Anfechtungsgegner im Zeitpunkt der Vornahme der Handlung die Zahlungsunfähigkeit des Schuldners kannte. Kenntnis i.S.v. § 130 I Nr. 1 InsO bedeutet positives, d.h.

für sicher gehaltenes und rechtlich relevantes Wissen[822]. Der Insolvenzverwalter muss daher im Prozess beweisen, dass der Anfechtungsgegner im Zeitpunkt der Vornahme der Rechtshandlung von der Zahlungsunfähigkeit des Gemeinschuldners sicher wusste.

Da es sich beim „Wissen“[823] um eine innere Tatsache handelt, welche dem Beweis nicht direkt zugänglich ist, wird sich der Beweis der positiven Kenntnis regelmäßig nur mittelbar durch objektive Tatsachen und/oder Indizien führen lassen. Ergebnis dieses Indizienbeweises wird dann häufig sein, dass der Betreffende zwar die Kenntnis hätte haben müssen, nicht aber, dass er sie auch tatsächlich hatte[824].

Ungeachtet dieser Beweisschwierigkeiten ändert dies jedoch nichts an der Verteilung der Beweislast; den Anfechtungsgegner trifft allenfalls eine sekundäre Behauptungslast[825]. Daher muss im etwaig späteren Prozess der Richter gemäß § 286 ZPO weiterhin die volle Überzeugung gewinnen, dass der Insolvenzgläubiger im Zeitpunkt der Vornahme der Rechtshandlung positive Kenntnis von der Zahlungsunfähigkeit nach § 130 I Nr. 1 InsO hatte[826]. Anders als im Falle des § 130 II InsO ist daher bei der Anfechtung nach § 130 I Nr. 1 InsO nicht ausreichend, wenn der Insolvenzverwalter lediglich das Vorliegen der Tatsachenkenntnis über Umstände, die zwingend auf eine Zahlungsunfähigkeit schließen lassen, beim Anfechtungsgegner beweisen kann. Er muss vielmehr darüber hinaus auch das Vorliegen der Rechtskenntnis beim Insolvenzgläubiger nachweisen, dass dieser aus den ihm bekannten Tatsachen selbst den zutreffenden rechtlichen Schluss gezogen hat, wonach der spätere Gemeinschuldner zahlungsunfähig ist[827].

Somit muss zunächst geprüft werden, ob der Kreditgeber durch die mittels Covenants zur Verfügung gestellten Berichte eben jene positive Kenntnis über die Zahlungsunfähigkeit des Insolvenzschuldners hat bzw. welche Anforderungen an die dem Insolvenzverwalter hierbei obliegende Beweislast zu stellen sind.

1. Die Gleichsetzung von grob fahrlässiger Unkenntnis mit positivem Wissen

Angesichts der soeben beschriebenen Schwierigkeiten für den Insolvenzverwalter, das Vorliegen einer positiven Kenntnis beim Insolvenzgläubiger zu beweisen, stellt sich daher zunächst die Frage, ob nicht im Rahmen des § 130 I Nr. 1 InsO bereits die

---

822 Vgl. nur: BGH vom 19.02.2009, NJW 2009, 1202, 1203; BAG vom 06.10.2011, NZA 2012, 330, 334; MüKo/Kirchhof, InsO, § 130, Rn 33. Ausführlich zum Begriff der positiven Kenntnis: Buck, Wissen und juristische Person, S. 47 f.

823 Die Begriffe „Kenntnis“ und „Wissen“ werden synonym verwendet. Vgl. nur: Fatemi, NJOZ 2010, 2637, 2640.

824 Buck, Wissen und juristische Person, S. 66 f.

825 Zöller/Greger, ZPO, Vor § 284, Rn 24 f., 34.

826 Ausführlich zum Beweis von positiver Kenntnis: Buck, Wissen und juristische Person, S. 48 ff.

827 MüKo/Kirchhof, InsO, § 130, Rn 33, 65.

grob fahrlässige Unkenntnis in Bezug auf die Zahlungsunfähigkeit des Gemeinschuldners ausreichend für die Anfechtbarkeit von kongruenten Deckungshandlungen ist[828].

Nach der Rspr. liegt grobe Fahrlässigkeit immer dann vor, wenn der Betreffende die im Verkehr erforderliche Sorgfalt in ungewöhnlich hohem Maße verletzt, weil er das unbeachtet lässt, was im gegebenen Fall jedem hätte einleuchten müssen[829]. Der Rechtsbegriff der Fahrlässigkeit knüpft damit an objektiv zu bestimmende Kriterien an, indem auf die objektiven Anforderungen des Rechtsverkehrs und die dabei generell anzuwendende Sorgfalt abgestellt wird[830]. Bei einer Gleichstellung von Kenntnis der Zahlungsunfähigkeit i.S.v. § 130 I Nr. 1 InsO mit deren grob fahrlässiger Unkenntnis käme es daher zu einer Herabstufung der positiven Kenntnis, welche als innere Tatsache regelmäßig nur durch Indizien und damit schwer zu beweisen ist. Denn mit der hierdurch vorgenommenen Objektivierung der inneren Tatsache „Kenntnis" würde das tatsächliche Wissen über die Zahlungsunfähigkeit durch ein bloßes „Wissenmüssen" ersetzt. Im Zusammenhang mit der Anfechtbarkeit nach § 130 I Nr. 1 InsO würde dies bedeuten, dass eine Rechtshandlung bereits dann anfechtbar wäre, wenn der Anfechtungsgegner infolge grober Fahrlässigkeit die Zahlungsunfähigkeit des Gemeinschuldners nicht kannte, obwohl er davon hätte wissen müssen. In diesen Fällen würde der Insolvenzgläubiger also ungeachtet seiner Unkenntnis so behandelt werden, als hätte er zum Zeitpunkt der Vornahme der Rechtshandlung Kenntnis über die Zahlungsunfähigkeit gehabt.

Die Reduktion des „Kennens" auf ein bloßes „Kennenmüssen" der Zahlungsunfähigkeit führt daher zu einer Beweiserleichterung für den Insolvenzverwalter, da eine an sich unbeweisbare innere Tatsache auf beweisbare äußere Tatumstände verlagert werden würde[831]. Zwar wäre hierdurch noch nicht geklärt, welcher objektive Maßstab an die Anforderungen des Rechtsverkehrs und die dabei anzuwendende Sorgfalt anzusetzen wäre; so z.B. die Frage, welche Maßnahmen dem Insolvenzgläubiger zuzumuten sind, sich die Kenntnis zu verschaffen. Dennoch führt die Gleichsetzung der Kenntnis der Zahlungsunfähigkeit mit deren grob fährlässiger Unkenntnis zu einer Objektivierung und damit zu einer Vereinfachung der Beweisführung, indem der Insolvenzverwalter lediglich die im Rechtsverkehr generell erforderliche Sorgfalt darstellen und anschließend „nur" aufzeigen müsste, dass der Insolvenzgläubiger eben jener nicht nachgekommen ist, obwohl dies für ihn zumutbar war.

Mit der ganz h.M. ist jedoch davon auszugehen, dass weder die grob fahrlässige Unkenntnis noch die bedingt vorsätzliche Nichtkenntnis in Bezug auf die Zahlungsunfähigkeit des späteren Gemeinschuldners ausreichend ist, um eine vorinsolvenz-

---

828 Ausführlich zur Gleichsetzung von grob fahrlässiger Unkenntnis und positiver Kenntnis: Buck, Wissen und juristische Person, S. 31 f., 66 ff.
829 So bereits: BGH vom 11.05.1953, BGHZ 10, 14, 16.
830 Buck, Wissen und juristische Person, S. 31.
831 Buck, Wissen und juristische Person, S. 66.

liche Rechtshandlung gemäß § 130 I Nr. 1 InsO anzufechten[832]. Zwar wird seitens der Literatur teilweise kritisiert, dass durch die hohen Hürden der Anfechtbarkeit von kongruenten Deckungshandlungen dem Insolvenzgläubiger die Möglichkeit eröffnet werde, sich der Gläubigergleichbehandlung zu entziehen und daher – insbesondere wegen der in diesem Zusammenhang bestehenden Beweisschwierigkeiten – auf subjektive Anforderungen bei der Anfechtung nach § 130 InsO gänzlich verzichtet werden solle[833] bzw. hierdurch die Bedürfnisse von Großgläubigern, welche ohnehin besser gesichert seien, stärker berücksichtigt werden als es dem Gläubigergleichbehandlungsgrundsatz zuträglich sei[834]. Nachdem jedoch der ursprüngliche Regierungsentwurf, nach welchem eine Rechtshandlung auch dann angefochten werden konnte, wenn der Insolvenzgläubiger die Zahlungsunfähigkeit infolge grober Fahrlässigkeit nicht kannte[835], auf Empfehlung des Rechtsausschusses durch den § 130 II InsO ersetzt wurde[836], kann nicht davon ausgegangen werden, dass bereits die grob fahrlässige Unkenntnis über die Zahlungsunfähigkeit ausreichend ist, eine kongruente Deckungshandlung nach § 130 I Nr. 1 InsO anzufechten. Danach steht gemäß § 130 II InsO der Kenntnis i.S.v. § 130 I Nr. 1 InsO gleich, wenn der Anfechtungsgegner Kenntnis von Umständen hat, die zwingend auf die Zahlungsunfähigkeit schließen lassen. Damit hat der Gesetzgeber einen Haftungsmaßstab zwischen der positiven Kenntnis und der grob fahrlässigen Unkenntnis eingeführt[837], um nicht durch den unscharfen Begriff der groben Fahrlässigkeit die Rechtssicherheit und den Vertrauensschutz im Hinblick auf die Beständigkeit rechtsgeschäftlichen Erwerbs zu gefährden[838].

Hieraus wird deutlich, dass im Rahmen der Anfechtbarkeit nach § 130 I Nr. 1 InsO die positive Kenntnis über die Zahlungsunfähigkeit nicht mit deren grob fahrlässiger Unkenntnis gleichgesetzt werden kann. Im Zusammenhang mit der Anfechtung von Rechtshandlungen, welche auf Grundlage eines covenant-unterlegten Darlehens erfolgt sind, bedeutet dies, dass es nicht ausreichend ist, wenn der Insolvenzverwalter lediglich nachweisen kann, dass der Kreditgeber durch die mittels Covenants zur Verfügung gestellten Berichte Kenntnis von der Zahlungsunfähigkeit des Darlehensnehmers hätte haben können bzw. müssen.

---

832 Zeuner, Die Anfechtung in der Insolvenz, Rn 112 unter Hinweis auf die bereits vom Reichsgericht hierzu ergangenen Entscheidungen; LSZ/Zeuner, InsO, § 130, Rn 19; Uhlenbruck/Hirte, InsO, § 130, Rn 51; Jaeger/Henckel, InsO, § 130, Rn 117; Schoppmeyer, in Bork (Hrsg.), Handbuch des Insolvenzanfechtungsrechts, Kap. 7, Rn 90.
833 Häsemeyer, Insolvenzrecht, Rn 21.50.
834 Schoppmeyer, in Bork (Hrsg.), Handbuch des Insolvenzanfechtungsrechts, Kap. 7, Rn 90.
835 § 145 RegE InsO, BT-Drucks. 12/2443, S. 32.
836 Rechtsausschuss zu § 145 RegE InsO, BT Drucks. 12/7302, S. 173.
837 FK-InsO/Dauernheim, § 130, Rn 35.
838 Rechtsausschuss zu § 145 RegE InsO, BT-Drucks. 12/7302, S. 173.

2. Die Voraussetzungen für das Vorliegen der positiven Kenntnis der Zahlungsunfähigkeit gemäß § 130 I Nr. 1 InsO

Nachdem nunmehr geklärt ist, dass die grob fahrlässige Unkenntnis der Zahlungsunfähigkeit nicht ausreichend ist, um eine Rechtshandlung nach § 130 I Nr. 1 InsO anzufechten, kommt man nicht umhin, sich mit dem Begriff der „positiven Kenntnis" näher auseinanderzusetzen. Dabei gilt es zu untersuchen, unter welchen Voraussetzungen vom Vorliegen einer positiven Kenntnis der Zahlungsunfähigkeit beim Insolvenzgläubiger gemäß § 130 I Nr. 1 InsO ausgegangen werden kann und welche Anforderungen an die dem Insolvenzverwalter obliegende Beweislast zu stellen sind.

Hierbei muss man sich zunächst vergegenwärtigen, dass beim Begriff der „positiven Kenntnis" zwischen zwei Ebenen zu differenzieren ist: zum einen die „Tatsachenebene", welche auf die Kenntnis von Umständen oder Fakten abstellt und zum anderen die „Rechtsebene", bei welcher es um das Wissen über die rechtlichen Zusammenhänge geht. Verlangt daher eine Rechtsnorm „nur" die positive Kenntnis von Tatsachen, so ist für den Anspruchssteller ausreichend, wenn er nachweist, dass der Anspruchsgegner sicher von bestimmten Umständen wusste. Weitaus schwieriger stellt sich die Beweisführung dar, wenn das Gesetz eine positive Rechtskenntnis verlangt. Denn hierbei muss der Anspruchsteller nachweisen, dass der Anspruchsgegner auf Grundlage der ihm bekannten Tatsachen zusätzlich einen zutreffenden rechtlichen Schluss gezogen hat. Nicht ausreichend für die positive Rechtskenntnis ist daher, wenn der Betreffende lediglich sicheres Wissen über bestimmte Fakten hat, sondern dieser muss darüber hinaus auch die rechtlichen Zusammenhänge kennen.

Wie eingangs bereits erwähnt, bedeutet „Kenntnis" im Rahmen des § 130 I Nr. 1 InsO positives, d.h. für sicher gehaltenes und rechtlich relevantes Wissen[839]. Eine Rechtshandlung ist damit gemäß § 130 I Nr. 1 InsO nur anfechtbar, wenn der Anfechtungsgegner im Zeitpunkt der Vornahme der Rechtshandlung von der Zahlungsunfähigkeit des Gemeinschuldners sicher wusste. Hierdurch wird deutlich, dass das bloße Wissen über einzelne Tatsachen (Tatsachenebene), welche die Zahlungsunfähigkeit begründen, für sich genommen nicht ausreichend ist, eine kongruente Deckungshandlung nach § 130 I Nr. 1 InsO anzufechten, vielmehr kommt in diesen Fällen allenfalls eine Anfechtung nach § 130 II InsO in Betracht[840]. Deshalb muss der Gläubiger auch auf der „Rechtsebene" selbst den zutreffenden rechtlichen Schluss gezogen haben, dass der Gemeinschuldner zahlungsunfähig ist, was dann im etwaig sich anschließenden Prozess auch vom Insolvenzverwalter aufgrund seiner Beweislast nachzuweisen ist.

---

839 Buck, Wissen und juristische Person, S. 47 f.; MüKo/Kirchhof, InsO, § 130, Rn 33; HK-InsO/Kreft, § 130, Rn 24; Schoppmeyer, in Bork (Hrsg.), Handbuch des Insolvenzanfechtungsrechts, Kap. 7, Rn 93.

840 So auch: MüKo/Kirchhof, InsO, § 130, Rn 33.

Nach ständiger Rspr. des BGH und überwiegender Ansicht der Literatur kennt der Anfechtungsgegner die Zahlungsunfähigkeit des Insolvenzschuldners, wenn er aus den ihm bekannten Tatsachen und dem Verhalten des Schuldners bei natürlicher Betrachtungsweise selbst den zutreffenden Schluss gezogen hat, dass jener wesentliche Teile, d.h. 10 % und mehr, seiner ernsthaft eingeforderten Verbindlichkeiten in einem Zeitraum von drei Wochen nicht wird tilgen können[841]. Danach genügt weder die bloße Befürchtung des Gläubigers, der Schuldner sei zahlungsunfähig noch, dass dieser die Zahlungsunfähigkeit gar bewusst in Kauf nimmt[842]. An einer positiven Kenntnis i.S.v. § 130 I Nr. 1 InsO fehlt es auch dann, wenn der Gläubiger zwar sämtliche Tatsachen kennt, die eine Zahlungsunfähigkeit begründen, diesen Schluss aber – beispielsweise aus Unkenntnis – selbst nicht zieht[843]. Denn dies würde lediglich fahrlässige Unkenntnis bedeuten, welche gerade im Rahmen des § 130 I Nr. 1 InsO nicht ausreichend ist. In diesen Fällen kommt daher allenfalls eine Anfechtbarkeit nach § 130 II InsO in Betracht[844].

Zwar setzt das positive Wissen nach § 130 I Nr. 1 InsO keine genauen Kenntnisse der rechtlichen Zusammenhänge voraus. Dennoch kennt der Anfechtungsgegner die Zahlungsunfähigkeit nur, wenn er selbst die Liquidität oder das Zahlungsverhalten des Schuldners wenigstens laienhaft wertet[845]. Entscheidend ist daher im Rahmen des § 130 I Nr. 1 InsO, dass der Insolvenzgläubiger – anders als im Falle des § 130 II InsO – auf der Rechtsebene selbst den zumindest laienhaften rechtlichen Schluss zieht, dass der Gemeinschuldner zahlungsunfähig ist.

Etwas verwirrend ist daher die Aussage von *Kreft* und *Schoppmayer*, welche unter Bezugnahme auf die Rspr. des BGH eine Kenntnis der Zahlungsunfähigkeit i.S.v. § 130 I Nr. 1 InsO beim Anfechtungsgegner annehmen, wenn dieser „die zugrunde liegenden Tatsachen kennt, an die **jedermann** mit seiner Verkehrsauffassung verständigerweise die Erwartung knüpft, dass der Schuldner wesentliche Zahlungen so gut wie sicher nicht wird erbringen können“[846]. Denn wie soeben dargestellt, kommt es im Rahmen des § 130 I Nr. 1 InsO nicht zu einer Objektivierung der Rechtskenntnis über die Zahlungsunfähigkeit des Insolvenzschuldners, d.h. es wird nicht der subjektive Tatumstand der positiven Kenntnis der Zahlungsunfähigkeit durch einen objektiven Maßstab ersetzt, indem gefragt wird, wann ein objektiver Dritter regelmäßig Kenntnis von der Zahlungsunfähigkeit gehabt haben müsste. Vielmehr muss der Insolvenzgläubiger auf der Rechtsebene selbst den eigenen Schluss gezogen haben, dass der Gemeinschuldner zahlungsunfähig ist, was dann vom Insolvenzverwalter im etwaig späteren Prozess nachzuweisen ist.

---

841 BGH vom 27.04.1995, ZIP 1995, 929, 931 f.; BGH vom 12.10.2006, ZIP 2006, 2222, 2225; Paulus, WM 2000, 2225, 2227 f.; HK-InsO/Kreft, § 130, Rn 25; MüKo/Kirchhof, InsO, § 130, Rn 33.
842 MüKo/Kirchhof, InsO, § 130, Rn 33 m.w.N.
843 HK-InsO/Kreft, § 130, Rn 25.
844 Siehe dazu: Teil 4, A., II.
845 MüKo/Kirchhof, InsO, § 130, Rn 33.
846 HK-InsO/Kreft, § 130, Rn 25; Schoppmeyer, in Bork (Hrsg.), Handbuch des Insolvenzanfechtungsrechts, Kap. 7, Rn 95 unter Bezugnahme auf BGH vom 27.04.1995, ZIP 1995, 929, 932; BGH vom 10.07.2003, ZIP 2003, 1666, 1669.

Die Ansicht von *Kreft* und *Schoppmeyer* wird jedoch dem Umstand geschuldet sein, dass sich die beiden noch auf die Rspr. des BGH zu § 30 KO beziehen. Bereits vor Inkrafttreten der InsO konnte eine kongruente Deckungshandlung nach § 30 KO lediglich dann angefochten werden, wenn der Anfechtungsgegner die Zahlungseinstellung als solche kannte. Hieraus wird deutlich, dass schon nach alter Rechtslage eine positive Kenntnis der Zahlungseinstellung Voraussetzung für die Anfechtbarkeit einer kongruenten Deckungshandlung war. Im Gegensatz zur heutigen Rechtslage gab es jedoch keine dem § 130 II InsO entsprechende Rechtsnorm, nach welcher nunmehr der positiven Kenntnis der Zahlungsunfähigkeit gleichsteht, wenn der Insolvenzgläubiger Umstände kennt, die zwingend auf die Zahlungsunfähigkeit schließen lassen. Hierdurch wird deutlich, dass der Gesetzgeber durch die Einführung des § 130 II InsO eine Objektivierung der Rechtskenntnis vorgenommen hat, indem nicht mehr auf das subjektive Vorliegen der Rechtskenntnis „Zahlungsunfähigkeit" beim Anfechtungsgegner abgestellt wird, sondern auf die Beurteilung eines redlich und vernünftig denkenden Dritten[847]. Der BGH versuchte daher, die bereits im Rahmen des § 30 KO bestehenden hohen Beweisanforderungen aufzuweichen, indem er eine Kenntnis der Zahlungseinstellung bereits dann angenommen hat, wenn der Konkursgläubiger die zugrunde liegenden Tatsachen kannte, an die jedermann mit seiner Verkehrsauffassung verständigerweise die Erwartung knüpft, dass der Schuldner wesentliche Zahlungen so gut wie sicher nicht wird erbringen können. Hierdurch wurden also die hohen Beweisanforderungen der an sich nur in den wenigsten Fällen beweisbaren positiven Kenntnis auf der Rechtsebene erleichtert, ohne dass es einer Reduktion des Tatbestandes der positiven Kenntnis durch die Einbeziehung des „Wissenmüssens", „Wissenkönnens" oder eines prima facie Beweises bedurfte.

Nunmehr ist jedoch in § 130 II InsO explizit geregelt, dass der (Rechts-)Kenntnis der Zahlungsunfähigkeit die Tatsachenkenntnis von Umständen gleichsteht, die zwingend auf die Zahlungsunfähigkeit des Insolvenzschuldners schließen lassen. Hieran zeigt sich, dass der Gesetzgeber die hohen Beweisanforderungen auf der Rechtsebene absenken wollte, indem er den Beweis der an sich unbeweisbaren Rechtskenntnis durch eine Objektivierung auf beweisbare äußere Tatumstände verlagert hat und zwar in der Art, dass es für die Anfechtbarkeit einer kongruenten Deckungshandlung ausreichend ist, wenn der Anfechtungsgegner Kenntnis über Umstände hat, die zwingend auf die Zahlungsunfähigkeit schließen lassen. Die Regelung des § 130 II InsO weicht daher die Anforderungen an die Beweisbarkeit von Rechtskenntnissen auf, indem – anders als in § 130 I Nr. 1 InsO – dem Insolvenzgläubiger nicht mehr nachgewiesen werden muss, dass er selbst den Schluss in Bezug auf die Zahlungsunfähigkeit des Insolvenzschuldners gezogen hat. Ausreichend ist vielmehr, dass der Anfechtungsgegner Kenntnisse von Umständen hat, die zwingend auf die Zahlungsunfähigkeit schließen lassen. Hieran zeigt sich, dass auf der Rechtsebene ein objektiver Maßstab heranzuziehen ist, welcher als äußerer Tatumstand leichter zu beweisen ist. Denn für die Anfechtbarkeit nach § 130 II InsO ist

---

847 BGH vom 19.02.2009, ZIP 2009, 526, 527.

nunmehr ausreichend, wenn der Anfechtungsgegner Umstände kennt, an die **jedermann** mit seiner Verkehrsauffassung verständigerweise die Erwartung knüpft, dass der Schuldner wesentliche Zahlungen so gut wie sicher nicht wird erbringen können.

Nachdem jedoch durch die Einführung des § 130 II InsO explizit der Fall geregelt ist, unter welchen Voraussetzungen eine kongruente Deckungshandlung anfechtbar ist, wenn der Anfechtungsgegner selbst nicht den Schluss in Bezug auf die Zahlungsunfähigkeit des Insolvenzschuldners gezogen hat, dann muss jedoch davon ausgegangen werden, dass eine Anfechtbarkeit gemäß § 130 I Nr. 1 InsO weiterhin nur dann in Betracht kommt, wenn der Insolvenzgläubiger positive Kenntnis von der Zahlungsunfähigkeit auch auf der Rechtsebene, d.h. selbst den rechtlichen Schluss gezogen hat, dass der Insolvenzschuldner zahlungsunfähig ist.

Damit kommt eine Anfechtung gemäß § 130 I Nr. 1 InsO lediglich dann in Betracht, wenn der Insolvenzverwalter nachweisen kann, dass der Anfechtungsgegner im Zeitpunkt der Vornahme der Rechtshandlung positive Rechtskenntnis von der Zahlungsunfähigkeit des Insolvenzschuldners hatte, dieser also aus den ihm bekannten Tatsachen und dem Verhalten des Schuldners bei natürlicher Betrachtungsweise selbst den zutreffenden Schluss gezogen hat, dass jener wesentliche Teile, d.h. 10 % und mehr, seiner ernsthaft eingeforderten Verbindlichkeiten in einem Zeitraum von drei Wochen nicht hätte tilgen können. Da es sich hierbei um eine innere Tatsache handelt, wird der Insolvenzverwalter diesen Beweis nur in ganz wenigen Fällen führen können und zwar nur mittelbar durch objektive Tatsachen und/oder Indizien. Daher wird eine Anfechtung in aller Regel über § 130 II InsO erfolgen, da hierzu die Kenntnis von Umständen, die zwingend auf die Zahlungsunfähigkeit schließen lassen, ausreichend ist[848]. Für die Anfechtbarkeit nach § 130 I Nr. 1 InsO genügt es allerdings, wenn der Insolvenzgläubiger positive Kenntnis von der Zahlungseinstellung des Insolvenzschuldners hat[849]. Denn § 17 II 2 InsO, welcher auch im Rahmen des § 130 I Nr. 1 InsO zur Anwendung kommt, begründet eine widerlegliche gesetzliche Vermutung für die Zahlungsunfähigkeit des Insolvenzschuldners.

3. Die Auswirkungen auf covenant-unterlegte Darlehen

Nachdem soeben herausgearbeitet wurde, dass die Anfechtbarkeit von kongruenten Deckungshandlungen nach § 130 I Nr. 1 InsO nur bei positiver Kenntnis der Zahlungsunfähigkeit in Betracht kommt, wird der Insolvenzverwalter Rechtshandlungen, welche dem Kreditgeber Sicherung oder Befriedigung aus seiner covenant-unterlegten Darlehensforderung gewähren, trotz der in Covenants vereinbarten umfangreichen Informationsrechte regelmäßig nicht anfechten können. Denn selbst wenn der Insolvenzverwalter durch die über Covenants zur Verfügung ge-

848 Siehe dazu: Teil 4, A., II.
849 BGH vom 20.11.2001, BGHZ 149, 178, 184 f.; HK-InsO/Kreft, § 130, Rn 14.

stellten Informationen die positive Kenntnis von Umständen beweisen kann, welche u. U. die Zahlungsunfähigkeit begründen, so liegen die Voraussetzungen der Anfechtbarkeit nach § 130 I Nr. 1 InsO hierdurch noch nicht vor. Denn der Insolvenzverwalter muss darüber hinaus den Beweis führen, dass der Kreditgeber durch die bei ihm über Covenants vorhandenen Informationen den zutreffenden Schluss gezogen hat, dass der Insolvenzschuldner wesentliche Teile, d.h. 10 % und mehr, seiner ernsthaft eingeforderten Verbindlichkeiten in einem Zeitraum von drei Wochen nicht hätte tilgen können. Auf Grundlage der dem Kreditgeber mittels Covenants zur Verfügung gestellten Informationen lässt sich jedoch allenfalls dessen Kenntnis über Umstände, welche auf die Zahlungsunfähigkeit schließen lassen, beweisen. Hierdurch ist jedoch noch nicht nachgewiesen, dass der Kreditgeber auch den positiven Schluss gezogen hat, der Kreditnehmer sei zahlungsunfähig.

Zwar könnte man angesichts der soeben beschriebenen Beweisschwierigkeiten an eine Reduktion der Rechtskenntnis denken[850] – sei es durch einen prima facie Beweis, durch welchen auf beweisrechtlicher Ebene bei Vorliegen von bestimmten Tatsachen auf die Kenntnis der Rechtslage geschlossen werden kann[851] oder durch Objektivierung der Rechtskenntnis, bei welcher es nicht mehr auf das Vorliegen von subjektiver Rechtskenntnis ankommt, sondern auf die Beurteilung eines „redlich Denkenden" abgestellt wird und das Vorliegen der Rechtskenntnis dann analog § 162 BGB fingiert wird, wenn der Betreffende sich hartnäckig und uneinsichtig der wahren Rechtslage verschließt[852]. Wie sich jedoch noch zeigen wird, kann eine Rechtshandlung gemäß § 130 II InsO bereits dann angefochten werden, wenn der Kreditgeber positive Kenntnis von Tatsachen hat, die zwingend auf die Zahlungsunfähigkeit schließen lassen, so dass es u. U. gar keiner Reduktion der Rechtskenntnis bedarf[853].

In Anbetracht der schon mehrfach erwähnten Beweisschwierigkeiten für den Insolvenzverwalter droht covenant-gesicherten Kreditgebern daher die Anfechtbarkeit einer zu ihren Gunsten erfolgten Rechtshandlung gemäß § 130 I Nr. 1 InsO lediglich dann, wenn der Insolvenzverwalter beweisen kann, dass dem Darlehensgeber mittels Covenants explizit die Zahlungsunfähigkeit bzw. die Zahlungseinstellung des Kreditnehmers mitgeteilt wurde[854] oder aufgrund der übermittelten Informationen eine Reaktion des Kreditgebers erfolgt ist, wie etwa durch eine Nachbesicherung. Denn auch im letztgenannten Fall kann aufgrund der Reaktion des Kredit-

850 Vgl. zu den verschiedenen Ansätzen einer Reduktion der Rechtskenntnis: Buck, Wissen und juristische Person, S. 84 ff.
851 Buck, Wissen und juristische Person, S. 88 f., 101.
852 Buck, Wissen und juristische Person, S. 90 ff., 101.
853 Siehe dazu ausführlich: Teil 4, A., II.
854 Hierdurch ist jedoch noch nicht die Frage geklärt, welche Anforderungen an den Beweis der positiven Tatsachenkenntnis zu stellen sind, wenn der Insolvenzgläubiger beispielsweise behauptet, er habe die Berichte zwar erhalten, diese jedoch nicht gelesen, der Insolvenzverwalter also den Zugang der Information nachweisen kann, nicht jedoch den Umstand, dass der Insolvenzgläubiger tatsächlich den Inhalt der Berichte kennt. Vgl. hierzu jedoch ausführlich: Teil 4, A., II., 1., b)/c) und d).

gebers davon ausgegangen werden, dass dieser nach Übermittlung der in Covenants vereinbarten Informationen den rechtlichen Schluss gezogen hat, der Kreditnehmer sei zahlungsunfähig, woraufhin er dann eine Nachbesicherung verlangte. Allerdings ergeben sich hierbei wiederum Beweisschwierigkeiten in Bezug auf den Nachweis der Kausalität zwischen den mittels Covenants übermittelter Information und der daraufhin erfolgten Reaktion des Darlehensgebers.

Hieraus wird deutlich, dass Kreditgebern trotz ihres über Covenants vorhandenen umfassenden Einblicks in die kreditnehmenden Gesellschaft i.d.R. nicht die Anfechtung einer Rechtshandlung nach § 130 I Nr. 1 InsO droht, da sie hierdurch entweder (noch) keine positive Kenntnis über die Zahlungsunfähigkeit haben oder der Insolvenzverwalter das Vorliegen einer solchen nur selten wird beweisen können.

4. Zwischenergebnis

Als Zwischenergebnis kann daher festgestellt werden, dass Kreditgebern trotz des Umstandes, dass ihnen aufgrund der Vereinbarung in Covenants umfassende Berichte über die wirtschaftlichen Verhältnisse beim Kreditnehmer zur Verfügung gestellt wurden, regelmäßig nicht die Anfechtung einer zu ihren Gunsten erfolgten Rechtshandlung nach § 130 I Nr. 1 InsO droht.

Denn wie herausgearbeitet wurde, reicht es im Rahmen der Anfechtung von kongruenten Deckungshandlungen nach § 130 I Nr. 1 InsO nicht aus, wenn der Insolvenzverwalter lediglich nachweisen kann, dass der Anfechtungsgegner Kenntnis von Umständen hat, die zwingend auf die Zahlungsunfähigkeit schließen lassen. Er muss vielmehr darüber hinaus den Beweis führen, dass der Kreditgeber aufgrund der ihm mittels Covenants zur Verfügung gestellten Informationen selbst den zutreffenden rechtlichen Schluss gezogen hat, der Kreditnehmer werde wesentliche Teile, d.h. mindestens 10 % der ernsthaft eingeforderten Verbindlichkeiten, in einem Zeitraum von drei Wochen nicht tilgen können. Auch wenn der Insolvenzverwalter u. U. noch die Tatsachenkenntnis über den Inhalt der mittels Covenants zur Verfügung gestellten Berichte nachweisen kann, so hat er hierdurch noch nicht nachgewiesen, dass der Darlehensgeber aufgrund der ihm hierdurch bekannten Tatsachen selbst den für § 130 I Nr. 1 InsO auf der Rechtsebene zwingend erforderlichen Schluss gezogen hat, der Insolvenzschuldner sei zahlungsunfähig.

Ferner hat sich gezeigt, dass im Zusammenhang mit der Anfechtbarkeit von kongruenten Deckungshandlungen nach § 130 I Nr. 1 InsO die positive Rechtskenntnis „Zahlungsunfähigkeit“ nicht mit der grob fahrlässigen Unkenntnis gleichgesetzt werden kann. Denn nachdem der ursprüngliche Regierungsentwurf, nach welchem eine Rechtshandlung auch dann angefochten werden konnte, wenn der Insolvenzgläubiger die Zahlungsunfähigkeit infolge grober Fahrlässigkeit nicht kannte[855], auf Empfehlung des Rechtsausschusses durch den § 130 II InsO ersetzt wurde[856],

855 § 145 RegE InsO, BT-Drucks. 12/2443, S. 32.
856 Rechtsausschuss zu § 145 RegE InsO, BT-Drucks. 12/7302, S. 173.

kann nicht davon ausgegangen werden, dass bereits die grob fahrlässige Unkenntnis über die Zahlungsunfähigkeit ausreichend ist, eine kongruente Deckungshandlung nach § 130 I Nr. 1 InsO anzufechten.

Somit kommt eine Anfechtbarkeit nach § 130 I Nr. 1 InsO lediglich dann in Betracht, wenn der Insolvenzverwalter nachweisen kann, dass dem Kreditgeber in den zur Verfügung gestellten Berichten die Zahlungsunfähigkeit des Schuldners explizit mitgeteilt wurde und dieser auch tatsächlich den Inhalt der Berichte zur Kenntnis genommen hat[857]. Darüber hinaus droht Kreditgebern eine Anfechtung gemäß § 130 I Nr. 1 InsO nur dann, wenn aufgrund der übermittelten Informationen ein Reaktion des Kreditgebers erfolgt ist, wie etwa durch eine Nachbesicherung. Denn in diesen Fällen kann davon ausgegangen werden, dass der Darlehensgeber aufgrund der ihm in Covenants übermittelten Informationen den rechtlichen Schluss gezogen hat, der Kreditnehmer sei zahlungsunfähig, woraufhin er dann eine Nachbesicherung verlangte. Allerdings müsste der Insolvenzverwalter in diesen Fällen wiederum die Kausalität zwischen den mittels Covenants übermittelten Informationen und der darauf folgenden Reaktion beweisen.

II. Die Kenntnis von Umständen, die zwingend auf Zahlungsunfähigkeit schließen lassen nach § 130 II InsO

Nachdem soeben herausgearbeitet wurde, dass Kreditgebern ungeachtet des Umstandes, dass ihnen aufgrund der Vereinbarung in Covenants umfassende Berichte über die wirtschaftlichen Verhältnisse beim Kreditnehmer zur Verfügung gestellt wurden, regelmäßig keine Anfechtung nach § 130 I Nr. 1 InsO droht, ist in einem nächsten Schritt zu prüfen, ob ggf. eine Anfechtbarkeit nach § 130 II InsO in Betracht kommt. Denn gemäß § 130 II InsO steht der Kenntnis der Zahlungsunfähigkeit gleich, wenn der Anfechtungsgegner Kenntnis von Umständen hat, die zwingend auf die Zahlungsunfähigkeit schließen lassen. Die dem Insolvenzverwalter obliegende Beweislast ist daher über § 130 II InsO erleichtert, indem dieser auf der Rechtsebene nicht mehr nachweisen muss, dass der Insolvenzgläubiger selbst den Schluss gezogen hat, der Insolvenzschuldner sei zahlungsunfähig. Ausreichend ist vielmehr, wenn er nachweist, dass der Anfechtungsgegner Kenntnis von Umständen hat, aus denen bei zutreffender rechtlicher Bewertung die Zahlungsunfähigkeit zweifelsfrei folgt[858]. Dann kann sich der Insolvenzgläubiger nicht erfolgreich darauf berufen, dass er den an sich zwingenden Schluss von den Tatsachen auf der Rechtsebene nicht selbst gezogen hat. Der Gesetzgeber hat daher mit der Einführung des § 130 II InsO eine Objektivierung auf der Rechtsebene vorgenommen, indem er die an sich unbeweisbare innere Tatsache der „Kenntnis der Zahlungsun-

857 Zu Problematik der Nachweisbarkeit der positiven Tatsachenkenntnis wenn der Kreditgeber behauptet, er habe die Berichte zwar erhalten, diese aber nicht gelesen vgl. unten: Teil 4, A., II., 1., b)/c) und d).
858 BGH vom 20.11.2001, BGHZ 149, 178, 185.

fähigkeit" auf beweisbare äußere Tatumstände verlagert hat. Damit wird der noch in § 130 I Nr. 1 InsO geltende subjektive Tatumstand der positiven Kenntnis der Zahlungsunfähigkeit auf der Rechtsebene durch einen objektiven Maßstab ersetzt und lediglich darauf abgestellt, ob der Anfechtungsgegner Kenntnis von Umständen hat, die für sich genommen objektiv den Schluss auf die Zahlungsunfähigkeit zwingend erscheinen lassen[859]. Dem Anfechtungsgegner schadet daher bereits die zweifelsfreie Fehlbewertung der ihm bekannten Tatsachen[860]. Kennt demnach der Insolvenzgläubiger zum Zeitpunkt der Vornahme der Rechtshandlung Umstände, die zwingend auf die Zahlungsunfähigkeit schließen lassen, so wird unwiderleglich gesetzlich vermutet, dass er Kenntnis von der Zahlungsunfähigkeit des Insolvenzschuldners hatte[861].

Welcher konkrete objektive Haftungsmaßstab dabei auf der Rechtsebene des § 130 II InsO anzusetzen ist, d.h. wann ein objektiver Dritter aufgrund der ihm bekannten Tatsachen zwingend den Schluss gezogen hätte, dass der Insolvenzschuldner zahlungsunfähig ist, wird noch zu klären sein. Sicher ist allerdings, dass auch im Rahmen des § 130 II InsO auf der Rechtsebene weder das bloße „Kennenkönnen" noch das „Kennenmüssen" der Zahlungsunfähigkeit aufgrund der bekannten Tatsachen ausreichend ist, eine Rechtshandlung anzufechten. Denn auch der Haftungsmaßstab des § 130 II InsO meint keine Unkenntnis infolge von Fahrlässigkeit gleich welcher Art[862]. Dies ergibt sich erneut daraus, dass der ursprüngliche Regierungsentwurf, nach welchem eine Rechtshandlung auch dann angefochten werden konnte, wenn der Insolvenzgläubiger die Zahlungsunfähigkeit infolge grober Fahrlässigkeit nicht kannte[863], auf Empfehlung des Rechtsausschusses durch den § 130 II InsO ersetzt wurde[864] und damit nicht davon ausgegangen werden kann, dass hiernach bereits das „Kennenkönnen" oder „Kennenmüssen" der Zahlungsunfähigkeit aufgrund der bekannten Tatsachen ausreichend ist, eine kongruente Deckungshandlung anzufechten.

Auch wenn die Voraussetzungen an die Beweisbarkeit der kongruenten Deckungsanfechtung insoweit für den Insolvenzverwalter erleichtert wurden, als dieser durch die Objektivierung der Rechtskenntnis nach § 130 II InsO nicht mehr den Beweis führen muss, dass der Anfechtungsgegner selbst den Schluss gezogen hat, der Insolvenzschuldner sei zahlungsunfähig, so muss er ungeachtet dessen weiterhin die positive Kenntnis von „Umständen" beim Anfechtungsgegner nachweisen[865].

---

859 Schoppmeyer, in Bork (Hrsg.), Handbuch des Insolvenzanfechtungsrechts, Kap. 7, Rn 100.
860 MüKo/Kirchhof, InsO, § 130, Rn 34.
861 Vgl. nur: HK-InsO/Kreft, § 130, Rn 29; Schoppmeyer, in Bork (Hrsg.), Handbuch des Insolvenzanfechtungsrechts, Kap. 7, Rn 99.
862 So die ganz h.M.: Zeuner, Die Anfechtung in der Insolvenz, Rn 118; LSZ/Zeuner, InsO, § 130, Rn 24; Jaeger/Henckel, InsO, § 130, Rn 121; Huber, in Gottwald (Hrsg.), Insolvenzrechts-Handbuch, § 47, Rn 30.
863 § 145 RegE InsO, BT-Drucks. 12/2443, S. 32.
864 Rechtsausschuss zu § 145 RegE InsO, BT-Drucks. 12/7302, S. 173.
865 Vgl. nur: Huber, in Gottwald (Hrsg.), Insolvenzrechts-Handbuch, § 47, Rn 30; HambKomm/Rogge, InsO, § 130, Rn 18.

Damit muss der Insolvenzverwalter auf der Tatsachenebene nach wie vor das sichere Wissen des Insolvenzgläubigers über Umstände beweisen, die zwingend auf die Zahlungsunfähigkeit schließen lassen. Lediglich auf der Rechtsebene wird dann bei Kenntnis der entsprechenden Umstände unwiderleglich vermutet, dass der Anfechtungsgegner Kenntnis über die Zahlungsunfähigkeit des Insolvenzschuldners i.S.v. § 130 I InsO hatte. Hieraus wird deutlich, dass im Rahmen der Anfechtung von kongruenten Deckungshandlungen gemäß § 130 II InsO ausschließlich die Voraussetzungen der positiven Kenntnis der Zahlungsunfähigkeit auf der Rechtsebene aufgeweicht wurden, nicht jedoch diejenigen auf der Tatsachenebene.

Im Zusammenhang mit den über Covenants vereinbarten Informationsrechten zugunsten des Kreditgebers sowie die dem Insolvenzverwalter obliegende Beweislast für das Vorliegen der objektiven und subjektiven Tatbestandvoraussetzungen der kongruenten Deckungsanfechtung, stellen sich daher auch bei der Anfechtung nach § 130 II InsO im Wesentlichen folgende Fragen: (1) Hat der Kreditgeber durch die ihm zur Verfügung gestellten Informationen positive Kenntnis von Umständen und (2) welcher objektive Maßstab ist bei der Kenntnis von Umständen anzusetzen, die für sich genommen den Schluss auf die Zahlungsunfähigkeit zwingend erscheinen lassen. Hierbei ist insbesondere zu untersuchen, welche Anforderungen an den Beweis der positiven Kenntnis über „Umstände" beim Anfechtungsgegner zu stellen sind, d.h. unter welchen Voraussetzungen der Insolvenzverwalter seiner Beweispflicht Genüge getan hat. Dabei ist zu fragen, ob der Kreditgeber bereits durch die in Covenants zur Verfügung gestellten Informationen eine positive Kenntnis von Umständen hat, oder sich der Kreditgeber beispielsweise erfolgreich darauf berufen kann, der zuständige Bankmitarbeiter habe aufgrund der „Flut" von Informationen schlichtweg keine Zeit gehabt, sämtliche Berichte zu lesen und damit auch keine Kenntnis von Umständen nach § 130 II InsO. Deshalb wird auch der Frage nachzugehen sein, ob u. U. bereits der Zugang der Informationen ausreichend ist, damit von positiver Kenntnis über Tatsachen beim Kreditgeber ausgegangen werden kann, was eine erhebliche Beweiserleichterung für den Insolvenzverwalter bedeuten würde.

1. Die positive Kenntnis von Umständen nach § 130 II InsO (Tatsachenebene)

Wie bereits erwähnt, muss der Insolvenzverwalter ungeachtet der Beweiserleichterung auf der Rechtsebene durch die Objektivierung der Rechtskenntnis auch im Rahmen des § 130 II InsO die positive Kenntnis von Umständen auf der Tatsachenebene beweisen, die zwingend auf die Zahlungsunfähigkeit schließen lassen. Daher muss zunächst herausgearbeitet werden, unter welchen Voraussetzungen der Insolvenzverwalter dem Beweis der positiven Kenntnis von „Umständen" auf der Tatsachenebene Genüge getan hat.

Dies ist insofern entscheidend für die Anfechtbarkeit von Rechtshandlungen, welche auf Grundlage eines covenant-unterlegten Darlehens erfolgt sind, als dass Kreditgeber mittels Covenants regelmäßig bereits im Vorfeld der Insolvenz umfassenden Einblick in das wirtschaftliche Geschehen beim Kreditgeber haben. Damit kommt es maßgeblich auf die Frage an, ob Darlehensgeber, welche sich über Covenants umfangreiche Informationsrechte haben einräumen lassen, schon durch die bloße Zurverfügungstellung dieser Informationen eben jene positive Kenntnis von Umständen i.S.v. § 130 II InsO haben und ihnen dadurch die Anfechtung einer zu ihren Gunsten erfolgten Rechtshandlung durch den Insolvenzverwalter droht.

a) Der Begriff der positiven Kenntnis

Um überhaupt die Anforderungen an die Beweisbarkeit der positiven Kenntnis bestimmen zu können, muss zunächst der Begriff der positiven Kenntnis definiert werden[866]. Zwar verwendet das Gesetz Wissensnormen und Regelungen, nach welchen Wissen einer Person einer anderen Person zuzurechnen ist. Allerdings fehlt es an einer gesetzlichen Legaldefinition, was hierunter zu verstehen ist. Ungeachtet der verschiedenen Definitionsversuche im Schrifttum, ist diesen jedoch gemeinsam, dass sich hierbei, da das Wissen eine innere, an das Verhalten nicht gebundene Tatsache ist, das Problem seiner „äußeren" Erkennbarkeit stellt[867]. Denn auch wenn mit der h.M. unter Kenntnis i.S.v. § 130 InsO positives, d.h. für sicher gehaltenes und rechtlich relevantes Wissen verstanden wird[868], so ist hierdurch noch nicht geklärt, unter welchen Voraussetzungen in Bezug auf deren Beweisbarkeit der tatrichterlichen Überzeugung nach § 286 ZPO Genüge getan ist. Zumindest versteht der BGH unter dem Begriff der „Kenntnis" eine nicht notwendigerweise von allen – insbesondere von unbegründeten – Zweifeln befreite Gewissheit der Existenz oder Nichtexistenz eines Tatbestandes[869].

Entscheidend kommt es daher darauf an, inwieweit bzw. in welchem Umfang für die Beweisbarkeit der positiven Kenntnis ein objektiver Maßstab angelegt werden kann. Denn nur auf diese Weise lässt sich die an sich unbeweisbare innere Tatsache „Kenntnis" auf beweisbare äußere Umstände verlagern.

Im nachfolgenden muss daher zunächst untersucht werden, welche Anforderungen an die Beweisbarkeit der positiven Kenntnis in der Praxis zu stellen sind und ob es ggf. zulässige Reduktionsmöglichkeiten gibt, um die an sich unbeweisbare innere Tatsache „positive Kenntnis" auf beweisbare äußere Tatumstände zu verlagern.

b) Der Beweis der positiven Kenntnis

Um den schon mehrfach erwähnten Schwierigkeiten beim Beweis der positiven Kenntnis entgegenzuwirken, stehen i.d.R. zwei Möglichkeiten zur Verfügung[870]. Zum einen können die Voraussetzungen an die Kenntnis auf materiell-rechtlicher

---

866 Siehe dazu ausführlich: Buck, Wissen und juristische Person, S. 47 f.

867 Buck, Wissen und juristische Person, S. 47.

868 Vgl. nur: BGH vom 19.02.2009, NJW 2009, 1202, 1203; MüKo/Kirchhof, InsO, § 130, Rn 33; Buck, Wissen und juristische Person, S. 47 f.

869 BGH vom 22.01.1958, BGHZ 26, 256, 261; Buck, Wissen und juristische Person, S. 48.

870 Ausführlich zum Beweis der positiven Kenntnis: Buck, Wissen und juristische Person, S. 48 ff.; Fatemi, NJOZ 2010, 2637, 2642.

Ebene aufgeweicht werden, indem beispielsweise die grob fahrlässige Unkenntnis der positiven Kenntnis gleichgesetzt wird. Hierdurch würde durch eine Objektivierung der inneren Tatsache „Kenntnis" das tatsächliche Wissen durch ein bloßes „Wissenmüssen" ersetzt, bei welchem ein objektiver Maßstab anzusetzen wäre, der dem Beweis einfacher zugänglich ist. Zum anderen kann im Prozessrecht die Darlegungs- und Beweislast zu Gunsten des Anspruchsstellers, welchem die eigentliche Beweislast obliegt, auf den Anspruchsgegner verschoben bzw. gelockert werden.

Unabhängig davon, welcher dieser beiden Wege beschritten wird, besteht hierbei jedoch erneut die Gefahr, dass die Grenzen zwischen positiver Kenntnis und grob fahrlässiger Unkenntnis verwischt werden. Deshalb ändert sich ungeachtet dieser Beweisschwierigkeiten nach ganz h.M. an der Verteilung der Beweislast selbst dann nichts, wenn es sich um den Beweis einer inneren Tatsache handelt, welcher insbesondere nicht unmöglich sei[871]. Somit muss der Richter gemäß § 286 ZPO auch im Zusammenhang mit der Anfechtbarkeit nach § 130 II InsO weiterhin die volle Überzeugung gewinnen, dass der Anfechtungsgegner im Zeitpunkt der Vornahme der Rechtshandlung positive Kenntnis von Umständen hatte, die zwingend auf die Zahlungsunfähigkeit schließen lassen. Um die Anforderungen an die Beweisbarkeit einer inneren Tatsache dennoch nicht überzustrapazieren, hat jedoch das BVerfG bereits festgestellt, dass „die Feststellung einer inneren Tatsache jedenfalls in der Weise möglich ist, dass Umstände festgestellt werden, die nach der Lebenserfahrung auf das Vorhandensein der festzustellenden Tatsache (sog. Indiztatsache) schließen lassen"[872].

Nachdem soeben dargestellt wurde, dass der Beweis der positiven Kenntnis für den Anspruchsteller nahezu unmöglich ist, muss in einem nächsten Schritt untersucht werden, inwieweit das Erfordernis der positiven Kenntnis entweder auf materiellrechtlicher Ebene in zulässiger Weise aufgeweicht werden kann, was automatisch eine Beweiserleichterung auf der prozessualen Ebene nach sich ziehen würde oder sogleich auf beweisrechtlicher Ebene eine Reduktion vorzunehmen ist[873]. Bei der Reduktion der Tatsachenkenntnis muss jedoch berücksichtigt werden, dass es hierdurch nicht zu einer Aufweichung des normierten Tatbestandes der positiven Kenntnis durch die Einbeziehung des „Wissenkönnens", „Wissenmüssens" oder eines prima facie Beweises kommen darf.

Wie bereits erwähnt, ist diese Frage im Zusammenhang mit den über Covenants vereinbarten Informationsrechten insoweit von entscheidender Bedeutung, als dass der Insolvenzverwalter eine Rechtshandlung nach § 130 II InsO lediglich dann anfechten kann, wenn er dem Darlehensgeber das sichere Wissen über Umstände, welche zwingend auf die Zahlungsunfähigkeit schließen lassen, nachweist. Daher kommt es maßgeblich auf den Umfang einer Reduktionsmöglichkeit des Erforder-

---

871 BGH vom 16.10.1984, NJW 1985, 264, 265; Zöller/Greger, ZPO, Vor § 284, Rn 24 f.; Buck, Wissen und juristische Person, S. 48 ff.
872 BVerfG vom 30.06.1993, NJW 1993, 2165 (Leitsatz).
873 Ausführlich zu den Reduktionsmöglichkeiten von Tatsachenkenntnis: Buck, Wissen und juristische Person, S. 53 ff.

nisses der positiven Tatsachenkenntnis an. Denn hiervon abhängig sind die Voraussetzungen für den Beweis der positiven Kenntnis von Umständen i.S.v. § 130 II InsO.

c) *Die Gleichstellung von Zugang bzw. Zustellung und positiver Kenntnis von Umständen nach § 130 II InsO*

aa) Die Gleichsetzung von Zugang und positiver Kenntnis auf materiell-rechtlicher Ebene

Zur Reduktion der Tatsachenkenntnis bietet sich zunächst die Gleichsetzung von positiver Kenntnis und dem Zugang bzw. der Zustellung von Information oder Willenserklärungen auf materiell-rechtlicher Ebene an. In Anlehnung an die Regelung des § 130 I BGB, wonach eine Willenserklärung bereits dann wirksam ist, wenn sie dem Empfänger zugegangen ist, wäre danach die positive Kenntnis beim Empfänger der Information bereits dann anzunehmen, wenn sie diesem zugeht.

Im Zusammenhang mit der Anfechtbarkeit von Rechtshandlungen, welche aufgrund eines covenant-unterlegten Darlehens erfolgten, würde dies eine erhebliche Beweiserleichterung für den Insolvenzverwalter bedeuten. Denn für die Anfechtung nach § 130 II InsO müsste dieser lediglich beweisen, dass dem Anfechtungsgegner die Informationen, zu deren Vorlage der Insolvenzschuldner mittels Covenants verpflichtet war, zugegangen sind. Damit hätte der Insolvenzgläubiger bereits mit dem Zugang der Berichte über das wirtschaftliche Geschehen im kreditnehmenden Unternehmen positive Kenntnis von Umständen i.S.v. § 130 II InsO. Sind in diesen Berichten dann Informationen enthalten, welche zwingend auf die Zahlungsunfähigkeit schließen lassen, so könnte der Insolvenzverwalter durch den bloßen Nachweis des Zugangs eben jener Informationen, zu deren Vorlage der Kreditnehmer mittels Covenants verpflichtet war, eine Rechtshandlung nach § 130 II InsO anfechten.

Mit der ganz h.M. in Rspr. und Literatur ist jedoch die Gleichstellung von positiver Kenntnis mit dem Zugang einer Information bzw. Willenserklärung abzulehnen[874]. Denn eine Willenserklärung gilt bereits dann als zugegangen, wenn sie derart in den Machtbereich des Empfängers gelangt ist, dass dieser die Möglichkeit der Kenntnisnahme hat[875]. Ausreichend für den wirksamen Zugang einer Willenserklärung ist daher die bloße Möglichkeit der Kenntnisnahme. Es kommt hingegen nicht darauf an, ob und wann der Empfänger auch tatsächlich hiervon Kenntnis genommen hat.

Würde man daher Zugang und Kenntnis gleichsetzen, so liefe dies im Ergebnis auf eine Gleichstellung von positiver Kenntnis und grob fahrlässiger Unkenntnis

---

874 MüKo/Roth, BGB, § 407, Rn 18; Buck, Wissen und juristische Person, S. 79 unter Hinweis auf eine bereits vom Reichsgericht erlassene Entscheidung.
875 So die h.M.: Vgl. BGH vom 21.01.2004, NJW 2004, 1320, 1320; BGH vom 13.02.1980, NJW 1980, 990, 990 f.; Palandt/Ellenberger, § 130 Rn 5; MüKo/Einsele, BGB, § 130, Rn 16.

hinaus, was von der h.M. insgesamt abgelehnt wird[876] und im Besonderen aber bei der Anfechtbarkeit von kongruenten Deckungshandlungen nach § 130 InsO abzulehnen ist, nachdem der ursprüngliche Regierungsentwurf auf Empfehlung des Rechtsausschusses durch § 130 II InsO ersetzt wurde[877].

Dies ergibt sich daraus, dass ein wirksamer Zugang bereits dann vorliegt, wenn die Kenntnisnahme durch den Empfänger objektiv möglich war. Bei der Wirksamkeit des Zugangs einer Willenserklärung ist daher nicht danach zu fragen, wann der Empfänger den Inhalt tatsächlich zur Kenntnis genommen hat. Ausreichend ist vielmehr, dass die Kenntnisnahme objektiv möglich war. Somit ändert auch die fahrlässige Unkenntnis vom Inhalt einer Willenserklärung nichts an deren Wirksamkeit. Damit ist ausreichend, wenn der Empfänger bei der Anwendung der im Verkehr erforderlichen Sorgfalt Kenntnis gehabt hätte; zu fragen ist also, wann anhand eines objektiven Maßstabs mit der Kenntnisnahme zu rechnen war.

Würde man daher die positive Kenntnis und den Zugang gleichsetzen, so würde dem Empfänger bereits die fahrlässige Unkenntnis vom Inhalt einer Willenserklärung bzw. einer Information schaden. Denn wie soeben aufgezeigt, kommt es für die Wirksamkeit einer Willenserklärung nicht auf die tatsächliche Kenntnisnahme durch den Empfänger an, vielmehr genügt die bloße objektive Möglichkeit. Eine Gleichstellung von positiver Kenntnis und dem Zugang einer Information führt daher zur Aufgabe des Tatbestandsmerkmals der positiven Kenntnis[878]. Nachdem der Gesetzgeber jedoch bewusst zwischen positiver Kenntnis und fahrlässiger Unkenntnis unterscheidet, d.h. bewusst durch das Erfordernis der positiven Kenntnis höhere Anforderungen an die Verwirklichung des Tatbestandes einer Rechtsnorm stellt, kann mit der ganz h.M. die positive Kenntnis nicht bereits mit dem Zugang einer Information angenommen werden.

Gleiches gilt für die Zustellung einer Information, da diese gemäß § 132 I BGB lediglich den Zugang einer empfangsbedürftigen Willenserklärung fingiert, nicht jedoch die Kenntnisnahme durch den Empfänger[879].

Nachdem die positive Kenntnis nicht mit dem Zugang einer Information bzw. Willenserklärung gleichgestellt werden kann, müssen Kreditgeber eigentlich nicht bereits deswegen die Anfechtung nach § 130 II InsO fürchten, weil sie aufgrund der Vereinbarung von Covenants frühzeitig über das wirtschaftliche Geschehen beim Kreditnehmer informiert waren. Denn selbst wenn der Insolvenzverwalter den Zugang der Berichte beim Darlehensgeber nachweisen kann, hat er nach den soeben gemachten Ausführungen hierdurch noch nicht die positive Kenntnis von Umständen i.S.v. § 130 II InsO beim Kreditgeber bewiesen.

Allerdings wird noch herauszuarbeiten sein, dass in eben jenem besonderen Fall und ungeachtet der unveränderten Gültigkeit der vorgenannten Grundsätze hin-

---

876 Vgl. nur: Buck, Wissen und juristische Person, S. 78 f. m.w.N.
877 Siehe dazu bereits: Teil 4, A., I., 1.
878 Buck, Wissen und juristische Person, S. 78.
879 Vgl. nur: Staudinger/Gursky, BGB, § 892, Rn 157.

sichtlich des Zugangs, das Vorliegen der positiven Kenntnis von Umständen gemäß § 130 II InsO dennoch beim Kreditgeber angenommen werden muss, wenn der Insolvenzverwalter den Zugang der aufgrund vertraglicher Vereinbarung in Covenants zur Verfügung gestellten Informationen beim Darlehensgeber nachweisen kann[880].

bb) Korrekturen auf beweis- und materiell-rechtlicher Ebene

Nachdem jedoch die Ablehnung der Gleichsetzung von Zugang und positiver Kenntnis in manchen Fällen zu unbefriedigenden Ergebnissen führt, wird von der Rspr. und Teilen der Literatur – jedenfalls im Zusammenhang mit empfangsbedürftigen Willenserklärungen – eine Reduktion der positiven Kenntnis dahingehend vorgeschlagen, dass auf beweisrechtlicher Ebene ein prima facie Beweis zugelassen wird und auf materiell-rechtlicher Ebene der Grundsatz von Treu und Glauben berücksichtigt werden muss[881].

Hintergrund der Erleichterung des Kenntnisbeweises auf diese Art und Weise ist die Annahme, dass beim Zugang einer Willenserklärung der Erfahrungssatz bestehe, dass jedermann ihm zugegangene Schriftstücke lese[882], so dass mit eben jenem Zugang auf der Beweisebene prima facie zu vermuten sei, der Empfänger habe Kenntnis vom Inhalt der Willenserklärung[883]. Der Empfänger müsse dann zwar nicht seine Unkenntnis über den Inhalt beweisen, allerdings müsse er diese Annahme zumindest erschüttern[884]. Nach weiterer Auffassung löse die prozessual ordnungsgemäße Zustellung eines Schriftstücks, in welchem die Rechtslage mitgeteilt werde, eine Beweislastumkehr aus, wonach dann der Empfänger zu beweisen habe, dass er keine Kenntnis vom Inhalt dieser Erklärung genommen habe[885].

Auf materiell-rechtlicher Ebene wird unter Anwendung des § 242 BGB angenommen, dass für den Fall, dass erst durch die Kenntnis über den Inhalt einer Willenserklärung Rechtsfolgen für den Empfänger ausgelöst werden, es gegen den Grundsatz von Treu und Glauben verstoße, wenn der Betreffende die Kenntnisnahme der zugegangenen Erklärung schuldhaft unterlasse[886]. Hierbei handle es sich insbesondere nicht um eine Gleichsetzung von positiver Kenntnis und fahrlässiger Unkenntnis, sondern in diesen Fällen könne sich der Empfänger nur nicht darauf berufen, er habe den Inhalt der Erklärung nicht gekannt[887]. Hierdurch solle also verhindert werden, dass jemand aus eigenem Verschulden zum Nachteil des anderen einen eigenen Vorteil herleiten könne[888].

880 Siehe dazu unten: Teil 4, A., II., 1., d).
881 Ausführlich dazu: Buck, Wissen und juristische Person, S. 80 ff.
882 Buck, Wissen und juristische Person, S. 80 m.w.N.
883 BGH vom 05.03.1997, NJW 1997, 1775, 1776.
884 MüKo/Prütting, ZPO, § 286, Rn 65.
885 Staudinger/Gursky, BGB, § 892, Rn 157; Buck, Wissen und juristische Person, S. 81 m.w.N.
886 Buck, Wissen und juristische Person, S. 81 f.
887 BGH vom 08.12.1976, NJW 1977, 581, 582; Buck, Wissen und juristische Person, S. 82.
888 Buck, Wissen und juristische Person, S. 81 f. m.w.N.

Die Folge der soeben gemachten Ausführungen für covenant-gesicherte Kreditgeber wäre, dass diesen eine Anfechtung der Tilgung oder Nachbesicherung ihres Darlehens deutlich eher droht. Denn kann der Insolvenzverwalter nachweisen, dass dem Kreditgeber die in Covenants vereinbarten Informationen zugegangen sind, so würde prima facie vermutet werden, dieser habe Kenntnis von Umständen i.S.v. § 130 II InsO gehabt. Ferner wird der Insolvenzverwalter im etwaig späteren Prozess vortragen, dass die in Covenants vereinbarten Informationsrechte dem Kreditgeber gerade dazu dienen, möglichst frühzeitig von Unternehmenskrisen in der kreditnehmenden Gesellschaft Kenntnis zu erlangen. Da die dem Darlehensgeber zur Verfügung gestellten Berichte regelmäßig auch Informationen über die Liquidität der kreditnehmenden Gesellschaft enthalten, ist daher davon auszugehen, dass es gegen Treu und Glauben nach § 242 BGB verstößt, wenn der Kreditgeber ungeachtet der von ihm veranlassten und auch tatsächlich erfolgten zur Verfügungstellung von Informationen vorträgt, er habe vom Inhalt eben jener Berichte keine Kenntnis genommen. Denn die Unkenntnis vom Inhalt der mittels Covenants zur Verfügung gestellten Informationen wird als schuldhaftes Unterlassen zu werten sein, nachdem der Darlehensgeber diese selbst angefordert hat und gerade dazu nutzen will, wirtschaftliche Schieflagen beim Kreditnehmer frühzeitig zu erkennen, um rechtzeitig Maßnahmen gegen die Erhöhung des Kreditausfallrisikos einleiten zu können, dann aber, wenn ihm eben jene Informationen zu seinem Nachteil gereichen – wie etwa bei der Anfechtung nach §§ 129 ff. InsO – er auf einmal keine Kenntnis haben will. Damit wäre dem Kreditgeber im etwaig späteren Prozess verwehrt, sich auf seine Unkenntnis über die Umstände nach § 130 II InsO zu berufen, wenn der Anspruchsteller den Zugang der aufgrund der Vereinbarung in Covenants zur Verfügung gestellten Berichte nachweist.

Nach der soeben beschriebenen Reduktion des Kenntnisbeweises auf beweis- und materiell-rechtlicher Ebene würde somit durch einen Anscheinsbeweis vermutet werden, der Kreditgeber habe durch den Zugang der in Covenants vereinbarten Informationsrechte Kenntnis von Umständen nach § 130 II InsO. Allerdings könnte der Darlehensgeber den Beweis des ersten Anscheins dadurch erschüttern, indem er beispielsweise glaubhaft macht, der zuständige Bankmitarbeiter habe aufgrund der „Flut“ von Informationen schlichtweg keine Zeit gefunden, die übermittelten Informationen zu lesen.

Unabhängig von der Frage, ob die soeben beschriebene Vorgehensweise lediglich auf empfangsbedürftige Willenserklärungen oder auch auf covenant-unterlegte Darlehen Anwendung findet, wird sich jedoch noch zeigen, dass es im Zusammenhang mit der Anfechtbarkeit von Rechtshandlungen, bei welchen dem Anfechtungsgegner bereits frühzeitig Informationen über wirtschaftliche Schieflagen im kreditnehmenden Unternehmen zugegangen sind, nicht des Rückgriffs auf einen Anscheinsbeweis durch den Zugang der Berichte bedarf, damit der Insolvenzverwalter seiner Pflicht, dem Kreditgeber die positive Kenntnis von Umständen gemäß § 130 II InsO nachzuweisen, nachgekommen ist. Vielmehr wird noch herauszuarbeiten sein, dass der Insolvenzverwalter durch den bloßen Nachweis des Zugangs der Informationen beim Kreditgeber ausnahmsweise dessen positive Kenntnis von Umständen nach § 130 II InsO nachgewiesen hat.

d) *Die Reduktion des Erfordernisses der positiven Kenntnis gemäß § 162 BGB analog auf der Tatsachenebene*

aa) Die Fiktion der positiven Kenntnis bei missbräuchlichem Sich-Verschließen vor positiver Kenntnis analog § 162 BGB

Rspr. und h.M. in der Literatur nehmen auf materiell-rechtlicher Ebene jedoch auch dann eine positive Kenntnis beim Empfänger von Informationen bzw. Willenserklärungen an, wenn dieser nur deswegen keine tatsächliche positive Kenntnis hat, weil er vor einer sich ihm ohne weiteres anbietenden, gleichsam auf der Hand liegenden Erkenntnismöglichkeit, die weder Kosten noch nennenswerte Mühen verursacht, die Augen verschlossen hat oder sich unwissend hält[889]. In diesen Fällen soll sich der Betreffende nicht auf seine Unkenntnis berufen können, da er nur deswegen unwissend ist, weil er sich missbräuchlich vor rechtserheblichem Wissen verschlossen hat[890]. Ihren Ursprung hatte diese Reduktionsmöglichkeit der positiven Kenntnis in der Rspr. des BGH zu § 852 BGB a.F., wodurch verhindert werden sollte, dass der Geschädigte mittels der Berufung auf seine Unkenntnis einseitig durch das Hinausschieben des Verjährungsbeginns die Verjährungsfrist verlängern konnte[891]. Als Rechtsfolge wurde dann bei missbräuchlicher Nichtkenntnis das Vorliegen der positiven Kenntnis fingiert[892].

Ferner hat der BGH in seiner Rspr. zur Kenntnis des Mangels des rechtlichen Grundes nach § 819 I BGB[893] und zur späteren Kenntnis der Nichtberechtigung zum Besitz gemäß § 990 I 2 BGB[894] die positive Kenntnis auch dann angenommen, wenn der Betreffende sich dieser missbräuchlich verschlossen hat. Zwar bezog sich diese Rspr. auf das missbräuchliche „Sich-Verschließen“ vor Rechtskenntnis. Allerdings findet nach überwiegender Auffassung in der Literatur diese Rspr. auch auf die Tatsachenkenntnis Anwendung[895].

Zwar haben Teile der Literatur Bedenken gegen diese Rspr. geäußert, da durch das Kriterium des Sich-Verschließens die Grenzen zwischen positiver Kenntnis und fahrlässiger Unkenntnis erneut verwischt werden würden[896]. Daher betonte der BGH wiederholt, dass seine Rspr. nicht dahingehend missverstanden werden dürfe,

---

889 BGH vom 15.12.1987, NJW-RR 1988, 411, 412; BGH vom 16.05.1989, NJW 1989, 2323, 2324; BGH vom 20.09.1994, NJW 1994, 3092, 3093; BGH vom 05.02.1985, NJW 1985, 2022, 2023; Buck, Wissen und juristische Person, S. 69 m.w.N.; Fatemi, NJOZ 2010, 2637, 2640; MüKo/Schramm, BGB, § 166, Rn 30; Sallawitz, Gleichstellung, S. 55 f.
890 Buck, Wissen und juristische Person, S. 69 f.
891 BGH vom 10.07.1967, BGHZ 48, 181, 183; BGH vom 05.02.1985, NJW 1985, 2022, 2023; BGH vom 15.12.1987, NJW-RR 1988, 411, 412; BGH vom 16.05.1989, NJW 1989, 2323, 2324; BGH vom 09.07.1996, NJW 1996, 2933, 2934.
892 Buck, Wissen und juristische Person, S. 73.
893 BGH vom 12.07.1996, NJW 1996, 2652, 2653 f. und Leitsatz.
894 BGH vom 22.01.1958, BGHZ 26, 256, 260; BGH vom 25.02.1960, BGHZ 32, 76, 92 und Leitsatz (2.).
895 Buck, Wissen und juristische Person, S. 71; Fatemi, NJOZ 2010, 2637, 2640; MüKo/Schramm, BGB, § 166, Rn 30; Staudinger/Gursky, BGB, § 892, Rn 157.
896 Buck, Wissen und juristische Person, S. 71 m.w.N.

dass es durch eben jene Reduktion zu einer Gleichsetzung der fahrlässigen Unkenntnis und der positiven Kenntnis komme, insbesondere genüge ein „Kennenmüssen" oder „Kennenkönnen" nicht[897]. Eine positive Kenntnis sei vielmehr nur dann anzunehmen, wenn sich der Betreffende der Kenntnisnahme missbräuchlich entziehe[898].

Allerdings birgt das vom BGH eingeführte Kriterium, nach welchem die positive Kenntnis bereits dann anzunehmen ist, wenn der Betreffende „mühelos" Kenntnis erlangen kann, erneut die Gefahr der Objektivierung des Kenntnisbegriffs, weil danach dem Betreffenden u. U. schon die fahrlässige Unkenntnis schadet. Denn durch das Kriterium der „Mühelosigkeit" werden abermals objektive Wertungen herangezogen. Daher wird von *Buck* zu Recht vorgeschlagen, den Begriff der „Mühelosigkeit" bei der Reduktion der positiven Kenntnis insgesamt fallen zu lassen und lediglich bei missbräuchlicher Nichtkenntnis das Vorliegen der positiven Kenntnis zu fingieren[899]. Da man sich jedoch auch beim missbräuchlichen Sich-Verschließen erneut in der Nähe des „Kennenmüssens" bewege, muss man nach Auffassung von *Buck* genaue Voraussetzungen herausarbeiten, wann ein solches missbräuchliches Sich-Verschließen vorliegt; insbesondere treffe den Betreffenden keine Nachforschungspflicht, so dass dieser grds. untätig bleiben dürfe[900]. Nach Ansicht des BGH ist die Grenze zum missbräuchlichen Sich-Verschließen jedoch dort erreicht, wo der Betreffende es versäumt hat, eine gleichsam auf der Hand liegende Erkenntnismöglichkeit wahrzunehmen und das Sich-Berufen auf die Nichtkenntnis als Förmelei erscheint, weil jeder andere in dieser Lage unter den selben Umständen die positive Kenntnis gehabt hätte[901].

Die Reduktion des Kenntniserfordernisses erfolgt nach Ansicht von Rspr. und h.M. in der Literatur auf materiell-rechtlicher Ebene unter Anwendung des § 162 BGB analog[902]. Denn in § 162 BGB sei als besondere Ausprägung des Grundsatzes von Treu und Glauben gemäß § 242 BGB der allgemeine Rechtsgedanke enthalten, dass niemand aus einem unredlichen Verhalten für sich Vorteile ziehen oder günstige Rechtsfolgen ableiten dürfe[903]. Danach regle § 162 BGB nicht nur, dass dem Betreffenden eine Berufung auf den Eintritt oder Ausfall einer Bedingung verwehrt sei, sondern gehe über die Regelung des § 242 BGB hinaus, indem die Rechtsfolgenbestimmung des Gesetzes zum Nachteil derjenigen Partei fingiert wird, zu deren Vor-

---

897 BGH vom 05.02.1985, NJW 1985, 2022, 2023; BGH vom 16.05.1989, NJW 1989, 2323, 2324; BGH vom 20.09.1994, NJW 1994, 3092, 3093.
898 Vgl. Leitsatz BGH vom 05.02.1985, NJW 1985, 2022; Buck, Wissen und juristische Person, S. 72.
899 Buck, Wissen und juristische Person, S. 73.
900 Buck, Wissen und juristische Person, S. 73.
901 BGH vom 10.04.1990, NJW 1990, 2808, 2810.
902 BGH vom 15.12.1987, NJW-RR 1988, 411, 412; BGH vom 16.05.1989, NJW 1989, 2323, 2324; BGH vom 20.09.1994, NJW 1994, 3092, 3093; Buck, Wissen und juristische Person, S. 74 ff.; Fatemi, NJOZ 2010, 2637, 2640; Soergel/Wolf, BGB, § 162, Rn 2, 16; Palandt/Ellenberger, § 162 Rn 1, 6; MüKo/H. P. Westermann, BGB, § 162, Rn 18 ff.
903 MüKo/H. P. Westermann, BGB, § 162, Rn 18; Buck, Wissen und juristische Person, S. 74 f.; Staudinger/Bork, BGB, § 162, Rn 15; Soergel/Wolf, BGB, § 162, Rn 2, 16.

teil die von ihr herbeigeführte Tatsachenlage gewesen wäre[904]. Hat danach eine Partei den Eintritt oder Nichteintritt einer Bedingung treuwidrig herbeigeführt oder verhindert, so wird das den Tatsachen entgegengesetzte Ergebnis fingiert.

Eben jene Rechtsfigur wird auch bei Wissensnormen angewendet[905]. Danach wird unter Anwendung des § 162 BGB analog die positive Kenntnis dann fingiert, wenn sich der Betreffende dieser entgegen Treu und Glauben entzogen hat[906]. Allerdings wird über § 162 BGB das rechtserhebliche Wissen nicht von vorneherein angenommen, sondern lediglich dann fingiert, wenn der Betreffende positive Kenntnis gehabt hätte, sofern er von der sich ihm ohne weiteres anbietenden Erkenntnismöglichkeit Gebrauch gemacht hätte[907].

Nachdem es jedoch bei der Anwendung des § 162 BGB in erster Linie nicht um eine Sanktion für treuwidriges Verhalten geht, sondern lediglich um die Durchsetzung des ursprünglichen Parteiwillens, seien einer analogen Anwendung enge Grenzen gesetzt[908]. Daher komme eine Fiktion der positiven Kenntnis nach § 162 BGB analog lediglich dann in Betracht, wenn dem Betreffenden die Möglichkeit genommen werden soll, sich missbräuchliche Vorteile daraus herzuleiten, dass er vor einer sich ihm aufdrängenden Kenntnis die Augen verschließt[909].

Ungeachtet der Erleichterung des Kenntnisbeweises auf der materiell-rechtlichen Ebene durch die Reduktion des Kenntniserfordernisses gemäß § 162 BGB analog, bleiben im Prozess jedoch die Regeln der Beweisverteilung sowie die Anforderungen des § 286 ZPO hiervon unberührt. Daher muss der Anspruchsteller auch bei dieser Reduktionsmöglichkeit im etwaig späteren Gerichtsverfahren das missbräuchliche Sich-Verschließen vor rechtserheblichem Wissen beim Anspruchsgegner nachweisen, d.h. er muss beweisen, dass dieser vor einer sich ihm ohne weiteres anbietenden Erkenntnismöglichkeit missbräuchlich die Augen verschlossen hat. Kann er diesen Nachweis aber auf der Beweisebene führen, dann wird das Vorliegen der positiven Kenntnis beim Anspruchsgegner unter analoger Anwendung des § 162 BGB auf der materiell-rechtlichen Ebene fingiert.

bb) Die Auswirkungen auf covenant-unterlegte Darlehen

Die soeben beschriebene Reduktionsmöglichkeit der Tatsachenkenntnis führt dazu, dass bereits durch den bloßen Zugang der aufgrund vertraglicher Vereinbarung in Covenants zur Verfügung gestellten Informationen die positive Kenntnis von Umständen i.S.v. § 130 II InsO beim Kreditgeber unter analoger Anwendung des § 162 BGB fingiert wird. Kann der Insolvenzverwalter daher nachweisen, dass

904 Buck, Wissen und juristische Person, S. 75; MüKo/H. P. Westermann, BGB, § 162, Rn 18.
905 Staudinger/Gursky, BGB, § 892, Rn 157; Jauernig/Chr. Berger, BGB, § 892, Rn 17; Soergel/Stürner, BGB, § 892, Rn 30; Palandt/Bassenge, § 892 Rn 24; Soergel/Schreiber, BGB, § 407, Rn 6.
906 Buck, Wissen und juristische Person, S. 75.
907 BGH vom 10.04.1990, NJW 1990, 2808, 2810; Buck, Wissen und juristische Person, S. 75 f.
908 Staudinger/Bork, BGB, § 162, Rn 15; MüKo/H. P. Westermann, BGB, § 162, Rn 18.
909 Buck, Wissen und juristische Person, S. 76.

dem Darlehensgeber die in Covenants vereinbarten Informationen zugegangen sind, so kann sich dieser nicht mehr darauf berufen, er habe keine Kenntnis über die Umstände gemäß § 130 II InsO.

Dies ergibt sich daraus, dass das Sich-Berufen auf die Unkenntnis über den Inhalt der mittels Covenants geforderten und in Erfüllung dieser Forderung auch beim Darlehensgeber zugegangenen Informationen ein missbräuchliches Sich-Verschließen vor rechtserheblichem Wissen seitens des Kreditgebers darstellen würde. Denn gerade mittels Covenants lassen sich Kreditgeber weitreichende Informationsrechte über das wirtschaftliche Geschehen im kreditnehmenden Unternehmen einräumen. Hierdurch werden Kreditnehmer dazu verpflichtet, dem Kreditgeber in regelmäßig wiederkehrenden Abständen Berichte über die wirtschaftliche Situation im kreditnehmenden Unternehmen zur Verfügung zu stellen. Der Zweck derartiger Covenants besteht gerade darin, möglichst frühzeitig von Unternehmenskrisen Kenntnis zu erlangen, um bereits zu einem frühen Zeitpunkt Maßnahmen gegen die Erhöhung des Kreditausfallrisikos einleiten zu können. Ferner werden in Covenants regelmäßig Sanktionsrechte zugunsten des Darlehensgebers für den Fall vereinbart, dass der Darlehensnehmer seiner Pflicht zur Vorlage eben jener Finanzinformationen nicht nachkommt.

Wurden dem Kreditgeber daher die in Covenants vereinbarten betriebs- und finanzwirtschaftlichen Informationen über die kreditnehmende Gesellschaft tatsächlich zur Verfügung gestellt, so kann er sich nicht mehr darauf berufen, er habe vom Inhalt dieser Monats- bzw. Quartalsberichte keine Kenntnis erlangt. Denn dessen tatsächlich bestehende oder lediglich behauptete Unkenntnis vom Inhalt der durch Covenants bereitgestellten Informationen würde ab deren Zugang eine missbräuchliche Nichtkenntnis darstellen. Dies zeigt sich darin, dass der Kreditgeber ab dem Zugang der Berichte von der sich ihm hierdurch ohne weiteres anbietenden bzw. geradezu aufdrängenden Erkenntnismöglichkeit über den Inhalt der Berichte mühelos Gebrauch machen kann. Wie eingangs erwähnt, dienen die in Covenants vereinbarten Informationsrechte dem Darlehensgeber als Krisenindikator und dieser möchte hierdurch gerade die frühzeitige Kenntnisnahme über das wirtschaftliche Geschehen im kreditnehmenden Unternehmen erzwingen. Hat der Kreditnehmer daher seine Pflicht zur Vorlage der in Covenants vereinbarten Informationen erfüllt, so wird die positive Kenntnis von Umständen i.S.v. § 130 II InsO beim Darlehensgeber gemäß § 162 BGB analog fingiert. Zwar genügt im Rahmen des §130 II InsO weder das bloße „Kennenmüssen" von Umständen noch hat der Anfechtungsgegner in irgendeiner Weise eine Pflicht zur Nachforschung über eben jene Umstände und kann daher grds. untätig bleiben. Wenn der Darlehensnehmer über Covenants jedoch zur Vorlage von betriebswirtschaftlich relevanten Berichten verpflichtet wird und eben jener Verpflichtung durch die Zurverfügungstellung der Informationen nachkommt, so hat der Kreditgeber die Augen missbräuchlich vor rechtlich relevanten Tatsachen verschlossen, wenn er es versäumt, die durch den Zugang der Informationen auf der Hand liegende Erkenntnismöglichkeit über den Inhalt der Berichte wahrzunehmen. Denn durch die in Covenants vereinbarten Informationsrechte erwartet der Kreditgeber geradezu den Zugang der Berichte und lässt sich regelmäßig, um die Zurverfügungstellung der Informationen sicherzustellen, Sanktionsmöglichkeiten für den Fall der Pflichtverletzung einräumen.

Beruft sich der Kreditgeber daher ungeachtet des Zugangs der Berichte, also trotz Pflichterfüllung seitens des Kreditnehmers, auf seine Unkenntnis, so liegt eine missbräuchliche Nichtkenntnis vor, da der Darlehensgeber den Eingang der Berichte gerade als Instrument der Risikominimierung ansieht, Sanktionsmöglichkeiten für den Fall der Pflichtverletzung hat und dadurch gerade versucht, die Kenntnisnahme über das wirtschaftliche Geschehen im kreditnehmenden Unternehmen herbeizuführen.

In diesem Zusammenhang ist das Sich-Berufen auf die Unkenntnis insbesondere als treuwidrig i.S.v. § 242 einzustufen. Denn bei § 162 BGB handelt es sich um eine besondere Ausprägung des Grundsatzes von Treu und Glauben gemäß § 242 BGB, wonach niemand aus einem unredlichen Verhalten für sich günstige Rechtsfolgen ableiten oder Vorteile ziehen darf[910]. Der Kreditgeber kann sich daher nicht auf der einen Seite mittels Covenants den Vorteil des frühzeitigen sowie weitreichenden Einblicks in die kreditnehmende Gesellschaft verschaffen und dabei gleichzeitig für den Fall, dass dieser seiner Pflicht nicht nachkommt, Sanktionsmöglichkeiten einräumen lassen. Dann aber auf der anderen Seite in Fällen, in welchen ihm eben jener Vorteil der frühen und umfassenden Einsicht in die wirtschaftlichen Verhältnisse des kreditnehmenden Unternehmens zum Nachteil gereicht, sich zur Abwendung der Anfechtung nach § 130 II InsO auf seine Unkenntnis berufen. Denn dies hieße „Rosinenpicken“, was jedoch gerade dem in § 162 BGB enthaltenen Grundsatz von Treu und Glauben widerspricht. So hat der BGH in seiner Entscheidung zu § 852 BGB a.F. bereits festgestellt, dass die Grenze zum missbräuchlichen Sich-Verschließen dort erreicht sei, wo das Sich-Berufen auf die Nichtkenntnis als reine Förmelei erscheine, da jeder andere in dieser Lage unter denselben Umständen Kenntnis gehabt hätte[911]. Trägt der Kreditgeber daher vor, er habe trotz der von ihm über Covenants verlangten und auch tatsächlich zugegangenen Informationen keine Kenntnis von deren Inhalt, so ist darin eben jene vom BGH angesprochene Förmelei zu sehen. Denn jeder Dritte in dieser Lage hätte ohne großen Aufwand allein durch einen Blick in die Berichte Kenntnis von Umständen nach § 130 II InsO gehabt. Ferner rechnet der Kreditgeber mit dem Eingang der Berichte, da er diese als Teil seines Risikomanagements nutzt und sich für den Fall der Pflichtverletzung Sanktionsrechte einräumen lässt.

Dies führt dazu, dass auch in Fällen, in denen der Kreditgeber tatsächlich unwissend ist, weil beispielsweise der zuständige Mitarbeiter aufgrund der „Flut“ von Informationen schlichtweg keine Zeit hatte diese durchzugehen, dennoch dessen positive Kenntnis von Umständen i.S.v. § 130 II InsO unter analoger Anwendung des § 162 BGB fingiert wird, wenn dem Darlehensgeber die Berichte zugegangen sind.

---

910 Vgl. nur: MüKo/H. P. Westermann, BGB, § 162, Rn 18; Buck, Wissen und juristische Person, S. 74 f.
911 BGH vom 10.04.1990, NJW 1990, 2808, 2810.

Denn wie bereits mehrfach erwähnt, ist für die Fiktion der positiven Kenntnis nach § 162 BGB analog entscheidend, dass der Betreffende die Augen vor einer Erkenntnismöglichkeit missbräuchlich verschlossen hat, er also von einer sich ihm ohne weiteres anbietenden bzw. geradezu aufdrängenden Kenntnisnahmemöglichkeit keinen Gebrauch gemacht hat[912]. Eben jene Möglichkeit der Kenntnisnahme drängt sich jedoch auch in Fällen, in denen dem Kreditgeber Informationen über das wirtschaftliche Geschehen in der kreditnehmenden Gesellschaft zugegangen sind, geradezu auf und zwar selbst dann, wenn der Darlehensgeber „unverschuldet“ den Inhalt der Berichte tatsächlich nicht zur Kenntnis genommen hat. Denn durch die in Covenants getroffenen Vereinbarungen soll gerade der Einblick in das betriebswirtschaftliche Geschehen beim Kreditnehmer erzwungen werden; der Kreditgeber erwartet daher geradezu den Zugang der Informationen. Hat also der Kreditnehmer seine Pflicht zur Vorlage der Finanzinformationen erfüllt, deren Zweck gerade darin besteht, dem Kreditgeber frühzeitige und umfassende Einsicht in das wirtschaftliche Geschehen der kreditnehmenden Gesellschaft zu gewährleisten, so kann sich der Darlehensgeber selbst dann nicht auf seine Unkenntnis berufen, wenn er den Inhalt der Berichte tatsächlich nicht kennt, da er die Zurverfügungstellung der Informationen selbst veranlasst hat.

Dies entspricht auch dem Rechtsgedanken des § 162 BGB, wonach es nicht primär um die Sanktion von treuwidrigem Verhalten geht, sondern um die Durchsetzung des ursprünglichen Parteiwillens[913]. Denn mit der Fiktion der positiven Kenntnis des Kreditgebers unter analoger Anwendung des § 162 BGB ab dem Zugang der zur Verfügung gestellten Informationen soll ebenfalls nicht die etwaige Unkenntnis des Darlehensgebers sanktioniert werden, weil er es beispielsweise versäumt hat, aufgrund der „Flut“ von Informationen sämtliche Berichte zu lesen. Es geht vielmehr auch hier um die Durchsetzung des ursprünglichen Parteiwillens. Denn der Zweck der Vereinbarung von Covenants, welche dem Kreditgeber umfassende Einsicht in die wirtschaftlichen Verhältnisse beim Kreditnehmer gewähren soll, besteht gerade darin, dass der Kreditgeber nach dem Willen beider Parteien umfassende Kenntnis über die wirtschaftlichen Vorgänge beim Kreditnehmer erlangt.

In prozessualer Hinsicht bedeutet dies, dass das Vorliegen der positiven Kenntnis von Umständen i.S.v. § 130 II InsO gemäß § 162 BGB analog auf der materiell-rechtlichen Ebene bereits dann beim Kreditgeber fingiert wird, wenn der Insolvenzverwalter den Beweis führen kann, dass diesem die aufgrund der Vereinbarung in Covenants zur Verfügung gestellten Informationen zugegangen sind. Dies darf jedoch nicht dahingehend missverstanden werden, dass hierdurch der Beweis der positiven Kenntnis bereits durch den bloßen Nachweis des Zugangs der Informationen geführt wird. Denn die Reduktion des Kenntniserfordernisses und damit die Fiktion der positiven Kenntnis erfolgt gemäß § 162 BGB analog lediglich dann, wenn der Betreffende die Augen vor rechtserheblichem Wissen missbräuchlich verschlossen

912 Buck, Wissen und juristische Person, S. 73 ff.
913 Vgl. nur: Staudinger/Bork, BGB, § 162, Rn 15.

hat, nicht hingegen durch den bloßen Zugang von Informationen. Der Anspruchssteller muss daher weiterhin das treuwidrige Sich-Verschließen nachweisen.

Ein derartiges missbräuchliches Sich-Verschließen vor der Kenntnisnahme liegt jedoch ausnahmsweise in Fällen, in denen der Kreditnehmer mittels Covenants zur Vorlage von Informationen verpflichtet ist, bereits mit dem Zugang eben jener Berichte vor. Denn wie soeben herausgearbeitet wurde, hat der Kreditgeber durch Vereinbarung in Covenants die Zurverfügungstellung der Finanzinformationen gerade deswegen veranlasst, um frühzeitig und umfassend Einblick in das unternehmerische Geschehen beim Kreditnehmer zu erlangen. Dabei erwartet der Darlehensnehmer geradezu den Eingang der Berichte und hat sich regelmäßig für den Fall der Pflichtverletzung Sanktionsmöglichkeiten einräumen lassen. Mit dem Zugang eben jener Informationen liegt somit eine sich aufdrängende Erkenntnismöglichkeit vor, so dass das Sich-Berufen auf die Unkenntnis ein missbräuchliches Sich-Verschließen des Kreditgebers darstellen würde.

Somit wird also mit dem Nachweis des Zugangs der Informationen nicht unmittelbar die positive Kenntnis, sondern lediglich das missbräuchliche Sich-Verschließen des Darlehensgebers nachgewiesen. Nur aufgrund des Nachweises des missbräuchlichen Sich-Verschließens – welches wiederum durch den Beweis des Zugangs der Informationen nachgewiesen wird – wird dann die positive Kenntnis von Umständen i.S.v. § 130 II InsO fingiert. Ausnahmsweise führt daher in Fällen, in denen sich Kreditgeber mittels Covenants weitreichende Informationsrechte einräumen lassen, bereits der Nachweis des Zugangs der Berichte zum Beweis der positiven Kenntnis über deren Inhalt und damit auch zum Beweis der positiven Kenntnis von Umständen gemäß § 130 II InsO.

e) *Zwischenergebnis*

Zusammenfassend lässt sich daher festhalten, dass bereits durch den Zugang der aufgrund der Vereinbarung in Covenants zur Verfügung gestellten Informationen die positive Kenntnis von Umständen i.S.v. § 130 II InsO beim Kreditgeber analog § 162 BGB fingiert wird. Kann daher der Insolvenzverwalter den Zugang eben jener Informationen beweisen, so hat der Kreditgeber positive Kenntnis von Umständen i.S.v. § 130 II InsO und kann sich nicht mehr auf seine Unkenntnis über den Inhalt der Berichte berufen.

Dieses Ergebnis darf jedoch nicht insoweit missverstanden werden, als dass hierdurch generell der Beweis der positiven Kenntnis durch den Nachweis des Zugangs einer Information bzw. Willenserklärung geführt werden kann. Denn wie sich gezeigt hat, lassen sich die hohen Beweisanforderungen bei der inneren Tatsache „positive Kenntnis“ nicht mit dem Zugang bzw. der Zustellung gleichsetzen. Dies ergibt sich daraus, dass eine derartige Gleichstellung im Ergebnis zu einer Gleichsetzung von positiver Kenntnis und fahrlässiger Unkenntnis von Umständen führt, welche gerade nicht ausreichend ist, eine Rechtshandlung nach § 130 II InsO anzufechten. Ferner würde eine derartige Reduktion zur Aufgabe des Tatbestandsmerkmals der inneren Tatsache „positive Kenntnis“ insgesamt führen, was mit der ganz h.M. abzulehnen ist. Damit führt auch im Rahmen des § 130 II InsO der bloße Beweis des Zugangs einer Erklärung oder Information i.d.R. nicht dazu, dass bereits hierdurch der Nachweis der positiven Kenntnis von Umständen beim Anfechtungsgegner geführt ist.

Offen bleiben kann hingegen, ob mit dem Zugang einer Willenserklärung oder Information auf der Beweisebene prima facie zu vermuten ist, der Empfänger habe hierdurch positive Kenntnis vom Inhalt der Erklärung, was dann vom Anspruchsgegner widerlegt werden kann. Denn eine Reduktionsmöglichkeit – und damit eine Beweiserleichterung für den Anspruchssteller – des Kenntniserfordernisses besteht bei Wissensnormen insoweit, als dass die positive Kenntnis unter analoger Anwendung des § 162 BGB dann fingiert wird, wenn sich der Betreffende missbräuchlich vor rechterheblichem Wissen verschlossen hat. Kann daher der Anspruchssteller im Prozess das missbräuchliche Sich-Verschließen vor der Kenntnisnahme beweisen, so führt dies zu einer Fiktion der positiven Kenntnis auf materiell-rechtlicher Ebene unter Anwendung des § 162 BGB analog.

Eben jenes missbräuchliche Sich-Verschließen vor rechtserheblichem Wissen liegt jedoch ausnahmsweise in Fällen, in denen der Kreditnehmer aufgrund der Vereinbarung in Covenants zur Zurverfügungstellung von Informationen verpflichtet ist, beim Kreditgeber bereits mit dem Zugang jener Berichte vor, wenn sich dieser trotz deren Zugangs auf seine Unkenntnis über den Inhalt beruft. Denn wie sich gezeigt hat, dient die Vereinbarung von umfangreichen Informationsrechten dem Kreditgeber gerade dazu, umfassende Kenntnis über das wirtschaftliche Geschehen in der kreditnehmenden Gesellschaft zu erlangen. Daher stellt das Sich-Berufen auf die Unkenntnis ab dem Zugang der Informationen ein missbräuchliches Sich-Verschließen dar, da der Kreditgeber nicht auf der einen Seite mittels Covenants den Einblick in die wirtschaftlichen Verhältnisse fordern kann, den Eingang der Berichte daher geradezu erwartet und sich Sanktionsrechte im Falle der Pflichtverletzung einräumen lässt. Dann aber auf der anderen Seite für den Fall, dass ihm eben jener Vorteil zum Nachteil gereicht, wie etwa bei der Anfechtung nach §§ 129 ff. InsO, sich auf seine Nichtkenntnis beruft.

Somit führt auch in Fällen, in denen sich der Kreditgeber weitreichende Informationsrechte einräumen lässt, der Nachweis des Zugangs nicht unmittelbar zum Beweis der positiven Kenntnis von Umständen nach § 130 II InsO. Mit dem Beweis des Zugangs der Berichte ist vielmehr lediglich das missbräuchliche Sich-Verschließen vor rechtserheblichem Wissen nachgewiesen, wodurch dann das Vorliegen der positiven Kenntnis von Umständen i.S.v. § 130 II InsO unter analoger Anwendung des § 162 BGB fingiert wird. Kann daher der Insolvenzverwalter den Zugang der Informationen beim Kreditnehmer nachweisen, so hat er ausnahmsweise bereits hierdurch dem Beweis der positiven Kenntnis von Umständen i.S.v. § 130 II InsO Genüge getan.

2. Umstände die zwingend auf die Zahlungsunfähigkeit schließen lassen (Rechtsebene des § 130 II InsO)

Wie eingangs dargestellt, ist im Rahmen der Anfechtbarkeit von kongruenten Deckungshandlungen nach § 130 II InsO die dem Insolvenzverwalter obliegende Beweislast dadurch erleichtert, dass er auf der Rechtsebene nicht mehr nachweisen muss, dass der Insolvenzgläubiger selbst den zutreffenden Schluss gezogen hat, der Insolvenzschuldner sei zahlungsunfähig. Ausreichend ist vielmehr, wenn er nachweist, dass der Anfechtungsgegner Kenntnis von Umständen hat, aus denen bei zutreffender rechtlicher Bewertung die Zahlungsunfähigkeit zweifelsfrei folgt[914].

Nachdem nunmehr herausgearbeitet wurde, dass beim Kreditgeber das Vorliegen der positiven Kenntnis von Umständen i.S.v. § 130 II InsO durch die Anwendung des 162 BGB analog fingiert wird, wenn der Insolvenzverwalter nachweisen kann, dass die mittels Covenants zur Verfügung gestellten Informationen dem Insolvenzgläubiger zugegangen sind, muss nunmehr der Frage nachgegangen werden, welcher objektive Haftungsmaßstab auf der Rechtsebene anzusetzen ist, wonach die dem Darlehensgeber hierdurch bekannten Tatsachen den objektiven Schluss auf die Zahlungsunfähigkeit zwingend erscheinen lassen[915]. Denn nicht jeder dem Anfechtungsgegner bekannte Umstand lässt zwangsläufig darauf schließen, dass der Insolvenzschuldner zahlungsunfähig ist. So ist beispielsweise die bloße Kenntnis über Verluste im kreditnehmenden Unternehmen, gleich welcher Größenordnung, nicht aussagekräftig im Hinblick auf dessen Zahlungsunfähigkeit, da der Darlehensgeber u. U. dennoch über liquide Mittel verfügt[916].

Da auch die Vereinbarung von Informationsrechten von den Kreditvertragsparteien beliebig ausgestaltbar ist, können in der vorliegenden Untersuchung nicht sämtliche mittels Covenants zur Verfügung gestellten Information dahingehend analysiert werden, ob sich hieraus bei zutreffender rechtlicher Würdigung die Zahlungsunfähigkeit des Kreditnehmers ergibt. Es gilt vielmehr ganz generell die objektiven Kriterien herauszuarbeiten, wann der Schluss auf die Zahlungsunfähigkeit zwingend ist.

a) *Der objektive Haftungsmaßstab des § 130 II InsO auf der Rechtsebene*

Auch im Zusammenhang mit der Anfechtung von kongruenten Deckungshandlungen gemäß § 130 II InsO ist nicht ausreichend, wenn der Insolvenzgläubiger Kenntnis über Umstände hat, aus denen man die Zahlungsunfähigkeit des Schuldners schließen „könnte" oder „müsste"[917]. Der objektive Schluss auf die Zahlungsunfähigkeit muss vielmehr zweifelsfrei und zwingend sein[918]. In Anlehnung an seine

---

914 BGH vom 20.11.2001, BGHZ 149, 178, 185.
915 Schoppmeyer, in Bork (Hrsg.), Handbuch des Insolvenzanfechtungsrechts, Kap. 7, Rn 100.
916 Zeuner, Die Anfechtung in der Insolvenz, Rn 118.
917 Vgl. hierzu bereits: Teil 4, A., II.
918 Schoppmeyer, in Bork (Hrsg.), Handbuch des Insolvenzanfechtungsrechts, Kap. 7, Rn 100.

Rspr. zu den §§ 819, 990 BGB[919] hat der BGH hierzu festgestellt, dass der zwingende Schluss von der Tatsachenkenntnis auf die Zahlungsunfähigkeit dann zu ziehen ist, „wenn sich ein redlich Denkender, der vom Gedanken auf den eigenen Vorteil nicht beeinflusst ist, angesichts der ihm bekannten Tatsachen der Einsicht nicht verschließen kann, der Schuldner sei zahlungsunfähig"[920]. Bewertet der Anfechtungsgegner daher die ihm vollständig bekannten Tastsachen, welche objektiv die Annahme der Zahlungsunfähigkeit gebieten, falsch, dann kann er sich nicht erfolgreich darauf berufen, er habe den Schluss von der Tatsachenebene auf der Rechtsebene nicht selbst gezogen[921].

Ähnlich zur Reduktion der Tatsachenkenntnis nach § 162 BGB analog[922] darf der Insolvenzgläubiger daher auch auf der Rechtsebene des § 130 II InsO seine Augen nicht vor der Zahlungsunfähigkeit des Insolvenzschuldners verschließen, wenn er Kenntnisse von Umständen hat, an die jedermann mit seiner Verkehrsauffassung verständigerweise die Erwartung knüpft, der Schuldner werde wesentliche Zahlungen so gut wie sicher nicht erbringen können[923]. Damit kann sich der Anfechtungsgegner dann nicht der Erkenntnis über die Zahlungsunfähigkeit entziehen, wenn ein im Geschäftsleben nicht unerfahrener bzw. unvoreingenommener Gläubiger angesichts der ihm bekannten Tatsachen ohne ernsthafte Zweifel die Zahlungsunfähigkeit angenommen hätte[924].

Als Vergleichsmaßstab sind dabei auch die Berufs- und Geschäftskreise des Anfechtungsgegners heranzuziehen[925]. Somit ist der Schluss auf die Zahlungsunfähigkeit des Insolvenzschuldners zwingend, wenn der Kreditgeber durch die mittels Covenants zur Verfügung gestellten Informationen Kenntnis über Tatsachen hat, an die eben jene Berufs- und Geschäftskreise des Anfechtungsgegners die Erwartung knüpfen, der Kreditnehmer werde seine Zahlungspflichten nicht erfüllen können[926]. Nach überwiegender Auffassung im Schrifttum wird daher davon ausgegangen, dass Kreditgeber, welche im Rahmen von Großkrediten gemäß § 18 KWG verpflichtet sind, sich laufend und zeitnah über die Vermögensverhältnisse des Kreditnehmers zu unterrichten, regelmäßig Kenntnis von Umständen i.S.v. § 130 II InsO haben, die zwingend auf die Zahlungsunfähigkeit schließen lassen[927].

---

919 Vgl. hierzu: Teil 4, A., II., 1., d).
920 BGH vom 19.02.2009, ZIP 2009, 526, 527. So auch die h.M. in der Literatur: Jaeger/Henckel, InsO, § 130, Rn 121; HK-InsO/Kreft, § 130, Rn 29; LSZ/Zeuner, InsO, § 130, Rn 24; MüKo/Kirchhof, InsO, § 130, Rn 36.
921 BGH vom 19.02.2009, ZIP 2009, 526, 527; BGH vom 20.11.2001, BGHZ 149, 178, 185.
922 Siehe dazu bereits: Teil 4, A., II., 1., d).
923 BGH vom 27.04.1995, ZIP 1995, 929, 932.
924 BGH vom 10.07.2003, ZIP 2003, 1666, 1669; HambKomm/Rogge, InsO, § 130, Rn 19.
925 FK-InsO/Dauernheim, § 130, Rn 35.
926 Zeuner, Die Anfechtung in der Insolvenz, Rn 118.
927 Paulus, WM 2000, 2225, 2228; Schoppmeyer, in Bork (Hrsg.), Handbuch des Insolvenzanfechtungsrechts, Kap. 7, Rn 102. AA MüKo/Kirchhof, InsO, § 130, Rn 39. Nach *Dauernheim* besteht hierdurch lediglich eine dahingehende Vermutung, vgl. FK-InsO/Dauernheim, § 130, Rn 43.

b) *Die Auswirkungen auf covenant-unterlegte Darlehen*

Wie bereits erwähnt, lassen sich im Rahmen der vorliegenden Arbeit nicht sämtliche über Covenants zur Verfügung gestellten Informationen dahingehend analysieren, ob sich hieraus bei zutreffender rechtlicher Würdigung die Zahlungsunfähigkeit des Kreditnehmers ergibt, da auch die Vereinbarung von Informationsrechten von den Kreditvertragsparteien individuell ausgestaltbar ist.

Zu beachten ist jedoch, dass die Vereinbarung von Informationsrechten in Covenants häufig über die gesetzlich vorgeschriebenen Offenlegungspflichten des § 18 KWG hinausgehen[928]. In eben jenen aufgrund der Vereinbarung von Covenants zur Verfügung gestellten Berichten sind regelmäßig auch Informationen über die Liquidität des kreditnehmenden Unternehmens enthalten. Des Weiteren sind auf Seiten des Kreditgebers i.d.R. Mitarbeiter mit der Durchsicht dieser Berichte befasst, die über entsprechende betriebswirtschaftliche Kenntnisse verfügen und damit die zur Verfügung gestellten Informationen interpretieren können. Daher wird in Fällen, in denen das kreditnehmende Unternehmen Insolvenz anmeldet, der Kreditgeber durch die mittels Covenants zur Verfügung gestellten Informationen regelmäßig bereits im Vorfeld der Insolvenz Kenntnis über Umstände nach § 130 II InsO haben, die für sich genommen den Schluss auf die Zahlungsunfähigkeit des Kreditnehmers zwingend erscheinen lassen. Dennoch muss jeweils im Einzelfall geprüft werden, ob die mittels Covenants zur Verfügung gestellten Informationen zwingend auf die Zahlungsunfähigkeit des Kreditnehmers schließen lassen.

3. Ergebnis

Es kann damit festgehalten werden, dass sich das Risiko der Anfechtbarkeit von vorinsolvenzlichen Rechtshandlungen durch die Vereinbarung von Informationsrechten in Covenants für Kreditgeber deutlich erhöht. Zwar hat sich gezeigt, dass den Beweisschwierigkeiten bei der inneren Tatsache „positive Kenntnis" nicht durch eine Reduktion entgegengewirkt werden kann, indem die positive Kenntnis bereits mit dem Zugang einer Information bzw. Willenserklärung angenommen wird, welcher einfacher nachzuweisen ist.

Allerdings kommt eine Reduktion der Tatsachenkenntnis dann in Betracht, wenn der Betreffende vor einer sich ihm ohne weiteres anbietenden bzw. geradezu aufdrängenden Erkenntnismöglichkeit missbräuchlich die Augen verschlossen hat. Kann daher der Anspruchssteller das missbräuchliche Sich-Verschließen beweisen, dann ist dem Anspruchsgegner das Sich-Berufen auf die Unkenntnis verwehrt und das Vorliegen der positiven Kenntnis wird gemäß § 162 BGB analog fingiert.

Ein solches missbräuchliches Sich-Verschließen liegt jedoch gerade mit dem Zugang der aufgrund der Vereinbarung in Covenants zur Verfügung gestellten Infor-

---

928 Zum konkreten Inhalt der gesetzlich vorgeschriebenen Publizitätspflichten nach § 18 KWG siehe: Bock, in Boos/Fischer/Schulte-Mattler, KWG, § 18 Rn 39 ff.

mationen vor. Kann der Insolvenzverwalter daher den Zugang der Berichte beim Kreditgeber nachweisen, so wird dessen positive Kenntnis von Umständen i.S.v. § 130 II InsO unter analoger Anwendung des § 162 BGB fingiert. Damit führt ausnahmsweise bereits der Zugang einer Information zum Beweis der positiven Kenntnis.

Inwieweit der Anfechtungsgegner durch die Fiktion der positiven Tatsachenkenntnis auch auf der Rechtsebene hierdurch Kenntnis von Umständen hat, die zwingend auf eine Zahlungsunfähigkeit schließen lassen, muss letzten Endes im Einzelfall entschieden werden, da die in Covenants vereinbarten Informationsrechte individuell ausgestaltbar sind. Zu beachten ist jedoch, dass die über Covenants zur Verfügung gestellten Berichte regelmäßig auch Informationen enthalten, welche über die Liquidität des Kreditnehmers Auskunft erteilen. Damit haben Kreditgeber mit dem Zugang der aufgrund der Vereinbarung in Covenants zur Verfügung gestellten Informationen regelmäßig auch Kenntnis von Umständen, die den Schluss auf die Zahlungsunfähigkeit als zwingend erscheinen lassen, so dass die zugunsten des Kreditgebers erfolgten Rechtshandlungen gemäß § 130 II InsO anfechtbar sind.

III. Covenant-gesicherte Kreditgeber als nahestehende Person gemäß § 138 InsO

Der soeben herausgearbeiteten Rechtskonstruktion der Fiktion der positiven Kenntnis von Umständen beim Darlehensgeber bedarf es allerdings dann nicht, wenn der covenant-gesicherte Kreditgeber als nahestehende Person gemäß § 138 InsO zu qualifizieren ist. Denn nach § 130 III InsO wird gegenüber einer Person, welche zur Zeit der Rechtshandlung dem Insolvenzschuldner nahestand, widerleglich vermutet, dass diese die Zahlungsunfähigkeit kannte. Hintergrund dieser Beweislastumkehr zugunsten des Insolvenzverwalters ist die Annahme des Gesetzgebers, eben jene nahestehenden Personen seien besonders gut über die wirtschaftlichen Verhältnisse des Gemeinschuldners informiert und daher die Gefahr der Vornahme von anfechtbaren Rechtshandlungen deutlich erhöht[929].

Hierdurch stellt sich die Sach- und Rechtslage für den Insolvenzverwalter – und damit einhergehend eine noch größere Gefahr der Anfechtbarkeit von Rechtshandlungen für Kreditgeber – erheblich einfacher dar, da dieser im Gegensatz zur Anfechtung nach §§ 130 I, II InsO weder die positive Kenntnis der Zahlungsunfähigkeit beim Anfechtungsgegner bzw. dessen zumindest positive Kenntnis von Umständen nachweisen muss, noch das missbräuchliche Sich-Verschließen vor rechtserheblichem Wissen durch den Zugang der Berichte. Ausreichend ist vielmehr, wenn er beweisen kann, beim Insolvenzgläubiger handle es sich um eine nahestehende Person nach § 138 InsO. In diesen Fällen obliegt es dann dem Anfechtungsgegner, seine

---

929 Begr. zu § 145 RegE InsO, BT-Drucks. 12/2443, S. 158.

Unkenntnis in Bezug auf die Zahlungsunfähigkeit des Insolvenzschuldners nachzuweisen[930].

Ungeachtet der über § 138 InsO ermöglichten Beweiserleichterung bei der inneren Tatsache „positive Kenntnis" muss der Insolvenzverwalter jedoch auch im Rahmen der Anfechtung nach §§ 130 III, 138 InsO weiterhin die objektiven Tatbestandsvoraussetzungen der kongruenten Deckungsanfechtung beweisen. Lediglich der subjektive Tatbestand über den Nachweis der Kenntnis der Zahlungsunfähigkeit beim Insolvenzgläubiger entfällt dann, indem widerleglich vermutet wird, dieser habe die Zahlungsunfähigkeit gekannt.

Nachdem sich Kreditgeber durch die Vereinbarung von Covenants Einflussnahme- und Informationsrechte gegenüber dem kreditnehmenden Unternehmen einräumen lassen, stellt sich daher die Frage, ob Darlehensgeber hierdurch die Stellung einer nahestehenden Person i.S.v. § 138 InsO einnehmen. Sollte dies der Fall sein, so bedürfte es nicht mehr der Reduktion des Kenntniserfordernisses auf materieller Ebene unter analoger Anwendung des § 162 BGB. Da es sich bei der kreditnehmenden Gesellschaft regelmäßig um eine juristische Person handeln wird, könnte der covenant-geschützte Kreditgeber eine nahestehende Person i.S.v. § 138 II Nr. 1 oder Nr. 2 InsO sein. Daher gilt es zu untersuchen, ob ein Kreditgeber durch die Vereinbarung von Einflussnahme- und Informationsrechten in Covenants als Mitglied des Vertretungs- oder Aufsichtsorgans der kreditnehmenden Gesellschaft einzustufen und damit als eine dem Insolvenzschuldner nahestehende Person nach § 138 II Nr. 1 InsO zu qualifizieren ist. Ferner kommt durch die Vereinbarung von Covenants eine vergleichbare gesellschaftsrechtliche oder dienstvertragliche Bindung in Betracht, so dass der Kreditgeber über § 138 II Nr. 2 InsO die Stellung einer der dem Darlehensnehmer nahestehenden Person einnehmen würde.

Im Nachfolgenden soll daher untersucht werden, ob die Kenntnis der Zahlungsunfähigkeit beim Kreditgeber gemäß § 130 III InsO deswegen zu vermuten ist, weil dieser aufgrund der Vereinbarung von Covenants als eine der kreditnehmenden Gesellschaft nahestehenden Person nach § 138 II Nr. 1 oder Nr. 2 InsO einzustufen ist.

1. Covenant-geschützte Kreditgeber als nahestehende Personen gemäß § 138 II Nr. 1 InsO

Gemäß § 138 II Nr. 1 InsO sind die Mitglieder des Vertretungs- und Aufsichtsorgans der insolventen juristischen Person nahestehende Personen. Überwiegende Einigkeit besteht außerdem insoweit, als dass auch faktische Vertretungs- und Aufsichtsorgane, also diejenigen, bei denen es an einer wirksamen Bestellung fehlt, welche aber ungeachtet dessen die jeweilige Funktion in tatsächlicher Hinsicht ausüben, ebenfalls als nahestehende Personen einzustufen sind[931].

930 HK-InsO/Kreft, § 130, Rn 35 ff.
931 Ehricke, in Bork (Hrsg.), Handbuch des Insolvenzanfechtungsrechts, Kap. 2, Rn 46; MüKo/Stodolkowitz/Bergmann, InsO, § 138, Rn 18; Uhlenbruck/Hirte, InsO, § 138, Rn 14; Jaeger/Henckel, InsO, § 138, Rn 22.

Da es bei covenant-gesicherten Kreditgebern an einer Bestellung zum Vertretungs- bzw. Aufsichtsorgan in der kreditnehmenden Gesellschaft insgesamt fehlt, muss zunächst herausgearbeitet werden, ob diese jedoch durch die Vereinbarung von Einflussnahme- und Informationsrechten eben jene faktische Organstellung i.S.v. § 138 II Nr. 1 InsO einnehmen. Je nach Umfang und Intensität der in Covenants vereinbarten Rechte kommt hierbei zum einen eine faktische Geschäftsführung bzw. die Stellung als faktischer Vorstand durch den Kreditgeber in Betracht. Nachdem sich Darlehensgeber in derartigen Kreditnebenabreden aber vor allem weitreichende Informationsrechte einräumen lassen, durch welche sie das unternehmerische Geschehen in der kreditnehmenden Gesellschaft permanent überwachen können, muss zum anderen der Frage nachgegangen werden, ob diese hierdurch die Stellung eines faktischen Aufsichtsorgans einnehmen und dadurch als nahestehende Person gemäß § 138 II Nr. 1 InsO zu qualifizieren sind.

a) *Covenant-gesicherte Kreditgeber als nahestehende Personen i.S.v. § 138 II Nr. 1 InsO wegen faktischer Geschäftsführung*

Wie bereits in *Teil 3* dieser Arbeit dargestellt, sind Kreditgeber durch die Vereinbarung von umfassenden Einwirkungsrechten in der Lage, die unternehmerischen Geschicke in der kreditnehmenden Gesellschaft im Vorfeld der Insolvenz maßgeblich zu steuern, so dass diese u. U. die Stellung eines faktischen Geschäftsführers oder eines faktischen Vorstandes einnehmen können[932]. Nachdem auch der faktische Vorstand bzw. faktische Geschäftsführer als nahestehende Person nach § 138 II Nr. 1 InsO gilt, muss daher erneut herausgearbeitet werden, ob covenant-gesicherte Kreditgeber durch die Vereinbarung von weitreichenden Einflussnahmerechten eben jene faktische Geschäftsführung im kreditnehmenden Unternehmen übernehmen und dadurch als nahestehend einzustufen sind.

Unabhängig von den einzelnen Vereinbarungen bzw. der Intensität der Einflussnahme über Covenants stehen einer Ausdehnung des Adressatenkreises von § 138 II Nr. 1 InsO auf covenant-geschützte Kreditgeber jedoch unter ähnlichen Erwägungen wie bei der Insolvenzantragspflicht des faktischen Geschäftsführers nach § 15a I InsO erhebliche Bedenken entgegen[933]. Denn entsprechend der Regelung des § 15a I InsO, gelten auch im Rahmen des § 138 II Nr. 1 InsO lediglich die Mitglieder des Vertretungsorgans, also diejenigen, die über eine organschaftliche Vertretungsbefugnis verfügen, als dem Insolvenzschuldner nahe stehend. Daher deutet der Wortlaut des § 138 II Nr. 1 InsO erneut daraufhin, dass faktische Geschäftsführer hiervon lediglich dann erfasst werden, wenn diese durch zumindest unwirksamen förmlichen Bestellungsakt zum Organ der Insolvenzschuldnerin ernannt worden sind. Denn keine nahestehenden Personen i.S.v. § 138 II Nr. 1 InsO sind danach die lediglich rechtsgeschäftlich Vertretungsberechtigten. Der wesentliche Unterschied zwischen organschaftlicher und rechtsgeschäftlicher Vertretungsmacht besteht wiederum

932 Siehe dazu bereits: Teil 3.
933 Vgl. hierzu bereits: Teil 3, C.

darin, dass Erstere mit einer umfassenderen Vertretungsbefugnis ausgestattet sind, gleichzeitig aber höhere Anforderungen an die Erteilung einer solchen Vertretungsmacht gestellt werden, was sich insbesondere am Vorliegen eines förmlichen Bestellungsaktes zeigt. Nachdem jedoch lediglich die organschaftliche Stellung zur Einstufung als nahestehende Person führt, diese aber wiederum nur durch förmlichen Bestellungsakt erlangt werden kann, scheint es nach dem Wortlaut des § 138 II Nr. 1 InsO naheliegend, faktische Geschäftsführer bzw. Vorstände lediglich dann in dessen Adressatenkreis einzubeziehen, wenn diese durch zumindest fehlerhaften förmlichen Bestellungsakt zum Organ der kreditnehmenden Gesellschaft ernannt worden sind.

Ein zumindest unwirksamer förmlicher Bestellungsakt liegt jedoch bei covenant-gesicherten Kreditgebern gerade nicht vor, so dass diese selbst dann nicht als nahestehende Person nach § 138 II Nr. 1 InsO einzustufen sind, wenn sie durch die Vereinbarung von weitreichenden Einflussnahmerechten die Geschäftsführung in der kreditnehmenden Gesellschaft faktisch übernommen haben.

b) *Zwischenergebnis*

Als Zwischenergebnis kann daher festgehalten werden, dass covenant-gesicherte Kreditgeber mangels Vorliegens eines zumindest unwirksamen förmlichen Bestellungsaktes nicht als dem Insolvenzschuldner nahestehende Person gemäß § 138 II Nr. 1 InsO zu qualifizieren sind. Im Ergebnis wird sich dieses Ergebnis wohl nicht von der Rspr. des BGH unterscheiden. Denn nach dessen Ansicht setzt die Stellung als faktischer Geschäftsführer zwingend das Handeln im Außenverhältnis voraus, was bei einem covenant-gesicherten Kreditgeber gerade nicht der Fall ist[934]. Damit wird dieser nach Ansicht des BGH auch nicht vom Anwendungsbereich des § 138 II Nr. 1 InsO erfasst.

c) *Covenant-gesicherte Kreditgeber als nahestehende Person i.S.v. § 138 II Nr. 1 InsO wegen faktischer Aufsicht*

Wie sich bisher gezeigt hat, sind covenant-gesicherte Kreditgeber mangels Vorliegens eines zumindest unwirksamen förmlichen Bestellungsaktes nicht als nahestehende Person i.S.v. § 138 II Nr. 1 InsO wegen faktischer Geschäftsführung einzustufen. Unabhängig von dieser formalen Voraussetzung dürfte in der Praxis die Ausübung der faktischen Geschäftsführung durch Kreditgeber ohnehin die Ausnahme bleiben, da die tatsächliche Übernahme der Geschäftsleitung im kreditnehmenden Unternehmen regelmäßig nur bei besonders massiver Einflussnahme über Covenants angenommen werden kann.

In den weitaus häufigeren Fällen werden Kreditgeber jedoch durch die Vereinbarung von Covenants, insbesondere durch die darin enthaltenen Informationsrechte, die Funktion eines faktischen Aufsichtsorgans im kreditnehmenden Unternehmen

---

934 Vgl. hierzu bereits: Teil 3, A., II.

ausüben, welche ebenfalls vom Adressatenkreis des § 138 II Nr. 1 InsO erfasst sind und damit als dem Insolvenzschuldner nahe stehend gelten[935]. Denn gemäß § 111 AktG, welcher über § 52 GmbHG auch auf die Rechtsform der GmbH anzuwenden ist, besteht die Aufgabe des Aufsichtsrates darin, die Geschäftsführung zu überwachen. In diesem Zusammenhang hat der Aufsichtsrat gemäß § 111 II 1 AktG insbesondere das Recht zur Einsicht in die Bücher der Gesellschaft und in manchen Fällen kann die Vornahme von bestimmten Geschäften wegen der Regelung des § 111 IV 2 AktG nur mit dessen Zustimmung erfolgen. Im Aufgabenbereich des formalen Aufsichtsrats zeigen sich daher Parallelen zum covenant-gesicherten Kreditgeber. Denn auch dieser kann durch die hierdurch vereinbarten Informationsrechte ebenfalls die Geschäftsführung im kreditnehmenden Unternehmen überwachen bzw. es werden beispielsweise Vereinbarungen getroffen, wonach der Kreditnehmer bestimmte Rechtshandlungen nur mit Zustimmung des Darlehensgebers vornehmen darf.

Ungeachtet der soeben aufgezeigten Parallelen stehen jedoch einer Einstufung von covenant-gesicherten Kreditgebern als faktische Aufsichtsorgane und damit auch deren Einbeziehung in den Adressatenkreis des § 138 II Nr. 1 InsO erneut Bedenken entgegen. Zwar besteht im Gegensatz zur faktischen Geschäftsführung keinerlei Notwendigkeit für das Vorliegen eines Außenauftritts gegenüber Dritten, da Aufsichtsorgane die Gesellschaft nur in Ausnahmefällen im Außenverhältnis vertreten. Allerdings bedarf es je nach Gesellschaftsform auch bei der Bestellung zum Aufsichtsorgan entweder eines Beschlusses der Gesellschafter- oder der Hauptversammlung. Im Falle einer AG muss darüber hinaus eben jener Beschluss der Hauptversammlung gemäß § 130 I 1 AktG notariell beurkundet werden. Da covenant-unterlegte Darlehensverträge regelmäßig nur von der kreditnehmenden Gesellschaft, vertreten durch die Geschäftsführer oder den Vorstand, abgeschlossen werden, haben jedoch Gesellschafter- bzw. Hauptversammlung häufig gar keine Kenntnis vom Inhalt der in Covenants zu Gunsten des Kreditgebers eingeräumten Rechte und damit dessen faktischer Ausübung der Aufsichtsfunktion. Damit stellt sich bereits die Frage, ob im Zusammenhang mit der faktischen Aufsicht von einer Bestellung insgesamt, d.h. auch von einer zumindest unwirksamen, abzusehen ist bzw. durch die Duldung der Einflussnahme eine „konkludente" Bestellung angenommen werden kann.

Hieran ändert sich auch nichts durch den Umstand, dass ausweislich des Regierungsentwurfs zur InsO vom Anwendungsbereich des § 138 II Nr. 1 InsO auch fakultative Organe wie etwa Beiräte oder Verwaltungsräte erfasst sind[936]. Denn auch wenn derartige Organe nicht gesetzlich vorgeschrieben und damit auch keine besonderen Formvorschriften bei der Bestellung zu beachten sind, so bedarf es ungeachtet dessen auch in diesen Fällen einer Legitimation im Gesellschaftsvertrag oder

---

935 Ehricke, in Bork (Hrsg.), Handbuch des Insolvenzanfechtungsrechts, Kap. 2, Rn 46; MüKo/Stodolkowitz/Bergmann, InsO, § 138, Rn 18; Uhlenbruck/Hirte, InsO, § 138, Rn 14; Jaeger/Henckel, InsO, § 138, Rn 22.

936 Begr. zu § 154 RegE InsO, BT-Drucks. 12/2443, S. 162.

in der Satzung, damit die Mitglieder dieses fakultativen Aufsichtsorgans vom Adressatenkreis des § 138 II Nr. 1 InsO erfasst werden und damit als dem Insolvenzschuldner nahe stehend gelten[937]. Aber auch an eben jener Grundlage zur Übertragung von bestimmten Aufsichtsbefugnissen im Gesellschaftsvertrag oder in der Satzung fehlt es bei covenant-gesicherten Kreditgebern. Denn weder ein Gesellschaftsvertrag noch eine Satzung wird in irgendeiner Weise eine Regelung zur Übertragung von Aufsichtsbefugnissen an Kreditgeber enthalten. Damit fehlt es auch in diesen Fällen an einer Grundlage zur Übertragung der Aufsichtsfunktion auf covenant-gesicherte Kreditgeber insgesamt.

Darüber hinaus können gemäß § 100 I 1 AktG, welcher gemäß § 52 GmbHG auch auf die GmbH anzuwenden ist, lediglich natürliche, unbeschränkt geschäftsfähige Personen Mitglied des Aufsichtsrats werden. Im Parallelfall hat der BGH hierzu bereits festgestellt, dass wegen der Regelungen der §§ 6 II 1 GmbHG, 76 III 1 AktG juristische Personen keine faktische Geschäftsführerstellung einnehmen können[938]. Da Kreditgeber jedoch in aller Regel als juristische Person am Rechtsverkehr teilnehmen, würden sie nach Auffassung des BGH zumindest unmittelbar als faktische Aufsichtsorgane ausscheiden.

Zu fragen ist daher, ob der Mitarbeiter des Kreditgebers, welcher für diesen die faktische Aufsicht im kreditnehmenden Unternehmen ausübt, als nahestehende Person gemäß § 138 II Nr. 1 InsO einzustufen ist und dessen Näheverhältnis zum Kreditnehmer dann der juristischen Person zuzurechnen ist[939]. Denn der Angestellte eines Kreditinstitutes kann als natürliche Person ohne weiteres die Stellung eines Aufsichtsorgans einnehmen. So hat der BGH in einem ähnlich gelagerten Fall hierzu bereits im Jahre 1995 entschieden, dass auch eine juristische Person über § 138 II Nr. 3 HS. 1 InsO (welcher vom Wortlaut aber eigentlich nicht passt[940]) dem Insolvenzschuldner nahestehen könne, wenn sie von Rechts wegen mittelbar über natürliche Personen Einblick in die wirtschaftlichen Verhältnisse des Schuldners nehmen könne[941]. In dem soeben genannten Fall hatte der Alleingesellschafter und Geschäftsführer einer juristischen Person einen Geschäftsführungsvertrag mit der Insolvenzschuldnerin geschlossen, wodurch er die Geschäftsführungsfunktion bei der Schuldnerin übernommen hatte und dadurch umfassenden Einblick in deren wirtschaftliche Verhältnisse erlangte. Setzt daher eine juristische Person ihren Geschäftsführer zur Übernahme der Geschäftsführung im Schuldnerunternehmen ein und ist dieser Geschäftsführer eine nahestehende Person, so gilt auch die hinter ihm stehende juristische Person als nahe stehend.

---

937 MüKo/Stodolkowitz/Bergmann, InsO, § 138, Rn 18; Zeuner, Die Anfechtung in der Insolvenz, Rn 68.
938 BGH vom 25.02.2002, BGHZ 150, 61, 68.
939 Ausführlich zum Bankmitarbeiter im Aufsichtsrat und dessen Einbeziehung in den Adressatenkreis des § 138 II Nr. 1 InsO: Paulus, WM 2000, 2225, 2225 f.; Uhlenbruck/Hirte, InsO, § 138, Rn 16.
940 Paulus, WM 2000, 2225, 2225.
941 BGH vom 06.04.1995, ZIP 1995, 1021, 1025.

Allerdings besteht im Falle von covenant-gesicherten Kreditgebern die Besonderheit, dass deren Mitarbeiter als faktische Aufsichtsorgane gemäß § 116 S. 1, 93 I 3 AktG zur Verschwiegenheit verpflichtet sind, was gemäß § 52 GmbHG auch für die Aufsichtsorgane der GmbH gilt. In derart gelagerten Fällen greift jedoch wiederum die Regelung des § 138 II Nr. 3 HS. 2 InsO, wonach der Mitarbeiter des Kreditinstitutes trotz seines Näheverhältnisses zum Insolvenzschuldner nicht als nahestehende Person qualifiziert werden kann. Nachdem der vom Kreditinstitut entsandte Angestellte nicht der Gemeinschuldnerin nahe stehend ist, kann daher auch die hinter ihm stehende juristische Person nicht nahe stehend sein.

Aufgrund der soeben gemachten Ausführungen kann daher nicht davon ausgegangen werden, dass covenant-gesicherte Kreditgeber als faktische Aufsichtsorgane i.S.v. § 138 II Nr. 1 InsO eingestuft werden können und damit als dem Insolvenzschuldner nahe stehend gelten.

d) *Zwischenergebnis*

Es kann daher festgehalten werden, dass covenant-gesicherte Kreditgeber nicht als dem Insolvenzschuldner gemäß § 138 II Nr. 1 InsO nahe stehend wegen ihrer faktischen Aufsichtsfunktion gelten. Denn wie sich gezeigt hat, fehlt es auch hierbei an einer Übertragung der Aufsichtsbefugnis durch das jeweils zuständige Bestellungsorgan insgesamt. Darüber hinaus besteht weiterhin Uneinigkeit, ob Kreditgeber als juristische Personen wegen der Regelung des § 100 I 1 AktG überhaupt eine Aufsichtsfunktion ausüben können. Aber auch wenn man den Mitarbeiter des Kreditinstitutes, welcher vom Darlehensgeber zur Aufsicht über die wirtschaftlichen Verhältnisse in das kreditnehmende Unternehmen entsandt ist, als faktisches Aufsichtsorgan einstufen will, so gilt dieser wegen seiner Verschwiegenheitspflicht aus § 116 S. 1, 93 I 3 AktG nicht als dem Insolvenzschuldner nahe stehend gemäß § 138 II Nr. 3 HS. 2 InsO. Dies hat zur Folge, dass auch die hinter ihm stehende juristische Person nicht als dem Gemeinschuldner nahe stehend einzustufen ist.

2. Covenant-gesicherte Kreditgeber als nahestehende Person i.S.v. § 138 II Nr. 2 InsO

Allerdings gelten gemäß § 138 II Nr. 2 InsO auch Personen oder Gesellschaften als dem Gemeinschuldner nahe stehend, die aufgrund einer vergleichbaren gesellschaftsrechtlichen oder dienstvertraglichen Verbindung die Möglichkeit haben, sich über die wirtschaftlichen Verhältnisse beim Insolvenzschuldner zu informieren. Dabei sind insbesondere auch juristische Personen vom Anwendungsbereich des § 138 II Nr. 2 InsO erfasst[942], so dass in diesem Zusammenhang nicht die bei der faktischen Geschäftsführung oder faktischen Aufsicht ergebende Problematik besteht, wonach wegen der Regelung der §§ 6 II 1, 52 I GmbHG, 76 III 1, 100 I 1 AktG lediglich natürliche Personen eine derartiges Näheverhältnis begründen können.

---

942 Zeuner, Die Anfechtung in der Insolvenz, Rn 73; HK-InsO/Kreft, § 138, Rn 15.

Ferner kommt es im Rahmen des § 138 II Nr. 2 InsO nicht darauf an, ob der Betreffende tatsächlich über das wirtschaftliche Geschehen beim Schuldner informiert ist, denn dann hätte er bereits Kenntnis i.S.v. §§ 130 I Nr. 1, II InsO[943]. Ausreichend für die Einbeziehung in den Kreis der nahestehenden Personen ist vielmehr die bloße Unterrichtungsmöglichkeit über die wirtschaftlichen Verhältnisse beim Schuldnerunternehmen.

Daher gilt es im Nachfolgenden zu untersuchen, ob Kreditgeber durch die Vereinbarung von Covenants eine den in § 138 II Nr. 1 InsO genannten Organen oder Personen vergleichbare gesellschaftsrechtliche oder dienstvertragliche Verbindung haben und dadurch dem insolventen Kreditnehmer gemäß § 138 II Nr. 2 InsO nahe stehend sein können.

a) *Vergleichbare gesellschaftsrechtliche Verbindung nach § 138 II Nr. 2 Alt. 1 InsO*

Kreditgeber haben jedoch auch in Fällen, in denen sie sich über Covenants massive Einflussmöglichkeiten gegenüber der kreditnehmenden Gesellschaft haben einräumen lassen, keine vergleichbare gesellschaftsrechtliche Verbindung i.S.v. § 138 II Nr. 2 Alt. 1 InsO zum Insolvenzschuldner. Denn hierunter fallen die vom Gemeinschuldner gemäß § 17 AktG abhängigen Gesellschaften sowie herrschende Unternehmen, von denen der Schuldner selbst abhängig ist[944]. Damit begründet die bloße Abhängigkeit eine derart enge Verbindung, welche die Vermutung rechtfertigt, dass die anderen Unternehmen über die wirtschaftlichen Verhältnisse beim Insolvenzschuldner unterrichtet sind.

Unabhängig von der Frage, ob es sich bei der Regelung des § 138 II Nr. 2 Alt. 1 InsO um eine Auffangnorm für wesentliche Kapitalbeteiligungen am Schuldner handelt, bei welchen zwar die Höhe der Beteiligung von einem Viertel am Kapital nach Abs. II Nr. 1 nicht erreicht wird, dennoch aber ein qualifizierter Informationsvorsprung besteht[945], werden covenant-gesicherte Kreditgeber nicht vom Adressatenkreis des § 138 II Nr. 2 Alt. 1 InsO erfasst. Denn auch wenn Kreditgeber durch die Vereinbarung von umfangreichen Covenants über einen Informationsvorsprung verfügen und durch ihre Einwirkungsrechte unternehmerische Maßnahmen veranlassen können, so liegt allein hierdurch noch keine Kapitalbeteiligung am kreditnehmenden Unternehmen vor. Zwar können Kreditgeber aufgrund der Vereinbarung von Covenants eine den Gesellschaftern ähnliche Stellung einnehmen, allein durch die Einflussnahme lässt sich jedoch nicht die nach § 138 II Nr. 2 Alt. 1 InsO erforderliche gesellschaftsrechtliche Beteiligung begründen. Somit haben Kreditgeber durch die Einflussnahme über Covenants keine vergleichbare gesellschaftsrechtliche Verbindung i.S.v. § 138 II Nr. 2 Alt. 1 InsO zum Insolvenzschuldner und sind damit auch nicht eine dem Kreditnehmer nahestehende Person.

943 Jaeger/Henckel, InsO, § 138, Rn 28.

944 Begr. zu § 154 RegE InsO, BT-Drucks. 12/2443, S. 162 f.; Zeuner, Die Anfechtung in der Insolvenz, Rn 76 ff.; FK-InsO/Dauernheim, § 138, Rn 16; Kübler/Prütting/Bork/Ehricke, InsO, § 138, Rn 21.

945 Gegen eine Generalklausel: BGH vom 23.11.1995, ZIP 1996, 83, 85; LSZ/Zeuner, InsO, § 138, Rn 22; a. A. Kübler/Prütting/Bork/Ehricke, InsO, § 138, Rn 22 m.w.N.

b) Vergleichbare dienstvertragliche Verbindung nach § 138 II Nr. 2 Alt. 2 InsO

Gemäß § 138 II Nr. 2 Alt. 2 InsO sind jedoch auch diejenigen Personen dem Insolvenzschuldner nahe stehend, welche aufgrund einer vergleichbaren dienstvertraglichen Verbindung die Möglichkeit haben, sich über die wirtschaftlichen Verhältnisse beim Gemeinschuldner zu unterrichten. Der Betreffende ist daher auch dann eine dem Insolvenzschuldner nahestehende Person, wenn seine dienstvertragliche Verbindung vergleichbar mit der Verbindung des Vertretungs- oder Aufsichtsorgans der Gesellschaft ist und er dabei die Möglichkeit hat, Informationen über die wirtschaftlichen Verhältnisse im Schuldnerunternehmen zu erlangen. Somit ist der Frage nachzugehen, ob Kreditgeber durch die Vereinbarung von Covenants eben jene vergleichbare dienstvertragliche Verbindung zum Kreditnehmer haben und diesem damit gemäß § 138 II Nr. 2 Alt. 2 InsO nahestehen.

aa) Meinungsstand

Nach Auffassung der Rspr. und der ihr überwiegend folgenden Literatur liegt eine vergleichbare dienstvertragliche Verbindung zum Gemeinschuldner nach § 138 II Nr. 2 Alt. 2 InsO immer dann vor, wenn der Betreffende innerhalb des Schuldnerunternehmens tätig geworden ist und hierdurch über die Möglichkeit verfügt hat, sich über die wirtschaftlichen Verhältnisse beim Schuldner zu informieren[946]. Unerheblich sei dabei, ob die nahestehende Person eigenständige Rechtsgeschäfte vornehmen dürfe, da es im Rahmen des § 138 II Nr. 2 Alt. 2 InsO nicht auf die Vertretungsbefugnis, sondern auf die Informations- und Kenntnisnahmemöglichkeiten ankomme[947]. Erfasst vom Anwendungsbereich des § 138 II Nr. 2 Alt. 2 InsO seien daher Prokuristen[948] oder leitende Angestellte in der Buchhaltung[949]. Denn diese hätten aufgrund ihrer dienstvertraglichen Verbindung zum Insolvenzschuldner eine Stellung inne, die den Mitgliedern des Vertretungsorgans entspreche oder sie verfügten zumindest über die entsprechende Möglichkeit, Kenntnis über die wirtschaftlichen Verhältnisse beim Insolvenzschuldner zu erlangen[950]. Darüber hinaus stellte der BGH in einer Entscheidung aus dem Jahre 1995 fest, dass der mit der Gemeinschuldnerin geschlossene Betriebsführungsvertrag eine vergleichbare dienstvertragliche Verbindung zum Schuldner i.S.v. § 138 II Nr. 2 Alt. 2 InsO darstelle, wenn der Betriebsführer hierdurch wie ein Geschäftsführer deren Geschäfte leiten könne und über die Möglichkeit verfüge, die wirtschaftlichen Belange im Schuldnerunternehmen umfassend einzusehen[951]. Demnach seien auch Abschluss- und

---

946 BGH vom 11.12.1997, ZIP 1998, 247, 248 unter Hinweis auf die Begr. zu § 155 RegE InsO, BT-Drucks. 12/2443, S. 163; BGH vom 06.04.1995, ZIP 1995, 1021, 1025; Zeuner, Die Anfechtung in der Insolvenz, Rn 73 ff.; MüKo/Stodolkowitz/Bergmann, InsO, § 138, Rn 33 ff.; Kübler/Prütting/Bork/Ehricke, InsO, § 138, Rn 23 f.; Jaeger/Henckel, InsO, § 138, Rn 31 f.
947 Kübler/Prütting/Bork/Ehricke, InsO, § 138, Rn 24.
948 Begr. zu § 155 RegE InsO, BT-Drucks. 12/2443, S. 163.
949 Jaeger/Henckel, InsO, § 138, Rn 31 f.
950 BGH vom 06.04.1995, ZIP 1995, 1021, 1024; BGH vom 23.11.1995, ZIP 1996, 83, 84 f.
951 BGH vom 06.04.1995, ZIP 1995, 1021, 1025.

Sonderprüfer sowie Gesellschafter, welchen vertraglich Geschäftsführungsbefugnisse eingeräumt wurden, als nahe stehend zu qualifizieren[952].

Nicht vom Anwendungsbereich des § 138 II Nr. 2 Alt. 2 InsO erfasst sind hingegen nach der Rspr. des BGH und der überwiegenden Ansicht im Schrifttum Rechtsanwälte[953], Steuerberater[954] und selbstständig tätige Wirtschaftsberater[955]. Zwar bestünde zwischen diesen und dem Gemeinschuldner regelmäßig ein Dienstvertrag mit Geschäftsbesorgungscharakter. Allerdings sei die Vertragsbeziehung zu einem selbstständigen Freiberufler aber durchweg nicht intensiv genug, als dass sie dem Vertrag mit einem Organ der Gesellschaft gleichgestellt werden können[956]. Dies gelte selbst dann, wenn ein umfassendes Anwaltsmandat zu rechtlichen, steuerlichen und wirtschaftlichen Angelegenheiten bestehe und der Betreffende jederzeit umfassenden Einblick in die wirtschaftlichen Verhältnisse beim Schuldner gehabt habe. Denn auch wenn der Rechtsanwalt in einem derartigen Fall durch seine Beratung starken Einfluss auf das unternehmerische Geschehen habe, so beruhe seine Informationsmöglichkeit weiterhin auf einer externen Beziehung[957]. Entscheidend für die Einbeziehung in den Adressatenkreis des § 138 II Nr. 2 Alt. 2 InsO sei aber die Tätigkeit innerhalb des Schuldnerunternehmens[958]. Nach teilweise vertretener Auffassung liegt jedoch eine vergleichbare dienstvertragliche Verbindung dann vor, wenn ein Betriebsbereich oder die Buchhaltung des Gemeinschuldners auf einen (Steuer-) Berater ausgelagert ist[959].

Ferner genüge eine rein durch geschäftliche Beziehung begründete Stellung im Unternehmen nicht für eine den Organen der Gesellschaft vergleichbare dienstvertragliche Verbindung[960]. Somit seien weder Hausbanken[961] noch Großlieferanten nahestehende Personen nach § 138 II Nr. 2 Alt. 2 InsO.

An dieser Auffassung der h.M. in Rspr. und Literatur ist jedoch von Teilen des Schrifttums Kritik geübt worden. So kommt es nach Auffassung von *Riggert* im Rahmen des § 138 II Nr. 2 Alt. 2 InsO nicht auf die Frage an, ob ein Dienst- oder Geschäftsbesorgungsvertrag mit dem Insolvenzschuldner vorliegt[962]. Entscheidend für die Einbeziehung in den Adressatenkreis des § 138 II Nr. 2 Alt. 2 InsO sei viel-

952 Jaeger/Henckel, InsO, § 138, Rn 31.
953 BGH vom 11.12.1997, ZIP 1998, 247, 248.
954 AG Hattingen vom 25.11.2005, NZI 2006, 111, 112.
955 BGH vom 30.01.1997, ZIP 1997, 513, 516.
956 BGH vom 30.01.1997, ZIP 1997, 513, 516. So auch die ganz h.M. in der Literatur: Vgl. nur: Zeuner, Die Anfechtung in der Insolvenz, Rn 74 m.w.N.
957 BGH vom 11.12.1997, ZIP 1998, 247, 248.
958 BGH vom 11.12.1997, ZIP 1998, 247, 248 unter Hinweis auf: Begr. zu § 155 RegE InsO, BT-Drucks. 12/2443, S. 163.
959 Kirchhof, ZInsO 2001, 825, 829; Kübler/Prütting/Bork/Ehricke, InsO, § 138, Rn 24; FK-InsO/Dauernheim, § 138, Rn 17.
960 Begr. zu § 155 RegE InsO, BT-Drucks. 12/2443, S. 163 und die h.M. in der Literatur: Vgl. nur HK-InsO/Kreft, § 138, Rn 18 m.w.N.
961 OLG Naumburg vom 15.02.2006, ZInsO 2006, 718, 719.
962 Braun/Riggert, InsO, § 138, Rn 15.

mehr das Näheverhältnis zum Schuldner[963]. Daher könne auch ein Rechtsanwalt oder Steuerberater als nahe stehend gelten, wenn dieser den Gemeinschuldner in einer Krise beraten habe und dadurch bestens informiert sei. Denn aus dem Umstand, dass Freiberufler ihre Tätigkeit selbstständig ausüben, könne nicht geschlossen werden, dass kein Näheverhältnis bestehe. Allerdings macht *Riggert* sogleich eine Kehrtwende und vertritt in diesem Zusammenhang zugleich die Auffassung, dass Kreditinstitute – und zwar selbst dann, wenn sie nach § 18 KWG die Pflicht haben, sich die wirtschaftlichen Verhältnisse beim Kreditnehmer offen legen zu lassen – nicht vom Kreis der nahestehenden Person erfasst sind[964]. Denn diesen fehle es insoweit an der vom Gesetz geforderten dienstvertraglichen Verbindung.

Darüber hinaus ist *Paulus* der Ansicht, eine Bank, welche dem Kreditnehmer präzise Vorgaben in Bezug auf die Führung oder Sanierung des Unternehmens mache, begebe sich hierdurch in die Gefahr, dass ein zumindest stillschweigender Dienstvertrag mit dem Darlehensnehmer geschlossen werde und der Kreditgeber dadurch zur nahestehenden Person mutiere[965]. Dies treffe insbesondere auch bei Hausbanken und Kreditgebern zu, welche bei Großkrediten wegen der Regelung des § 18 KWG bestens über die wirtschaftlichen Verhältnisse informiert seien[966].

Ebenso hält *Hirte* eine Einbeziehung von Anwälten, Steuerberatern und Abschlussprüfern in den Adressatenkreis des § 138 II Nr. 2 Alt. 2 InsO für denkbar[967]. Denn die vom BGH für die Qualifizierung als nahestehende Person erforderliche Tätigkeit innerhalb des Schuldnerunternehmens[968] sei enger als der Wortlaut des § 138 II Nr. 2 Alt. 2 InsO[969]. Es genüge vielmehr jede dienstvertragliche Beziehung zum Gemeinschuldner. Gleiches gelte für Banken, wenn diese über § 18 KWG besonderen Einblick in die wirtschaftlichen Verhältnisse ihres Kunden hätten[970].

Ferner schlägt *Biehl* vor, auch Personen, welche dem Gemeinschuldner aufgrund einer rechtsgeschäftlichen Beziehung nahestehen, in den Kreis der nahestehenden Personen einzubeziehen[971]. Denn typischerweise gebe es auch Geschäftspartner, die im Vergleich zu den in § 138 II Nr. 1 InsO genannten Nahestehenden entsprechende Informationsmöglichkeiten hätten, wie beispielsweise Kreditinstitute, Rechtsanwälte und Wirtschaftsprüfer. Der Begriff „dienstvertragliche" solle daher mit „innerbetrieblicher" Verbindung ersetzt werden, da auch Personen ohne vertragliche Tätigkeit innerhalb des Betriebs dem Schuldner nahestehen könnten, ohne dass es eines Dienstvertrages bedürfe[972].

---

963 Braun/Riggert, InsO, § 138, Rn 15.
964 Braun/Riggert, InsO, § 138, Rn 16.
965 Paulus, WM 2000, 2225, 2227.
966 Paulus, WM 2000, 2225, 2227.
967 Hirte, ZInsO 1999, 429, 434; Uhlenbruck/Hirte, InsO, § 138, Rn 48.
968 BGH vom 11.12.1997, ZIP 1998, 247, 248 unter Hinweis auf: Begr. zu § 155 RegE InsO, BT-Drucks. 12/2443, S. 163.
969 Hirte, ZInsO 1999, 429, 434; Uhlenbruck/Hirte, InsO, § 138, Rn 48.
970 Uhlenbruck/Hirte, InsO, § 138, Rn 48.
971 Biehl, ZInsO 2003, 543, 545.
972 Biehl, ZInsO 2003, 543, 545.

Nach Auffassung von *Thole* soll es unter Hinweis auf das englische Recht bei der Einbeziehung Dritter in den Adressatenkreis des § 138 II Nr. 2 Alt. 2 InsO auf dessen bestimmenden Einfluss ankommen, d.h. ob dieser als faktischer Geschäftsführer oder „shadow director" agiert[973]. Denn wenn der Betreffende aus einer faktischen Organstellung heraus handle, liege eben jene „vergleichbare" Verbindung vor[974]. Daher könne auch eine Bank zum Kreis der Insider gezählt werden, wenn sie aufgrund vertraglicher Vereinbarung Einflussnahmemöglichkeiten auf den Kreditnehmer habe[975].

bb) Stellungnahme

Covenant-gesicherte Kreditgeber, welche nicht nur über weitreichende Informationsrechte gegenüber dem kreditnehmenden Unternehmen verfügen, sondern darüber hinaus vertraglich massive Einflussnahme- bzw. Mitwirkungsrechte haben, sind nach der hier vertretenen Auffassung nahestehende Personen gemäß § 138 II Nr. 2 Alt. 2 InsO[976]. Hierbei kommt es nicht darauf an, ob der Kreditgeber auch tatsächlich über das wirtschaftliche Geschehen im Schuldnerunternehmen informiert ist, denn dann hätte er bereits positive Kenntnis i.S.v. §§ 130 I Nr. 1, II InsO[977]. Ausreichend ist vielmehr die bloße Unterrichtungsmöglichkeit über die wirtschaftlichen Verhältnisse beim Kreditnehmer, so dass Kreditgeber bereits durch die alleinige Vereinbarung von Informations- und Einflussnahmerechten als dem Schuldner nahe stehend einzustufen sind.

Denn die Regelung des § 138 II Nr. 2 Alt. 2 InsO ist dahingehend auszulegen, dass anstelle des Tatbestandsmerkmals der „vergleichbaren dienstvertraglichen Verbindung" ein „vergleichbares Näheverhältnis" zum Insolvenzschuldner ausreichend ist, um den Betreffenden als nahestehende Person zu qualifizieren[978]. Dies ergibt sich daraus, dass der Wortlaut des § 138 II Nr. 2 Alt. 2 InsO zu eng gefasst ist, um dem gesetzgeberischen Ziel nachzukommen. „Nahestehende Personen" sind ausweislich der Begründung zum Entwurf einer Insolvenzordnung Personen, die zur Zeit der anfechtbaren Rechtshandlung aus persönlichen, gesellschaftsrechtlichen oder ähnlichen Gründen eine besondere Informationsmöglichkeit über die wirtschaftlichen Verhältnisse im Schuldnerunternehmen haben[979]. Eben jene besondere Informationsmöglichkeit kann jedoch nicht nur aufgrund einer vergleichbaren „dienstvertraglichen" Verbindung zum Schuldner bestehen.

Daher kann bei der Einbeziehung in den Adressatenkreis des § 138 II Nr. 2 Alt. 2 InsO nicht nur auf die vergleichbare „dienstvertragliche" Verbindung abgestellt

---

973 Thole, Gläubigerschutz durch Insolvenz, S. 342 ff.
974 Thole, Gläubigerschutz durch Insolvenz, S. 343.
975 Thole, Gläubigerschutz durch Insolvenz, S. 345.
976 Im Ergebnis ebenso: Thole, Gläubigerschutz durch Insolvenzrecht, S. 342 ff., welcher unter Heranziehung des englischen Rechts einen „bestimmenden Einfluss" fordert.
977 Jaeger/Henckel, InsO, § 138, Rn 28.
978 In diese Richtung auch: Braun/Riggert, InsO, § 138, Rn 15.
979 Begr. zu § 153 RegE InsO, BT-Drucks. 12/2443, S. 161 f.

werden, vielmehr ist das zum Insolvenzschuldner bestehende Näheverhältnis entscheidend. Um jedoch eine Ausuferung der Ausdehnung des Anwendungsbereichs des § 138 II Nr. 2 Alt. 2 InsO zu vermeiden, muss eben jenes „Näheverhältnis" vergleichbar mit der Verbindung des Vertretungs- und Aufsichtsorgans zur insolventen Gesellschaft sein. Deren besondere Verbindung zum Gemeinschuldner beschränkt sich jedoch nicht ausschließlich auf ihren Informationsvorsprung in Bezug auf die wirtschaftlichen Verhältnisse, sondern besteht vielmehr auch darin, dass sie die Möglichkeit haben, das unternehmerische Geschehen im Vorfeld der Insolvenz zu steuern bzw. zumindest über Einwirkungsmöglichkeiten verfügen, wodurch sie ihren Willen im Schuldnerunternehmen in gewissem Umfang durchsetzen können.

Ein vergleichbares Näheverhältnis nach § 138 II Nr. 2 Alt. 2 InsO liegt somit nicht bereits dann vor, wenn der Betreffende über weitreichende Informationsmöglichkeiten über die wirtschaftlichen Verhältnisse im Schuldnerunternehmen verfügt. Denn derartige Informationen hat u. U. auch ein einfacher Sachbearbeiter in der Buchhaltung, welcher dadurch jedoch noch nicht eine den Vertretungs- und Aufsichtsorganen vergleichbare Verbindung zum Schuldner hat[980]. Der Betreffende muss vielmehr zusätzlich über Einflussnahme- bzw. Mitwirkungsrechte verfügen, durch welche er das unternehmerische Geschehen steuern kann oder zumindest in der Lage ist, seinen Willen im Schuldnerunternehmen in gewissem Umfang durchzusetzen[981]. Eben jene zusätzlichen Einwirkungsrechte werden von den Kreditvertragsparteien häufig über Covenants vereinbart, durch welche der Kreditgeber in der Lage ist, Unternehmensentscheidungen zu veranlassen. Darüber hinaus können Kreditgeber beispielsweise durch die Vereinbarung von Zustimmungsvorbehalten zumindest indirekt auf das unternehmerische Geschehen beim Kreditnehmer einwirken, indem dieser bestimmte Handlungen nur mit vorheriger Einwilligung des Darlehensgebers vornehmen darf. Bei der Prüfung, ob Darlehensgeber aufgrund ihrer Einwirkungsmöglichkeiten eine den Vertretungs- und Aufsichtsorganen vergleichbare Verbindung zum Kreditnehmer haben, ist auf das Gesamterscheinungsbild der in Covenants vereinbarten Einflussnahmerechte abzustellen. Denn einzelne Mitwirkungsrechte sind u. U. für sich betrachtet nicht ausreichend dafür, dass der Darlehensgeber eine den Vertretungs- bzw. Aufsichtsorganen vergleichbare Stellung eingenommen hat.

Diese Auffassung deckt sich im Übrigen mit dem Willen des Gesetzgebers, wonach insbesondere Prokuristen als dem Gemeinschuldner nahe stehend gelten[982]. Auch Prokuristen eines Unternehmens zeichnen sich dadurch aus, dass sie regelmäßig nicht nur im Vergleich zu den übrigen Mitarbeitern über umfangreichere Informationen verfügen, sondern infolge ihrer hervorgehobenen Stellung zusätzlich gewisse Gestaltungsmöglichkeiten haben.

---

980 A. A. Zeuner, Die Anfechtung in der Insolvenz, Rn 73, welcher auch die Chefsekretärin zum Kreis der nahestehenden Personen zählt.
981 Im Ergebnis ebenso: Thole, Gläubigerschutz durch Insolvenzrecht, S. 342 ff.
982 Begr. zu § 155 RegE InsO, BT-Drucks. 12/2443, S. 163.

In diesem Sinne ist daher auch die vom Gesetzgeber geforderte Tätigkeit „innerhalb“ des Unternehmens zu verstehen[983]. Denn dieser ging angesichts der damals nur vereinzelt anzutreffenden „Anglisierung“ der Nebenabreden in Kreditverträgen verständlicherweise davon aus, dass der Betreffende ausschließlich bei einer Tätigkeit innerhalb des Unternehmens über jene Einwirkungsmöglichkeiten verfügen kann, welche denen eines Vertretungs- oder Aufsichtsorgans vergleichbar sind. Zugleich ist hierdurch jedoch ersichtlich, dass der Gesetzgeber durch das Erfordernis einer „innerbetrieblichen“ Tätigkeit eine exzessive Ausdehnung des Kreises der nahestehenden Personen vermeiden wollte. Das Spannungsverhältnis zwischen Einbeziehung und unerwünschter Erfassung in den Adressatenkreis des § 138 II Nr. 2 Alt. 2 InsO lässt sich jedoch nicht durch formale Kriterien ausgleichen. Es kommt nicht auf die Stellung innerhalb oder außerhalb der Organisation an, sondern auf die Frage, ob beim Betreffenden ein den Vertretungs- und Aufsichtsorganen vergleichbares Näheverhältnis zum Insolvenzschuldner vorliegt, welches durch Informations- und Einflussnahmemöglichkeiten geprägt ist.

Nachdem sich jedoch gezeigt hat, dass die für das Näheverhältnis erforderliche Einwirkungsmöglichkeit auch bei externen Personen bestehen kann, bedarf es nicht einer Tätigkeit „innerhalb“ des Schuldnerunternehmens, um als dem Gemeinschuldner nahe stehend zu gelten. Damit ist die vom Gesetzgeber geforderte Tätigkeit „innerhalb“ des Schuldnerunternehmens dahingehend zu interpretieren, dass hierunter eine gewisse, insbesondere vertraglich ausbedungene, Ein- bzw. Mitwirkungsmöglichkeit im Unternehmen des Schuldners zu verstehen ist.

Dem steht auch nicht die Rspr. des BGH zur Einbeziehung eines Rechtsanwalts in den Adressatenkreis des § 138 II Nr. 2 Alt. 2 InsO entgegen, sondern im Gegenteil, hieran zeigt sich, dass das durch die Informations- und Einflussnahmemöglichkeiten begründete Näheverhältnis entscheidende Bedeutung zukommt[984]. Denn zum einen heißt es im Leitsatz eben jener Entscheidung, dass Rechtsanwälte und Steuerberater „in der Regel“ keine nahestehenden Personen seien. Zum anderen führt der BGH aus, es sei im zu entscheidenden Fall nicht substantiiert vorgetragen worden, dass sich das Mandat nicht auf die anwaltliche Beratung beschränkt, sondern in Wahrheit der Rechtsanwalt bei der Schuldnerin „das Sagen“ gehabt hätte[985]. Hieraus wird deutlich, dass auch der BGH der Einflussnahmemöglichkeit auf das Schuldnerunternehmen entscheidende Bedeutung bei der Einbeziehung in den Adressatenkreis des § 138 II Nr. 2 Alt. 2 InsO beimisst. Denn der Umkehrschluss zeigt, dass der BGH durchaus auch Rechtsanwälte als dem Gemeinschuldner nahe stehend einstuft, wenn ein vergleichbares Näheverhältnis wie bei den Vertretungs- und Aufsichtsorganen zum Schuldner besteht, d.h. der Betreffende neben Informationsmöglichkeiten auch über zusätzliche Einflussnahme- bzw. Mitwirkungsrechte verfügt. Damit sind Freiberufler nicht per se vom Kreis der nahestehenden Personen ausgeschlossen. Darüber hinaus steht der hier vertretenen Auffassung auch nicht

---

983 Begr. zu § 155 RegE InsO, BT-Drucks. 12/2443, S. 163.
984 BGH vom 11.12.1997, ZIP 1998, 247, 248.
985 BGH vom 11.12.1997, ZIP 1998, 247, 248.

die Entscheidung des BGH zum freiberuflichen Wirtschaftsberater entgegen, wonach dessen Beziehung zum Schuldner im Allgemeinen nicht intensiv genug ist, um als den Vertretungs- und Aufsichtsorganen vergleichbar zu gelten[986]. Denn auch hier heißt es im Leitsatz, dass der Wirtschaftsberater „in der Regel" nicht eine nahestehende Person sei. Ferner bestätigt auch in dieser Entscheidung der Umkehrschluss, dass ein Wirtschaftsberater durchaus eine dem Insolvenzschuldner nahestehende Person sein kann, wenn dessen Verbindung derart intensiv ist, dass sie mit der Beziehung der Vertretungs- und Aufsichtsorgane zu ihrer Gesellschaft vergleichbar ist.

Aus den soeben aufgeführten Entscheidungen des BGH lässt sich daher folgern, dass Freiberufler bei einem „üblichen" Mandat wegen der fehlenden Intensität ihrer Verbindung nicht von vorneherein als nahestehende Person nach § 138 II Nr. 2 Alt. 2 InsO eingestuft werden. Etwas anderes gilt jedoch dann, wenn die Beziehung zwischen Rechtsanwalt/Steuerberater und Mandant derart intensiv ist, dass ein vergleichbares Näheverhältnis wie bei den Vertretungs- und Aufsichtsorganen zu ihrer Gesellschaft besteht, der Freiberufler also neben seinen Informationsmöglichkeiten zusätzlich über weitreichende Einflussnahmerechte verfügt, um seinen Willen zumindest in gewissem Umfang durchzusetzen.

Dass Freiberufler nicht per se und von vorneherein bei einem „normalen" Mandat als dem Insolvenzschuldner nahe stehend einzustufen sind, steht auch nicht der hier vertretenen Auffassung entgegen, dass Kreditgeber, welche sich über Covenants Informations- und Einflussnahmerechte einräumen lassen, vom Anwendungsbereich des § 138 II Nr. 2 Alt. 2 InsO erfasst sind. Denn das Näheverhältnis des covenant-gesicherten Kreditgebers zum Darlehensnehmer geht weit über die zwischen einem Freiberufler und seinem Mandant normalerweise bestehende Verbindung hinaus. So bleibt dem Freiberufler beispielsweise in Fällen, in denen der Mandant die für seine Beratung erforderlichen Informationen nicht zur Verfügung stellt nur die Möglichkeit, das Mandat niederzulegen. Im Gegensatz dazu haben covenant-geschützte Kreditgeber einen vertraglich begründeten und im Zweifel auch gerichtlich durchsetzbaren Rechtsanspruch auf diese Informationen. Darüber hinaus beschränkt sich die Tätigkeit von Rechtsanwälten, Steuerberatern und Wirtschaftsberatern auf die Beratung ihres Mandanten, welcher diesem Rat folgen kann oder auch nicht. Dagegen sind covenant-gesicherte Kreditgeber mittels ihrer Einflussnahmerechte in der Lage, Unternehmensentscheidungen zu veranlassen und können diese, sofern erforderlich, auch durchsetzen.

Darüber hinaus ist das vom BGH herangezogene Erfordernis der Tätigkeit „innerhalb" des Schuldnerunternehmens kein taugliches Abgrenzungskriterium für die Einbeziehung in den Anwendungsbereich des § 138 II Nr. 2 Alt. 2 InsO[987]. Denn zum einen weist *Hirte* zu Recht darauf hin, ein derartiger Ansatz sei enger als der

---

986 BGH vom 30.01.1997, ZIP 1997, 513, 516.
987 BGH vom 11.12.1997, ZIP 1998, 247, 248 unter Hinweis auf die Begr. zu § 155 RegE InsO, BT-Drucks. 12/2443, S. 163.

Wortlaut des § 138 II Nr. 2 Alt. 2 InsO, wonach grds. jede dienstvertragliche Verbindung zum Gemeinschuldner ausreichend ist, wenn diese entsprechende Kenntnis vermitteln kann[988]. Zum anderen zeigt sich gerade am Beispiel eines covenant-gesicherten Kreditgebers, dass auch Außenstehende durchaus eine besondere Informationsmöglichkeit über die wirtschaftlichen Verhältnisse im Schuldnerunternehmen haben und dadurch dem Schuldner nahe stehen können. Hieran wird deutlich, dass die dienstvertragliche Verbindung aufgrund derer der Betreffende über entsprechende Unterrichtungsmöglichkeiten verfügt und damit als nahestehend einzustufen ist, nicht nur bei einer „internen" Tätigkeit im Schuldnerunternehmen vorliegen kann, sondern vielmehr durchaus auch bei „externen" Personen[989].

Der Einbeziehung von covenant-gesicherten Kreditgebern in den Anwendungsbereich des § 138 II Nr. 2 Alt. 2 InsO steht auch nicht der Wille des Gesetzgebers entgegen, wonach Hausbanken nicht als dem Schuldner nahe stehend gelten[990]. Denn die nach der hier vertretenen Auffassung erforderliche vergleichbare „Näheverbindung" für die Einstufung als nahestehende Person liegt bei einer Hausbank regelmäßig nicht vor, da diese nicht über die hierzu erforderlichen Einwirkungsrechte verfügt. Zwar mögen Hausbanken und covenant-gesicherte Kreditgeber in der Praxis häufig ein und dieselbe (juristische) Person sein. Allerdings unterscheidet sich die Stellung der Hausbank in entscheidenden Punkten vom Kreditgeber, welcher sich über Covenants umfangreiche Informations- und Einflussnahmerechte einräumen lässt. Denn die „Hausbankbeziehung" zeichnet sich regelmäßig dadurch aus, dass diese „nur" einen Kontokorrentkredit gewährt, Buchungen auf diesem Konto vornimmt oder Bankgarantien ausstellt, die Hausbank also das operative Geschäft des Kunden unterstützt, keinesfalls jedoch gestaltet. Die mittels Covenants zur Verfügung gestellten Informationen über die wirtschaftlichen Verhältnisse beim Kreditnehmer sind hingegen weitaus umfangreicher als der Einblick der Hausbank. Zwar erlangt eine Hausbank anhand der Kontenbewegung auch Einsicht in das wirtschaftliche Geschehen beim Schuldnerunternehmen, hat aber im Gegensatz zum covenant-gesicherten Kreditgeber keinen Anspruch auf den Einblick in die wirtschaftlichen Verhältnisse. Darüber hinaus werden in Covenants regelmäßig Einwirkungsrechte vereinbart, durch welche der Kreditgeber Entscheidungen im kreditnehmenden Unternehmen veranlassen kann. Eben jene Gestaltungsrechte haben Hausbanken jedoch nicht automatisch durch die „Hausbankbeziehung" sondern ggf. nur nach gesonderter Vereinbarung.

Allerdings kann der Auffassung von *Paulus* und *Hirte* insoweit nicht gefolgt werden, als diese eine Bank bereits dann als nahestehende Person i.S.v. § 138 II Nr. 2 Alt. 2 InsO einstufen wollen, wenn diese bei der Vergabe eines Großkredites durch die Regelung des § 18 KWG besonderen Einblick in die wirtschaftlichen Verhältnisse des Kreditnehmers hat[991]. Denn wie sich gezeigt hat, reicht die bloße Informations-

988 Hirte, ZInsO 1999, 429, 434; Uhlenbruck/Hirte, InsO, § 138, Rn 48.
989 In diese Richtung auch: Thole, Gläubigerschutz durch Insolvenzrecht, S. 344.
990 Begr. zu § 155 RegE InsO, BT-Drucks. 12/2443, S. 163.
991 Paulus, WM 2000, 2225, 2227; Uhlenbruck/Hirte, InsO, § 138, Rn 48.

möglichkeit nicht aus, um als dem Gemeinschuldner nahe stehend zu gelten. Voraussetzung ist vielmehr, dass der Betreffende – vergleichbar einem Vertretungs- und Aufsichtsorgan – über Einwirkungsmöglichkeiten verfügt. Allein aus den Überwachungspflichten des § 18 KWG hat ein Kreditgeber jedoch nicht die Möglichkeit, Einfluss auf die kreditnehmende Gesellschaft zu nehmen. Damit wird eine Bank, welche über § 18 KWG umfassenden Einblick in die wirtschaftlichen Verhältnisse des Insolvenzschuldners hat, erst dann zur nahestehenden Person, wenn sie sich darüber hinaus zusätzliche Einwirkungsrechte einräumen lässt.

Eben jene, das Näheverhältnis i.S.v. § 138 II Nr. 2 Alt. 2 InsO begründenden Einwirkungsrechte auf den Insolvenzschuldner, müssen jedoch von gewisser Dauer und Intensität sein. Dies ergibt sich daraus, dass gemäß § 138 II Nr. 1 Alt. 3 InsO lediglich diejenigen Gesellschafter als dem Schuldner nahe stehend gelten, wenn sie mit mehr als einem Viertel an dessen Kapital beteiligt sind. Hieraus wird deutlich, dass nach dem Willen des Gesetzgebers nur diejenigen als dem Gemeinschuldner nahe stehend eingestuft werden sollen, deren Einwirkungsmöglichkeiten von gewissem Umfang und Gewicht sind.

Nicht erforderlich für die Einbeziehung in den Kreis der nahestehenden Personen nach § 138 II Nr. 2 Alt. 2 InsO ist das von der Rspr. und Teilen der Literatur im Zusammenhang mit der faktischen Geschäftsführung geforderte Handeln im Außenverhältnis des Betreffenden[992]. Denn auch wenn ein Außenauftritt bei der faktischen Geschäftsführung aus Vertrauensschutzgesichtspunkten noch geboten sein mag, so gilt dies zweifelsohne nicht bei der Anfechtbarkeit von vorinsolvenzlichen Rechtshandlungen. Dies ergibt sich daraus, dass durch das Insolvenzanfechtungsrecht ungerechtfertigte Vermögensverschiebungen, welche im Vorfeld der Insolvenz vorgenommen wurden, rückgängig gemacht werden und nicht Neugläubiger vor einem Kontrahierungsschaden geschützt werden sollen[993].

Darüber hinaus kommt es im Rahmen der Einbeziehung in den Kreis der nahestehenden Personen gemäß § 138 II Nr. 2 Alt. 2 InsO ebenfalls nicht auf die bei der faktischen Organschaft noch kontrovers diskutierten Aspekte, ob lediglich natürliche Personen als faktische Geschäftsführer in Betracht kommen und ob hierzu ein zumindest unwirksamer förmlicher Bestellungsakt notwendig ist, an. Denn zum einen können aufgrund des Wortlauts des § 138 II Nr. 2 InsO sowohl natürliche als auch juristische Personen dem Gemeinschuldner nahestehen[994]. Zum anderen sollen gerade vom Anwendungsbereich des § 138 II Nr. 2 Alt. 2 InsO Personen erfasst sein, die zwar keine organschaftliche Stellung, dennoch aber aufgrund ihrer hervorgehobenen Position die Möglichkeit haben, sich über die wirtschaftlichen Verhältnisse beim Schuldner zu informieren. Hierzu ist jedoch das Vorliegen einer förmlichen Bestellung keine zwingende Voraussetzung. Ferner muss das nach § 138 II Nr. 2 Alt. 2 InsO erforderliche Näheverhältnis lediglich „vergleichbar" sein.

---

992 So bereits: Thole, Gläubigerschutz durch Insolvenz, S. 343 f.
993 Thole, Gläubigerschutz durch Insolvenz, S. 343 f.
994 Vgl. nur: HK-InsO/Kreft, § 138, Rn 15.

3. Ergebnis zum covenant-gesicherten Kreditgeber als nahestehende Person gemäß § 138 InsO

Aufgrund der soeben erfolgten Untersuchung lässt sich daher feststellen, dass covenant-gesicherte Kreditgeber durch die bloße Vereinbarung von Informations- und Einflussnahmerechten als eine dem Insolvenzschuldner nahestehende Person gemäß § 138 II Nr. 2 Alt. 2 InsO einzustufen sind. Nicht erforderlich ist hierbei, dass der Kreditgeber auch tatsächlich über die wirtschaftlichen Verhältnisse im kreditnehmenden Unternehmen unterrichtet ist, denn dann hätte er bereits positive Kenntnis i.S.v. §§ 130 I Nr. 1, II InsO. Ausreichend für die Einbeziehung in den Adressatenkreis § 138 II Nr. 2 Alt. 2 InsO ist vielmehr die bloße vertragliche Vereinbarung von Informations- und Einwirkungsrechten[995].

Dies ergibt sich daraus, dass § 138 II Nr. 2 Alt. 2 InsO dahingehend auszulegen ist, dass anstelle des Tatbestandsmerkmals der vergleichbaren „dienstvertraglichen" Verbindung eine vergleichbare „Nähebeziehung" ausreichend für die Einstufung als nahestehende Person ist. Nachdem jedoch auch das Näheverhältnis vergleichbar zur Verbindung der Vertretungs- und Aufsichtsorgane zu ihrer Gesellschaft sein muss, sind Kreditgeber durch die bloße Vereinbarung von Informationsrechten noch nicht eine dem Kreditnehmer nahestehende Person. Hinzutreten muss vielmehr auch die vertragliche Vereinbarung von umfangreichen Einflussnahmerechten. In diesem Zusammenhang ist auf das Gesamterscheinungsbild der Einflussnahmemöglichkeiten des Kreditgebers abzustellen, da einzelne Einwirkungsrechte u. U. (noch) nicht zu einer den Vertretungs- bzw. Aufsichtsorganen vergleichbaren Stellung führen. Kann der Insolvenzverwalter daher im Anfechtungsprozess nachweisen, dass dem Kreditgeber neben Informationsrechten zusätzlich vertraglich umfangreiche Einwirkungsrechte eingeräumt wurden, so hat er bewiesen, dass es sich beim Darlehensgeber um eine dem Kreditnehmer nahestehende Person gemäß § 138 II Nr. 2 Alt. 2 InsO handelt.

Nicht bestätigt hat sich hingegen die Annahme, dass covenant-gesicherte Kreditgeber gemäß § 138 II Nr. 1 InsO als dem Insolvenzschuldner nahe stehend einzustufen sind. Denn unabhängig von der Frage, was die einzelnen Voraussetzungen für die Übernahme der faktischen Vertretungs- oder Aufsichtsfunktion sind, mangelt es bei covenant-geschützten Darlehensgebern zum einen am Vorliegen eines für die faktische Geschäftsführung notwendigen zumindest unwirksamen förmlichen Bestellungsaktes. Zum anderen scheidet auch die Übernahme der faktischen Aufsichtsfunktion aus, da die für diese Position in Betracht kommenden Mitarbeiter des Kreditgebers nach § 116 S. 1, 93 I 3 AktG zur Verschwiegenheit verpflichtet sind und damit gemäß 138 II Nr. 3 HS. 2 InsO nicht als dem Insolvenzschuldner nahestehend eingestuft werden können. Dies wiederum hat zur Folge, dass auch der hinter diesen stehende Kreditgeber nicht als dem Gemeinschuldner nahe stehend einzustufen ist.

---

995 Im Ergebnis auch: Thole, Gläubigerschutz durch Insolvenzrecht, S. 345.

Ferner sind Kreditgeber auch nicht aufgrund einer gesellschaftsrechtlichen Verbindung eine dem Kreditnehmer nahestehende Person gemäß § 138 II Nr. 2 Alt. 1 InsO. Denn ungeachtet ihrer mittels Covenants zur Verfügung stehenden Einwirkungsmöglichkeiten fehlt es dennoch an der nach §§ 138 II Nr. 2 Alt. 1 InsO, 17 AktG erforderlichen Kapitalbeteiligung.

IV. Die Zurechnung der Kenntnis bei juristischen Personen

Da es sich beim covenant-gesicherten Kreditgeber regelmäßig um eine juristische Person handelt, welche als solche weder handlungsfähig ist noch eigenes Wissen haben kann, muss in einem letzten Schritt untersucht werden, ob und wie die aufgrund der Vereinbarung von Covenants erlangte Kenntnis von Umständen i.S.v. § 130 II InsO, welche regelmäßig nur bei einem Mitarbeiter des Darlehensgebers vorliegen wird, dieser zuzurechnen ist.

Eine juristische Person muss sich das Wissen ihrer vertretungsberechtigten Organwalter stets zurechnen lassen, auch wenn das „wissende" Organmitglied selbst nicht an der angefochtenen Rechtshandlung mitgewirkt hat[996]. Gleiches gilt für deren rechtsgeschäftlichen Vertreter, dessen Kenntnis gemäß § 166 I BGB zugerechnet wird[997]. Der juristischen Person ist jedoch auch die Kenntnis des sog. Wissensvertreters unter analoger Anwendung des § 166 I BGB zuzurechnen, welcher für diese trotz fehlender Vertretungsmacht eigenverantwortlich gehandelt hat[998]. Denn die Frage der Wissenszurechnung lässt sich nicht mit „logisch-begrifflicher Stringenz" ermitteln, sondern muss durch eine wertende Beurteilung entschieden werden[999]. Die Rspr. versteht unter dem Wissensvertreter denjenigen, der nach der Arbeitsorganisation des Geschäftsherrn dazu berufen ist, im Rechtsverkehr als dessen Repräsentant bestimmte Aufgaben in eigener Verantwortung zu erledigen und dabei die angefallenen Informationen zur Kenntnis zu nehmen und ggf. weiterzuleiten[1000]. Hieran anknüpfend stellte der BGH in einer Entscheidung aus dem Jahre 1996 fest, dass es bei der Wissenszurechnung einer juristischen Person weder auf die Stellung noch auf die Vertretungsmacht des Wissensträgers ankomme, sondern auf die Verfügbarkeit derjenigen Informationen, die „typischerweise aktenmäßig festgehalten werden"[1001].

---

996 BGH vom 01.03.1984, NJW 1984, 1953, 1954; BGH vom 08.12.1989, NJW 1990, 975, 976; BGH vom 15.12.2005, ZIP 2006, 138, 140; So auch die ganz h.M. vgl. nur: LSZ/Zeuner, InsO, § 130, Rn 20 f.; Palandt/Ellenberger, § 166 Rn 2 m.w.N.

997 BGH vom 15.01.1964, NJW 1964, 1277, 1278; MüKo/Kirchhof, InsO, § 130, Rn 41 ff.; Palandt/Ellenberger, § 166 Rn 2 m.w.N.

998 BGH vom 02.02.1996, NJW 1996, 1339, 1340; BGH vom 18.01.1994, NJW 1994, 1150, 1151; BGH vom 24.01.1992, NJW 1992, 1099, 1100; LSZ/Zeuner, InsO, § 130, Rn 20 m.w.N.; Jaeger/Henckel, InsO, § 130, Rn 130.

999 BGH vom 02.02.1996, NJW 1996, 1339, 1340; BGH vom 08.12.1989, NJW 1990, 975, 976.

1000 BGH vom 24.01.1992, NJW 1992, 1099, 1100; BGH vom 02.02.1996, NJW 1996, 1339, 1340; BGH vom 15.12.2005, ZIP 2006, 138, 140; MüKo/Kirchhof, InsO, § 130, Rn 46 m.w.N.

1001 BGH vom 02.02.1996, NJW 1996, 1339, 1340; LSZ/Zeuner, InsO, § 130, Rn 21; kritisch hierzu: Schultz, NJW 1996, 1392, 1393.

Aus diesen Gründen hat der BGH bereits entschieden, dass die Kenntnis eines Kassierers einer Bank oder die des Filialleiters eines Kreditinstitutes der juristischen Person zuzurechnen ist[1002]. Gleiches gilt für den Kreditsachbearbeiter, welcher mit der Durchführung des Kreditvertrages betraut ist[1003]. Ferner muss eine juristische Person sicherstellen, dass die ihr ordnungsgemäß zugegangenen Informationen von den Entscheidungsträgern zur Kenntnis genommen werden können[1004]. Erforderlich ist daher die Gewährleistung eines Informationsflusses von oben nach unten und umgekehrt, von unten nach oben sowie auf horizontaler Ebene. Dieser Informationsfluss bedingt organisatorische Maßnahmen, deren Fehlen ein Organisationsverschulden darstellt, so dass sich die juristische Person dennoch das Wissen einzelner Mitarbeiter zurechnen lassen muss[1005]. Darüber hinaus muss sich eine juristische Person auch die Kenntnis ihres Vertrauensmannes zurechnen lassen, welcher für sie eine Kontrollfunktion bei jemand anderem übernommen und dabei die wirtschaftlichen Verhältnisse überwacht hat[1006].

Damit wird das aufgrund der Vereinbarung in Covenants erlangte Wissen über die wirtschaftlichen Verhältnisse beim Darlehensnehmer, welches regelmäßig nur bei denjenigen Mitarbeitern vorliegen wird, welche die Berichte erhalten und deren Aufgabe darin besteht, diese zu Kreditsicherungszwecken durchzusehen, zumindest unter analoger Anwendung des § 166 BGB dem Kreditgeber zugerechnet. Kennt danach der Angestellte des Darlehensgebers infolge der Vereinbarung von Informationsrechten sowie deren Zurverfügungstellung Umstände i.S.v. § 130 II InsO, so ist dem Kreditgeber als juristische Person eben jenes Wissen über diese Umstände gemäß § 166 BGB (analog) zuzurechnen.

Dies ergibt sich daraus, dass der mit der Durchsicht der Berichte befasste Mitarbeiter den Kreditgeber häufig rechtsgeschäftlich vertritt und damit dessen Kenntnis dem Darlehensgeber unter direkter Anwendung des § 166 I BGB zugerechnet wird. Aber auch in Fällen, in denen der für die Durchsicht zuständige Mitarbeiter keine Vertretungsmacht hat, wird dessen Kenntnis unter analoger Anwendung des § 166 I BGB dem Kreditgeber zugerechnet, da dieser als sog. Wissensvertreter des Darlehensgebers gilt. Denn die jeweilig zuständigen Mitarbeiter des Kreditgebers sind aufgrund der Arbeitsorganisation im Kreditinstitut gerade dazu berufen, als dessen Repräsentant im Außenverhältnis bestimmte Aufgaben in eigener Verantwortung zu übernehmen, nämlich die Überwachung des wirtschaftlichen Geschehens beim Kreditnehmer zu Kreditsicherungszwecken. Die Angestellten des Kreditgebers, welche mit der Durchsicht der aufgrund der Vereinbarung in Covenants zur Verfügung gestellten Informationen beauftragt werden, sind damit Vertrauenspersonen des Darlehensgebers, indem sie für diesen eine Kontrollfunktion im kreditnehmenden Unternehmen ausüben.

1002 BGH vom 01.03.1984, NJW 1984, 1953, 1954.

1003 BGH vom 27.04.1995, ZIP 1995, 929, 931.

1004 BGH vom 15.12.2005, ZIP 2006, 138, 140; BGH vom 12.11.1998, BGHZ 140, 54, 62.

1005 BGH vom 15.12.2005, ZIP 2006, 138, 140.

1006 BGH vom 15.01.1964, NJW 1964, 1277, 1278; BGH vom 25.03.1982, NJW 1982, 1585, 1586; Uhlenbruck/Hirt, InsO, § 130, Rn 58; Jaeger/Henckel, InsO, § 130, Rn 130.

Damit hat sich gezeigt, dass die Kenntnis von Umständen i.S.v. § 130 II InsO dem Darlehensgeber entweder direkt oder unter analoger Anwendung des § 166 I BGB zugerechnet wird.

V. Gesamtergebnis zur kongruenten Deckungsanfechtung gemäß § 130 InsO

Abschließend kann daher festgehalten werden, dass sich die Gefahr der Anfechtbarkeit von kongruenten Deckungshandlungen nach § 130 InsO durch die Vereinbarung von Informations- und Einflussnahmerechten in Covenants für Kreditgeber deutlich erhöht.

Denn wie soeben herausgearbeitet wurde, gelten Kreditgeber durch die bloße Vereinbarung von Informations- und Einflussnahmerechten in Covenants als dem Insolvenzschuldner nahe stehend gemäß § 138 II Nr. 2 Alt. 2 InsO. Dies hat zur Folge, dass deren Kenntnis über die Zahlungsunfähigkeit des Gemeinschuldners nach § 130 III InsO vermutet wird, so dass der Darlehensgeber aufgrund dieser Beweislastumkehr seine Unkenntnis nachzuweisen hat, wenn er die Anfechtung der kongruenten Deckungshandlung vermeiden will. Nicht ausreichend für die Einbeziehung in den Kreis der nahestehenden Personen ist hingegen die bloße Vereinbarung von Informationsrechten in Covenants. Denn das nach § 138 II Nr. 2 Alt. 2 InsO erforderliche Näheverhältnis zum Insolvenzschuldner muss vergleichbar zur Verbindung der Vertretungs- und Aufsichtsorgane sein. Eben jenes Näheverhältnis beschränkt sich jedoch nicht auf den Informationsvorsprung, sondern ist auch durch deren Einwirkungsrechte geprägt. Damit werden covenant-gesicherte Kreditgeber lediglich dann als dem Kreditnehmer nahe stehend eingestuft, wenn sie zusätzlich über vertragliche Einflussnahmerechte verfügen.

Darüber hinaus hat die Untersuchung ergeben, dass die positive Kenntnis von Umständen i.S.v. § 130 II InsO dann beim Kreditgeber unter analoger Anwendung des § 162 BGB fingiert wird, wenn der Insolvenzverwalter beweisen kann, dass die aufgrund der Vereinbarung in Covenants zur Verfügung gestellten Informationen beim Darlehensgeber zugegangen sind. Dies darf jedoch nicht dahingehend missverstanden werden, dass hierdurch der Beweis der positiven Kenntnis bereits durch den bloßen Nachweis des Zugangs der Informationen geführt wird. Denn durch den Zugang der Berichte wird lediglich das missbräuchliche Sich-Verschließen vor rechtserheblichem Wissen beim Kreditgeber nachgewiesen und damit diesem das Sich-Berufen auf die Unkenntnis verwehrt. Erst der Nachweis des missbräuchlichen Sich-Verschließens führt dann zur Fiktion der positiven Kenntnis von Umständen i.S.v. § 130 II InsO unter analoger Anwendung des § 162 BGB. Sind dann in diesen Berichten Informationen enthalten, die über die Zahlungsfähigkeit des Kreditnehmers Auskunft erteilen, so hat der Kreditgeber Kenntnis von der Zahlungsunfähigkeit des Kreditnehmers, wenn ein redlich Denkender, der vom Gedanken auf den eigenen Vorteil nicht beeinflusst ist, sich angesichts der ihm hierdurch bekannten Tatsachen der Einsicht nicht verschließen kann, der Schuldner sei zahlungsunfähig.

Da die entsprechende Kenntnis über Umstände i.S.v. § 130 II InsO regelmäßig nur bei einem Mitarbeiter des Kreditgebers vorliegt, wird eben jenes Wissen unter analoger Anwendung des § 166 I BGB dem Kreditgeber zugerechnet. Dies ergibt sich daraus, dass sich gezeigt hat, dass es sich beim Angestellten des Kreditgebers, welcher mit der Durchsicht der Berichte betraut ist, um einen sog. Wissensvertreter des Darlehensgebers handelt und damit dessen Kenntnis von Umständen i.S.v. § 130 II InsO dem Kreditgeber zuzurechnen ist.

Nicht bestätigt hat sich hingegen die Annahme, dass Kreditgebern durch die mittels Covenants zur Verfügung gestellten Informationen eine Anfechtbarkeit nach § 130 I Nr. 1 InsO droht. Denn auch wenn der Insolvenzverwalter u. U. noch die Tatsachenkenntnis über den Inhalt der mittels Covenants zur Verfügung gestellten Berichte beim Kreditnehmer nachweisen kann, so hat er hierdurch noch nicht nachgewiesen, dass der Darlehensgeber aufgrund der ihm hierdurch bekannten Tatsachen selbst den für § 130 I Nr. 1 InsO auf der Rechtsebene zwingend erforderlichen Schluss gezogen hat, der Insolvenzschuldner sei zahlungsunfähig. Daher kommt eine Anfechtung nach § 130 I Nr. 1 InsO allenfalls dann in Betracht, wenn der Insolvenzverwalter nachweisen kann, dass dem Kreditgeber in den Berichten explizit die Zahlungsunfähigkeit des Darlehensnehmers mitgeteilt wurde oder aufgrund der übermittelten Informationen eine Reaktion des Darlehensgebers erfolgt ist, wie etwa durch eine Nachbesicherung. Denn auch im letztgenannten Fall kann davon ausgegangen werden, dass der Kreditgeber durch die Reaktion auf die mittels Covenants zur Verfügung gestellten Informationen selbst den Schluss gezogen hat, der Kreditnehmer sei zahlungsunfähig, aufgrund dessen er dann die Nachbesicherung verlangte. Voraussetzung hierbei ist jedoch, dass der Insolvenzverwalter auch die Kausalität zwischen den mittels Covenants übermittelten Informationen und der darauf folgenden Reaktion beweist.

B. Anfechtung inkongruenter Deckungshandlungen gemäß § 131 InsO

Nachdem soeben herausgearbeitet wurde, dass sich das Risiko der Anfechtbarkeit von kongruenten Deckungshandlungen durch die Vereinbarung von Informations- und Einflussnahmerechten in Covenants für Kreditgeber deutlich erhöht, muss in einem nächsten Schritt untersucht werden, welche Auswirkungen eben jene in Covenants vereinbarten Rechte auf die Anfechtbarkeit von inkongruenten Deckungshandlungen nach § 131 InsO haben. Hierfür sollen zunächst die allgemeinen Voraussetzungen der inkongruenten Deckungsanfechtung dargestellt werden, um anschließend herausarbeiten zu können, inwieweit Kreditgeber durch die bloße Vereinbarung von Informations- und Einwirkungsrechten in Covenants erneut Gefahr laufen, dass eine zu ihren Gunsten erfolgte inkongruente Deckungshandlung durch den Insolvenzverwalter angefochten wird.

I. Die Anfechtbarkeit von inkongruenten Deckungshandlungen nach § 131 InsO im Allgemeinen

Bei inkongruenten Deckungen handelt es sich gemäß § 131 InsO um Rechtshandlungen, welche dem Gläubiger eine Sicherung oder Befriedigung gewährt oder ermöglicht haben, die er nicht oder nicht in der Art oder nicht zu dieser Zeit für sich beanspruchen durfte[1007]. Da der Insolvenzgläubiger bei einer inkongruenten Deckungshandlung eine ihm nicht zustehende Leistung erhält, diese damit besonders verdächtig und der Gläubiger somit weniger schutzwürdig ist, wird im Rahmen der Anfechtung nach § 131 I Nr. 1–2 InsO auf das Vorliegen von subjektiven Voraussetzungen beim Anfechtungsgegner insgesamt verzichtet[1008].

Allerdings kommt eine inkongruente Deckungsanfechtung gemäß § 131 I Nr. 3 InsO selbst dann in Betracht, wenn es zum Zeitpunkt der Vornahme der Rechtshandlung am objektiven Erfordernis der Zahlungsunfähigkeit des Gemeinschuldners gefehlt hat. Im Gegenzug dafür muss dem Insolvenzgläubiger jedoch bekannt sein, dass eben jene inkongruente Deckungshandlung die übrigen Gläubiger benachteiligt hat. Damit stellt sich erneut die Frage, ob ein Kreditgeber aufgrund der mittels Covenants zur Verfügung gestellten Informationen Kenntnis davon hat, dass die angefochtene Rechtshandlung eine Gläubigerbenachteiligung beim Kreditnehmer herbeiführte.

Eine Gläubigerbenachteiligung i.S.v. § 131 I Nr. 3 InsO liegt dann vor, wenn durch die anfechtbare Rechtshandlung die Aktivmasse des Insolvenzschuldners gemindert worden ist und dadurch die Befriedigungsmöglichkeit der übrigen Gläubiger verkürzt, vermindert, erschwert oder verzögert wurde, mithin sich die Befriedigung der übrigen Gläubiger ohne die anfechtbare Handlung günstiger gestaltet hätte[1009]. Kenntnis bedeutet auch bei der Anfechtbarkeit nach § 131 I Nr. 3 InsO das für sicher gehaltene und rechtlich relevante Wissen, d.h. der Anfechtungsgegner muss auch hier positive Kenntnis von der Gläubigerbenachteiligung haben[1010]. Unter den gleichen Erwägungen wie bei der Anfechtbarkeit von kongruenten Deckungshandlungen genügt jedoch bei der inkongruenten Deckung die grob fahrlässige Unkenntnis der Gläubigerbenachteiligung ebenfalls nicht dafür, eine inkongruente Rechtshandlung anzufechten[1011]. Aufgrund der im Rahmen des § 131 I Nr. 3 InsO dem Insolvenzverwalter obliegenden Darlegungs- und Beweislast muss dieser daher auch bei der Anfechtung von inkongruenten Deckungshandlungen nachweisen, dass der Anfechtungsgegner im Zeitpunkt der Vornahme der Rechtshandlung sicher davon

1007 Ausführlich zur inkongruenten Deckungsanfechtung: Zeuner, Die Anfechtung in der Insolvenz, Rn 120 ff.

1008 Begr. zu § 146 RegE InsO, BT-Drucks. 12/2443, S. 158 f.

1009 BGH vom 29.11.2007, NJW 2008, 1067, 1068 m.w.N.; Pape, Uhlenbruck, Voigt-Salus, Insolvenzrecht, Kapitel 33 Rn 24 ff.; Zeuner, Die Anfechtung in der Insolvenz, Rn 42 ff.; HK-InsO/Kreft, § 129, Rn 37 ff.

1010 MüKo/Kirchhof, InsO, § 131, Rn 53; Vgl. hierzu bereits: Teil 4, A., II., 1., a).

1011 Rechtsausschuss zu § 146 RegE InsO, BT-Drucks. 12/7302, S. 173; Uhlenbruck/Hirte, InsO, § 131, Rn 38; vgl. hierzu bereits: Teil 4, A., I., 1.

wusste, dass eben jene Rechtshandlung die übrigen Gläubiger des Gemeinschuldners benachteiligen wird[1012].

Nach überwiegender Auffassung in Rspr. und Schrifttum hat der Anfechtungsgegner Kenntnis von der Benachteiligung der übrigen Gläubiger, wenn er die finanziell beengte Lage des Schuldners kennt und weiß, dass dieser deswegen in absehbarer Zeit nicht in der Lage ist, sämtliche Gläubiger zu befriedigen[1013]. Im Zusammenhang mit der Anfechtbarkeit von inkongruenten Deckungshandlungen, welche auf Grundlage eines covenant-unterlegten Darlehens erfolgt sind, bedeutet dies, dass der Insolvenzverwalter nicht nur die positive Kenntnis des Kreditgebers über die finanziell beengte Lage beim Darlehensnehmer nachweisen muss. Er hat vielmehr darüber hinaus auch zu beweisen, dass der Darlehensgeber sicher wusste, dass der Insolvenzschuldner in absehbarer Zeit nicht in der Lage sein wird, die Ansprüche der übrigen Gläubiger voll zu befriedigen. In diesem Zusammenhang ist insbesondere zu beachten, dass allein aufgrund der Kenntnis des Anfechtungsgegners über die Inkongruenz der Deckung noch nicht auf dessen Wissen über die Benachteiligung der Gläubiger geschlossen werden kann[1014]. Kennt der Insolvenzgläubiger allerdings die finanziell beengte Lage des Gemeinschuldners, dann stellt der Umstand, dass dem Anfechtungsgegner eine inkongruente Deckung gewährt worden ist, ein starkes Beweiszeichen für dessen Wissen über die Gläubigerbenachteiligung dar[1015].

Hieraus wird erneut deutlich, dass auch bei der Anfechtbarkeit von inkongruenten Deckungshandlungen eine identische Problematik wie bei der kongruenten Anfechtung besteht. Denn bei der Anfechtbarkeit nach § 131 I Nr. 3 InsO ist ebenso wenig der Beweis des Insolvenzverwalters ausreichend, dass der Insolvenzgläubiger Kenntnis über Umstände hat, die auf die Gläubigerbenachteiligung schließen lassen. Er muss vielmehr darüber hinaus den Nachweis führen, dass der Anfechtungsgegner aufgrund der ihm bekannten Tatsachen selbst den zutreffenden Schluss gezogen hat, dass der Gemeinschuldner zum Zeitpunkt der Vornahme der Deckungshandlung nicht in der Lage war, seine übrigen Gläubiger voll zu befriedigen.

Angesichts der bereits im Rahmen der kongruenten Deckungsanfechtung dargestellten Schwierigkeiten beim Beweis der inneren Tatsache „positive Kenntnis" steht gemäß § 131 II 1 InsO jedoch auch bei der Anfechtung von inkongruenten

---

1012 Ausführlich zur Darlegungs- und Beweislast bei § 131 I Nr. 3 InsO: Schoppmeyer, in Bork (Hrsg.), Handbuch des Insolvenzanfechtungsrechts, Kap. 8, Rn 147 ff.; MüKo/Kirchhof, InsO, § 131, Rn 57 ff.

1013 BGH vom 18.12.2003, ZIP 2004, 319, 322; BGH vom 22.07.2004, ZIP 2004, 1819, 1821; Schoppmeyer, in Bork (Hrsg.), Handbuch des Insolvenzanfechtungsrechts, Kap. 8, Rn 140; LSZ/Zeuner, InsO, § 131, Rn 34; HK-InsO/Kreft, § 131, Rn 23.

1014 BGH vom 18.12.2003, ZIP 2004, 319, 322; Schoppmeyer, in Bork (Hrsg.), Handbuch des Insolvenzanfechtungsrechts, Kap. 8, Rn 148; MüKo/Kirchhof, InsO, § 131, Rn 63; HK-InsO/Kreft, § 131, Rn 26; Huber, in Gottwald (Hrsg.), Insolvenzrechts-Handbuch, § 47, Rn 63.

1015 BGH vom 18.12.2003, ZIP 2004, 319, Leitsatz (4.) und S. 322; Zeuner, Die Anfechtung in der Insolvenz, Rn 122; HambKomm/Rogge, InsO, § 131, Rn 43; MüKo/Kirchhof, InsO, § 131, Rn 63; Schoppmeyer, in Bork (Hrsg.), Handbuch des Insolvenzanfechtungsrechts, Kap. 8, Rn 148.

Deckungshandlungen der Kenntnis der Gläubigerbenachteiligung die Kenntnis von Umständen gleich, die zwingend auf die Gläubigerbenachteiligung schließen lassen. Damit muss der Insolvenzverwalter zwar weiterhin die positive Tatsachenkenntnis über Umstände i.S.v. § 131 II 1 InsO beim Anfechtungsgegner nachweisen[1016]. Kann er diesen Nachweis jedoch führen, so genügt es für die Anfechtbarkeit von inkongruenten Deckungshandlungen, wenn der Insolvenzgläubiger hierdurch Tatsachen kennt, aus denen sich bei zutreffender rechtlicher Beurteilung zweifelsfrei ergibt, dass der Gemeinschuldner infolge seiner Liquiditäts- und Vermögenslage in absehbarer Zeit seine Zahlungsverpflichtungen nicht mehr in vollem Umfang wird erfüllen können, so dass die übrigen Gläubiger zumindest teilweise leer ausgehen[1017]. Der normative Haftungsmaßstab des § 131 II 1 InsO, wonach der Schluss von der Tatsachenkenntnis auf die Gläubigerbenachteiligung zwingend ist, richtet sich hierbei erneut danach, ob ein redlich Denkender, der vom Gedanken des eigenen Vorteils nicht beeinflusst ist, sich angesichts der ihm bekannten Tatsachen der Einsicht nicht verschließen kann, der Schuldner werde in absehbarer Zeit seine Gläubiger nicht in vollem Umfang befriedigen können[1018].

Handelt es sich dagegen beim Anfechtungsgegner um eine dem Insolvenzschuldner nahestehende Person gemäß § 138 InsO, so wird gemäß § 131 II 2 InsO vermutet, dass dieser die Gläubigerbenachteiligung kannte. Abgesehen von den objektiven Tatbestandsvoraussetzungen der Anfechtung wegen inkongruenter Deckung, muss der Insolvenzverwalter in diesen Fällen daher lediglich beweisen, dass es sich beim Anfechtungsgegner um eine dem Gemeinschuldner nahestehende Person handelt. Will dann der Anfechtungsgegner die Anfechtung einer zu seinen Gunsten erfolgten Rechtshandlung verhindern, so hat er aufgrund dieser Beweislastumkehr nachzuweisen, dass er weder Kenntnis von der Gläubigerbenachteiligung noch Wissen über Umstände hatte, die zwingend auf die Benachteiligung schließen lassen[1019].

II. Die Auswirkungen auf covenant-unterlegte Darlehen

Durch die Vereinbarung von Informations- und Einflussnahmerechten in Covenants wird die Gefahr der Anfechtbarkeit von inkongruenten Deckungshandlungen für Kreditgeber deutlich erhöht. Denn wie bereits im vorherigen Kapitel herausgearbeitet wurde, sind Kreditgeber nach der hier vertretenen Auffassung dann gemäß § 138 II Nr. 2 Alt. 2 InsO als dem Insolvenzschuldner nahe stehend einzustufen, wenn sie sich neben der Vereinbarung von Informationsrechten zusätzlich Einwirkungsrechte gegenüber dem kreditnehmenden Unternehmen einräumen lassen[1020]. Vereinbaren die Kreditvertragsparteien daher in Covenants

1016 Vgl. zur gleichen Problematik bei der kongruenten Deckungsanfechtung: Teil 4, A., II.
1017 BGH vom 18.12.2003, ZIP 2004, 319, 322; HK-InsO/Kreft, § 131, Rn 24; MüKo/Kirchhof, InsO, § 131, Rn 54.
1018 OLG München vom 05.07.2006, WM 2008, 442, 444; HK-InsO/Kreft, § 131, Rn 24. Vgl. hierzu bereits ausführlich: Teil 4, A., II., 2.
1019 HK-InsO/Kreft, § 131, Rn 27.
1020 Vgl. hierzu bereits: Teil 4, A., III, 2., b), bb).

Informations- und Einflussnahmerechte zugunsten des Darlehensgebers, so wird nach § 131 II 2 InsO diesem gegenüber vermutet, dass er zum Zeitpunkt der Vornahme der inkongruenten Deckungshandlung die Gläubigerbenachteiligung kannte. Zu beachten ist in diesem Zusammenhang erneut, dass Kreditgeber bereits durch die bloße vertragliche Vereinbarung von Informations- und Einwirkungsrechten als nahestehende Person gemäß § 138 II Nr. 2 Alt. 2 InsO zu qualifizieren sind, so dass es nicht einer tatsächlichen Ausübung der in Covenants vereinbarten Rechte bedarf[1021].

Darüber hinaus wird mit dem Zugang der aufgrund der Vereinbarung in Covenants zur Verfügung gestellten Informationen die positive Kenntnis von Umständen i.S.v. § 131 II 1 InsO beim Kreditgeber unter analoger Anwendung des § 162 BGB fingiert. Denn wie bereits die Untersuchung im Rahmen der Anfechtung von kongruenten Deckungshandlungen ergeben hat, besteht eine Reduktionsmöglichkeit des Kenntniserfordernisses – und damit eine Beweiserleichterung für den Anspruchsteller – bei Wissensnormen insoweit, als dass die positive Kenntnis gemäß § 162 BGB analog dann fingiert wird, wenn sich der Betreffende missbräuchlich vor rechterheblichem Wissen verschlossen hat[1022]. Eben jenes missbräuchliche Sich-Verschließen vor rechtserheblichem Wissen liegt jedoch in Fällen, in denen der Kreditnehmer aufgrund der Vereinbarung in Covenants zur Zurverfügungstellung von Informationen verpflichtet ist, beim Kreditgeber bereits mit dem Zugang eben jener Berichte vor, wenn sich dieser trotz deren Zugangs auf seine Unkenntnis über den Inhalt beruft[1023]. Kann daher der Insolvenzverwalter den Zugang der Informationen beim Kreditgeber nachweisen, so wird dessen Kenntnis von Umständen i.S.v. § 131 II 1 InsO unter analoger Anwendung des § 162 BGB fingiert.

Da auch die Vereinbarung von Informationsrechten von den Kreditvertragsparteien beliebig ausgestaltbar ist, können in der vorliegenden Untersuchung nicht sämtliche mittels Covenants zur Verfügung gestellten Information dahingehend analysiert werden, ob die dem Kreditgeber hierdurch bekannten Tatsachen den Schluss auf die Gläubigerbenachteiligung zwingend erscheinen lassen. Der objektive Haftungsmaßstab, wonach der Schluss von der Tatsachenkenntnis auf die Gläubigerbenachteiligung zwingend ist, besteht jedoch erneut darin, ob ein redlich Denkender, der vom Gedanken des eigenen Vorteils nicht beeinflusst ist, sich angesichts der ihm bekannten Tatsachen der Einsicht nicht verschließen kann, der Schuldner werde in absehbarer Zeit seine Gläubiger nicht in vollem Umfang befriedigen können[1024]. Hat der Kreditgeber daher mittels den über Covenants zur Verfügung gestellten Informationen Kenntnis über Umstände, aus denen sich bei zutreffender rechtlicher Beurteilung zweifelsfrei ergibt, dass der Kreditnehmer infolge seiner Liquiditäts- und Vermögenslage in absehbarer Zeit seine Zahlungsverpflichtungen nicht mehr

1021 Vgl. hierzu bereits: Teil 4, A., III., 2., b), bb).
1022 Vgl. hierzu bereits ausführlich: Teil 4, A., II., 1., d), aa).
1023 Vgl. hierzu erneut: Teil 4, A., II., 1., d), bb).
1024 OLG München vom 05.07.2006, WM 2008, 442, 444; HK-InsO/Kreft, § 131, Rn 24. Vgl. hierzu bereits ausführlich: Teil 4, A., II., 2.

in vollem Umfang wird erfüllen können, so dass die übrigen Gläubiger zumindest teilweise leer ausgehen[1025], dann hat er Kenntnis von Umständen i.S.v. § 131 II 1 InsO, die zwingend auf die Gläubigerbenachteiligung schließen lassen.

In diesem Zusammenhang hat der BGH bereits festgestellt, dass der Anfechtungsgegner Kenntnis von der Gläubigerbenachteiligung nach § 131 I Nr. 3 InsO hat, wenn dieser die finanziellen Verhältnisse des Gemeinschuldners kennt und Einblick in dessen Buchführung hat[1026]. Darüber hinaus hat der Tatrichter bei der Frage, ob der Anfechtungsgegner Kenntnis von Umständen nach 131 II 1 InsO hat, die zwingend auf die Benachteiligung der Gläubiger schließen lassen, zu berücksichtigen, inwieweit der Anfechtungsgegner durch den Einblick in die Bilanz, durch die Einsicht in die Gewinn- und Verlustrechnung und ähnliche Unterlagen über die wirtschaftliche Entwicklung beim Insolvenzschuldner informiert war[1027].

Nachdem Kreditgeber durch die mittels Covenants zur Verfügung gestellten Berichte regelmäßig umfassend über das wirtschaftliche Geschehen beim Kreditnehmer informiert und Mitarbeiter des Darlehensgebers mit der Durchsicht eben jener Berichte vertraut sind, welche diese Informationen interpretieren können, ist i.d.R. davon auszugehen, dass dem Darlehensgeber zum Zeitpunkt der Vornahme der kongruenten Deckungshandlung bekannt war, dass diese die übrigen Gläubiger benachteiligt. Denn infolge des umfassenden Einblicks in die wirtschaftlichen Verhältnisse beim Kreditnehmer kann davon ausgegangen werden, dass dem Darlehensgeber bewusst war, dass die angefochtene Deckungshandlung die Befriedigungsaussichten der übrigen Gläubiger verschlechtert und der Kreditnehmer aufgrund seiner Vermögenssituation nicht mehr in der Lage ist, sämtliche übrigen Gläubiger zu befriedigen.

III. Ergebnis

Abschließend kann daher festgestellt werden, dass sich für Kreditgeber durch die Vereinbarung von Informations- und Einwirkungsrechten in Covenants auch das Risiko der Anfechtbarkeit von inkongruenten Deckungshandlungen nach § 131 InsO deutlich erhöht. Denn auch in diesem Zusammenhang gilt ein Kreditgeber durch die bloße Vereinbarung von Informations- und Einflussnahmerechten als eine dem Kreditnehmer nahestehende Person gemäß § 138 II Nr. 2 Alt. 2 InsO, so dass dessen Kenntnis von der Gläubigerbenachteiligung nach § 131 II 2 InsO vermutet wird. Darüber hinaus wird die Kenntnis von Umständen i.S.v. § 131 II 1 InsO erneut dann unter analoger Anwendung des § 162 BGB fingiert, wenn der Insolvenzverwalter den Zugang der aufgrund der Vereinbarung in Covenants zu Verfügung gestellten Berichte nachweisen kann. Sind dann in den beim Darlehensgeber zu-

1025 BGH vom 18.12.2003, ZIP 2004, 319, 322; HK-InsO/Kreft, § 131, Rn 24; MüKo/Kirchhof, InsO, § 131, Rn 54.
1026 BGH vom 20.07.2006, ZIP 2006, 1591, 1593.
1027 BGH vom 12.11.1992, ZIP 1993, 276, 279; BGH vom 04.12.1997, ZIP 1998, 248, 251 f.; HK-InsO/Kreft, § 131, Rn 25.

gegangenen Berichten Informationen enthalten, aus denen sich bei zutreffender rechtlicher Beurteilung zweifelsfrei ergibt, dass der Kreditnehmer infolge seiner Liquiditäts- und Vermögenslage in absehbarer Zeit seine Zahlungsverpflichtungen nicht mehr in vollem Umfang wird erfüllen können, dann hat der Kreditgeber Kenntnis von Umständen i.S.v. § 131 II 1 InsO, die zwingend auf die Gläubigerbenachteiligung schließen lassen. Der objektive Haftungsmaßstab, wonach der Schluss von der Tatsachenkenntnis auf die Gläubigerbenachteiligung zwingend ist, besteht hierbei erneut darin, ob ein redlich Denkender, der vom Gedanken des eigenen Vorteils nicht beeinflusst ist, sich angesichts der ihm bekannten Tatsachen der Einsicht nicht verschließen kann, der Schuldner werde in absehbarer Zeit seine Gläubiger nicht in vollem Umfang befriedigen können.

C. Die Anfechtbarkeit wegen unmittelbar nachteiliger Rechtshandlung gemäß § 132 InsO

Ferner sind über § 132 InsO auch Rechtsgeschäfte des Schuldners anfechtbar, welche die Insolvenzgläubiger unmittelbar benachteiligen. Zu beachten ist in diesem Zusammenhang erneut, dass die Vereinbarung von Covenants auch im Rahmen der Anfechtbarkeit von unmittelbar gläubigerbenachteiligenden Rechtshandlungen insofern relevant wird, als dass gemäß § 132 I Nr. 1 InsO eine Anfechtung lediglich dann in Betracht kommt, wenn der Anfechtungsgegner zum Zeitpunkt der Vornahme der Rechtshandlung die Zahlungsunfähigkeit des Insolvenzschuldners kannte. Des Weiteren steht gemäß §§ 132 III, 130 II InsO der Kenntnis der Zahlungsunfähigkeit die Kenntnis von Umständen gleich, die zwingend auf die Zahlungsunfähigkeit schließen lassen. Ferner wird über §§ 132 III, 130 III InsO gegenüber Personen, welche dem Insolvenzschuldner gemäß § 138 InsO nahestehen, vermutet, dass diese die Zahlungsunfähigkeit kannten.

Damit stellt sich bei der Anfechtung von unmittelbar gläubigerbenachteiligenden Rechtshandlungen zum wiederholten Male die Frage, ob Kreditgeber durch die mittels Covenants zur Verfügung gestellten Informationen Kenntnis von der Zahlungsunfähigkeit des Darlehensnehmers bzw. zumindest Kenntnis von Umständen haben, die zwingend auf die Zahlungsunfähigkeit schließen lassen und welche Anforderungen an die dem Insolvenzverwalter auch hierbei obliegende Beweislast zu stellen sind. Darüber hinaus wird die Kenntnis des Kreditgebers über die Zahlungsunfähigkeit dann vermutet, wenn man diesen aufgrund seiner in Covenants vereinbarten Einflussnahme- und Informationsrechte als dem Darlehensnehmer gemäß § 138 InsO nahe stehend qualifiziert.

Nachdem eben jene Sachverhalte und ihre Rechtsfolgen bereits im Zusammenhang mit der Anfechtung von kongruenten Deckungshandlungen ausführlich behandelt wurden, soll an dieser Stelle auf das Ergebnis der Untersuchung zu § 130 InsO verwiesen werden[1028].

1028 Vgl. hierzu bereits ausführlich: Teil 4, A.

D. Anfechtung wegen vorsätzlicher Benachteiligung gemäß § 133 InsO

In einem weiteren Schritt muss der Frage nachgegangen werden, welche Auswirkungen die in Covenants vereinbarten Rechte auf die Anfechtung wegen vorsätzlicher Benachteiligung gemäß § 133 InsO haben. Hierzu sollen zunächst die Voraussetzungen der Vorsatzanfechtung nach § 133 InsO im Allgemeinen dargestellt werden, um anschließend untersuchen zu können, ob Kreditgebern aufgrund der Vereinbarung von Informations- und Einflussnahmerechten die Anfechtbarkeit einer zu ihren Gunsten erfolgten Rechtshandlung wegen vorsätzlicher Gläubigerbenachteiligung droht.

I. Die Voraussetzungen der Vorsatzanfechtung gemäß § 133 InsO

Gemäß § 133 InsO sind Rechtshandlungen, welche der Gemeinschuldner mit dem Vorsatz vorgenommen hat, seine Gläubiger zu benachteiligen, anfechtbar, wenn der andere Teil im Zeitpunkt der Vornahme der Rechtshandlung den Vorsatz des Insolvenzschuldners kannte. Entscheidend kommt es daher bei der Vorsatzanfechtung auf den subjektiven Tatbestand und dessen Beweisanforderungen an. Denn der Insolvenzverwalter muss aufgrund der ihm auch im Rahmen des § 133 I InsO obliegenden Beweislast nicht nur den Gläubigerbenachteiligungsvorsatz des Schuldners beweisen, sondern er muss vielmehr darüber hinaus nachweisen, dass der Anfechtungsgegner eben jenen Gläubigerbenachteiligungsvorsatz des Gemeinschuldners zur Zeit der Handlung kannte[1029]. Ersichtlich ist hierbei erneut, dass bei der Vorsatzanfechtung für den Insolvenzverwalter ähnlich hohe Hürden wie bei der Anfechtung von kongruenten Deckungshandlungen bestehen, da der Vorsatz Gläubigerbenachteiligung des Insolvenzschuldners als innere Tatsache dem Beweis ebenfalls nur eingeschränkt zugänglich ist und damit nur mittelbar durch objektive Tatsachen und/oder Indizien geführt werden kann[1030].

Da die vorliegende Arbeit die rechtlichen Auswirkungen von Covenants in der Insolvenz zum Gegenstand hat, besteht im Rahmen des § 133 InsO der Schwerpunkt der Untersuchung darin, inwieweit Kreditgeber durch die Vereinbarung von Covenants, insbesondere durch die hierin regelmäßig enthaltenen Informationsrechte, den Gläubigerbenachteiligungsvorsatz des Kreditnehmers kannten bzw. welche Anforderungen an den vom Insolvenzverwalter zu erbringenden Nachweis der Kenntnis eben jenes Benachteiligungsvorsatzes zu stellen sind. Nicht untersucht wird daher, welche Anforderungen an sich an den Vorsatz der Gläubigerbenachteiligung des Insolvenzschuldners zu stellen sind.

1029 Ausführlich zu Beweislast bei der Anfechtung nach § 133 InsO: LSZ/Zeuner, InsO, § 133, Rn 21 ff.; MüKo/Kirchhof, InsO, § 133, Rn 22 ff.
1030 Vgl. hierzu bereits: Teil 4, A., II., 1., b).

Zu beachten ist an dieser Stelle erneut der Umstand, dass bei der Vorsatzanfechtung – ähnlich zur Anfechtung wegen kongruenter Deckung nach § 130 InsO – die (grob) fahrlässige Unkenntnis über den Benachteiligungsvorsatz des Insolvenzschuldners nicht ausreichend ist, eine vorinsolvenzliche Rechtshandlung anzufechten[1031]. Unzureichend ist daher, wenn der Insolvenzverwalter aufgrund der mittels Covenants zur Verfügung gestellten Berichte lediglich nachweisen kann, dass der Kreditgeber hierdurch den Benachteiligungsvorsatz kennen „müsste" oder kennen „könnte". Der Anfechtungsgegner muss vielmehr auch bei der Anfechtung gemäß § 133 I 1 InsO positive Kenntnis vom Benachteiligungsvorsatz des Insolvenzschuldners haben, was vom Insolvenzverwalter im Bestreitensfalle dann auch zu beweisen ist[1032].

Um den schon mehrfach erwähnten Beweisschwierigkeiten bei Wissensnormen entgegenzuwirken, wird jedoch gemäß § 133 I 2 InsO die Kenntnis des Gläubigerbenachteiligungsvorsatzes beim Anfechtungsgegner dann vermutet, wenn dieser die drohende Zahlungsunfähigkeit des Insolvenzschuldners **und** die Gläubigerbenachteiligung kannte. Kann der Insolvenzverwalter daher nachweisen, dass der Kreditgeber aufgrund der mittels Covenants zur Verfügung gestellten Informationen von der drohenden Zahlungsunfähigkeit des Gemeinschuldners und der Gläubigerbenachteiligung wusste, dann wird über § 133 I 2 InsO widerleglich vermutet, dass der Anfechtungsgegner Kenntnis vom Vorsatz der Benachteiligung hatte[1033]. Um eine Anfechtung zu verhindern, muss der Anfechtungsgegner daher in diesen Fällen konkrete Umstände darlegen und beweisen, die es naheliegend erscheinen lassen, dass ihm der Benachteiligungsvorsatz des Schuldners nicht bekannt war[1034].

Nach ständiger Rspr. des BGH und der herrschenden Ansicht im Schrifttum steht jedoch auch im Rahmen des § 133 I 2 InsO der Kenntnis der drohenden Zahlungsunfähigkeit die Kenntnis von Umständen gleich, die zwingend auf eine drohende oder bereits eingetretene Zahlungsunfähigkeit schließen lassen[1035]. Obwohl es an einer dem § 130 II InsO entsprechenden Regelung bei der Vorsatzanfechtung nach § 133 InsO fehlt, genügt es daher für die Anfechtbarkeit einer Rechtshandlung, wenn der Anfechtungsgegner die tatsächlichen Umstände kennt, aus denen bei zutreffender rechtlicher Bewertung die (drohende) Zahlungsunfähigkeit zweifelsfrei folgt[1036]. Im Gegensatz zu den Regelungen der §§ 130 II, 131 III InsO ist jedoch bei § 133 InsO zu beachten, dass es sich hierbei nicht um eine Rechtsvermutung handelt[1037]. Der Nachweis der Kenntnis von Umständen, welche zwingend auf die dro-

1031 MüKo/Kirchhof, InsO, § 133, Rn 19 m.w.N.; Uhlenbruck/Hirte, InsO, § 133, Rn 25, NR/Nerlich, InsO, § 133, Rn 39.
1032 Jaeger/Henckel, InsO, § 133, Rn 47; LSZ/Zeuner, InsO, § 133, Rn 21.
1033 LSZ/Zeuner, InsO, § 133, Rn 36; HK-InsO/Kreft, § 133, Rn 22.
1034 BGH vom 24.05.2007, ZIP 2007, 1511, 1512.
1035 BGH vom 17.02.2004, ZIP 2004, 669, 671; BGH vom 13.05.2004, ZIP 2004, 1512, 1514; BGH vom 08.10.2009, ZIP 2009, 2253, 2254; MüKo/Kirchhof, InsO, § 133, Rn 24b; Bork, in Bork (Hrsg.), Handbuch des Insolvenzanfechtungsrechts, Kap. 5, Rn 53; Jaeger/Henckel, InsO, § 133, Rn 47; Zeuner, Die Anfechtung in der Insolvenz, Rn 205.
1036 BGH vom 13.08.2009, ZIP 2009, 1966, 1967; HK-InsO/Kreft, § 133, Rn 22.
1037 BGH vom 17.07.2003, ZIP 2003, 1799, 1801; HK-InsO/Kreft, § 133, Rn 22.

hende Zahlungsunfähigkeit schließen lassen, stellt damit lediglich ein mehr oder weniger gewichtiges Beweisanzeichen dar, das eine Gesamtwürdigung nicht entbehrlich macht und nicht schematisch im Sinne einer vom anderen Teil zu widerlegenden Vermutung angewandt werden darf[1038]. Der Tatrichter muss daher gemäß § 286 ZPO weiterhin das Vorliegen der subjektiven Voraussetzungen unter Berücksichtigung aller Umstände des Einzelfalls prüfen[1039].

Darüber hinaus hat der BGH im Rahmen des § 133 I 2 InsO entschieden, dass derjenige, der die drohende Zahlungsunfähigkeit des Insolvenzschuldners kannte, regelmäßig auch wusste, dass die Rechtshandlung des Gemeinschuldners die übrigen Gläubiger benachteiligt[1040]. Kann daher der Insolvenzverwalter die Kenntnis des Anfechtungsgegners von der drohenden Zahlungsunfähigkeit des Insolvenzschuldners nachweisen, dann hat er i.d.R. auch dessen positives Wissen von der Gläubigerbenachteiligung bewiesen, wenn der Insolvenzgläubiger von weiteren ungedeckten Verbindlichkeiten wusste oder mit dem Entstehen solcher Forderungen rechnete, wovon bei einem unternehmerisch tätigen Schuldner auszugehen ist[1041]. Entscheidende Voraussetzung für die Anwendbarkeit des § 133 I 2 InsO sei daher die Kenntnis der drohenden Zahlungsunfähigkeit[1042].

Ferner gehen Rspr. und die überwiegende Ansicht in der Literatur davon aus, dass in Fällen, in denen der Schuldner dem anderen Teil eine inkongruente Deckung gewährt hat, dies ein starkes Beweiszeichen für die Kenntnis des Anfechtungsgegners über den Benachteiligungsvorsatz des Gemeinschuldners darstellt[1043]. Etwas anderes gilt allerdings bei kongruenten Deckungshandlungen, da der Anfechtungsgegner hierbei lediglich das erhält, was ihm ohnehin zusteht[1044].

II. Die Auswirkungen auf covenant-unterlegte Darlehen

Nachdem die Vereinbarungen in Covenants durch die Kreditvertragsparteien beliebig ausgestaltbar sind, können im Rahmen der vorliegenden Arbeit nicht sämtlich denkbaren Möglichkeiten an über Covenants zur Verfügung gestellten Informationen dahingehend analysiert werden, ob der Kreditgeber hierdurch Kenntnis vom Gläubigerbenachteiligungsvorsatz des Kreditnehmers nach § 133 I 1 InsO hatte. Es

---

1038 BGH vom 13.08.2009, ZIP 2009, 1966, 1967; BGH vom 08.10.2009, ZIP 2009, 2253, 2254.
1039 BGH vom 17.07.2003, ZIP 2003, 1799, 1801; BGH vom 13.08.2009, ZIP 2009, 1966, 1967; HK- InsO/Kreft, § 133, Rn 22 m.w.N.; Ganter, WM 2009, 1441, 1443.
1040 BGH vom 20.11.2008, NZI 2009, 168, 169; BGH vom 18.03.2010; ZIP 2010, 841, 844.
1041 HK-InsO/Kreft, § 133, Rn 22 m.w.N.
1042 BGH vom 20.11.2008, NZI 2009, 168, 169; MüKo/Kirchhof, InsO, § 133, Rn 24d.
1043 BGH vom 11.03.2004, NJW-RR 2004, 1130, 1132; BGH vom 08.12.2005, ZIP 2006, 290, 293; BGH vom 29.11.2007, ZIP 2008, 190, 194; Bork, in Bork (Hrsg.), Handbuch des Insolvenzanfechtungsrechts, Kap. 5, Rn 55 m.w.N.; LSZ/Zeuner, InsO, § 133, Rn 31 m.w.N.; HK-InsO/Kreft, § 133, Rn 23; FK-InsO/Dauernheim, § 133, Rn 13; MüKo/Kirchhof, InsO, § 133, Rn 38. Kritisch dazu: Jaeger/Henckel, InsO, § 133, Rn 52.
1044 LSZ/Zeuner, InsO, § 133, Rn 33; Bork, in Bork (Hrsg.), Handbuch des Insolvenzanfechtungsrechts, Kap. 5, Rn 56.

ist jedoch davon auszugehen, dass sich die Gefahr der Anfechtung wegen vorsätzlicher Benachteiligung für Kreditgeber deutlich erhöht, wenn sie sich durch die Vereinbarung von Covenants umfangreiche Informations- und Einflussnahmerechte gegenüber dem Kreditnehmer einräumen lassen.

Hinzuweisen sei in diesem Zusammenhang erneut auf die Ergebnisse der Untersuchung zur kongruenten Deckungsanfechtung nach § 130 InsO[1045]. Danach wird mit dem Zugang der aufgrund der Vereinbarung in Covenants zur Verfügung gestellten Informationen die positive Tatsachenkenntnis vom Inhalt der Berichte beim Kreditgeber unter analoger Anwendung des § 162 BGB fingiert. Damit hat der Darlehensgeber zumindest die auch im Rahmen des § 133 I 2 InsO ausreichende Kenntnis von „Umständen", wenn der Insolvenzverwalter den Zugang der Berichte nachweisen kann.

Inwieweit der Kreditgeber hierdurch auch positive Kenntnis von Umständen hat, die zwingend auf die drohende Zahlungsunfähigkeit des Kreditnehmers sowie auf die Gläubigerbenachteiligung schließen lassen, hängt letzten Endes vom konkreten Inhalt der mittels Covenants zur Verfügung gestellten Berichte ab. Zu beachten ist jedoch, dass die aufgrund der Vereinbarung von Covenants zur Verfügung gestellten Berichte regelmäßig auch Informationen über die Solvenz des kreditnehmenden Unternehmens enthalten. Ferner ergibt sich aus eben jenen mittels Covenants zur Verfügung gestellten Berichten regelmäßig, in welchem Umfang bzw. welcher Höhe der Darlehensnehmer weitere Verbindlichkeiten gegenüber Dritten hat.

Daher werden Kreditgeber mit Zugang der Berichte i.d.R. Kenntnis über die drohende Zahlungsunfähigkeit des Kreditnehmers und dessen Gläubigerbenachteiligung haben, so dass deren Kenntnis vom Gläubigerbenachteiligungsvorsatz des Darlehensnehmers nach § 133 I 2 InsO vermutet wird. Denn zum einen wird sich aus den hierdurch bekannten Informationen regelmäßig ergeben, dass der Kreditnehmer voraussichtlich nicht in der Lage sein wird, sämtliche seiner Verbindlichkeiten zu erfüllen und zum anderen, dass eben jene zu Gunsten des Darlehensgebers erfolgte Rechtshandlung die Befriedigungsmöglichkeiten der übrigen Gläubiger verkürzt, vermindert, erschwert oder verzögert hat. Je umfangreicher daher die in Covenants eingeräumten Informationsrechte über die wirtschaftlichen Verhältnisse beim Darlehensnehmer sind, desto eher besteht für Kreditgeber die Gefahr der Anfechtung wegen vorsätzlicher Gläubigerbenachteiligung gemäß § 133 I InsO. Dennoch müssen die mittels Covenants zur Verfügung gestellten Berichte jeweils im Einzelfall geprüft werden, ob hierin Informationen enthalten sind, die zwingend auf die drohende Zahlungsunfähigkeit i.S.v. § 18 II InsO und die Gläubigerbenachteiligung schließen lassen.

Da es sich beim covenant-gesicherten Kreditgeber regelmäßig um eine juristische Person handelt, welche als solche weder handlungsfähig ist noch eigenes Wissen haben kann, genügt die Kenntnis einer ihrer Mitarbeiter von der drohenden Zah-

---

1045 Siehe hierzu bereits: Teil 4, A., V.

lungsunfähigkeit des Kreditnehmers, die dann dem Darlehensgeber unter direkter oder analoger Anwendung des § 166 I BGB zuzurechnen ist[1046].

Nachdem nach der hier vertretenen Auffassung Kreditgeber durch die Vereinbarung von Informations- und Einflussnahmerechten als dem Kreditnehmer gemäß § 138 II Nr. 2 Alt. 2 InsO nahe stehend gelten, sind die zwischen den Kreditvertragsparteien geschlossenen entgeltlichen Verträge ebenfalls über § 133 II InsO anfechtbar, sofern hierdurch die übrigen Gläubiger unmittelbar benachteiligt worden sind. Um eine Anfechtung zu vermeiden, müsste der Kreditgeber daher wegen dieser Beweislastumkehr seinerseits nachweisen, dass der Vertrag entweder früher als zwei Jahre vor dem Insolvenzantrag geschlossen wurde oder dass er den Benachteiligungsvorsatz des Darlehensnehmers tatsächlich nicht kannte.

III. Ergebnis

Zusammenfassend kann daher festgestellt werden, dass sich das Risiko der Anfechtung wegen vorsätzlicher Benachteiligung gemäß § 133 InsO durch die Vereinbarung von Informations- und Einwirkungsrechten in Covenants für Kreditgeber nochmals deutlich erhöht. Da bei der Anfechtbarkeit von Rechtshandlungen nach § 133 InsO, welche auf Grundlage eines covenant-unterlegten Darlehens erfolgt sind, im Wesentlichen dieselben Probleme wie bei der Anfechtung von kongruenten Deckungshandlungen bestehen, wird an dieser Stelle auf das Ergebnis der Untersuchung zu § 130 InsO verwiesen.

E. Anfechtbarkeit der Befriedigung bzw. Besicherung von Forderungen aus Gesellschafterdarlehen und diesen gleichgestellten Forderungen gemäß § 135 I InsO

Mit Inkrafttreten des MoMiG wurde auch die Anfechtbarkeit von Rechtshandlungen nach § 135 InsO an das neue Recht der Gesellschafterdarlehen angepasst[1047]. Hierdurch ist insbesondere die nach alter Rechtslage auch bei der Insolvenzanfechtung noch relevante Unterscheidung zwischen „kapitalersetzenden" und sonstigen Gesellschafterdarlehen weggefallen (§ 135 InsO a.F.). Vom Anwendungsbereich des § 135 InsO sind vielmehr künftig sämtliche Darlehen i.S.v. § 39 I Nr. 5 InsO erfasst und zwar unabhängig davon, ob sie zum Zeitpunkt der Krise der Gesellschaft gewährt oder stehengelassen wurden. Anfechtbar sind daher Sicherungs- und Befriedigungshandlungen, welche infolge einer Forderung aus Gesellschafterdarlehen oder einer dieser gleichgestellten Forderung erfolgt sind.

1046 Vgl. hierzu bereits ausführlich: Teil 4, A., IV.
1047 Siehe zu den Änderungen durch das MoMiG: Teil 2, B.

Nachdem im Rahmen des § 39 I Nr. 5 InsO durch die Formulierung „Forderungen aus Rechtshandlungen, die einem solchen Darlehen wirtschaftlich entsprechen" der ursprüngliche § 32a III 1 GmbHG a.F. in personeller und sachlicher Hinsicht übernommen worden ist[1048], können auch künftig gesellschaftsfremde Dritte Anfechtungsgegner im Rahmen des § 135 I InsO sein, wenn sie eine Sicherung oder Befriedigung für eine Forderung erhalten haben, die einer Forderung aus Gesellschafterdarlehen wirtschaftlich entspricht. In einem letzten Schritt muss daher herausgearbeitet werden, ob einem Kreditgeber wegen der Vereinbarung von Covenants in Kreditverträgen die Anfechtung einer vorinsolvenzlichen Befriedigungs- oder Sicherungshandlung gemäß § 135 I InsO droht. Dies wäre dann der Fall, wenn der covenant-gesicherte Darlehensgeber durch die Vereinbarung von Informations- und Einflussnahmerechten eine gesellschaftergleiche Stellung im kreditnehmenden Unternehmen einnimmt und seine Forderung dadurch einer Forderung aus Gesellschafterdarlehen wirtschaftlich entspricht.

Durch das Inkrafttreten des MoMiG hat sich die Gefahr der Anfechtbarkeit von vorinsolvenzlichen Rechtshandlungen nach § 135 I InsO für Kreditgeber nochmals deutlich erhöht, wenn sie sich mittels Covenants umfangreiche Einflussmöglichkeiten einräumen lassen und durch deren Ausübung das unternehmerische Geschehen beim Kreditnehmer vor Insolvenzeintritt tatsächlich gesteuert haben. Denn wie bereits im *zweiten Teil* dieser Arbeit herausgearbeitet wurde, besteht aufgrund der Neufassung des § 39 I Nr. 5 InsO der Rechtsgrund der Rückstufung von bestimmten Darlehensforderungen nunmehr in der im Vergleich zu den übrigen Gesellschaftsgläubigern hervorgehobenen Stellung des Kreditgebers, durch welche dieser nicht nur über einen Informationsvorsprung verfügt, sondern mittels seiner Einwirkungsrechte auf die Geschäftsführung auch das Insolvenzrisiko tatsächlich steuern kann[1049]. Ferner hat die Untersuchung hierzu ergeben, dass aufgrund der Änderung des Regelungsmotivs von § 39 I Nr. 5 InsO auch gesellschaftsfremden Dritten die Rückstufung ihrer Darlehensforderung deutlich eher droht und zwar dann, wenn sie durch die Vereinbarung von Einwirkungsrechten und deren tatsächlicher Ausübung die unternehmerischen Geschicke beim Kreditnehmer im Vorfeld der Insolvenz tatsächlich gesteuert haben[1050]. In Bezug auf die konkreten Voraussetzungen der Rückstufung von covenant-unterlegten Darlehensforderungen gemäß § 39 I Nr. 5 InsO sei auf die Ergebnisse der Untersuchung des *zweiten Teils* dieser Arbeit verwiesen[1051].

Nachdem sich gezeigt hat, dass Kreditforderungen covenant-gesicherter Darlehensgeber infolge der Änderung der ratio legis des § 39 I Nr. 5 InsO deutlich einfacher subordiniert werden, hat dies zur Folge, dass der Insolvenzverwalter die zu Gunsten des Kreditgebers erfolgten vorinsolvenzlichen Sicherungs- und Befriedigungshandlungen gemäß § 135 I InsO sichtlich leichter anfechten kann. Dies führt dazu, dass

---

1048 RegE MoMiG, BT-Drucks. 16/6140, S. 56.
1049 Siehe hierzu bereits ausführlich: Teil 2, B., I., 2.
1050 Siehe hierzu: Teil 2, B., II., 3.
1051 Vgl.: Teil 2, B., II., 4. und 5.

Kreditgebern bereits durch die mittels Covenants vereinbarten Einflussnahmerechte und deren tatsächliche Ausübung die Anfechtung gemäß § 135 I InsO droht. Zu beachten ist jedoch, dass deren Kreditforderung lediglich dann einer Forderung aus Gesellschafterdarlehen wirtschaftlich entspricht, wenn sie mittels Covenants über besonders massive Einwirkungsrechte verfügen und diesen Einfluss auch tatsächlich ausgeübt haben.

Teil 5: Zusammenfassung

A. Covenants und Gesellschafterdarlehen

I. Covenants und das frühere Eigenkapitalersatzrecht

Kreditgebern drohte bereits vor Inkrafttreten des MoMiG aufgrund der bloßen Vereinbarung von Covenants die Umqualifizierung ihrer Darlehensforderung nach § 32a III 1 GmbHG a.F. Damit kam eine Einbeziehung in den Adressatenkreis des § 32a III 1 GmbHG a.F. nicht nur dann in Betracht, wenn sich Darlehensgeber neben der Verpfändung der Geschäftsanteile an der kreditnehmenden Gesellschaft zusätzlich mittels Covenants Einwirkungsmöglichkeiten auf die Geschäftsführung des Kreditnehmers haben einräumen lassen oder als atypisch stille Beteiligte die unternehmerischen Geschicke beim Darlehensnehmer bestimmen konnten. Kreditgeber unterfielen dem Eigenkapitalersatzrecht vielmehr schon dann, wenn sie „nur" mittels Covenants über umfangreiche Einwirkungsmöglichkeiten gegenüber dem Kreditnehmer verfügten. Dies ergibt sich daraus, dass sich das Regelungsmotiv der Rückstufung von bestimmten Darlehensforderungen bereits nach alter Rechtslage nicht ausschließlich auf die Finanzierungsfolgenverantwortung beschränkte. Der Rechtsgrund der Subordination bestand vielmehr auch darin, dass die Insolvenzmasse nicht durch Forderungen derjenigen geschmälert werden sollte, die vor Insolvenzeintritt das unternehmerische Geschehen (mit-)bestimmt und dadurch die Werthaltigkeit der übrigen Forderungen der Gesellschaftsgläubiger wesentlich (mit-)beeinflusst haben. Entscheidend für die Subordination von bestimmten Darlehensforderungen war daher auch die vorinsolvenzliche Einflussnahme auf das kreditnehmende Unternehmen.

Aufgrund der ökonomischen Folgen einer exzessiven Einbeziehung Dritter in den Anwendungsbereich des § 32a III 1 GmbHG a.F. erfolgte eine Umqualifizierung covenant-unterlegter Kreditforderungen jedoch lediglich dann, wenn der Kreditgeber in Ausübung seiner sich aus Covenants ergebenden Rechte das unternehmerische Geschehen vor Insolvenzeintritt und damit das Insolvenzrisiko beim Kreditnehmer auch tatsächlich gesteuert hat. Im Gegensatz zu Gesellschaftern, deren Darlehensforderung bereits durch die bloße Möglichkeit der Einflussnahme umqualifiziert wurde, reichte daher bei gesellschaftsfremden Dritten die bloße schuldrechtliche Vereinbarung von Einwirkungsrechten in Covenants nicht aus, eine Kreditforderung zu subordinieren. Es musste vielmehr jeweils im Einzelfall geprüft werden, ob der Darlehensgeber die wirtschaftlichen Geschicke beim Kreditnehmer auch tatsächlich gesteuert hat.

II. Covenants nach Inkrafttreten des MoMiG

Mit Inkrafttreten des MoMiG droht Kreditgebern die Subordination ihrer covenant-unterlegten Darlehensforderung deutlich eher als nach alter Rechtslage. Denn durch die Neufassung des § 39 I Nr. 5 InsO und des damit einhergehenden Wegfalls des Merkmals der Krise hat der Gesetzgeber das Konzept der Finanzierungsfolgenverantwortung als Rechtsgrund der Rückstufung aufgegeben. Indem künftig die Subordination von bestimmten Kreditforderungen nur noch von der Stellung des Kreditgebers abhängig ist, besteht das Regelungsmotiv der Rückstufung von Gesellschafterdarlehen nunmehr in deren im Vergleich zu den übrigen Fremdkapitalgebern hervorgehobenen Stellung, durch welche diese einen besseren Einblick in die innergesellschaftlichen Betriebsabläufe haben und mittels ihrer Einwirkungsmöglichkeiten auf die Geschäftsführung in der Lage sind, das unternehmerische Geschehen vor Insolvenzeintritt zu bestimmen. Eben jene hervorgehobene Stellung können sich Kreditgeber durch die Einwirkungsmöglichkeiten über Covenants verschaffen. Im Gegensatz zur Rückstufung von Gesellschafterdarlehen reicht für die Subordination von Darlehensforderungen Dritter jedoch nicht aus, wenn diese über die bloße Möglichkeit der Einflussnahme auf das unternehmerische Geschehen verfügen. Kreditnehmer werden daher nicht bereits deswegen vom Anwendungsbereich des § 39 I Nr. 5 InsO erfasst, weil sie mittels der schuldrechtlichen Vereinbarung in Covenants die Möglichkeit haben, auf die wirtschaftlichen Geschicke beim Darlehensnehmer Einfluss zu nehmen. Darlehensgeber müssen vielmehr auf das wirtschaftliche Geschehen beim Kreditnehmer auch tatsächlich eingewirkt und dadurch das Insolvenzrisiko gesteuert haben.

Darüber hinaus ist weder eine zumindest mittelbare Beteiligung am Vermögen und Ertrag der kreditnehmenden Gesellschaft noch das Bestehen eines unternehmerischen Interesses seitens des Darlehensgebers zwingende Voraussetzung für die Subordination von bestimmten Kreditforderungen.

Nachdem die Rückstufung von bestimmten Darlehensforderungen gemäß § 39 I Nr. 5 InsO künftig nur noch an die Stellung des Darlehensgebers knüpft, ist nun gesetzlich verankert was sich durch die Rspr. des BGH bereits vor Inkrafttreten des MoMiG angedeutet hat, als dieser die Einbeziehung Dritter in den Adressatenkreis des § 32a III 1 GmbHG a.F. mit den vor Insolvenzeintritt ausgeübten Mitwirkungsrechten begründet hat.

B. Covenants und faktische Organschaft

I. Covenant-gesicherte Kreditgeber als faktische Geschäftsführer

Kreditgeber können eine faktische Organstellung beim Kreditnehmer im Allgemeinen bereits dann einnehmen, wenn sie sich durch die Vereinbarung von Covenants umfangreiche Einwirkungsmöglichkeiten im kreditnehmenden Unternehmen einräumen lassen und dadurch die wirtschaftlichen Geschicke im kreditnehmenden Unternehmen auch tatsächlich steuern. Denn entscheidend für die Haftung wegen faktischer Organschaft ist, dass der Betreffende die Geschäftsführungsfunktion tatsächlich ausübt. Dies setzt jedoch eine Einflussnahme von gewisser Dauer und Intensität voraus, da die typische Geschäftsführungstätigkeit in aller Regel nicht nur vorübergehend ist. Nachdem es bei der Haftung wegen faktischer Organschaft entscheidend auf die tatsächliche Ausübung der Geschäftsführungsfunktion ankommt, sind bei der Prüfung, ob ein Kreditgeber die de facto Geschäftsführerstellung im kreditnehmenden Unternehmen eingenommen hat, nicht nur die schuldrechtlichen Vereinbarungen in Covenants zu berücksichtigen. Denn häufig werden Kreditgeber nicht nur auf die im Vorfeld für den Fall der Covenant-Verletzung bestimmten Rechtsfolgen bestehen, sondern durch das Druckmittel der Kreditkündigung beispielsweise im Wege von Nachverhandlungen versuchen, ihre Interessen im kreditnehmenden Unternehmen durchsetzen, wodurch sie dann die unternehmerischen Geschicke beim Darlehensnehmer bestimmen können und erst dadurch zu faktischen Organen werden.

Unerheblich für die faktische Organschaft ist jedoch, ob der Kreditgeber auch im Außenverhältnis gegenüber Dritten für den Kreditnehmer auftritt. Zwar stellt das Handeln nach Außen einen wesentlichen Teil der Geschäftsführungsfunktion dar, da eine Gesellschaft erst hierdurch am Rechtsverkehr teilnehmen kann. Allerdings macht es unter Schutzzweckgesichtspunkten und im Hinblick auf die Wirkung gegenüber außenstehenden Dritten keinen Unterschied, ob die Maßnahmen des faktischen Geschäftsführers durch dessen eigenes Handeln im Außenverhältnis oder lediglich auf seine Veranlassung erfolgt sind. Damit droht Kreditgebern die faktische Organstellung bereits dann, wenn die Ausübung ihrer in Covenants vereinbarten Rechte lediglich gesellschaftsinterne Wirkung entfaltet.

Da Kreditgeber weder durch die Vereinbarung von Informationsrechten noch durch die Verpflichtung des Kreditnehmers zur Einhaltung von bestimmten betriebswirtschaftlichen Kennzahlen in Financial Covenants das unternehmerische Geschehen beim Darlehensnehmer unmittelbar steuern können, führen derartige Covenants nicht zur Haftung des Kreditgebers wegen faktischer Organschaft. Etwas anderes ergibt sich jedoch dann, wenn der Kreditgeber durch umfangreiche Einwirkungsmöglichkeiten wie etwa durch konkrete Weisungsrechte oder Zustimmungsvorbehalte die wirtschaftlichen Geschicke beim Kreditnehmer tatsächlich steuert und dadurch das unternehmerische Geschehen in der Hand hat.

II. Die Insolvenzantragspflicht des covenant-geschützten Kreditgebers nach § 15a I InsO

Ganz allgemein sind faktische Organe lediglich dazu verpflichtet, die satzungsmäßigen Organe zur Stellung des Insolvenzantrags gemäß § 15a I InsO zu veranlassen. Etwas anderes gilt nur dann, wenn der förmliche Geschäftsführer durch das faktische Organ vollständig aus seiner Funktion verdrängt wurde. In diesen Fällen haben de facto Geschäftsführer selbst eine Antragspflicht.

Da Kreditgeber i.d.R. weder durch die Vereinbarung von umfangreichen Informationsrechten noch durch die Verpflichtung des Kreditnehmers zur Einhaltung bestimmter Finanzkennzahlen über Financial Covenants eine faktische Organstellung einnehmen, obliegt ihnen auch keine Pflicht, auf die Antragstellung durch die förmlichen Geschäftsführer hinzuwirken. Nehmen Kreditgeber jedoch durch die Vereinbarung und die tatsächliche Ausübung von umfangreichen Weisungsrechten oder Zustimmungsvorbehalten eine faktische Geschäftsführerstellung im kreditnehmenden Unternehmen ein, so sind sie je nach Umfang und Intensität ihrer Einflussnahme entweder selbst zur Antragsstellung verpflichtet, oder müssen zumindest die formalen Geschäftsführer hierzu veranlassen.

III. Die Strafbarkeit des covenant-gesicherten Kreditgebers nach §§ 15a IV, V InsO

Faktische Geschäftsführer können sich im Allgemeinen lediglich dann der Insolvenzverschleppung gemäß §§ 15a IV, V InsO strafbar machen, wenn sie durch einen zumindest unwirksamen förmlichen Bestellungsakt zum Vertretungsorgan der Gesellschaft ernannt worden sind. Dies ergibt sich daraus, dass nach dem Wortlaut der §§ 15a IV, V InsO die Strafbarkeit das Vorliegen eines förmlichen, wenn auch zivilrechtlich unwirksamen, Bestellungsaktes voraussetzt.

Damit können sich covenant-gesicherte Kreditgeber – und zwar unabhängig von der Intensität ihrer Einflussnahme auf den Kreditgeber – grds. nicht der Insolvenzverschleppung gemäß §§ 15a IV, V InsO strafbar machen. Denn bei diesen fehlt es regelmäßig an einer zumindest unwirksamen förmlichen Bestellung. Eine Ausdehnung des Adressatenkreises der §§ 15a IV, V InsO auf Darlehensgeber, welche sich über Covenants Einwirkungsmöglichkeiten auf den Kreditnehmer einräumen lassen, verstößt damit – und sei dieser Einfluss auch noch so massiv – gegen das in Art. 103 II GG enthaltene Bestimmtheitsgebot sowie gegen das ebenfalls hierin enthaltene Analogieverbot.

IV. Covenant-geschützte Kreditgeber als Adressaten der Insolvenzstraftaten gemäß §§ 283 ff. StGB

Kreditgeber, welche sich über Covenants Einwirkungsmöglichkeiten auf das unternehmerische Geschehen beim Kreditnehmer verschaffen, können sich selbst dann nicht der Insolvenzdelikte nach §§ 283 ff StGB strafbar machen, wenn ihr Einfluss auf die Geschäftsführer des Darlehensnehmers derart massiv ist, dass diese aus ihrer Geschäftsführungsfunktion vollständig verdrängt werden. Dies ergibt sich daraus, dass bereits der Anwendungsbereich des § 14 StGB nicht eröffnet ist und es somit auf die übrigen Tatbestandsvoraussetzungen der §§ 283 ff StGB gar nicht mehr ankommt. Denn zum einen setzt die Einbeziehung in den Adressatenkreis der §§ 14 I Nr. 1, III StGB das Vorliegen eines zumindest unwirksamen förmlichen Bestellungsaktes voraus, an welchem es bei den Mitarbeitern des Kreditgebers regelmäßig fehlen wird. Zum anderen können Mitarbeiter covenant-gesicherter Kreditgeber auch nicht als „Beauftragte" i.S.v. § 14 II StGB qualifiziert werden, da diese trotz ihrer Einwirkungsmöglichkeiten auf die Geschäftsführung nicht selbstständig die Leitung des kreditnehmenden Unternehmens übernehmen. Eine Ausdehnung des Anwendungsbereiches von § 14 StGB auf diejenigen, welche die Geschäftsführung lediglich in tatsächlicher Hinsicht ausüben, verstößt daher gegen das in Art. 103 II GG enthaltene Bestimmtheitsgebot sowie gegen das ebenfalls hierin enthaltene Analogieverbot.

V. Die Haftung des Kreditgebers für Steuerschulden des Kreditnehmers nach §§ 69 i.V.m. 34, 35 AO

Covenant-gesicherte Kreditgeber haften nicht für die Steuerschulden des Kreditnehmers gemäß §§ 69 i.V.m. 34, 35 AO. Denn ungeachtet des Umfangs ihrer Einflussmöglichkeiten über Covenants können Kreditgeber nicht als „Verfügungsberechtigte" i.S.v. § 35 AO qualifiziert werden. Dies ergibt sich daraus, dass Kreditgeber selbst bei einer besonders massiven Einflussnahme nicht in der Lage sind, auch rechtlich die steuerlichen Pflichten der gesetzlichen Vertreter des Darlehensnehmers nach § 34 AO zu erfüllen und es damit an der für die Haftung nach §§ 69 i.V.m. 34, 35 AO erforderlichen rechtlichen Verfügungsbefugnis im Außenverhältnis mangelt.

C. Covenants und Insolvenzanfechtung

I. Die Anfechtung kongruenter Deckungshandlungen nach § 130 InsO

Durch die Vereinbarung von Covenants in Kreditverträgen erhöht sich für Kreditgeber die Gefahr der Anfechtbarkeit von kongruenten Deckungshandlungen gemäß § 130 InsO in erheblichem Maße. Denn aufgrund der bloßen Vereinbarung von Informations- und Einflussnahmerechten in Covenants gelten Kreditgeber als eine dem Darlehensnehmer nahestehende Person nach § 138 II Nr. 2 Alt. 2 InsO. Dies hat zur Folge, dass die in der Praxis vom Insolvenzverwalter schwierig zu beweisende innere Tatsache „Kenntnis" des Kreditgebers über die Zahlungsunfähigkeit des Darlehensnehmers durch die Regelung des § 130 III InsO vermutet wird.

Darüber hinaus droht Kreditgebern aufgrund der in Covenants regelmäßig vereinbarten Informationsrechte, welche über das wirtschaftliche Geschehen beim Kreditnehmer umfassende Auskunft erteilen, die Anfechtung von zu ihren Gunsten erfolgten kongruenten Deckungshandlungen nach § 130 II InsO. Denn die positive Kenntnis von Umständen i.S.v. § 130 II InsO wird beim Kreditgeber unter analoger

Anwendung des § 162 BGB dann fingiert, wenn der Insolvenzverwalter nachweisen kann, dass die mittels der Vereinbarung in Covenants vom Kreditnehmer zur Verfügung gestellten Berichte über das wirtschaftliche Geschehen in seinem Unternehmen dem Kreditgeber zugegangen sind. Dies ergibt sich daraus, dass mit dem Zugang der Informationen das Sich-Berufen des Kreditgebers auf die Unkenntnis über den Inhalt der Berichte ein missbräuchliches Sich-Verschließen vor rechtserheblichem Wissen darstellt, was die Fiktion der positiven Kenntnis von Umständen i.S.v. § 130 II InsO unter analoger Anwendung des § 162 BGB rechtfertigt. Sind dann in diesen Berichten Informationen enthalten, die über die Zahlungsfähigkeit des Kreditnehmers Auskunft erteilen, so hat der Kreditgeber Kenntnis von der Zahlungsunfähigkeit des Kreditnehmers, wenn sich ein redlich Denkender, der vom Gedanken auf den eigenen Vorteil nicht beeinflusst ist, angesichts der ihm bekannten Tatsachen sich der Einsicht nicht verschließen kann, der Schuldner sei zahlungsunfähig.

Eine Anfechtung wegen Kenntnis der Zahlungsunfähigkeit nach § 130 I InsO droht Kreditgebern allerdings nur dann, wenn ihnen diese in den mittels Covenants zur Verfügung gestellten Berichten explizit mitgeteilt wurde oder infolge des Zugangs der Informationen eine Reaktion von ihnen erfolgt, aufgrund derer sich ableiten lässt, dass der Kreditgeber von der Zahlungsunfähigkeit des Kreditnehmers wusste. Denn auch wenn der Insolvenzverwalter u. U. noch die Tatsachenkenntnis über den Inhalt der mittels Covenants zur Verfügung gestellten Berichte beim Kreditnehmer nachweisen kann, so hat er hierdurch noch nicht nachgewiesen, dass der Darlehensgeber aufgrund der ihm hierdurch bekannten Tatsachen selbst den für § 130 I Nr. 1 InsO auf der Rechtsebene zwingend erforderlichen Schluss gezogen hat, der Insolvenzschuldner sei zahlungsunfähig.

II. Die Anfechtung inkongruenter Deckungshandlungen nach § 131 InsO

Auch die Gefahr der Anfechtbarkeit von inkongruenten Deckungshandlungen gemäß § 131 InsO ist durch die Vereinbarung von Covenants in Kreditverträgen deutlich erhöht. Denn nachdem Kreditgeber aufgrund der Vereinbarung von Informations- und Einflussnahmerechten in Covenants als dem Kreditnehmer nahe stehend gemäß § 138 II Nr. 2 Alt. 2 InsO einzustufen sind, wird deren Kenntnis über die Gläubigerbenachteiligung im Zeitpunkt der Vornahme der inkongruenten Deckungshandlung nach § 131 II 2 InsO vermutet.

Darüber hinaus wird auch im Rahmen der inkongruenten Deckungsanfechtung die positive Kenntnis von Umständen i.S.v. § 131 II 1 InsO beim Kreditgeber unter analoger Anwendung des § 162 BGB dann fingiert, wenn diesem die aufgrund der Vereinbarung in Covenants zur Verfügung gestellten Informationen zugegangen sind. Sind in diesen Berichten dann Informationen enthalten, aus denen sich bei zutreffender rechtlicher Beurteilung zweifelsfrei ergibt, dass der Kreditnehmer infolge seiner Liquiditäts- und Vermögenslage in absehbarer Zeit seine Zahlungsverpflichtungen nicht mehr in vollem Umfang wird erfüllen können, so dass die übrigen Gläubiger zumindest teilweise leer ausgehen, dann hat er Kenntnis von Umständen i.S.v. § 131 II 1 InsO, die zwingend auf die Gläubigerbenachteiligung schließen lassen.

III. Die Anfechtung wegen unmittelbarer nachteiliger Rechtshandlung gemäß § 132 InsO sowie wegen vorsätzlicher Benachteiligung gemäß § 133 InsO

Da sowohl bei der Anfechtung nach § 132 InsO als auch bei der Anfechtung gemäß § 133 InsO erneut die zentrale Frage darin besteht, ob Kreditgeber durch die mittels Covenants zur Verfügung gestellten Berichte „Kenntnis" von bestimmten Umständen haben und welche Beweisanforderungen an die vom Insolvenzverwalter in der Praxis schwierig zu beweisende innere Tatsache „positive Kenntnis" zu stellen sind, wird auf die Ausführungen zur kongruenten Deckungsanfechtung nach § 130 InsO verwiesen.

IV. Anfechtung und Gesellschafterdarlehen nach § 135 I InsO

Mit dem Inkrafttreten des MoMiG hat sich für covenant-gesicherte Kreditgeber auch die Gefahr der Anfechtbarkeit von Sicherungs- oder Befriedigungshandlungen gemäß § 135 I InsO deutlich erhöht. Dies ergibt sich daraus, dass nunmehr der Rechtsgrund der Rückstufung von bestimmten Darlehensforderungen durch die Neufassung des § 39 I Nr. 5 InsO in der im Vergleich zu den übrigen Gesellschaftsgläubigern hervorgehobenen Stellung des Kreditgebers besteht, durch welche dieser nicht nur über einen Informationsvorsprung verfügt, sondern mittels seiner Einwirkungsrechte auf die Geschäftsführung auch das Insolvenzrisiko tatsächlich steuern kann. Nachdem Kreditgeber jedoch gerade durch die Vereinbarung von umfangreichen Informations- und Einwirkungsrechten in Covenants das unternehmerische Geschehen beim Darlehensnehmer im Vorfeld der Insolvenz steuern können, droht diesen im Vergleich zur alten Rechtslage noch eher eine Gesellschaftergleichstellung mit der Folge, dass auch vorinsolvenzliche Sicherungs- und Befriedigungshandlungen sichtlich leichter vom Insolvenzverwalter gemäß § 135 I InsO angefochten werden können.

Literaturverzeichnis

Alberth, Markus: USA: Vertraglicher Gläubigerschutz und Ausschüttungsbemessung durch Covenants als Vorbild zur Änderung des deutschen Bilanzrechts, WPg 1997, 744

Altmeppen, Holger: Das neue Recht der Gesellschafterdarlehen in der Praxis, NJW 2008, 3601

ders.: Der „atypische Pfandgläubiger" – ein neuer Fall des kapitalersetzenden Darlehens?, ZIP 1993, 1677

Arnheim, Michael: Principles of the Common Law, London 2004 (zitiert: Arnheim, Principles of the Common Law)

Azara, Dennis: Das Eigenkapitalersatzrecht der GmbH nach dem Gesetz zur Modernisierung des GmbH-Rechts und zur Bekämpfung von Missbräuchen (MoMiG), Jena 2010 (zitiert: Azara, Das Eigenkapitalersatzrecht der GmbH)

Bauer, Markus: Gläubigerschutz durch eine formelle Nennkapitalziffer – Kapitalgesellschaftsrechtliche Notwendigkeit oder überholtes Konzept?, Frankfurt 1995 (zitiert: Bauer, Gläubigerschutz durch eine formelle Nennkapitalziffer)

Baumbach, Adolf/Hueck, Alfred: GmbHG, Gesetz betreffend die Gesellschaften mit beschränkter Haftung, 19. Aufl., München 2010 (zitiert: Bearbeiter, in Baumbach/Hueck, GmbHG)

Baumbach, Adolf/Hueck, Alfred: GmbHG, Gesetz betreffend die Gesellschaften mit beschränkter Haftung, 18. Aufl., München 2006 (zitiert: Bearbeiter, in Baumbach/Hueck, GmbHG 18. Aufl.)

Bayer, Walter/Graff, Simone: Das neue Eigenkapitalersatzrecht nach dem MoMiG, DStR 2006, 1654

Becker, Ralph: Gesellschaftsrechtliche Probleme der Finanzierung von Levareged-Buy-Outs, DStR 1998, 1429

Beck'scher Online-Kommentar Arbeitsrecht: Edition 22, Stand: 01.12.2011, hrsg. von Rolfs, Christian/ Giesen, Richard/Kreikebohm, Ralf/Udsching, Peter (zitiert: Beck'scher Online-Kommentar Arbeitsrecht/Bearbeiter)

Berger, Klaus Peter: Fremdkapitalnahe Mezzanine-Finanzierungen, ZBB 2008, 92

Biehl, Kristof: § 138 InsO n. F.- Änderungsvorschläge zum DiskE des BMJ, ZInsO 2003, 543

Bisson, Frank: Die Strafbarkeit des Geschäftsführers oder Liquidators einer GmbH wegen Insolvenzverschleppung, GmbHR 2005, 843

Bitter, Georg/Röder, Sebastian: Insolvenz und Sanierung in Zeiten der Finanz- und Wirtschaftskrise, ZInsO 2009, 1283

Black's Law Dictionary: hrsg. von Garner, Brayen, 9th Edition, St. Paul 2009

Boos, Karl-Heinz/Fischer, Reinfried/Schulte-Mattler, Hermann (Hrsg.): Kreditwesengesetz – Kommentar zum KWG und Ausführungsvorschriften, 4. Aufl., München 2012 (zitiert: Bearbeiter, in Boos/Fischer/Schulte-Mattler, KWG)

Bork, Reinhard: Abschaffung des Eigenkapitalersatzrechts zugunsten des Insolvenzrechts?, ZGR 2007, 250

Bork, Reinhard (Hrsg.): Handbuch des Insolvenzanfechtungsrechts, Köln 2006 (zitiert: Bearbeiter, in Bork (Hrsg.), Handbuch des Insolvenzanfechtungsrechts)

Bork, Reinhard/Schäfer, Carsten: GmbHG – Kommentar zum GmbH-Gesetz; 1. Aufl., Köln 2010 (zitiert: Bearbeiter, in Bork/Schäfer (Hrsg.), GmbHG)

Braun, Eberhard (Hrsg.): Insolvenzordnung (InsO) – Kommentar, 5. Aufl., München 2012 (zitiert: Braun/Bearbeiter, InsO)

Breidenstein, Matthias: Covenantgeschützte Bankdarlehen in der Insolvenz, ZInsO 2010, 273

Bruder, Hening/Hirt, Dietmar: Event Risk Covenants: Aufbau und Rechtsfolgen, Die Bank 1990, 296

Bruns, H.J.: Die sog. „tatsächliche" Betrachtungsweise im Strafrecht, JR 1984, 133
Buck, Petra: Wissen und juristische Person – Wissenszurechnung und Herausbildung zivilrechtlicher Organpflichten, Tübingen 2001 (zitiert: Buck, Wissen und juristische Person)
Burgard, Ulrich: Garantie- und Verschuldenshaftung von Mitgesellschaftern einer GmbH, NZG, 2002, 606
Buth, Andrea/Hermanns, Michael (Hrsg.): Restrukturierung, Sanierung, Insolvenz, 3. Aufl., München 2009 (zitiert: Bearbeiter, in Buth/Hermanns (Hrsg.), Restrukturierung, Sanierung)

Damnitz, Michael/Degenhardt, Joerg: Faktische Geschäftsführung und kapitalersetzende (Bank-) Darlehen bei der AG, WM 2005, 583
De Meo, Francesco: Bankenkonsortien – Eine Untersuchung zum Innen- und Außenrecht von Emissions-, Kredit-, und Sanierungskonsortien sowie zu deren Haftung für das Handeln von Konsortialvertretern, München 2004 (zitiert: De Meo, Bankenkonsortien)
Diem, Andreas: Akquisitionsfinanzierungen – Kredite für Unternehmenskäufe, 2. Aufl., München 2009 (zitiert: Diem, Akquisitionsfinanzierung)
Dierlamm, Alfred: Der faktische Geschäftsführer im Strafrecht – ein Phantom?, NStZ 1996, 153
Dinkhoff, Marc: Der faktische Geschäftsführer in der GmbH, Baden-Baden 2003 (zitiert: Dinkhoff, Faktischer Geschäftsführer in der GmbH)
Dreher, Meinrad: Pfandgläubiger von Gesellschaftsanteilen als gesellschafterähnliche Dritte im Sinne von 32a III GmbHG, ZGR 1994, 144

Ebke, Werner: Management Buy-Outs, ZHR 155 (1991), 132
Eidenmüller, Horst: Private Equity, Leverage und die Effizienz des Gläubigerschutzrechts, ZHR 171 (2007), 644
Eidenmüller, Horst: Unternehmenssanierung zwischen Markt und Gesetz, Köln 1999 (zitiert: Eidenmüller, Unternehmenssanierung)
Erfurter Kommentar zum Arbeitsrecht: 12. Aufl., München 2012, hrsg. von Müller-Glöge, Rudi/Preis, Ulrich/Schmidt, Ingrid (zitiert: ErfK/Bearbeiter)

Fatemi, Aliresa: Der Begriff der Kenntnis im Bürgerlichen Recht, NJOZ 2010, 2637
Fischer, Thomas: Strafgesetzbuch und Nebengesetze, 59. Aufl., München 2012 (zitiert: Fischer, StGB)
Fleischer, Holger/Schmolke, Klaus: Faktische Geschäftsführung in der Sanierungssituation, WM 2011, 1009
Fleischer, Holger: Covenants und Kapitalersatz, ZIP 1998, 313
ders.: Zur aktienrechtlichen Verantwortlichkeit faktischer Organe, AG, 2004, 517
Früh, Andreas: Eigenkapitalersetzende Gesellschafterdarlehen: Eine kurze Bestandsaufnahme nach Inkrafttreten des KapAEG, des KonTraG und der InsO, GmbHR 1999, 842
Fuhrmann, Hans: Die Bedeutung des „faktischen Organs" in der strafrechtlichen Rechtsprechung des Bundesgerichtshofs, in Festschrift für Herbert Tröndle zum 70. Geburtstag am 24. August 1989, hrsg. Jeschek, Hans-Joachim und Vogler, Theo; Berlin/New York 1989, S. 139–155 (zitiert: Fuhrmann, FS-Tröndle)

Ganter, Hans Gerhard: Vorsatzanfechtung nach fehlgeschlagener Sanierung, WM 2009, 1441
Gehrlein, Markus: Das Eigenkapitalersatzrecht im Wandel seiner gesetzlichen Kodifikation, BB 2011, 3
ders.: Die Behandlung von Gesellschafterdarlehen durch das MoMiG, BB 2008, 846
Geißler, Markus: Die Haftung des faktischen Geschäftsführers, GmbHR 2003, 1106
Goette, Wulf/Kleindiek, Detlef: Gesellschafterfinanzierung nach dem MoMiG und das Eigenkapitalersatzrecht in der Praxis, 6. Aufl., Köln 2010 (zitiert: Goette/Kleindiek, Gesellschafterfinanzierung)
Golland, Frank/Gehlhaar, Lars/Grossmann, Klaus/Eickhoff- Kley, Xenia/Jänisch, Christian: Mezzanine-Kapital, BB-Special 04/2005, 1

Gottwald, Peter (Hrsg.): Insolvenzrechts-Handbuch, 4. Aufl., München 2010 (zitiert: Bearbeiter, in Gottwald (Hrsg.), Insolvenzrechts-Handbuch)

Graf-Schlicker, Marie Luise: InsO Kommentar zur Insolvenzordnung, 2. Aufl., Köln 2010 (zitiert: Graf-Schlicker/Bearbeiter, InsO)

Grigoleit, Hans Christoph: Gesellschafterhaftung für interne Einflussnahme im Recht der GmbH – Dezentrale Gewinnverfolgung als Leitprinzip des dynamischen Gläubigerschutzes, München 2006 (zitiert: Grigoleit, Gesellschafterhaftung für interne Einflussnahme)

Groß, Bernd: Die strafrechtliche Verantwortlichkeit faktischer Vertretungsorgane bei Kapitalgesellschaften, Berlin 2006 (zitiert: Groß, Strafrechtliche Verantwortlichkeit faktischer Vertretungsorgane)

Haas, Ulrich: Die Rechtsfigur des „faktischen Geschäftsführers", NZI 2006, 494

ders.: Insolvenzantragsrecht und -pflicht in der GmbH insbesondere des „faktischen Geschäftsführers" nach neuem Recht, DStR 1998, 1359

Habersack, Mathias: Die Erstreckung des Rechts der Gesellschafterdarlehen auf Dritte, insbesondere im Unternehmensverbund, ZIP 2008, 2385

ders.: Gesellschafterdarlehen nach MoMiG: Anwendungsbereich, Tatbestand und Rechtsfolgen der Neuregelung, ZIP 2007, 2145

ders.: Grundfragen der freiwilligen und erzwungenen Subordination von Gesellschafterkrediten, ZGR 2000, 384

Hagemeister, Adrian von/Bültmann, Michael: Konflickte von Sanierungsinstrumenten Eigenkapitalersatz bei Projektfinanzierungen durch Banken, WM 1997, 549

Häger, Michael, Elkemann-Reusch, Manfred: Mezzanine Finanzierungsinstrumente, 2. Aufl., Berlin 2007 (zitiert: Häger/Elkemann-Reusch)

Häsemeyer, Ludwig: Insolvenzrecht, 4. Aufl., Köln 2007 (zitiert: Häsemeyer, Insolvenzrecht)

Heinrich, Stefan: Covenants als Alternative zum institutionellen Gläubigerschutz – Eine rechtsvergleichende und ökonomische Analyse, Berlin 2009 (zitiert: Heinrich, Covenants als Alternative)

Henckel, Wolfram/Gerhardt, Walter (Hrsg.): Jaeger Insolvenzordnung Großkommentar, Band 4, §§ 129–147, 1. Aufl., Berlin 2008 (zitiert: Jaeger/Bearbeiter, InsO)

Hildesheim, C. U.: Die strafrechtliche Verantwortung des faktischen Mitgeschäftsführers in der Rechtsprechung des BGH, wistra 1993, 166

Hirte, Heribert: Nahestehende Personen (138 InsO) – Klarheit oder Rückschritt, ZInsO 1999, 429

Hockmann, Heinz-Josef/Thießen, Friedrich (Hrsg.): Investment Banking, 2. Aufl., Stuttgart 2007

Hoffmann, Guido: Financial Covenants bei Akquisitionskrediten – Eine Bestandsaufnahme, ZBB 2007, 413

ders.: Grenzen der Einflussnahme auf Unternehmensleitungsentscheidungen durch Kreditgläubiger, WM 2012, 10

Holzapfel, Hans-Joachim/Pöllath, Reinhard: Unternehmenskauf in Recht und Praxis, 14. Aufl., Köln 2010 (zitiert: Holzapfel/Pöllath, Unternehmenskauf in Recht und Praxis)

Hopt, Klaus J./Wiedemann, Herbert (Hrsg.): Aktiengesetz – Großkommentar, Dritter Band, §§ 76–94, 4. Aufl., Berlin 2008 (zitiert: Bearbeiter, in Großkomm/AktG)

Hopt, Klaus J.: Rechtspflichten der Kreditinstitute zur Kreditversorgung, Kreditbelassung und Sanierung von Unternehmen, ZHR 143 (1979), 139

Hoyer, Andreas: Verantwortung des faktischen Geschäftsführers; zugleich Anm. zu OLG Düsseldorf, Beschluss vom 16.10.1987, NStZ 1988, 368

Hirte, Heribert: Die Neuregelung des Rechts der (früher: eigenkapitalersetzenden) Gesellschafterdarlehen durch das MoMiG, WM 2008, 1429

Huber, Ulrich: Finanzierungsfolgenverantwortung de lege lata und de lege ferenda, in Festschrift für Hans- Joachim Priester zum 70. Geburtstag, hrsg. Peter Hommelhoff, Peter Rawert, Karsten Schmidt, Köln 2007, S. 259 ff. (zitiert: Huber, FS-Priester)

Huber, Ulrich/Habersack, Mathias: GmbH- Reform: Zwölf Thesen zu einer möglichen Reform des Rechts der kapitalersetzenden Gesellschafterdarlehen, BB 2006, 1

Hübschmann, Walter/Hepp, Ernst/Spitaler, Armin: Abgabenordnung, Finanzgerichtsordnung, Kommentar, Band III, §§ 33–77 AO, 215. Ergänzungslieferung (Dezember 2011), Köln 2011 (zitiert: Bearbeiter in HHS, AO)
Hüffer, Uwe: Aktiengesetz, 9. Aufl., München 2010 (zitiert: Hüffer, AktG)

Jauernig, Othmar: Bürgerliches Gesetzbuch mit Allgemeinem Gleichbehandlungsgesetz Kommentar, 14. Aufl., München 2011 (zitiert: Jauernig/Bearbeiter)
Jeinsen, Hening von: Die besondere Problematik des kapitalersetzenden Gesellschafterdarlehen bei Management Buyouts in den neuen Bundesländern, BB 1992, 1149

Kampshoff, Matthias: Behandlung von Bankdarlehen in der Krise der GmbH, GmbHR 2010, 897
Kästle, Martina: Rechtsfragen der Verwendung von Covenants in Kreditverträgen, Berlin 2003 (zitiert: Kästle, Rechtsfragen)
Kindhäuser, Urs/Neumann, Ulfrid/Paeffgen, Hans-Ulrich (Hrsg.): Nomos Kommentar Strafgesetzbuch, Band 1, §§ 1–145d, 3. Aufl., Baden-Baden 2010 (zitiert: NK/Bearbeiter, StGB)
Kindhäuser, Urs/Neumann, Ulfrid/Paeffgen, Hans-Ulrich (Hrsg.): Nomos Kommentar Strafgesetzbuch, Band 2, §§ 146–358, Aufl., Baden-Baden 2010 (zitiert: NK/Bearbeiter, StGB)
Kinner, Rolf: Die Verpfändung von GmbH-Anteilen im Rahmen der von Projekt- und Akquisitionsfinanzierungen, Marburg 2007 (zitiert: Kinner, Die Verpfändung von GmbH-Anteilen)
Kirchhof, Hans-Peter: Die neue Rechtsprechung des BGH in Insolvenzsachen – insbesondere zu Anfechtungsfragen gegenüber Gesellschaftern und nahen Angehörigen i.S.d. § 138 InsO, ZInsO 2001, 825
Klein, Franz: Abgabenordnung – einschließlich Steuerstrafrecht, 10. Aufl., München 2009 (zitiert: Klein/Bearbeiter, AO)
Kollhosser, Helmut: Kredite als Eigenkapitalersatz bei stillen Kapitalbeteiligungen?, WM 1985, 929
Kölner Kommentar zum Aktiengesetz: Band 2/1, §§ 76–94 AktG, hrsg. von Zöllner, Wolfgang und Noack, Ulrich, 3. Aufl., Köln 2010 (zitiert: KK-AktG/Bearbeiter)
Köndgen, Johannes: Financial Covenants – „Symbiotische" Finanzierungsverträge im Spannungsfeld von Vertrags, Gesellschafts- und Insolvenzrecht, in Prütting, Hanns (Hrsg.), Insolvenzrecht 1996, S. 127–157, Köln 1997 (zitiert: Köndgen, in Prütting (Hrsg.): Insolvenzrecht 1996)
Kraemer, Christa: Eigenkapitalersatz und Insolvenz – Klassische und moderne Fallgruppen, Frankfurt a. M. 2007 (zitiert: Kraemer, Eigenkapitalersatz und Insolvenz)
Kratzsch, Dietrich: Das „faktische Organ" im Gesellschaftsrecht, ZGR 1985, 506
Kreft, Gerhart (Hrsg.): Heidelberger Kommentar zur Insolvenzordnung, 6. Aufl., Heidelberg 2011 (zitiert: HK-InsO/Bearbeiter)
Krolop, Kaspar: Zur Anwendung der MoMiG Regelungen zu Gesellschafterdarlehen auf gesellschafterfremde Dritte – Von der Finanzierungsfolgenverantwortung des Gesellschafters zur Risikoübernahmeverantwortung des Risikokapitalgebers?, GmbHR 2009, 397
Kübler, Bruno/Prütting, Hanns/Bork, Reinhard: InsO-Kommentar zur Insolvenzordnung, Band I, Köln, Stand: Februar 2012 (zitiert: Kübler/Prütting/Bork/Bearbeiter, InsO)
Kübler, Bruno/Prütting, Hanns/Bork, Reinhard: InsO-Kommentar zur Insolvenzordnung, Band II, Köln, Stand: Februar 2012 (zitiert: Kübler/Prütting/Bork/Bearbeiter, InsO)
Kümpel, Siegfried/Wittig, Arne (Hrsg.): Bank und Kapitalmarktrecht, 4. Aufl.; Köln 2011 (zitiert: Kümpel/Wittig/Bearbeiter, Bank und Kapitalmarktrecht)
Kusserow, Berthold/Dittrich, Kurt: Die Begebung von High Yiled-Anleihen unter deutschem Recht, WM 2000, 745

Langendorf, Sebastian: Haftungsfragen bei Anleiheemissionen, Baden-Baden 2006 (zitiert: Langendorf, Haftungsfragen bei Anleiheemissionen)
Leipziger Kommentar Strafgesetzbuch: Band 1, §§ 1–31, 12. Aufl., Berlin 2007, hrsg. von Laufhütte, Heinrich Wilhelm/Rissing-van Saan, Ruth/Tiedemann, Klaus (zitiert: LK/Bearbeiter, StGB)

Leipziger Kommentar Strafgesetzbuch: Band 9/Teilband 2, §§ 267–283d, 12. Aufl., Berlin 2009, hrsg. von Laufhütte, Heinrich Wilhelm/Rissing-van Saan, Ruth/Tiedemann, Klaus (zitiert: LK/Bearbeiter, StGB)

Leonhardt, Peter/Smid, Stefan/Zeuner, Mark (Hrsg.): Insolvenzordnung (InsO) Kommentar, 3. Aufl., Stuttgart 2010 (zitiert: LSZ/Bearbeiter, InsO)

Löffeler, Peter: Strafrechtliche Konsequenzen faktischer Geschäftsführung, wistra 1989, 121

Löwisch, Gottfried: Eigenkapitalersatzrecht – Kommentar zu §§ 32a, 32b GmbHG, München 2007 (zitiert: Löwisch, Eigenkapitalersatzrecht)

Lutter, Marcus/Hommelhoff, Peter: GmbH-Gesetz, Kommentar, 17. Aufl., Köln 2009 (zitiert: Bearbeiter, in Lutter/Hommelhoff, GmbHG)

Lutter, Marcus/Hommelhoff, Peter: GmbH-Gesetz, Kommentar, 16. Aufl., Köln 2004 (zitiert: Bearbeiter, in Lutter/Hommelhoff, GmbHG 16. Aufl.)

Maesch, Scott/Voß, Andreas: Secon Lien, Covenants und Eigenkapitalersatz, FB 2007, 1

Maier-Reimer, Georg: Kreditsicherung und Kapitalersatz, in Festschrift für Heinz Rowedder zum 75. Geburtstag, hrsg. Gerd von Pfeiffer, Günther Wiese, Klaus Zimmermann, München 1994, S. 245–275 (zitiert: Maier- Reimer, FS-Rowedder)

Marxen, Klaus: Die strafrechtliche Organ- und Vertreterhaftung – eine Waffe im Kampf gegen die Wirtschaftskriminalität?, JZ 1988, 286

Merkt, Hanno: Der Kapitalschutz in Europa – ein rocher de bronze?, ZGR 2004, 305

Meyer, Daniel: Die Besicherung der Akquisitionsfinanzierung beim Leverage Buy-out einer GmbH, Baden-Baden 2010 (zitiert: Meyer, Die Besicherung der Akquisitionsfinanzierung)

Michalski, Lutz (Hrsg.): Kommentar zum Gesetz betreffend die Gesellschaften mit beschränkter Haftung (GmbH-Gesetz), Band I, §§ 1–34, 2. Aufl., München 2010 (zitiert: Michalski/Bearbeiter, GmbHG)

ders.: Kommentar zum Gesetz betreffend die Gesellschaften mit beschränkter Haftung (GmbH-Gesetz), Band II, §§ 35–85, 2. Aufl., München 2010 (zitiert: Michalski/Bearbeiter, GmbHG)

Mösbauer, Heinz: Die Vertretungs- und Verfügungsmacht nach den §§ 34 und 35 AO als Tatbestandsmerkmal der Haftung nach § 69 AO, DB 1995, 1679

Münchener Anwaltshandbuch Sanierung und Insolvenz: München 2006, hrsg. Nerlich, Jörg und Kreplin, Georg (zitiert: Bearbeiter, in Nerlich/Kreplin (Hrsg.), Münchener Anwaltshandbuch Sanierung und Insolvenz)

Münchener Handbuch zum Arbeitsrecht: Band 1, 3. Aufl., München 2009, hrsg. von Richardi, Reinhard/Wißmann, Helmut/Wlotzke, Otfried/Oetker, Hartmut (zitiert: Münchener Handbuch zum Arbeitsrecht/Bearbeiter)

Münchener Kommentar zum Aktiengesetz: Band 2, §§ 76–117, 3. Aufl., München 2008, hrsg. von Goette, Wulf und Habersack, Mathias (zitiert: MüKo/Bearbeiter, AktG)

Münchener Kommentar zum Bürgerlichen Gesetzbuch: Band 1, §§ 1–240, 6. Aufl., München 2012, hrsg. von Säcker, Franz Jürgen und Rixecker, Roland (zitiert: MüKo/Bearbeiter, BGB)

Münchener Kommentar zum Bürgerlichen Gesetzbuch: Band 2, §§ 241–432, 6. Aufl., München 2012, hrsg. von Säcker, Franz Jürgen und Rixecker, Roland (zitiert: MüKo/Bearbeiter, BGB)

Münchener Kommentar zum Bürgerlichen Gesetzbuch: Band 3, §§ 433–610, 6. Aufl., München 2012, hrsg. von Säcker, Franz Jürgen und Rixecker, Roland (zitiert: MüKo/Bearbeiter, BGB)

Münchener Kommentar zur Insolvenzordnung: Band 1, §§ 1–102, 2. Aufl., München 2007, hrsg. von Kirchhof, Hans-Peter/Lwowski, Hans-Jürgen/Stürner, Rolf (zitiert: MüKo/Bearbeiter, InsO)

Münchener Kommentar zur Insolvenzordnung: Band 2, §§ 103–269, 2. Aufl., München 2008, hrsg. von Kirchhof, Hans-Peter/Lwowski, Hans-Jürgen/Stürner, Rolf (zitiert: MüKo/Bearbeiter, InsO)

Münchener Kommentar zum Strafgesetzbuch: Band 1, §§ 1–37, 2. Aufl., München 2011, hrsg. von Joecks, Wolfgang und Miebach, Klaus (zitiert: MüKo/Bearbeiter, StGB)

Münchener Kommentar zur Zivilprozessordnung: Band 1, §§ 1–510c, 3. Aufl., München 2008, hrsg. von Rauscher, Thomas/Wax, Peter/Wenzel, Joachim (zitiert: MüKo/Bearbeiter, ZPO)

Nerlich, Jörg/Römermann, Volker (Hrsg.): Insolvenzordnung (InsO) – Kommentar, München, Stand: November 2011 (zitiert: NR/Bearbeiter, InsO,)

Nikoleyczik, Tobias: Gläubigerschutz zwischen Gesetz und Vertrag-Alternativen zum System eines festen Nennkapitals, Köln 2007 (zitiert: Nikoleyczik, Gläubigerschutz zwischen Gesetz und Vertrag)

Noack, Ulrich: Der Regierungsentwurf des MoMiG – Die Reform des GmbH-Rechts geht in die Endrunde, DB 2007, 1395

Obermüller, Manfred: Insolvenzrecht in der Bankpraxis, 8. Aufl., Köln 2011 (zitiert: Obermüller, Insolvenzrecht in der Bankpraxis)

O'Sullivan, Janet/Hilliard, Jonathan: The Law of Contract, 3rd Edition, Oxford 2006 (zitiert: O'Sullivan/Hilliard, The Law of Contract)

Palandt, Otto: Bürgerliches Gesetzbuch mit Nebengesetzen, 71. Aufl., München 2012 (zitiert: Palandt/Bearbeiter)

Pape, Gerhard/Uhlenbruck, Wilhelm/Voigt-Salus, Joachim: Insolvenzrecht, 2. Aufl., München 2010 (zitiert: Pape, Uhlenbruck, Voigt-Salus, Insolvenzrecht)

Paulus, Christoph: Der subjektive Tatbestand in der Insolvenzanfechtung, WM 2000, 2225

Perridon, Louis/Steiner, Manfred/Rathgeber, Andreas: Finanzwirtschaft der Unternehmung, 15. Aufl., München 2009 (zitiert: Perridon/Steiner/Rathgeber, Finanzwirtschaft der Unternehmung)

Priester, Hans-Joachim: Eigenkapitalersetzende Finanzierung durch Quasigesellschafter, in Festschrift für Herbert Helmrich zum 60. Geburtstag, hrsg. Klaus Letzgus, Hermann Hill, Hans Hugo Klein, Detlef Kleinert, Geor-Berndt Oschaft, Hans de With, München 1994, S. 721–735 (zitiert: Priester, FS-Helmrich)

Redeker, Rouven: Die Insolvenzverschleppungshaftung des faktischen Geschäftsführers, DZWIR, 2005, 497

Reuter, Alexander/Buschmann, Marco: Sanierungsverhandlungen mit Krediterwerbern: Strategien „alternativer Investoren" auf dem rechtlichen Prüfstand, ZIP 2008, 1003

Reuter, Alexander: Was ist und wie funktioniert Projektfinanzierung?, DB 1999, 31

Rich, Matthew: Financial Covenants Revisited – The Banks' Perspective, Butterworth Journal of International Banking and Financial Law 1992, 518

Roth, Günter/Altmeppen, Holger: Gesetz betreffend die Gesellschaften mit beschränkter Haftung (GmbHG) Kommentar, 7. Aufl., München 2012 (zitiert: Roth/Altmeppen, GmbHG)

Rowedder, Heinz/Schmidt-Leithoff, Christian (Hrsg.): Gesetz betreffend die Gesellschaften mit beschränkter Haftung (GmbHG), 4. Aufl., München 2002 (zitiert: Bearbeiter, in Rowedder/Schmidt-Leithoff (Hrsg.), GmbHG)

Rümker, Dietrich/Büchler, Olaf: Probleme bei der Verpfändung von Kommanditanteilen – Einflussnahmemöglichkeiten des Pfandgläubigers, § 32a GmbHG und Konkurrenzfragen, in Festschrift für Carsten Peter Claussen zum 70. Geburtstag, hrsg. Klaus-Peter Martens, Harm Peter Westermann, Wolfgang Zöllner, Köln, Berlin, Bonn, München 1997, S. 337–356 (zitiert: Rümker/Büchler, FS-Claussen)

Runge, Julia: Covenants in Kreditverträgen, Grenzen der Einflussnahme von Kreditgebern, Köln 2010 (zitiert: Runge, Covenants in Kreditverträgen)

Saenger, Ingo/Inhester, Michael (Hrsg.): GmbHG Handkommentar, 1. Aufl., Baden-Baden 2011 (zitiert: Hk-GmbHG/Bearbeiter)

Sallawitz, Hans-Joachim: Die tatbestandsmäßige Gleichstellung von fahrlässiger Unkenntnis mit Kenntnis, ein dogmatisches und praktisches Problem des Privatrechts, Kiel 1973 (zitiert: Sallawitz, Gleichstellung)

Schackmann, Markus/Behling, Nils: Die Bedeutung von Covenants bei der Akquisitions- und Unternehmensfinanzierung, FB 2004, 789

Schäfer, Carsten: Zur strafrechtlichen Verantwortlichkeit des GmbH-Geschäftsführers (I), GmbHR 1993, 717
Schimansky, Herbert/Bunte, Hermann-Josef/Lwowski, Hans-Jürgen (Hrsg.): Bankrechts-Handbuch, Band I, 4. Aufl., München 2011 (zitiert: Bearbeiter, in Schimansky/Bunte/Lwowski (Hrsg.), Bankrechts-Handbuch)
Schimansky, Herbert/Bunte, Hermann-Josef/Lwowski, Hans-Jürgen (Hrsg.): Bankrechts-Handbuch, Band I, 4. Aufl., München 2011 (zitiert: Bearbeiter, in Schimansky/Bunte/Lwowski (Hrsg.), Bankrechts-Handbuch)
Schmidt, Andreas (Hrsg.): Hamburger Kommentar zum Insolvenzrecht, 3. Aufl., Münster 2009 (zitiert: HambKomm/Bearbeiter, InsO)
Schmidt, Karsten: Eigenkapitalersatz, oder: Gesetzesrecht versus Rechtssprechungsrecht?, ZIP 2006, 1925
ders.: Gesellschaftsrecht, 4. Aufl., Köln 2002, (zitiert: K. Schmidt, Gesellschaftsrecht)
ders.: Kapitalersetzende Bankendarlehen?, ZHR 147 (1983), 165
ders.: Normzwecke und Zurechnungsfragen im Recht der Gesellschafter- Fremdfinanzierung Grundfragen zur Neufassung der §§ 39, 135 InsO durch das MoMiG, GmbHR 2009, 1009
Schmidt, Karsten/Uhlenbruck, Wilhelm: Die GmbH in Krise, Sanierung und Insolvenz, 4. Aufl., Köln 2009 (zitiert: Bearbeiter, in Schmidt/Uhlenbruck, Die GmbHG in Krise, Sanierung und Insolvenz)
Schmidt, Reinhard: Ökonomische Analyse des Insolvenzrechts, Wiesbaden 1980 (zitiert: Schmidt, R., Ökonomische Analyse des Insolvenzrechts)
Scholz, Franz: Kommentar zum GmbH-Gesetz, Band I, §§ 1–34, 10. Aufl., Köln 2006 (zitiert: Bearbeiter, in Scholz GmbHG)
ders.: Kommentar zum GmbH-Gesetz, Band II, §§ 35–52, 10. Aufl., Köln 2007 (zitiert: Bearbeiter, in Scholz GmbHG)
ders.: Kommentar zum GmbH-Gesetz, Band II, §§ 45–87, 9. Aufl., Köln 2002 (zitiert: Bearbeiter, in Scholz GmbHG 9. Aufl.)
ders.: Kommentar zum GmbH-Gesetz, Band III, §§ 53–85, Nachtrag MoMiG, 10. Aufl., Köln 2010 (zitiert: Bearbeiter, in Scholz GmbHG-Nachtrag MoMiG)
Schönke, Adolf/Schröder, Horst: Strafgesetzbuch Kommentar, 28. Aufl., München 2010 (zitiert: Schönke/Schröder/Bearbeiter)
Schrell, Thomas/Kirchner, Andreas: Mezzanine Finanzierungsstrategien, BKR 2003, 13
dies.: Strukturelle und Vertragliche Subordination – Vorstellung und Vergleich der beiden Konzepte zur Subordinierung von Gläubigern bei der Finanzierung von Unternehmensübernahmen, BKR 2004, 212
Schultz, Wolfgang: Die Bedeutung der Kenntnis des Vertretenen beim Vertreterhandeln für juristische Personen und Gesellschaften, NJW 1996, 1392
Schulze zur Wiesche, Dieter: Die Haftung der Banken für Steuerschulden ihrer Kunden, DStR 1968, 755
Schüppen, Matthias: Aktuelle Fragen der Konkursverschleppung durch den GmbH-Geschäftsführer, DB 1994, 197
Schwintowski, Hans- Peter/Dannischewski, Johannes: Eigenkapitalersetzende Darlehen durch den gesellschaftergleichen Dritten nach § 32a III GmbHG, ZIP 2005, 840
Servatius, Wolfgang: Gläubigereinfluss durch Covenants, Hybride Finanzierungsinstrumente im Spannungsfeld von Fremd- und Eigenfinanzierung, Tübingen 2008 (zitiert: Servatius, Gläubigerschutz durch Covenants)
Sester, Peter: Projektfinanzierungsvereinbarungen als Gestaltungs- und Regulierungsaufgabe, Köln 2004 (zitiert: Sester, Projektfinanzierungsvereinbarungen)
Simmons, Richard: Drafting of Commercial Bank Loan Agreements, The Business Lawyer 1972, 179
Smid, Stefan: Praxishandbuch Insolvenzrecht, 5. Aufl., Berlin 2007 (zitiert: Smid, Praxishandbuch Insolvenzrecht)
Smith, Clifford W./Warner, Jerold B.: On Financial Contracting – An Analysis of Bond Covenants, Journal of Financial Economics 1979, 117

Soergel, Hs. Th.: Bürgerliches Gesetzbuch mit Einführungsgesetz und Nebengesetzen, Band 2, Allgemeiner Teil 2 (§§ 104–240), 13. Aufl., Stuttgart 1999 (zitiert: Soergel/Bearbeiter)

ders.: Bürgerliches Gesetzbuch mit Einführungsgesetz und Nebengesetzen, Band 5/3, Schuldrecht 3/3 (§§ 328–432), 13. Aufl., Stuttgart 2009 (zitiert: Soergel/Bearbeiter)

ders.: Bürgerliches Gesetzbuch mit Einführungsgesetz und Nebengesetzen, Band 14, Sachenrecht 1 (§§ 854–984), 13. Aufl., Stuttgart 2002 (zitiert: Soergel/Bearbeiter)

Spindler, Gerald/Stilz, Eberhard (Hrsg.): Kommentar zum Aktiengesetz, Band 1, §§ 1–149, 2. Aufl., München 2010 (zitiert: Spindler/Stilz/Bearbeiter, AktG)

Staudinger, Julius von: Kommentar zum Bürgerlichen Gesetzbuch mit Einführungsgesetzen und Nebengesetzen, Buch 1, Allgemeiner Teil §§ 139–163 (Allgemeiner Teil 4 b), Neubearbeitung 2010, Berlin 2010 (zitiert: Staudinger/Bearbeiter)

ders.: Kommentar zum Bürgerlichen Gesetzbuch mit Einführungsgesetzen und Nebengesetzen, Buch 3, Sachenrecht §§ 883–902 (Allgemeines Liegenschaftsrecht 2), Neubearbeitung 2008, Berlin 2008 (zitiert: Staudinger /Bearbeiter)

Stein, Ursula: Die Normadressaten der §§ 64, 84 GmbHG und die Verantwortlichkeit von Nichtgeschäftsführern wegen Konkursverschleppung, ZHR 1984, 207

Stockmayer, Albrecht: Projektfinanzierung und Kreditsicherung, Frankfurt 1982 (zitiert: Stockmayer, Projektfinanzierung)

Strohn, Lutz: Faktische Organe – Rechte, Pflichten, Haftung, DB, 2011, 158

Sundermeier, Bernd/Wilhelm, Andreas: Strategien zur Sicherung von Bankkrediten im Lichte des neuen Insolvenzrechts, DStR 1997, 1127

Tcherveniachki, Vassil: Kapitalgesellschaften und Private Equity Fonds, Berlin 2007 (zitiert: Tcherveniachki)

Tettinger, Peter/Tettinger, Peter: Einführung in die juristische Arbeitstechnik, 4. Aufl., München 2009 (zitiert: Tettinger/Mann, Einführung in die juristische Arbeitstechnik)

Thießen, Friedrich: Covenants: Durchsetzungsprobleme und die Folgen, in: Sadowski, Dieter/Czap, Hans/Wächter, Hartmut (Hrsg.): Regulierung und Unternehmenspolitik, Methoden und Ergebnisse der betriebswirtschaftliche Rechtsanalyse, Wiesbaden 1996, S. 143–159 (zitiert: Thießen, in: Sadowski/Czap/Wächter (Hrsg.), Regulierung und Unternehmenspolitik)

ders.: Covenants in Kreditverträgen: Alternative oder Ergänzung zum Insolvenzrecht?, ZBB 1996, 19

Thole, Christoph: Gläubigerschutz durch Insolvenz – Anfechtung und verwandte Regelungsinstrumente in der Unternehmensinsolvenz, Tübingen 2010 (zitiert: Thole, Gläubigerschutz durch Insolvenz)

Tiedemann, Klaus: Die strafrechtliche Vertreter- und Unternehmenshaftung, NJW 1986, 1842

Tillmann, Tobias: Kreditinstitute als gesellschafterähnliche Darlehensgeber: Anwendbarkeit des Sanierungsprivilegs des § 32a III 3 GmbHG?, DB 2006, 199

Tipke, Klaus/Kruse, Heinrich Wilhelm: Kommentar zur AO und FGO, 128. Ergänzungslieferung (März 2012), Köln 2012 (zitiert: Tipke/Kruse/Bearbeiter, AO)

Traugott, Rainer: Venture Capital: Verstrickung von Vorabdarlehen?, ZIP 1997, 1960

Uhlenbruck, Wilhelm/Hirte, Heribert/Vallender, Heinz (Hrsg.): Insolvenzordnung Kommentar, 13. Aufl.; München 2010 (zitiert: Uhlenbruck/Bearbeiter, InsO)

Ulmer, Peter/Habersack, Mathias/Winter, Martin: Gesetz betreffend die Gesellschaften mit beschränkter Haftung (GmbHG), Großkommentar, Band I, §§ 1–28, Tübingen 2005 (zitiert: Ulmer/Bearbeiter GmbHG)

Ulmer, Peter/Habersack, Mathias/Winter, Martin: Gesetz betreffend die Gesellschaften mit beschränkter Haftung (GmbHG), Großkommentar, Band II, §§ 29–52, Tübingen 2006 (zitiert: Ulmer/Bearbeiter GmbHG)

Ulmer, Peter/Habersack, Mathias/Winter, Martin: Gesetz betreffend die Gesellschaften mit beschränkter Haftung (GmbHG), Großkommentar, Band III, §§ 53–87, Tübingen 2008 (zitiert: Ulmer/Bearbeiter GmbHG)

Ulmer, Peter/Habersack, Mathias/Winter, Martin: Gesetz betreffend die Gesellschaften mit beschränkter Haftung (GmbHG), Großkommentar, Ergänzungsband MoMiG, Tübingen 2010 (zitiert: Ulmer/Bearbeiter GmbHG-Ergänzungsband MoMiG)

Wand, Lothar: Musterdarlehensvertrag für gewerbliche Kreditvergaben, WM 2005, 1932

Weimar, Robert: Grundprobleme und offene Fragen um den faktischen Geschäftsführer, Grundprobleme und offene Fragen um den faktischen Geschäftsführer, GmbHR 1997, 538

Weitnauer, Wolfgang: Der „Gau" der Unternehmensfinanzierung durch Dritte – Die Umqualifizierung in Eigenkapital, BKR 2005, 43

Westermann, Harm Peter: Gesellschaftsrechtliche Risiken bei der bankmäßigen Projektfinanzierung, in Festschrift für Walter Odersky zum 65. Geburtstag am 17. Juli 1996, hrsg. Reinhard Böttcher, Götz Hueck, Burkhard Jähnke, Berlin, New York 1996, S. 897–923 (zitiert: Westermann, FS-Odersky)

Wiedemann, Herbert: Eigenkapital und Fremdkapital – Eine gesellschaftsrechtliche Zwischenbilanz, in Festschrift für Karl Beusch zum 68. Geburtstag am 31. Oktober 1993, hrsg. Heinrich Beisse, Marcus Lutter, Heribald Närger, Berlin/New York 1993, S. 893- 913 (zitiert als Wiedemann, FS-Beusch)

Wimmer, Klaus (Hrsg.): Frankfurter Kommentar zur Insolvenzordnung, 6. Aufl., Köln 2011, (zitiert: FK-InsO/Bearbeiter)

Wittig, Arne: Financial Covenants im inländischen Kreditgeschäft, WM 1996, 1381

Wöhe, Günther/Döring, Ulrich: Einführung in die Allgemeine Betriebswirtschaftslehre, 24. Aufl., München 2010 (zitiert: Wöhe/Döring, Einführung in die Allgemeine Betriebswirtschaftslehre)

Wood, Philip: Law and Practice of International Finance, London 2008 (zitiert: Wood, Law and Practice of International Finance)

Zeuner, Mark: Die Anfechtung in der Insolvenz, 2. Aufl., München 2007, (zitiert: Zeuner, Die Anfechtung in der Insolvenz)

Zippelius, Reinhold: Juristische Methodenlehre, 10. Aufl., München 2006 (zitiert: Zippelius, Juristische Methodenlehre)

Zöller, Richard: Zivilprozessordnung; mit Famg und Gerichtsverfassungsgesetz, den Einführungsgesetzen, mit Internationalem Zivilprozessrecht, EU-Verordnungen, Kostenanmerkungen-Kommentar, 29. Aufl., Köln 2012 (zitiert: Zöller/Bearbeiter, ZPO)

Sachregister

(Die Zahlen neben den Stichwörtern verweisen auf die Seitenzahlen)

FSC
www.fsc.org
MIX
Papier | Fördert gute Waldnutzung
FSC® C083411

Kolibri 360 GmbH
Ferdinand-Jühlke-Straße 7
99095 Erfurt, Deutschland
produktsicherheit@kolibri360.de